당대 중국 사회 건설
當代中國社會建設

루쉐이(陸學藝) 지음
정순희 외 옮김

중화사회과학기금
(中華社會科學基金, Chinese Fund for the Humanities and Social Sciences)
지원을 받아 이루어졌음

당대 중국 사회 건설
當代中國社會建設

초판 인쇄 · 2016년 9월 25일
초판 발행 · 2016년 10월 5일

지은이 · 루쉐이(陸學藝)
옮긴이 · 정순희 외
펴낸이 · 한봉숙
펴낸곳 · 푸른사상사

주간 · 맹문재 | 편집 · 지순이, 김선도 | 교정 · 김수란
등록 · 1999년 7월 8일 제2-2876호
주소 · 경기도 파주시 회동길 337-16 푸른사상사
대표전화 · 031) 955-9111(2) | 팩시밀리 · 031) 955-9114
이메일 · prun21c@hanmail.net / prunsasang@naver.com
홈페이지 · http://www.prun21c.com

ⓒ 정순희, 2016
ISBN 979-11-308-1047-8 93340
값 40,000원

이 도서의 국립중앙도서관 출판예정도서목록(CIP)은 서지정보유통지원시스템 홈페이지
(http://seoji.nl.go.kr)와 국가자료공동목록시스템(http://www.nl.go.kr/kolisnet)에서 이용하
실 수 있습니다. (CIP제어번호: CIP2016021481)

세계
문화 총서
3

루쉐이 (陸學藝) 지음
정순희 외 옮김

당대 중국 사회 건설
當代中國社會建設

Society-Building of Contemporary China

푸른사상
PRUNSASANG

일러두기

---

1. 이 책은 루쉐이(陸學藝)의 『當代中國社會建設』(社會科學文獻出版社, 2013年)의 완역판이다.
2. 보충 설명이 필요한 내용에 역주(譯註)를 달아 해당 페이지 하단에 일련번호로 저자의 원주(原註)와 역주를 함께 수록했다.

조화로운 사회, 중국의 새로운 과제

　60여 년의 사회주의 건설, 특히 30여 년의 개혁개방을 걸쳐 중국은 경제 분야에서 거대한 성과를 거두었다. 종합적 국력과 인민의 생활 수준이 향상되어 산업화 중기 단계에 이르렀다. 아울러 사회 분야에서도 큰 변화가 발생했는데 이러한 변화는 경제 발전과의 부조화를 초래했다. 경제가 발전했지만 사회문제가 끊이지 않아 사회가 불안정하고 부조화적이며 사회 모순과 충돌이 빈번히 발생한다. 사회 발전과 경제 발전의 부조화는 현재 사회의 주요한 모순이 되었다. 이러한 모순의 해결은 시대가 우리에게 남긴 중대한 과제이다.

　2002년 중국공산당 제18차 대표대회에서는 '더욱 조화로운 사회'를 샤오캉사회(小康社會, 국민 생활 수준이 중류 정도가 되는 사회를 이르는 말)의 중요 목표로 삼았다. 이후 사회주의 조화로운 사회 건설의 윤곽이 더욱 뚜렷해졌고 목표를 실현할 수단도 점차 분명해졌다. 2004년 중국공산당 제16기 중앙위원회 제4차 전체회의는 처음으로 '사회주의 조화로운 사회 구축'과 '사회 건설' 개념을 제기했다. 2006년 중국공산당 제16기 중앙위원회 제6차 전체회의에서는 '사회주의 조화로운 사회 구축의 중대 문제 관련 결정'이 통과되어 "사회사업을 힘껏 발전시키고 사회의 공평과 정의를 촉진하며 사회 건설과 경제 건설, 정치 건설, 문화 건설의 조화로운 발전을 추진한다"라고 했다. 2007년 중국공산당 제17차 대표대회에서는 "민생 개선을 중점으로 하는 사회 건설을 추진한다"라고 제기하면서 사회주의 사업 전반적 구조의 발전에 사회 건설을 포함한 '사위일체(四位一體)'를 새로운 당의 헌장에 넣었다. 2012년 중국공산당 제18차 대표대회에서는 "민생 개선과 사회 관리의 혁신에서 사회 건설을 강화한다", "사회 건설의 강화는 사회가 조화롭고 안정되는 중요한 보장이다. 반드시 인민의 근본 이익을 수호하고 기본 공공 서비스 체계를 완비하며 사회 관리를 강화하고 혁신하여 사회주의 조화로운 사회 건설을 추진한다"라고 제기했다.

사회 건설은 당과 국가가 새로운 세기, 새로운 시기, 새로운 형세에서 제기한 중대 이론과 실천 명제로 이정표적 의의를 지닌다. 신중국 성립부터 21세기 중엽의 현대화 실현까지 100년이 필요하다. 이미 60여 년이 흘렀다. 처음 30년이 국가 기본제도 구축의 탐색이라면 두 번째 30년은 경제 건설의 성공적 실천이며 향후 30년은 사회 건설의 단행으로 사회의 조화를 촉진하는 발전의 단계이다.

근 10년 사회 건설의 이론과 실천을 보면 현 단계에서 무엇 때문에 사회 건설을 강화해야 하는지, 사회 건설에서 무엇을 건설하는지, 어떻게 건설하는지 등을 분명히 해야 한다. 본 연구팀은 이를 위해 장기간의 조사와 연구를 했다.

첫째, 사회 건설의 정체는 경제사회 발전의 부조화를 초래하는바 현 단계 중국 사회의 주요 모순이다.

개혁개방 이래 중국 경제는 지속적으로 발전하여 세계 제2대 경제체가 되었다. 전반적으로 보면 중국의 경제구조는 이미 산업화 사회 중기 단계에 들어섰다. 경제적으로 큰 성과를 이룩했으나 사회적으로 문제점이 많다. 중국공산당 제18차 대표대회에서 지적했듯이 도시와 농촌, 지역 간의 발전 격차와 주민 소득 분배 격차가 커지고 사회 모순이 증가했다. 교육, 취업, 사회 보장, 의료, 주택, 생태 환경, 사회 치안 등 대중과 밀접한 연관이 있는 분야의 문제점이 두드러져 일부 인민의 생활이 어려우며 일부 분야에서 도덕 상실과 신뢰 부족이 발생했다. 사회의 각 방면을 보면 현재 중국의 사회구조는 아직 산업화 사회의 초기 단계에 처해 있다. 사회구조가 경제구조에 비해 정체되어 있는바 사회경제 발전의 불균형, 부조화로 표현된다. 이는 이미 중국 사회의 주요 모순이 되어 샤오캉사회 구축과 사회주의 현대화 실현에 장애가 된다. 이론적으로 보면 경제 발전과 사회 발전은 하나의 모순체이다. 장기간 존재하던 경제의 부족점을 해결하면 모순은 사회의 각 방면으로 전이된다. 그러므로 사회 건설을 강화하여 사회 모순과 문제점을 해결해야 한다. 발전 전략을 적당히 조절하고 경제 건설을 중심으로 하는 전제 하에 사회 건설을 중요한 위치에 놓아 사회 건설과 경제 건설을 두루 중시하는 방침을 실행하는 것이 경제와 사회의 조화로운 발전에 이롭다.

둘째, 현대화 발전의 경험과 교훈이 보여주는 바와 같이 사회 건설은 현대화가 뛰어 넘어서지 않으면 안 될 단계이다.

현재 중국 사회경제의 부조화적인 형세와 관련하여 학계와 정계에서는 개혁 발전과 관련된 여러 가지 전략적 선택을 제기했다. 일각에서 경제체제 개혁을 지속적으로 심화하고 정력을 집중하여 경제를 발전시켜야 한다고 한다. 다른 일각에서는 사회경제 발전 부조화의 근본 원인은 정치체제 개혁의 정체에 있으므로 정치 건설을 강화해야 한다고 한다. 본 연구팀은 사회 건설 강화를 다음 단계의 중점으로 해야 한다고 생각한다. 그 이유는 다음과 같다.

첫 번째는 샤오캉사회를 건설하기 위해서이다. 중국공산당 제16차 대표대회 이후 국가의 관련 부서에서 제정한 샤오캉사회의 6개 부류, 23개 사항 지표를 대조해보면 2010년 샤오캉을 80.1% 실현하여 2002년 대비 20% 증가했다. 이 중 경제지표의 실현이 가장 빠르고 좋았다. 그러나 사회 조화, 문화류 지표는 증가가 느리며 일부 지표는 뒷걸음쳤다. 2000년 도시와 농촌 격차 지표가 99.8%에 달했으나 2010년에는 70.3%로 뒷걸음쳤고 지니 계수와 사회안전지표는 모두 2000년 수준보다도 낮았다. 경제지표를 완성했지만 사회지표는 완성하지 못했을 뿐만 아니라 뒷걸음쳤다. 샤오캉 사회 실현까지 남은 시간이 8년도 안 된다. 사회 건설을 중시하지 않으면 여러 지표는 허사가 될 것이다.

두 번째는 경제 발전 방식을 전환하기 위해서이다. 10여 년간의 실천이 보여주듯이 경제구조의 조정에만 의지해서는 경제 발전 방식을 전환하는 목표에 이를 수 없다. 사회체제 개혁과 사회구조 조정으로 경제 발전 방식의 전환을 추진해야 한다. 합리적인 자원 배치와 기회로 사회 중하층의 소득 수준을 향상하고 교육, 취업, 사회보장 등 문제를 개선하며 중산층을 육성하여 내수를 확대해야만 시장의 활력을 재현할 수 있다.

세 번째는 현재의 사회 모순과 사회문제를 해결하기 위해서이다. 경제개혁이 경제의 비약적 발전을 가져왔다. 경제가 발전했지만 경제 성과를 공유하는 규칙을 정하지 않거나 잘 공유하지 않으면 허다한 사회 모순과 문제점을 양산한다. 현재 사회의 '의료비가 비싸고 학교에 입학하기 어려우며 노후가 걱정'인 문제는 투입의 증가만으로 해결할 수 있는 것이 아니다. 사회체제 개혁도 함께 단행해야 한다. 공평한 자원과 기회 배치의 사회체제를 구축하고 보완해야만 이러한 모순과 문제점을 근본적으로 해결할 수 있다.

네 번째는 정치체제 개혁의 추진을 잘 준비하기 위해서이다. 국내외 현대화 역사 발전의 경험과 교훈이 보여주듯이 사회 모순과 충돌이 빈번하게 발생하는 단계는 정치체제 개혁을 단행하는 좋은 시기가 아니다. 정치

당대 중국 사회 건설

체제 개혁은 반드시 해야 하며 현재도 하고 있지만 전면적으로 추진할 시기가 아니다. 덩샤오핑(鄧小平)은 1985년에 "네 개 현대화 중의 하나가 국방 현대화이다. 만약 국방 현대화를 하지 않으면 세 개의 현대화밖에 남지 않는다. 네 개의 현대화는 선후 순서가 있어야 한다. 군대 장비의 진정한 현대화는 국민경제가 기초를 닦은 다음에야 가능하다. 그러므로 우리는 몇 년 기다려야 한다"[1]고 했다. 사회주의 5대 건설에도 선후 순서가 있어야 한다. 경제 건설이 큰 성과를 거두고 사회 모순이 상대적으로 두드러질 때 사회 건설을 강화해야 한다. 사회체제 개혁으로 사회 건설을 해야 하는 것이다. 사회조직을 발전시키면 대중들은 기층이나 사회조직에서 단련할 수 있다. 먼저 사회 민주를 하고 후에 정치 민주를 해야 하는바 미리 준비를 잘 한 후에 정치체제 개혁을 전면 추진해야 한다.

경제 건설이 성과를 거둔 바탕에서 사회 건설을 강화하는 것은 현대화 국가 발전의 보편적 법칙이다. 세계적으로 사회 개혁과 사회 건설을 효과적으로 단행하여 성과를 거둔 실례가 아주 많다. 미국의 '루스벨트 뉴딜 정책'은 경제 부흥 정책과 사회 분야의 개혁으로 규모가 큰 중산층을 육성하여 제2차 세계대전 이후 미국의 번영에 사회적 기반을 닦아놓았다. 제2차 세계대전 이후의 일본은 국민경제를 진흥하고 사회 개혁을 전면 추진했으며 사회보장제도 건설을 강화하여 1970년대 후기 1억 명 중산층 사회구조와 '복지사회'를 이룩했다. 라틴아메리카 국가들은 사회 개혁의 부족으로 사회가 혼란스럽고 사회구조가 단절되어 '중진국 함정'에 빠졌다. 소련은 사회 개혁이 부족하고 사회 기초가 튼튼하지 못한 상황에서 정치 개혁을 대폭 단행하다가 해체되었다. 이러한 것을 모두 참고로 할 수 있다.

---

[1]　鄧小平,「在軍委擴大會議上的講話」,『鄧小平文選』第三卷, 人民出版社, 2006, p.128.

현대화 건설은 장기간의 역사적 과정으로 한 단계, 한 단계 발전하는 과정이기도 하다. 경제가 일정하게 발전하면 계획적이고 조직적인 건설 행위로 사회, 정치, 문화 등 방면의 현대화를 이룩해야 한다. 기본 국정과 현재 경제사회 발전의 형세를 종합적으로 판단하면 중국은 사회 건설을 중점으로 하는 역사적 전환기에 들어섰다. 조건이 충분하고 임무가 절박한 바 절호의 기회를 놓쳐서는 안 된다.

셋째, 사회 건설의 기본 목표, 기본 원칙과 주요 임무.

사회 건설의 목표는 사회 현대화를 건설하는 것이다. 경제 건설의 기본 목표는 국가의 '부강'으로 실질은 경제 현대화의 실현이다. 정치 건설의 기본 목표는 정치 '민주'로 실질은 정치 현대화의 추진이다. 문화 건설의 기본 목표는 '문명'의 진보로 실질은 문화 현대화 건설이다. 사회 건설의 기본 목표는 사회 '조화'의 실현으로 실질은 사회 현대화 건설이다. 생태 문명 건설의 기본 목표는 인간과 자연, 자원, 환경의 '공생'으로 실질은 생태 문명 현대화의 실현이다.

미국의 헌팅턴은 "현대화는 다방면의 변화 과정으로 인류의 사상과 활동의 모든 분야에 관련된다"라고 했다. 그는 현대화는 하나의 체계적 과정으로 한 요소의 변화는 기타 여러 가지 요소에 연결되거나 영향을 준다고 했다. 그러므로 현대화는 전통적 사회에서 시작하여 현대사회까지 이르는 장기적 진화 과정이다.[3] 한 국가의 현대화 실현 여부는 경제 현대화의 실현만으로 부족하다. 사회 현대화, 정치 현대화, 문화 현대화 등을 실현해야 한다. 현대화 발전의 법칙과 현재 중국의 국정을 보면 다음 단계에서 중국

10

당대 중국 사회 건설

2) 亨廷頓, 『變革社會中的政治秩序』, 李盛平等譯, 華夏出版社, 1998, p.32.
3) 錢乘旦, 『世界現代化歷程』, 江蘇人民出版社, 2010, p.15.

은 사회 현대화 건설을 중심으로 해야 한다.

사회 건설이란 사회 발전의 법칙에 따라, 목적적이고 계획적이며 조직적인 행위를 통해 공평하고 합리적인 사회 이익 관계를 구축하는 것으로 전체 사회 구성원의 공동 복지를 향상하고 사회구조를 최적화하며 사회 조화를 촉진하여 사회 현대화를 실현하는 과정이다. 이는 사회 체제의 중심 부분을 개혁하고 사회 건설을 추진하여 사회 현대화를 점차 실현해야 한다.

사회 건설의 기본 목표는 사회 현대화를 건설하는 것으로 사회의 조화와 진보를 실현해야 한다. 사회 건설의 기본 원칙은 인본주의를 견지하고 인간의 기본 권리를 보장하며 공평과 정의를 견지하여 공동 건설과 공동 향유를 실현하는 것이다. 현재 중국 사회의 각 계층과 각 분야의 사회 이익이 불균형하고 부조화적이다. 이는 사회 모순과 사회문제를 양산하는 중요한 근원이다. 경제 이익 관계를 조정하는 핵심원칙은 경제 자원의 시장의 최적화 배치에 따른 경제 효익 추구이다. 사회 이익 관계의 조정은 내재적 가치 방향으로 사회 분야에서 자원과 기회의 합리적 배치에 대한 추구와 사회의 공평과 정의에 대한 추구이다. 여기서 사회 건설이 지켜야 할 기본 원칙은 경제 건설과 다르다.

사회 건설의 임무 구성을 보면 사회 건설의 분야와 주요 임무는 기본 민생, 사회사업, 소득 분배, 도시와 농촌 공동체, 사회조직, 사회규범, 사회 관리, 사회체제와 사회구조 등 아홉 가지 방면을 포함한다. 사회 건설의 내포는 하나의 유기체로 이 아홉 가지 방면은 사회 건설 분야에서 서로 다른 역할을 한다. 이 책은 이 아홉 가지 방면의 임무와 내용을 논술하고자 한다.

넷째, 사회 건설의 원칙에 따라 적극적이고 타당하게 도시화를 추진한다.

산업화와 도시화는 한 국가의 현대화 실현을 가늠하는 양날개이다. 산업화와 도시화는 상부상조하며 조화롭게 추진하여 도시화 수준과 산업화 수준이 서로 적응되어야 한다. 분류학의 법칙에 따르면 도시는 사회학 분야에 속하므로 도시화는 사회 건설 범주에 속한다. 도시화 건설은 사회 건설의 원칙에 따라 인본주의와 공평과 정의의 원칙을 견지하고 인간의 기본 권리를 보장하며 인간의 전면적 발전을 촉진해야 한다. 여러 가지 원인 때문에 우리는 도시화 건설을 경제 건설 범주에 넣어 자각적 혹은 비자각적으로 시장경제의 법칙에 따라 의논한다. 전 단계에서 나타난 '도시 경영', '토지로 인한 횡재', '토지 재정', '도시 이원화 구조' 등 현상은 도시화와 도시화 건설을 GDP의 증가와 경제 효익 창출의 표현으로 보았기 때문이다. 그 결과 대량의 사회 모순과 사회문제 및 집단 소요 사건을 양산했으며 환경오염, 도시 쓰레기, 자원 파괴, 교통 체증 등 '도시병'의 만연을 초래했다. 근년에 심각한 스모그가 여러 도시를 뒤덮어 시민들의 불안을 초래했다. 민간에서 '건강이 제일이냐, GDP가 제일이냐'는 목소리가 들리는바 이는 도시화의 올바르지 못한 정책에 대한 직접적 비판이다. 현재 중국의 도시화는 비약적 발전 시기에 있다. 본 연구팀은 관련 부서에서 도시 사업 회의를 소집하여 도시화의 지도 방침을 전문 연구 토론하고 중대한 문제에 대해 알맞은 결정을 내릴 것을 건의한다. 도시화를 사회 건설의 전반적 계획에 넣어 사회 건설의 기본 원칙에 따라 사회 건설과 도시 건설 및 경제 건설의 관계를 잘 해결해야 한다. 도시화 질 향상에서 도시화의 건강한 발전을 적극적으로 이끌어야 한다.

다섯째, 사회 건설을 추진하려면 반드시 대세에 영향을 주는 사회체제 개혁을 해야 한다.

사회체제 개혁은 사회 건설의 중요한 임무이며 사회 건설의 톱레벨 디자인이다. 사회체제 문제를 잘 개혁하지 못하면 현 단계의 제반 사회 모순을 효과적으로 해결할 수 없으며 사회 건설도 순조롭게 진행될 수 없다.

현 단계 중국의 사회 건설은 심층적 체제 문제에 집중하여 사회체제 개혁에서 실질적 성과를 이루며 사회 건설을 전반적으로 추진해야 한다.

개혁개방 이후 중국의 경제체제 개혁은 성공을 거두었다. 이로부터 경제 발전의 휘황한 성과가 있게 되었다. 비록 사회체제 개혁을 했지만 성공적이지 못하며 심지어 시작하지 못한 부분도 있다. 성공적인 경제체제 개혁과 성공적이지 못한 사회체제 개혁의 병행은 현재 많은 경제사회 모순의 발생 원인이다. 사회체제 개혁의 정체는 이미 경제 개혁 추진에 영향을 주고 있다. 일부 경제학자는 중국의 경제 개혁이 '많은 난관이 존재하는 구역'에 들어섰다고 한다. 사실상 사회체제를 개혁하지 않으면 경제체제 개혁이 순조롭게 진행될 수 없다. 사회체제 개혁의 목표는 사회주의 시장경제 체제에 어울리는 사회체제를 점차 구축하는 것이다. 사회체제 개혁은 먼저 대세에 영향을 주는 사회체제부터 개혁해야 한다. 현행 도시와 농촌 이원화 구조 제도는 대세에 영향을 주는 사회체제이다. 이원화 구조의 제거에 착수하여 성공을 거둔다면 기타 사회체제의 개혁 추진에 이로울 것이며 중국의 사회 건설도 실질적 발전을 가져올 것이다.

여섯째, 사회구조를 조정하고 최적화하며 방대한 중산층을 육성해야 한다.

경제구조와 조화로운 산업사회 중기 단계의 사회구조를 구축하는 것은 사회 건설의 가장 중요하고 관건적인 임무이다. 사회구조의 조정과 최적화의 핵심 임무는 사회 계층구조의 최적화로 '두 끝이 작고 가운데가 큰' 마름모형 사회 계층구조를 형성하는 것이다. 이러한 사회 계층구조에서는 경제 자원, 정치 자원, 문화 자원을 가장 많이 소유한 계층이 극소수이고 이러한 자원을 소유하지 못한 계층도 극소수이다. 중산층은 마름모형 사회구조에서 대다수를 차지한다. 중산층은 현대사회에서 사회 관리와 사회조직 발전의 중견 세력으로 사회 주류 가치의 인도자이고 사회규범의 창도자와 준수자이며 사회 안정의 수호자이다. 이는 이들이 처한 사회정치적 지위에 의해 이 계층의 속성이 결정된다. 외국 학자의 연구에 따르면 산업화 중기 국가에서 중산층이 취업 인구의 40%가량 차지해야 마름모형 사회구조를 형성할 수 있으며 이러한 국가만이 균형적이고도 조화롭게, 안정적이고도 지속적으로 발전할 수 있다.

한 국가의 경제가 비약적으로 발전할 때, 특히 산업화 중기 단계에 진입할 때가 중산층 발전의 황금시기이다. 중국은 현재 이러한 중산층 대발전의 단계에 있다. 추산에 따르면 현재 중국 중산층은 총인구의 28~30%를 차지한다. 이는 주요하게 중국 사회 건설이 정체되고 체제 개혁이 제대로 안 되었으며 사회 이동 경로가 원활하지 못한 것과 관련된다. 이는 또한 매체나 공문서에서 중산층 개념을 사용하지 않는 것과도 관련된다. 중산층은 중등 소득 집단과 같은 개념이 아니다. 중산층은 소득만으로 정해서 안 되며 중등 소득자나 증등 소득 집단으로 대체해서도 안 된다. 일부는 중산층에 속하지만 본인이 중산층이라고 떳떳하게 인정하지 않는다. 여러 도시에 대한 조사 결과를 보면 객관적 지표로 추산시 중산계층의 비중이 비교적 높으나 주관적 인정 비중은 아주 낮다.

사회체제 개혁의 발걸음을 다그쳐 사회정책의 혁신과 취업 구조의 조정으로 취업 구조의 고급화를 추진하고 사회 이동 경로를 원활하게 해야 한다. 중산층에게 명분을 주고 방대한 중산층을 육성하는 것은 중국 사회 건설의 전략적 임무이다.

일곱째, 사회 건설을 추진하려면 사회 현대화 발전 법칙을 파악하고 단계적 전략을 추진해야 한다.

현대화의 각 단계에는 구체적 목표가 있으며 이 목표의 완성은 현대화의 전반 발전 과정이다. 사회 건설로 현대화를 실현하는 과정은 세 단계를 걸친다. 첫 단계는 '제12차 5개년' 계획 기간으로 민생사업 개선과 사회 관리 혁신을 잘해야 한다. 사회 건설은 첫발을 잘 내디디어 사회체제 개혁에 좋은 기초를 닦아놓을 것이며 사회경제의 조화로운 발전도 추진할 것이다. 두 번째 단계는 '제12차 5개년' 계획 후기와 '제13차 5개년' 계획 기간으로 사회체제 개혁 추진에 착수하고 사회정책을 혁신하며 사회 관리를 완비해야 한다. 도시와 농촌 이원화 구조를 제거하여 점차 도시와 농촌 일체화를 실현하며 사회주의 시장경제 체제와 서로 어울리는 사회체제를 형성해야 한다. 세 번째 단계는 2020년 이후 사회주의 시장경제 체제와 어울리고 현대 경제구조와 조화를 이루는 현대 사회구조를 형성하여 마름모형 사회구조를 구축한다. 이 세 단계의 구분은 상대적인 것으로 완전히 분리해서는 안 된다. 향후의 실천 과정은 서로 교차적으로 진행되는 것으로 어느 방면에서 문제점이 나타나면 그 방면을 우선시해야 한다. 각 단계, 각 지역, 서로 다른 실제 상황에는 각각의 방법이 있다. 사회 건설은 단계를 나누어 추진되어야 하고 중국의 국정에 부합되어야 할 뿐만 아니라 이는 현대화의 일반적 법칙의 표현이다. 이 세 단계의 사회 건설을 걸쳐 2040년을 전후하여 중국은 현대화 국가에 들어서게 될 것이다.

여덟째, 사회 건설은 사회 여러 세력의 능동적 역할을 필요로 하는 건설 과정이다.

사회 건설의 추진은 경제사회 발전의 거시적 배경을 고려하여 큰 모순과 큰 문제를 해결해야 한다. 또한 사회 건설 자체의 체제와 시스템의 구체적 사업을 잘해야 한다. 사회주의 조화로운 사회 구축 및 사회 건설의 이론과 실천 문제를 깊이 연구 토론하여 모순을 직시하고 이론적으로, 사상적으로 향후 국가 발전 전략의 조정에 대처할 준비를 해야 한다. 또한 전반 총괄 계획과 종합 조정 관리를 할 수 있는 사회 건설 조직 기구를 설립해야 한다. 여기서 사회건설공작위원회(社會建設工作委員會)의 설립을 건의하는 바이다. 사회 건설의 발전과 개혁을 전면 책임지고 중장기 계획을 제정하여 현재 각지의 사회 건설 기구가 통일되지 못하고 기능이 완벽하지 못하며 사업에서 무력한 상황을 개변해야 한다. 그리고 우수한 실천 경험을 총괄 보급하고 사회 건설의 각종 전형과 모식을 창조하며 지방의 혁신과 톱레벨 디자인이 서로 결합되도록 격려해야 한다. 큰 영향을 주는 사회 건설 모식을 창조하고 보완하며 보급해야 한다. 이 밖에 사회 건설에 물력, 재력과 인력의 투입을 증가해야 한다. 국가와 지방 재정지출이 사회 분야로 집중해야 하는바 민생사업, 사회사업, 공공 서비스를 적극 발전시켜 인민들이 개혁의 발전 성과를 향유하도록 한다. 인적자원에 대한 투자를 확대하여 사회 건설 인재를 선발하고 육성해야 한다. 여기에는 사회사업 종사자, 간부, 자원봉사자 및 사회 건설 연구자가 포함된다.

당대 중국 사회 건설

이상의 여덟 가지는 우리가 당대 중국 사회 건설을 연구하여 체득한 것이며 이 책의 주요 내용이기도 하다. 우리는 문제점에 대한 분석과 추출을 통해 현재 중국의 사회 건설과 사회 관리에 실천적, 이론적인 도움을 제공하고자 했다. 사회 건설은 새로운 분야이다. 이 책은 포전인옥(抛磚引玉)이 목적이다. 사회 각계, 특히 사회 건설과 사회 관리 제일선 종사자들과 사회학 연구자들의 기탄없는 비판과 지적을 바라는 바이다. 더욱 많은 학자들이 사회 건설 연구에 뛰어들어 이 시대적 명제를 함께 주목하기를 바라 마지않는다.

당대 중국 사회구조 변천 연구팀
2013년 3월 3일

제1장   민생사업

제2장 사회사업

제3장 소득 분배

당대 중국 사회 건설

제4장　도시와 농촌 공동체

제5장　사회조직

제6장　사회 관리

제8장 사회체제

당대 중국 사회 건설

제9장　사회구조

제10장   사회 건설의 역정

26

당대 중국 사회 건설

개관

기조 보고

100년의 모색, 특히 개혁개방 30여 년의 위대한 실천을 걸쳐 현재 중국의 현대화 건설은 새로운 역사적 전환기에 들어섰다. 새로운 시기의 주요 모순은 비조화적인 사회 발전과 경제 발전이다. 사회구조와 사회체제가 경제구조, 경제체제의 최적화와 개혁에 비해 정체되어 있어 사회 모순과 문제점이 심각하다. 역사와 현실이 보여주는 바와 같이 사회 건설 강화는 현대화의 필수 단계이다. 국가의 거시적 발전 전략에 입각하여 경제 건설을 토대로 사회 발전과 경제 발전을 모두 중시해야 한다. 이로써 사회 건설의 중요한 전략적 지위를 확립해야 한다.

사회 건설의 목표는 사회 현대화를 이룩하는 것이다. 기본 원칙은 인본주의, 기본 인권 보장, 공평과 정의의 견지, 공동 건설과 공유이다. 사회 건설의 강화는 사회체제의 개혁과 사회구조의 조정을 중심으로 해야 하며 세 개 단계로 나누어 점진적으로 추진하여 아홉 개 분야의 주요 임무를 완성해야 한다. 사회 건설 여러 임무의 순조로운 추진을 위해 사회 건설의 이론 연구를 강화하고 실천 속의 선진 경험을 총괄 보급하며 사회 건설의 조직 체계, 인재 육성과 자금 지지도를 강화해야 한다. 사회체제 개혁을 중요한 돌파구로 삼고 도시화를 주요 수단으로, 여러 사회 구성체를 광범히 동원하여 사회 건설의 위대한 사업을 공동 추진하며 중화민족의 위대한 부흥을 이룩해야 한다.

개관 기조 보고

현대화를 실현하고 중화민족의 위대한 부흥을 이룩하는 것은 중국 인민의 오래된 숙원이다. 30여 년의 개혁개방을 걸쳐 중국 경제와 사회는 많은 변화를 가져왔다. 사회주의 초급 단계, 사회주의 시장경제, 사회주의 조화로운 사회 등 중국 특색 이론의 창조적 실천은 중국 현대화 문명 건설을 새로운 수준으로 끌어올렸다. 개혁개방이 배태한 중국 특색이 있는 사회주의 길을 따라 중국의 경제 건설 성과는 전 세계의 주목을 받았다. 신형 산업화, 정보화, 도시화와 농업 현대화의 빠른 추진에 따라 중국은 전대미문의 변화를 겪고 있다. 그러나 경제 건설의 휘황한 성과에 비해 기타 분야의 건설은 정체된 모습을 보이고 있다. 특히 사회 분야에서의 사회구조의 불합리는 사회체제 개혁을 필요로 하며 사회 모순과 문제점은 조화롭고 안정된 사회 건설에 큰 압력을 가하고 있다. 중국 인민은 공평하고 정의로우며 행복한 생활을 영위할 수 있는 조화로운 사회를 갈망하고 있다.

현재 중국의 사회 발전과 경제 발전은 비조화적인 새로운 모순에 직면해 있다. 이는 새로운 전략 조절을 필요로 한다. 중국공산당 제16차 대표대회 이래, 사회주의 조화로운 사회 구축 이론과 실천 과정에서 사회 건설의 중요성은 갈수록 커졌다. 중국 현대화 건설은 새로운 역사 전환기에 들어섰다. 이 시기 국가 발전 전략에서 사회 건설의 지위를 뚜렷하게 해야 하는바 사회 건설로 사회 현대화를 추진하고 전면적 현대화의 새로운 발전 단계 실현을 촉진해야 한다. 사회체제 개혁을 돌파구로 균형을 잃은 국가-시장-사회 관계 체제를 개혁해야 한다. 계층구조를 중심으로 하는 사회구조를 부단히 조정하고 최적화하여 사회, 경제의 조화로운 발전을 점차 이룩해야 한다.

1. 새로운 역사적 전환기의 중국

신중국 성립 이래 현대화의 모색과 실천은 세 차례의 중대한 역사적 전환기를 겪었다. 매 차례의 중대한 전환은 모두 특정 역사 시기의 사회 모순 해결을 근거로 삼았다. 실천과 모색, 사상의 충돌, 심각한 반성, 점차 정형화되는 과정을 겪었다. 따라서 새로운 전략 임무의 제정과 함께 새로운 역사 단계에 들어섰다.

1) 제3차 역사적 전환기의 중국

제1차 역사적 전환기는 중화인민공화국이 건국된 1949년부터 사회주의제도가 기본 건립된 1956년까지이다. 이시기는 사회주의 개조를 걸쳐 구중국의 혼란한 국면을 수습하고 전국 인민을 "조직했다."[1] 신민주주

---

1)　毛澤東, 「中國人民大團結萬歲」, 1949년 9월 30일 중국인민정치협상회의(中國

의 사회에서 사회주의 사회로 과도하여 사회주의 기본 제도를 확립했으며 중국 현대화 건설의 기본적 정치 조건과 제도적 기초를 마련했다. 이로써 사회주의 제도 건설의 역사 단계가 시작되었다. 제2차 역사적 전환기는 1978년 중국공산당 제11기 중앙위원회 제3차 전체회의 소집부터 1987년 중국공산당 제13차 대표대회 소집까지이다. 이 시기는 어지러운 사회를 바로잡고 정상 질서를 회복했으며 개혁개방으로 인민들이 "활기를 띠도록 했다."[2] 사회주의 초급 단계의 '세 단계 발전' 전략을 제기하여 사회주의 시장경제 체제 건립을 모색했으며 경제 건설을 중심으로 하는 역사 단계를 시작했다.

중국공산당 제16차 대표대회 소집부터 현재까지 중국 현대화 건설은 제3차 역사적 전환기에 들어섰다. 이 시기 완성해야 할 역사적 임무는 경제 건설의 중심 지위를 지속적으로 견지하는 전제하에 사회 발전과 경제 발전을 모두 중시하는 전략 방침을 실행하고 사회 법칙에 따라 사회 건설을 강화하는 것이다. 또한 사회와 경제 발전의 부조화적인 모순을 해결하여 사회를 "조화롭게 하는 것이다."[3] 이로써 사회 건설로 전면적 현대화를 추진하는 새로운 단계는 시작되었다. 전당, 전국의 이론 인식과 현대화 건설의 실천에서 이 과정의 미완성을 보아낼 수 있다.

현재 현대화 건설 단계의 총체적 판단과 관련해 중공중앙은 많은 설명을 했다. 중국공산당 제16차 대표대회에서는 "우리나라는 샤오캉사회의 전면 건설에 들어섰다. 사회주의 현대화 건설의 새로운 발전 단계를 빠르게 추진해야 한다"라고 했다. 2004년 중국공산당 제16기 중앙위원회 제

人民政治協商會議) 제1차 전체회의 기초 선언.

2) 鄧小平,「改革開放使中國眞正活躍起來」, 1987년 5월 12일 담화문.

3) 鄭必堅,「牢牢把握黨的十八大主題」,『人民日報』, 2012年 11月 23日.

4차 전체회의에서는 "새로운 세기와 새로운 단계에 들어섰다. …(중략)… 우리나라 개혁과 발전이 관건적 시기에 처해 있다"라고 했다. 2005년 중국공산당 제16기 중앙위원회 제5차 전체회의에서는 "우리나라 경제사회 발전은 새로운 단계에 들어섰다. …(중략)… 샤오캉사회를 전면 건설하는 관건적 시기이다. …(중략)… 우리는 미래를 향한 새로운 역사 출발선에 서 있다"라고 했다. 2006년 중국공산당 제16기 중앙위원회 제6차 전체회의에서는 "우리나라는 이미 개혁 발전의 관건적 시기에 들어섰다"라고 했다. 2007년 중국공산당 제17차 대표대회에서는 "중요한 전략 기회를 잘 잡을 것"을 제기했고 2012년 중국공산당 제18차 대표대회에서는 '새로운 세기, 새로운 단계', '새로운 역사적 조건' 등 표현을 사용했다. 학계에서도 여러 논조를 내놓았다. 이를테면 "중국의 개혁은 현재 새롭고도 중요한 전략 전환 단계에 직면해 있다"[4], "오늘의 중국은 새로운 역사 전환기에 직면해 있다"[5] 등이다. 2012년 중국 사회과학원의 『중국 사회 형세 분석과 예측』에서 "중국은 도시 사회를 주로 하는 새로운 성장 단계에 진입했다"고 제기했다. 현재 중국의 현대화 건설은 '새로운 역사 전환기'에 들어섰다. 이는 현재 사회 전환[6]이 직면한 사회 주요 모순과 현대화 실현 정도에 근거한 것으로 중국 현대화 발전의 단계적 특징과 발전 전략의 전환적

4) 汪玉凱, 「中國改革面臨戰略轉折」, 『同舟共進』, 2007年 第7期.
5) 錢理群, 「"農村發展組"八十年代的改革運動」, 『炎黃春秋』, 2012年 第9期.
6) 사회 전환의 일반 내용에는 대체적으로 여섯 가지 방면이 포함되어 있다. 계획경제에서 시장경제로의 전환, 전통적인 농업사회에서 현대 산업사회로 전환, 시골 위주에서 도시 위주로 전환, 예의 풍속을 따르던 사회에서 법치 사회로의 전환, 폐쇄 사회 혹은 반폐쇄 사회에서 민주 개방적인 사회로의 전환, 동질성이 강한 사회에서 이질성이 강한 사회로의 전환이다(陸學藝, 李培林 主編, 『中國社會發展報告』, 遼寧人民出版社, 1991. 참조). 이 밖에 중산층을 주체로 하는 마름모형 사회구조를 첨가해야 한다.

특징을 보여주고 있다.

사회주의 현대화는 전면적인 현대화이다. 신중국 건국에서 21세기 중엽의 현대화 실현까지 100년이 필요하다. 이미 60여 년이 흘렀다. 첫 번째 30년 발전 과정이 국가(정치) 건설의 힘든 탐색이라면 두 번째 30년 발전 과정은 경제 건설의 성공적인 실천이라고 할 수 있다. 그렇다면 사회 건설의 강화, 사회 발전과 진보의 촉진은 세 번째 30년 발전 과정의 주제이다.[7] 현대화 건설의 일반 법칙과 중국 현대화 실천은 사회 건설 시대의 도래를 선포할 것을 요구하고 있다.

2) 중국이 당면한 주요 모순은 사회 발전과 경제 발전의 부조화

중국 현대화 과정에서 보여준 단계적 발전 특징과 전략적 전환 특징은 서로 다른 역사 시기의 사회 상황과 국가 상황이 뒤엉켜 형성된 주요 모순에 의해 결정된 것이다. 신중국 현대화의 제1차 역사적 전환기에 직면한 주요 모순은 무산계급과 자산계급의 모순으로, 신생 정권을 견고히 할 것을 요구했다. 제2차 역사적 전환기의 주요 모순은 인민들의 날로 늘어나는 물질문화 수요와 낙후한 사회 생산 간의 모순으로, 인민들의 먹고 입는 문제를 해결해야 했다. 제3차 역사적 전환기에 직면한 주요 모순은 사회와 경제 발전이 부조화를 이룬 모순으로, 이는 샤오캉사회의 전면 건설, 공동 부유의 실현, 사회주의 조화로운 사회 구축에 관련되는 중요한 문제이다. 이 주요 모순은 다음과 같은 여러 방면에서 구현된다.

첫째, 경제 발전의 성과가 뚜렷하지만 사회문제가 상대적으로 심각하

---

7) 썬위안(沈原)은 전환사회학의 시각에서 논술했다. 沈原, 「又一个三十年 – 轉型社會學視野下的社會建設」, 『社會學研究』 2008年第3期.

다. 사회 분야에서 덩샤오핑이 지적한 "발전을 이룩한 후에 나타날 문제점은 발전 과정의 문제점에 비해 적지 않을 것"[8]이 입증되었다. 그중 일부 문제점은 매우 심각하다. 이를테면 토지 징수와 철거, 환경오염, 노사 갈등 등에 의한 집단 소요 사태가 대다수를 차지한다. 사회적 영향이 심각하여 사회 치안과 형사 사건이 개혁 전에 비해 10여 배 증가했다.[9] 이러한 문제점과 관련해 중국공산당 제16차 대표대회 이후의 중국공산당 제 회의에서 모두 실사구시적인 개괄을 했다.

둘째, 경제 총량이 신속히 증가했으나 발전 성과에 대한 공유가 부족하다. 경제 발전이 인간의 사회 수요, 공공 서비스, 사회복지를 충족시키지 못했다. 2010년 중국 경제 총량은 세계 제2위로 1인당 GDP는 1978년의 79배에 달했다. 그러나 주민 소득 증가는 경제 발전 증가에 비해 뒤처졌다. 2010년 도시 주민 1인당 가처분 소득이 1978년의 56배에 달했지만 시골 주민 1인당 순소득은 44배에 그쳤다. GDP 비율에서 전국의 민생, 사회사업 예산은 30%도 미치지 못했다. 이 중 교육 예산은 오랜 기간 4%도 되지 못했고 연구개발(R&D) 예산은 2%도 안 되었다. 또한 의료 위생 비용에서 개인 분담 비율이 높으며(2009년에 37.5%로 정부 투입보다 10% 높고 사회 투입보다 2.4% 높음) 주민 양로 혜택 수혜자는 28%밖에 안 된다.[10] 국가재정 지출은 대부분 경제 건설에 대한 투자에 사용되었는데 누적률은 1978년의 38.2%에서 2011년의 49.2%로 증가했다. 이는 최종 소비에 영향을 주어 학교에 다니기 어렵고 병원에 가기 어려우며 취업이 어

당대 중국 사회 건설

8) 『鄧小平年譜(1975~1997)』(下), 中央文獻出版社, 2004, p.1364.

9) 이 보고의 데이터는 특별한 설명이 없는 경우 『중국통계연감(中國統計年鑑)』, 『국민경제화사회 발전통계공보(國民經濟和社會發展統計公報)』, 정부부처 사이트에 근거한 것으로 뒷글에서 더 이상 누누이 설명하지 않기로 한다.

10) http://www.ce.cn/xwzx/gnsz/gdxw/201107/20/t20110720_22551793.shtml.

려운 등 문제점을 초래했다.

셋째, 경제 활력이 효과적으로 방출되었으나 사회 활력은 여전히 억제를 받는다. 시장경제 개혁 목적의 하나는 각종 경제 요소의 자유로운 유동을 촉진하여 경제 활력이 최대한 넘치게 하는 것이다. 개혁개방 이래 경제 요소인 노동 인구는 시장 법칙에 의해 도시로 유동, 집결된다. 그러나 사회적 속성을 지닌 인간은 사회 관리, 공동체 건설에서 유동과 거주의 제한을 받게 된다. 그러므로 사회 활력이 억제를 받을 수밖에 없게 되었으며 아울러 경제 활력도 억제를 받게 되는 것이다. 중국에는 2억 명에 달하는 농민공(農民工 : 중국에서 농촌을 떠나 도시에서 일하는 하급 이주 노동자를 일컫는 말)이 도시와 농촌 사이를 넘나들고 있다. 기타 인구의 유동을 고려하면 해마다 중국 인구의 절반이 유동한다. 그러나 현재 유동인구에 대한 관리가 체계적이지 못하다. 호적 관리는 폐쇄된 사회의 옛 제도를 답습하고 있다. 농민공은 도시에서의 거주지가 마땅치 않으며 도시인보다 힘들고 어려운 일을 하고 보수를 적게 받아 '반도시화' 상태에 처해 있다.[11] 불안정한 생활 상황은 형사 범죄와 사회 치안 문제를 야기했다. 최근 몇 년간 형사사건 중 70%에 달하는 절도, 사기, 강도 등 사건은 도시와 농촌 인접지대에서 발생했다. 그리고 70% 이상의 범죄 피의자는 유동인구이며 그중 70% 이상은 농민공이다. 또한 피해자 70% 이상 역시 농민공이다. 도시는 인구가 밀집되어 있지만 행정구역과 편제에는 거의 변화가 없다. 일부 도시에서 동사무소의 직원 10여 명이 10여만 명, 수십만 명, 심지어 백여만 명을 관리해야 한다. 일부 지역구의 인구는 수천 명, 심지어 수만 명에 달하지만 지역사회 공공 서비스와 관리 인원 편제가 적어 효과적인 관리를 실행할 수 없다. 이는 사회 관리가 혼란하고 형사 범죄가

---

11) 王春光,「農村流動人口的 "半城市化" 問題硏究」,『社會學硏究』2005年 第6期.

증가하여 치안 상황이 좋지 못한 중요한 원인이다.

넷째, 경제 조직화 수준이 비교적 높으나 사회 조직화 정도는 매우 낮다. 기업은 가장 기본적인 경제단위이다. 기업 수, 조직화 정도, 시장 참여도는 시장경제 발전과 시장 활력의 중요한 지표이다. 개혁개방 이래 민영경제는 빠른 발전을 이룩했는데, 그 예로 민영기업 수의 급증을 들 수 있다. 2012년 9월까지 민영 경제 총량은 전국의 60%를 넘었으며 민영기업 수는 1,000만 개를 넘어섰다.[12] 마찬가지로 사회조직의 수, 사회사무의 참여도는 사회의 조직화 정도와 사회 발전, 사회 활력 수준을 반영한다. 중국의 민간 사회조직과 사회기업의 발전은 완만하다. 2012년에 등록한 민간 사회조직(사회기업) 수는 45.75만 개밖에 되지 않았다. 선진국은 평균 만 명당 50개 이상의 사회조직이 있고 개발도상국은 평균 만 명당 10개 이상의 사회조직이 있다. 그러나 중국의 사회조직은 평균 만 명당 3.5개밖에 되지 않는다. 이는 현재의 경제 발전 수준에 부합되지 않는다. 또한 사회조직 자체에도 서비스 능력이 부족하고 관리 구조가 불합리하며 운영이 비규범적인 문제점이 있다.

다섯째, 경제구조가 날로 현대화되어가지만 사회구조는 여전히 초급단계에 머물러 있다. 중국 경제구조는 이미 산업화 중기 단계에 이르렀다. 산업 생산액은 1985년의 "2차 산업, 1차 산업, 3차 산업" 순에서 "2차 산업, 3차 산업, 1차 산업" 순으로 전환하여(2011년 농업 생산 총액은 10% 미만임) 2차 산업과 3차 산업 생산액이 대부분을 차지했다. 1997년의 취업 구조에서 2차 산업과 3차 산업 취업자 비율이 50.1%에 달했다. 2010

당대 중국 사회 건설

---

12) 2012年『中國民營經濟發展形勢分析報告』, http://cppcc.people.com.cn/n/2013
/0203/c34948-20414890.html.

년 중국 1인당 GDP는 4429달러로 세계은행의 기준[13]에 의하면 이미 중상 국가이다. 그러나 중국 사회계층 구조는 선진국 초급 단계에 머물러 있다. 이를테면 중산층이 25%(1951년 미국의 중산층은 45%에 달했음[14])밖에 되지 않고 2012년 도시와 농촌 수입 차이는 3.1:1로 구조적 차이를 축소하기에 어려움이 따른다. 도시 인구가 50.1%를 넘어 농촌 인구를 초과했다. 그러나 40%에 달하는 농촌 인구의 생산 총액은 10%에도 미치지 못하여 심각한 구조적 결함을 보였다. 또한 유동인구의 급증과 농민공 체제 문제가 엇갈려 도시 내부의 이중구조 문제점이 매우 심각하다. 본 연구팀의 사전 연구에서 "사회구조가 경제구조에 비해 15년 뒤떨어졌다"[15]고 내린 결론은 중국 사회구조와 경제구조의 비조화적인 상황을 객관적으로 반영한 것이다.

여섯째, 시장경제 법칙이 점차 성숙되어가지만 현대 사회규범이 아직 정립되지 못했다. 시장경제는 평등, 자유경쟁을 강조하고 민주 개방과 법제 경제를 추구한다. 그러나 전통 관습 사회의 명분, 등급 규범의 존재로 현대 법치사회의 건립이 힘든 상황이다. 시장경제 분야에서 암묵적 관행, 부정 등이 만연하여 법치가 해이하고 부패가 심각하며 윤리 도덕이 상실되었다. 따라서 정부와 공직자에 대한 평가 만족도가 비교적 낮으며 일부 지방 군중들은 공직자를 원망하거나 질책하는 현상을 보인다.

일곱째, 경제체제 개혁이 부단히 심화되었지만 사회체제 개혁은 아직

---

13) 1인당 GDP가 1,005달러 미만이면 저수입 국가, 1006~3975달러면 중하(中下) 국가, 3,976~1만 2,275달러이면 중상 국가, 1만 2,276달러 이상이면 부유 국가로 분류한다.

14) [美國] C. 萊特·米爾斯, 『白領: 美國的中産階層』, 楊小東等譯, 浙江人民出版社, 1997, p.84.

15) 陸學藝 主編, 『當代中國社會結構』, 社會科學文獻出版社, 2010, p.3.

시작되지도 못했다. 소유권, 국유기업, 주식제, 금융과 재정 세무 제도, 외환 제도에 대한 30여 년의 개혁으로 사회주의 시장경제 체제는 기본적으로 구축되었다. 그러나 기존 사회체제의 많은 부분을 여전히 개혁하지 않았을 뿐만 아니라 그 어떤 진척도 보이지 않았다. 거시적으로 "정부가 강하고 시장이 강하며 사회가 약한" 국면을 보이고 있으며 많은 분야에서 정부가 책임지는 전례를 답습하여 다음과 같은 결과를 초래했다. 첫째, 정부가 과도한 사회 사무를 부담하기 때문에 압력이 크고 임무가 많으며 비용이 많이 들며 제대로 관리하지 못한다. 뿐만 아니라 인위적으로 많은 사회적 위험을 초래한다. 둘째, 정부의 일방적인 통제로 사회(시민사회) 자체의 발전을 더디게 한다. 도시와 농촌의 이중 체제, 호적 제도, 사회사업 체제, 사회조직 체제, 사회 관리 체제 등은 모두 계획경제 시기의 산물이다.

현대 중국 사회 건설

　사회 발전과 경제 발전의 부조화와 관련해 중공중앙은 1997년 중국공산당 제15차 대표대회 보고에서 이미 제기한 바가 있다. 2003년 중국공산당 제16기 중앙위원회 제3차 전체회의에서 발전 과정에 존재하는 '다섯 개의 부조화'에 근거하여 '다섯 개의 전면 계획'과 관련된 새로운 요구를 제기했다. 이 중에는 '경제사회 발전 총괄'이 포함되어 있다. 중국공산당 제17기 중앙위원회 제5차 전체회의와 중국공산당 제18차 대표대회에서는 "발전에서 불균형, 부조화, 비지속적 문제점이 의연히 심각하다"고 거듭 밝혔다. 이는 경제 발전 분야의 문제점일 뿐만 아니라 전체 현대화 과정에서의 경제 발전과 사회 발전의 불균형, 부조화, 지속 불가능이기도 하다. 여기에서 불균형은 도시와 농촌, 지역 간의 경제사회 발전과 사회자원 배치 및 사회 이익 관계의 불균형이다. 부조화는 경제체제와 사회체제, 경제구조와 사회구조, 경제 발전과 사회 발전의 부조화이다. 지속 불가능은 사회체제를 타파하지 않고 경제 개혁과 사회 발전을 고려하지 않은 경제 발전의 지속 불가능이다. 그러므로 사회와 경제 발전의 부조화는 현 시기 주요 모순이다. 사회경제 발전의 전면적 계획을 세워 경제사회의 균형과 조화로운 발전을 도모하는 것이 현재와 향후 일정 기간 주목해야 할 중대 사항이다.

마오쩌둥(毛澤東)은 『모순론(矛盾論)』에서 "복잡한 사물의 발전 과정에서 많은 모순이 존재한다. 그 가운데 반드시 하나의 주요 모순이 있다. 그 주요 모순의 존재와 발전이 여타 모순의 존재와 발전을 규정한다. …(중략)… 그 주요 모순을 파악하면 모든 문제가 곧 해결된다"라고 했다. 요컨대 사회와 경제 발전의 불균형, 부조화가 장기적으로 해결되지 못한 주요원인은 체제와 구조의 장애이다. 이는 중국의 현대화 건설의 발전에 심각한 영향을 미친다.

2. 사회 건설의 강화는 현대화의 필수 단계

정계와 학계는 당전 중국 사회 발전과 경제 발전의 불균형과 부조화와 관련해 향후 개혁 발전에 관한 여러 전략을 제기했다. 주요하게 세 가지 견해로 개괄할 수 있다. 첫 번째 견해는 경제체제 개혁을 지속적으로 심화하고 정력을 경제 발전에 집중시키는 것으로, 경제가 발전되면 모든 문제가 해결된다는 것이다. 두 번째 견해는 사회경제 발전 부조화의 근본 원인은 정치체제 개혁의 정체이므로, 정치체제 개혁으로 정치 건설을 강화할 수 있다는 것이다. 세 번째 견해는 중국의 다음 단계의 전략 임무와 중점은 사회 건설의 강화로, 사회체제 개혁을 해야 한다는 것이다. 민생문제의 해결, 창조적 사회 관리, 사회재건의 추진, 사회구조의 최적화 등으로 사회경제 발전의 조화로운 발전을 촉진할 수 있다는 것이다.

선진국의 산업화 발전 과정을 보면 산업화 초기에는 일반적으로 경제 성장과 기술 제고만을 중요시했다. 산업화 중기에 이르러 경제의 고속 성장과 함께 사회문제가 대두했다. 그러므로 사회와 경제의 조화로운 발전은 중요한 과제이다. 산업화 후기 혹은 후기 산업사회에 들어서면 전체 사회는 전면적인 조화로운 발전을 할 수 있다. 그러므로 우리는 새로운 역사 전환기에 사회 건설의 강화를 향후 중국 현대화 건설의 중점 전략으로 삼아야 한다고 주장하는 것이다. 이는 경제사회 발전의 법칙에 부합되고 사회주의 현대화 건설의 법칙에 부합되며 중국의 국정과 당면한 실제에 부합된다. 다음 역사 단계에서 국가의 거시적 발전 전략에 입각하여 경제 건설을 견지하는 것을 전제로 사회 건설과 경제 건설을 일괄 중시하는 전략 방침을 실행하며 사회 건설을 중요한 전략적 위치에 놓아 사회와 경제의 조화로운 발전을 추진해야 한다.

1) 사회 건설의 강화는 현대화의 필수적 단계와 전략적 요구

사회 건설을 중국 현대화 다음 단계의 중점 전략으로 삼아야 한다. 그 이유는 다음과 같다.

첫째, 샤오캉사회 전면 건설의 필요성이다. 샤오캉사회를 전면 건설하는 것은 중국 특색이 있는 사회주의 현대화의 중요한 전략 목표이다. 2002년 중국공산당 16차 대표대회에서는 "인민 생활 총체 수준이 샤오캉에 도달"했지만 "수준이 여전히 낮고 전면적이지 못하며 발전이 아주 불균형적인 샤오캉"이라고 지적했다. 그러므로 "21세기 첫 20년에 10여억 인구가 혜택을 볼 수 있는 더욱 높은 수준의 샤오캉사회를 전면 건설해야 한다"고 했다. 2012년 중국공산당 18차 대표대회에서는 "2020년에 전면적인 샤오캉사회 건설이라는 위대한 목표를 실현하도록 한다"고 제기했다.

중국공산당 16차 대표대회에서 전면적 샤오캉사회 건설의 목표를 제기한 후 관련 부서에서는 6개 부류의 23개 지표 체계를 정했다.[16] 당시의 지표와 대조해보면 2010년 전면 샤오캉은 80.1%로 2002년에 비해 20% 증가되었다. 측정 데이터에 따르면 경제지표는 2000년에 비해 25.8% 증가하여 그 완성이 가장 빨랐다. 2020년 일인당 GDP 목표를 3만 1,400위안으로 정했는데 2000년의 불변 가격으로 계산하면 2013년에 그 목표를 달성할 수 있다. 그러나 사회 조화와 문화류의 지표는 그 상승폭이 크지 않았다. 특히 일부 지표는 하락세를 보였다. 2000년 도시와 농촌의 차이가 99.8%(2.6:1)에 달했지만 2010년에는 70.3%(3.23:1)로 하락하여 도시와 농촌의 차이가 더욱 커졌다. 2000년의 지니계수는 98.6%(0.412)이었지만 2010년에는 79.8%(0.481)로 하락했다. 이는 주민 소득 분배 격차가 점점 커졌음을 의미한다.[17] 사회안전지수는 2000년의 기준에 비해 2010년에는 95.6%로 하락했다. 문화교육류 3대 지표는 2010년 68%로, 2000년에 비해 10%의 증가세도 보이지 못했다. 전면적인 샤오캉사회 건설의 실현을 위해 8년밖에 남지 않은 기간 동안 사회 건설에 주력하지 않으면 여러 지표는 달성하지 못할 가능성이 크다.

둘째, 경제 발전 방식 전환의 필요성이다. 경제 발전 방식을 전환하여 내수를 확대하는 것은 발전의 전략적 기반일 뿐만 아니라 가장 큰 구조 조정이기도 하다. 10여 년간 중국은 줄곧 경제 발전 방식의 전환을 강조했으나 효과가 미미했다. 이는 현재 경제구조에만 의지해서는 안 된다는 것을 말해준다. 사회구조의 조정으로 발전 분야의 개척, 사회 환경의 개

---

16) 구체적인 것은 국가통계국 통계과학연구소(國家統計局統計科學硏究所)의『中國全面建設小康社會進程統計監測報告(2011)』(國家統計局罔(統計分析欄, 2011年12月19日.)를 참고하기 바람.

17) 지니계수가 0.2 이하이면 소득 분배 완전 평등, 0.2~0.3이면 소득 분배 비교적 평등, 03~0.4이면 소득 분배 비교적 합리, 0.4~0.5이면 소득 분배 불평등, 0.5 이상이면 소득 분배 불균등이 심각한 것으로 보고 있다.

선, 사회 재화의 창조, 주민 소득 증가의 촉진, 내수의 확대 효과를 들 수 있다. 현재 중국의 도시에는 2억여 명에 달하는 농민공이 아직 도시 인구로 전환되지 못한 상태다. 사회보장이 부족하고 소득이 아주 적으며 소비력이 낮다. 일부 농민공은 예금이 있으나 소비를 하지 못한다. 모은 돈으로 고향으로 돌아가 집을 짓고 결혼해야 한다. 많은 농민의 소득은 도시 주민 소득의 1/3밖에 안 되어 구매력이 매우 낮다. 이러한 사회구조의 배경에서 내수 확대는 아주 어렵다. 그러므로 사회체제의 개혁과 사회구조의 조정으로 경제 발전 방식의 전환을 추진해야 한다. 즉 자원, 기회의 합리적인 배치로 중하층의 소득을 증가시키고 교육, 취업, 사회보장 등 문제점을 개선하여 그들의 기본 생존력과 발전 능력을 보장해야 한다. 중산층을 주체로 하는 소비 시장을 형성하고 새로운 사회층의 흥기와 발전을 촉진해야만 시장경제의 활력을 충분히 나타낼 수 있다.

셋째, 사회 모순과 사회문제 해결의 필요성이다. 앞에서 언급했듯이 당면한 사회 모순과 문제점은 주로 사회 건설의 정체가 초래한 결과이다. 지난 30여 년간, 경제 개혁은 경제의 쾌속적인 발전을 추진했다. 경제 개혁의 핵심은 이익 구조에 대한 조정이다. 효율을 핵심 원칙으로 하는 이익의 조정하에 이익 분화가 불균형을 이루었다. 이를테면 큰 케이크를 만들었지만 케이크 분배 룰을 제대로 정하지 못했기 때문에 올바르게 분배하지 못한 것과 같다. 이는 더욱 많은 사회 모순과 사회문제를 초래한다. "학교에 다니기 어렵고, 병원에 가기 어려우며, 취직이 어렵고, 사회보장이 어렵다"는 목소리는 점점 커지고 있다. 더는 묵과할 수 없다. 대중의 목소리는 바로 시대가 해결해야 할 문제점이다. 근래 당과 정부는 민생에 관심을 쏟아 경제적으로 많은 투입을 하여 이러한 문제점을 점차 해결하고 있다. 실천이 보여주다시피 이는 자금의 투입만으로 부족하며 반드시 사회 건설을 강화해야 한다. 사회 건설은 사회의 공평과 공정 원칙에 따라 사회의 여러 방면을 조정해야 한다. 자원과 기회의 공평하고 공정한 배치를 주도 원칙으로 하는 일련의 새로운 사회체제를 구축하고 완벽화해야 하며 개혁 발전의 성과를 공평하고도 합리하게 향유할 수 있는 체제와 시스템을 구축해야 한다. 이것만이 모순과 문제점을 해결할 수 있다.

넷째, 정치체제 개혁의 사회 기반을 다져야 할 필요성이다. 정치체제 개혁은 일부 걸출한 인물이나 개인 의지의 산물이 아니다. 이는 정치 개혁에 대한 사회의 절박한 수요이며 특히는 사회 건설로 정치 건설과 정치 개혁을 배태하려는 사회적 조건이다. 중화민국 초년, 많은 지사들이 헌정 민주, 민주공화 등을 추구했으나 모두 실패했다. 이는 당시의 중국 사회가 왕권 체제에서 갓 탈태했기 때문에 봉건사상이 깊이 뿌리박혀 있어 민주 정치를 직접적으로 추진할 경제적, 사회적 조건을 구비하지 못한 것과 관련된다. 개혁개방 30여 년간, 현대화 경제 기초가 기본적으로 갖추어졌고 기층 민주 선거를 통해 대중들은 민주정치의 교육을 받았다. 그러나 강대한 중산층을 주체로 하는 시민사회가 부족하다. 따라서 현재 중국은 사회 체제의 개혁으로 자원과 기회를 합리적으로 배치하고 중산층을 발전시켜야 한다. 사회조직과 그 역할을 발전시켜 광범한 사회 중하층의 민주 의식과 참정, 의정 능력을 육성하며 상대적으로 안정되고 합리적인 현대 사회 구조를 구축하여 정치체제 개혁을 전면적으로 추진하는 데 민주 기초, 제도 기초, 사회 기초를 마련해야 한다. 국내외의 현대 역사 발전의 경험과 교훈이 보여주다시피 사회 모순과 충돌이 빈번한 시기는 정치체제 개혁을 단행할 좋은 시기가 아니다.

다섯째, 현대국가 문명 질서 구축의 필요성이다. 경제 건설이나 사회 건설, 정치 건설, 생태 문명 건설 등은 최종적으로 모두 현대 문명 질서를 구축하려는 것이다. 문화 건설의 모든 방면 특히 사회규범, 가치 관념, 풍습 제도는 사회 발전의 표현이다. 사회학의 관점에서 보면 인간의 사회화는 사회문화의 전파와 전승이고 행위 규범의 양성과 사회 성격의 육성이다. 사회구조의 관점에서 보면 우수한 문화 습득은 현대 중산층을 육성하는 주요한 포인트이다. 이는 중산층이 고상한 사회 도덕, 주류 가치의 인도, 규범화된 개인 행위, 건전한 생활 소비, 시대의 조류를 선도하는 사회 집단이 되게 한다. 중산층은 현대사회 사조의 발기자이자 문화 개혁의 선구자이며, 공익 문화 사업의 인도자와 제공자, 현대 문화 산업의 생산자와 소비자이다. 그러므로 사회 건설은 신흥 중산층을 형성하는 과정에서 그 자체적으로 문화 건설을 추동하며 현대 문명 질서의 구축을 촉진한다.

여섯째, 경제 건설을 토대로 적절한 시기에 사회 건설을 강화하는 것은 현대화 국가 발전의 보편적 법칙이다. 국제사회에서 효과적인 사회 개혁으로 안정과 번영을 이룩한 실례가 적지 않다. 이를테면 미국 산업화 중기(1920~1960년)의 1929~1933년 대공황 시 '뉴딜 정책'이 미국 경제를 회복시켰다. '뉴딜 정책'의 초기 정책은 주로 경제 부흥 정책이었다. 중기에 사회 분야를 개혁했다. 사회보장 체계를 구축했고 노동조합 결성을 추진했으며 노사 담판을 촉진하여 하층 근로자들의 급여를 높였고 재분배 체계를 회복했다. 1951년 사회학자인 밀스는 『화이트칼라』에서 중산층 인구의 증가(45%를 차지)와 사회의 부단한 진보는 제2차 세계대전 이후 미국이 번영을 이룩한 기초라고 했다. 일본 역시 경제사회의 조화로운 발전을 이룩한 사례이다. 제2차 세계대전 이후 일본은 신자유주의와 경제 민주화를 실시했다. 정부 주도의 시장경제와 수출 위주의 국민경제 발전 전략을 세웠으며 과학기술의 길을 걸었다. 이로써 경제가 점차 발전하고 번영하였다. 이와 함께 일본 정부는 사회 개혁도 단행했다. 이를테면 '교육 기회 균등'을 실행하고 기업의 노동조합 결성을 강화했으며 '국민소득 증가계획'으로 전 국민 연금과 전 국민 의료사회보장제도를 구축했다. 또한 '불황산업법'을 제정하여 취업과 전통 가정제도를 보호했다. 1970년대 중후반에 들어서서 일본의 국민소득 분배는 거의 균등해졌으며 취업이 안정적이고 충돌이 비교적 적었다. 전 국민이 거의 중산층에 속하는 사회와 복지사회를 전면적으로 구축했다.[18] 이러한 것은 중국이 참고로 할 수 있는 좋은 경험 사례들이다. 이와 반대로 라틴아메리카 국가들은 사회 개혁이 부족하여 사회 혼란을 초래한 사례이다. 1990년대 전의 대부분 라틴아메리카 국가는 수출 위주의 경제 발전 전략을 추진했으며 경제에 대한 정부의 효과적인 관여로 한동안은 번영했었다. 그러나 신자유주의를 추구하는 정부가 사회 발전 분야에서 그 어떤 성과도 이룩하지 못했다. 소득 분배가 심각하게 불균등했는바 지니계수가 보편적으로 0.6을 초과했다. 사회 치안이 좋지 못해 범죄율이 급속히 증가했다. 그중에서도 살인 사건 비율은 1970년대의 0.08%에서 1990년대의 0.13%로 증가했다. 사회 상류층의 부패가 만연했고[19] 강대한 중산층이 부재했다. 이는 사회구조의 단열과 사회문제 발생의 원인으로 중국은 그 교훈을 받아들여야 한다.

요컨대 현대화는 전통사회에서 현대사회로의 전체적, 전방위적으로 변화하는 과정이며 한 단계에서 다른 한 단계에 이르는 점진적인 과정이다. 경제 발전이 일정한 정도에 이르면 목적적이고 계획적이며 조직적인 건설로 사회, 정치, 문화 등 방면의 현대화를 실현해야 한다. 기본 국정과 당면 경제사회 발전의 형세를 종합 판단하면 중국은 이미 사회 건설을 중점 전략으로 하는 새로운 역사 단계에 들어섰다. 그 조건이 충족하고 임무가 절박한바 이 절호의 기회를 놓쳐서는 안 된다.

---

18) 謝立中 編, 『經濟增長제社會發展: 比較研究及其啓示』, 社會科學文獻出版社, 2008, pp.207~222.

19) 江時學, 「拉美國家的社會問題及其啓示」, 위의 책, pp.71~72.

2) 사회 건설의 제기와 탐색은 인식의 부단한 심화 과정

'사회 건설'을 중국공산당의 문헌에 수록하고 정치 방침으로 삼은 것은 중국의 개혁개방 실천에 대한 반성이고 사회 발전과 경제 발전의 부조화적인 모순 인식에 대한 지속적인 심화 과정이다.[20] 2002년 중국공산당 제16차 대표대회에서는 18년의 시간으로 샤오캉사회를 전면 건설하여 "더욱 발전한 경제, 더욱 건전한 민주, 더욱 진보한 과학기술, 더욱 조화로운 사회, 더욱 부유한 인민 생활"을 실현해야 한다고 명확히 제기했다. 이 중 '더욱 조화로운 사회'를 '사회 건설'의 최초의 표현으로 볼 수 있다.

2003년, 사스 예방 퇴치 시 중앙은 개혁 발전의 불균형성, 부조화성 및 비지속성을 의식했다. 그러므로 중국공산당 제16기 중앙위원회 제3차 전체회의에서 "인본주의를 견지하고 전면적 조화를 확립하는 지속적 과학 발전관"을 제기했다. 또한 '다섯 가지 총괄'을 진행할 새로운 요구를 제기했다. 이 중 '경제사회 발전의 총괄'은 앞에서 언급한 주요 문제들로 새로운 역사 전환기 사회경제의 조화로운 발전의 중요성을 표명했다.

2004년, 중국공산당 제16기 중앙위원회 제4차 전체회의에서는 "사회주의와 조화로운 사회를 구축"하고 "사회 건설과 관리를 강화하여 사회 관리 체제의 창조를 추진해야 한다"고 제기했다. 이는 중앙 공문서에서 최초로 '사회 건설'의 개념을 제기한 것이다. 그러나 구체적인 설명을 하지 않았다.

2005년, 후진타오(胡錦濤) 주석은 장관급 주요 지도간부 전문 문제 연구 토론회에서 사회주의 현대화의 총체적 구성은 경제 건설, 정치 건설, 문화

당대 중국 사회 건설

---

20) 개혁개방 초기, 덩샤오핑 등 중앙 지도자들은 물질문명과 정신문명, 경제 건설과 각종 범죄에 대한 타격, 개혁 건설과 법제 건설을 모두 중요시할 것을 강조했다.

건설로 이루어지며 그 발전은 경제 건설, 정치 건설, 문화 건설, 사회 건설을 포함해야 한다고 명확히 지적했다. 또한 국내외, 중국공산당 당내와 당외 역사에서의 사회주의 사회 건설 관련 이론 연구 강화와 사회체제 개혁, 사회구조 개혁의 정체로 빚어진 제반 사회문제를 인식할 것을 요구했다.

2005년 10월, 중국공산당 제16기 중앙위원회 제5차 전체회의에서 통과된「국민경제와 사회 발전 제11개 5년 계획 제정 관련 중공중앙 건의」에서 "사회주의 경제 건설, 정치 건설, 문화 건설, 사회 건설의 새로운 국면을 열어나가야 한다", "반드시 조화로운 사회의 건설을 강화해야 한다. …(중략)… 경제사회의 조화로운 발전을 더욱 중시하며 사회사업의 발전을 다그쳐 인간의 전면 발전을 촉진한다. 사회 공평을 더욱 중시하여 전국 인민이 개혁 발전의 성과를 향유하도록 한다", "사회주의 조화로운 사회의 건설은 반드시 사회 건설을 강화하고 사회 관리 시스템을 완벽화해야 한다"고 하면서 사회 건설 강화의 중요성을 깊이 논술했다.

2006년, 중국공산당 제16기 중앙위원회 제6차 전체회의에서는 사회주의와 조화로운 사회 구축의 중대한 문제를 결정했다. 바로「사회주의와 조화로운 사회 구축의 중대 문제 관련 중공중앙 결정」이다. 이「결정」은 사회주의 조화로운 사회와 사회 건설 구축의 강령적 공문서이다.「결정」에서는 "중국 특색이 있는 사회주의 현대화 사업 건설은 반드시 경제 건설을 중심으로 하는 조건에서 사회주의와 조화로운 사회 건설의 구축을 두드러진 자리에 놓아야 한다", "사회사업을 힘써 발전시키며 사회 공평과 정의를 촉진하고 사회 건설과 경제 건설, 정치 건설, 문화 건설의 조화로운 발전을 추동한다"고 했다. 여기에서 처음으로 일련의 사회 건설 정의들, 이를테면 '사회구조', '사회체제', '사회조직', '사회공작', '사회정책', '사회 심리상태' 등을「결정」에 수록했다.

2007년, 중국공산당 제17차 대표대회는 경제 건설, 정치 건설, 문화 건설, 사회 건설을 사회주의 현대화 사업의 총체적 구성에 포함시키고 새로 수정한 중국공산당 헌장에 수록했다. 그리고 "민생 개선의 추진을 중심으로 하는 사회 건설"을 제기했다. 사회 건설의 이론에 대해 초보적 정의를 내렸는바 "사회 건설과 인민의 행복과 평안은 관계가 매우 밀접하다. 반드시 경제 발전을 토대로 사회 건설을 더욱 중시해야 한다"고 했다. 중국 공산당 제17차 대표대회에서 중국공산당의 분투 목표를 수정했다. 바로 "중국을 부강하고 민주적이고 문명하며 조화로운 사회주의 현대화 국가로 건설한다"이다. '조화'란 개념을 추가함으로 사회 건설의 목표가 '조화'와 '진보'임을 명확히 했다.

2010년, 중국공산당 제17기 중앙위원회 제5차 전체회의에서는 「국민경제와 사회 발전 제12개 5년 계획 제정 관련 중공중앙 건의」가 통과되었다. '제12차 5개년' 시기 사회 건설의 주요 임무가 "사회 건설 강화와 기본 공공 서비스 시스템 구축"임을 구체적으로 밝혔다. 즉 정체된 사회 공공 서비스가 대중의 사회 수요를 만족시키지 못하는 것이 사회주의 현대화의 새로운 모순과 문제점임을 인식했다. 2011년 중앙은 장관급 주요 지도간부 사회 관리 전문 문제 연구 토론회를 소집하여 사회 건설과 사회 관리를 추진했다.

2012년, 중국공산당 제18차 대표대회에서는 "경제 건설, 정치 건설, 문화 건설, 사회 건설, 생태 문명 건설을 하나로 하는 총체적 구성을 전면 실행하여 현대화 건설의 각 방면의 상호 협조를 촉진해야 한다", "민생 개선과 관리에서 사회 건설을 강화해야 한다", "사회 건설의 강화는 사회 조화와 안정의 중요한 보장이다" 등 새로운 논단을 제기함과 아울러 중국공산당 헌장에 수록했다. "사회 건설의 강화는 사회 조화와 안정의 중요한 보장으로 반드시 광범한 인민의 이익을 수호해야 하며 기본 공공 보장 시스템을 완벽화하고 사회 관리의 새로운 창조를 강화하여 사회주의와 조화로운 사회 건설을 추동해야 한다", "사회 건설의 강화는 반드시 민생의 보장과 개선을 핵심으로 해야 한다. 인민들의 물질문화 수준을 제고하는 것은 개혁개방과 사회주의 현대화 건설의 근본 목적이다"라고 강조했다.

중앙에서 사회 건설을 제기한 후로 전국 각지는 모두 사회 건설을 실천하고 이론을 탐색했다. 일부 지역에서는 아주 큰 성과를 거두었는바 베이징(北京), 상하이(上海), 광둥(廣東), 청두(成都), 난징(南京), 따칭(大慶) 등이 바로 그러하다. 그러나 대부분 지역에서는 사회 건설의 전략 의의에 대한 인식 부족으로 정책이나 조치를 채택하지 않아 진척이 더디고 경제와 사회의 부조화가 유발한 모순과 문제점도 제대로 해결하지 못했다. 새로운 역사적 전환기, 이미 많은 사람들이 경제 발전과 사회 발전 불균형 모순의 심각성을 인식하고 있다. 또한 조화로운 사회, 사회 건설의 목표와 임무가 이미 제기되었지만 여러 가지 원인으로 사회 건설을 왜 추진해야 하는지, 사회 건설에서 무엇을 구축해야 하는지, 어떻게 구축해야 하는지를 잘 모르고 있다. 그러므로 사회 건설의 속도가 늦어지고 있다. 2008년과 같은 경제 위기 시 경제 건설만을 강조하는 옛 방법으로 돌아갈 수밖에 없었다.

반복적인 전략적 선택이 나타나는 것은 사회 건설 강화가 중대한 임무이며 일시에 이루어지지 않는 것임을 알려준다. 개혁개방 초기 경제체제 개혁의 단행 여부와 소유권 제도의 개혁 방법 등 문제에서 많은 쟁론과 반복이 존재했다. 이는 인간의 사회법칙에 대한 인식과 파악은 실천에서 인식으로, 재실천에서 재인식으로 순환 반복하고 점진 상승하는 과정임을 설명한다.

3. 사회 건설의 핵심은 사회 현대화의 건설

도대체 사회 건설이란 무엇인가? 사회 건설이 현대화 건설에서 차지하는 위치는 어떠한가? 어떤 역할을 하는가? 사회 건설의 기본 목표와 실질은 무엇인가? 어떠한 기본 원칙을 견지해야 하는가? 이는 반드시 짚고 넘어가야 할 문제점이다.

1) 사회 현대화를 지향하는 사회 건설의 다양한 주장

근래 중국 사회의 각 계층은 사회 건설에서 "무엇을 구축"하는 것과 "어떻게 구축"하는 것과 관련해 토의했는데 다음과 같은 네 가지 관점이 있다(표 0-1).

표 0-1. 목전 사회 건설 관련 국내 사회학계의 네 가지 주장

주장	기본 이론 관점	기본 목표	실천	주요 정책
민생사업론	사회복지 사상 사회 수요 이론	대중의 수요를 만족시키는 민생, 사회사업 시스템 구축	의식주행 및 교육, 과학, 문화, 보건, 체육 등 사업의 개선	정부, 시장, 사회의 역할을 발휘하여 민생과 사회사업에 투자
사회관리론	사회충돌 이론 사회통제 이론	사회 관계 협력, 사회 위험성 제거, 양호한 사회 질서 확보	사회 관리 체제의 건설과 완벽화	정부의 관리 통제권을 강화하여 사회 모순에 중점적으로 대처
사회구조론	사회구조 이론 계층관계 이론	현대 사회구조 구축, 특히 현대 사회계층 구조의 구축	중산층의 육성. 사회경제 구조의 변천 협조	자원과 기회의 최적화 배치
사회재건론	시장전환 이론 시민사회 이론	정부, 시장, 사회의 양성 발전 국면을 실현	'시민사회'와 '능동사회'의 적극적 구축	사회조직 육성, 시민권리를 확보하고 실현

첫째, 민생사업론으로 사회 건설은 주요하게 민생과 사회사업을 발전해야 한다고 여기며 사회 건설은 민생을 중심으로 할 것을 주장한다. 즉 취업, 주택, 사회보장, 과학기술, 교육, 문화, 보건 등 민생사업과 사회사업을 힘껏 추진해야 한다. 완벽한 공공 서비스 시스템을 구축하고 기본 공공 서비스의 균등화를 추진해야 한다. 소득 분배 제도를 개혁하고 주민 소득을 증가하며 소득 분배 관계를 조정하고 재분배 조절 시스템을 완벽하게 하여 사회 구성원 간의 소득 차이를 합리적 수준으로 돌려야 한다. 도시와 농촌 각 사회계층 간의 이익 관계를 조정하여 개혁과 발전의 결실을 전국 인민이 향유하며 공동 부유의 길에 들어선다.

둘째, 사회관리론으로 사회 건설은 주로 사회 관리를 강화하고 혁신하여 사회의 안정과 질서를 실현해야 한다고 여긴다. 사회의 조화와 안정에 영향을 미치는 문제점 해결을 돌파구로 하여, 사회 관리 과학적 수준의 향상을 주장한다. "공산당위원회가 지도하고 정부가 책임지며 사회가 협동하고 대중이 참여하며 법치가 보장된" 사회 관리 국면을 완벽화하여 중국 특색이 있는 사회주의 사회 관리 체계를 점차 구축해야 한다. 정부 주도와 여러 측의 참여로 사회 행위를 규범화하고 사회 관계를 조절하며 사회의 공동체 의식을 촉진해야 한다. 사회 공정성을 견지하고 사회문제를 해결하며 사회 모순을 제거하고 사회 치안을 수호하며 사회 위험성에 대처하여 경제와 사회 발전에 활력 있고 질서 있는 기본 조건과 사회 환경을 마련하며 사회의 조화를 촉진해야 한다.

셋째, 사회구조론으로 사회 건설은 주로 사회구조를 조정하고 최적화하여 경제와 사회의 조화로운 발전을 촉진한다고 주장한다. 중국은 이미 농업사회에서 산업사회로, 계획경제 체제에서 사회주의 시장경제 체제로 전환했다. 생산 방식, 생활 방식, 인간관계 및 사상 의식, 도덕 관념, 가치 취향 등에 모두 큰 변화가 발생했다. 또한 많은 사회 모순과 사회문제가 양산되었는바 이는 사회 건설을 다그치고 새로운 사회 질서를 구축하며 사회 진보를 촉진할 것을 요구한다. 이와 함께 사회체제를 개혁하고 사회 정책을 혁신하며 사회구조를 조정하고 최적화한다. 그리고 사회주의 시장 경제와 서로 적응하고 경제구조와 서로 조화되는 사회체제와 구조를 구축한다. 사회 건설의 핵심 임무는 합리적 현대 사회구조와 중산층을 주체로 하는 사회 계층구조의 구축이다.

넷째, 사회재건론으로 사회 건설에서 사회의 육성을 촉진하여 정부, 시장, 사회의 양질관계 국면 형성을 주장한다. 사회 건설의 기본 목표는 권력을 제약하고 자본을 제어하며 사회 질서를 통제할 수 있는 사회 주체를 건설하는 것이다. 산업사회는 시장과 정부뿐만 아니라 건전한 사회를 필요로 하며 건전한 사회는 시장경제의 기반이 된다. 산업사회의 수백 년 역사에서 볼 수 있듯이 시장경제는 만능이 아니다. 시장 자체가 효력을 잃을 때가 있다. 그러므로 적당한 시기에 정부가 반드시 조정해야 한다. 그러나 정부 역시 만능이 아니며 실수할 때가 있다. 그러므로 건전한 다자 사회조직이 필요하며 최종적으로 시장, 정부, 사회가 상호작용하는 조를 형성해야 한다. 산업화, 정보화, 사회화 생산의 조건 속에서 반드시 건전한 사회 환경이 있어야만 전체 경제사회가 건강하고도 질서 있게 지속적으로 발전할 수 있다.

위의 네 가지 관점의 차이는 뚜렷하다. 그러나 실천과 이론에서 상통하는 면도 있다. 네 관점은 정부, 시장, 사회 각자의 역할 및 사회 시스템의 개혁과 완벽화를 언급하고 있고 자원과 기회의 배치, 권리와 의무의 보장과 실현을 언급하고 있다. 또한 중산층의 발생과 발전이 사회 진보를 촉진하는 역할을 한다고 인정한다.

중국 사회주의 현대화의 경제, 정치, 문화, 사회, 생태 문명 건설을 하나로 하는 총체적 구성 속에서 경제 건설의 기본 목표는 국가의 '부강'으로 본질은 경제 현대화의 실현이다. 정치 건설의 기본 목표는 정치 '민주'로 본질은 정치 현대화 추진이다. 사회 건설의 주요 목표는 사회 '조화'로 본질은 사회 현대화이다. 생태 문명 건설의 기본 목표는 인간과 자연, 자원 및 환경의 '공생' 조정으로 본질은 생태 현대화이다. '조화'는 다원화를 기반으로 한 차이점을 인정하고 일치하는 점을 취하고 의견이 서로 다른 점을 잠정 보류하는 평등 협력, 우호공생을 가리킨다. '조화'는 주요하게 인간과 자연의 조화(생태 문명 건설), 인간과 사회의 조화를 포함한다. 그리고 인간과 사회의 조화는 인간과 인간의 조화(주요하게 각 계층 간의 조화), 인간과 자아의 조화(양호한 심리 상태)를 포함한다. '조화로운 사회'는 주로 양호한 사회 상태를 가리킨다. '조화로운 사회'는 인류 공동의 추구이며 이상적 목표이기도 하다. '사회주의 조화로운 사회'의 구축은 집정당이 전국 인민을 인솔하여 분투하는 원대한 이상이다(다섯 가지 현대화에 대한 간약한 비교는 표 0-2 참조).

표 0-2 경제, 사회, 정치, 문화, 생태 다섯 가지 현대화의 간략한 비교

	경제 현대화 : 부강	사회 현대화 : 조화	정치 현대화 : 민주	문화 현대화 : 문명	생태 현대화 : 생태 조화
목표 내용	경제 성장, 물질 풍부, 인민 부유, 국가 부강	안전 건강, 권리 보장, 공평 정의, 질서 조화	과학 관리, 효과적 서비스, 민주 법치, 정국 안정	신뢰의 규범화, 정신적 기쁨, 문명 진보	자원 절약, 이산화탄소 배출 감소, 세대 간 공평성, 지속적 발전
주요 지표	GNP 및 증가율, 산업 구조 배치의 합리도	지니계수, 안전지수, 도시화 비율, 중산층 비율	민주 참여도, 정부 신용도, 공공 서비스 만족도	사회 신뢰 만족도, 문화생활 만족도	GDP당 에너지 소모율, 환경보호 만족도
핵심 명제	원가 - 수익 투입 - 생산	행동 - 구조	권력 - 권리 권리 - 의무	법칙 - 가치	자원 - 환경

여기에서 사회 건설 관련 세 번째 주장이 당면한 중국의 현실에 가장 부합하며 가능성이 있다. 사회 건설의 진행은 사회체제 개혁을 중심 고리와 돌파구로 삼고, 사회구조의 최적화를 핵심으로 사회 현대화를 실현해야 한다. 바로 사회 분야의 현대화 건설, 특히 사회구조의 현대화는 전체 사회의 조화를 촉진한다.

2) 사회 건설의 내포와 구조적 체계

중국에서 '사회 건설'에 대한 명확한 제기는 20세기 초까지 거슬러 올라간다. 1917년 쑨원(孫文)은 「민권초보(民權初步)」를 저술하여 1919년의 『건국방략(建國方略)』에 수록했다. 사회 건설은 국가 총체적 건설 구상의 중요한 구성 부분이 되었다. 내용 면에서 민권, 민생 건설과 '국민에게 민권 행사를 가르치는 것'을 포함하고 있다.[21] 1933년 사회학자 쑨번원(孫本文)은 『사회 건설(社會建設)』 잡지를 창간했다. 이듬해 『사회학원리(社會學原理)』를 저술했는데 이 책의 마지막 장에서 '사회 건설과 사회 지도'에 대해 쓰고 있었다. 여기에서 "사회 환경의 수요와 인민의 희망에 따라 여러 가지 사회사업을 진행하는 것을 사회 건설이라고 한다. 사회 건설의 범주는 넓다. 무릇 인류의 공동 생활이나 평안과 행복 등과 관련된 여러 가지 사업을 모두 포함한다"[22]라고 했다. 이는 초기 사회 인사들의 사회 건설에 대한 탐구이다. 중국 경제사회의 발전에 따라 오늘 사회 건설의 내포와 외연에 큰 변화가 생겼다.

이 책은 근래 전국 범위의 경제사회 건설에 대한 조사 연구에 근거하고

현대 중국 사회 건설

21) 孫中山, 『建國方略』, 華夏出版社, 2002, pp.300~301.
22) 孫本文, 『社會學原理』(下冊), 臺灣商務印書館, 1974, p.244.

국외의 경험을 참조하여 사회 건설에 정의를 내린다. 즉 사회 건설이란 사회 발전의 법칙에 따르고 목적성, 계획성, 조직적인 행위로 공평하고 합리적인 사회 이익 관계를 구축하며 사회 전체 구성원의 공동 복지를 증진하고 사회구조를 최적화하며 사회 조화를 촉진하여 사회 현대화를 실현하는 과정이다.

이 정의에서 보면 사회 건설의 내용은 매우 광범하다. 대체적으로 세 가지 방면으로 이해할 수 있다. 첫째, 실체 건설이다. 이를테면 공동체 건설, 사회조직 건설, 민생 사회사업 건설 등이다. 둘째, 제도 건설이다. 이를테면 사회 유동 시스템 건설, 사회 이익 관계 조정 시스템 건설, 사회보장 체제 건설, 사회 안전 체제 건설, 사회 관리 체제 건설 등이다. 셋째, 구조 조정이다. 이는 객관적으로 존재하는 사회구조의 최적화와 조정으로 인구 구성, 가정 및 조직 구조, 소득 분배와 소비 구조, 도시와 농촌 및 지역 구조, 사회단체와 사회 계층구조 등이다.[23] 사회 실체 건설은 공공 제품과 공공 서비스를 제공한다. 사회제도 건설은 사회의 조화로운 발전을 보장하는 사회체제와 시스템에 관련된다. 구조 조정은 사회 실체 건설과 제도 건설이 최적화된 결과로 사회 건설의 핵심 방향이기도 하다.

주체 세력에서 보면 사회 건설은 기타 경제, 정치, 문화, 생태 문명 건설과 마찬가지로 정부, 시장, 사회 등 3대 주체가 관련된다. 경제 건설은 시장(기업)이 주체가 되고 정부가 주도하며 사회가 보충이 된다. 사회 건설은 사회(공민사회)가 주체가 되고 정부가 주도하며 시장이 보충이 된다. 그러나 각 단계에 서로 다른 주도적 세력이 있다. 상세한 것은 아래에서 다시 분석할 것이다.

이러한 주체 분석의 구성에서 우리는 사회 건설의 내용을 아홉 갈래로

---

23) 陸學藝 主編,『當代中國社會結構』, 社會科學文獻出版社, 2010, pp.10~12

나누어 연관된 내용 구조 체계를 형성했다(그림 0-1).

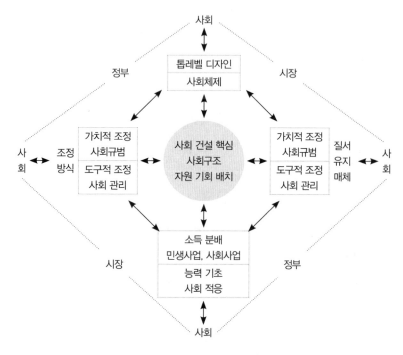

그림 0-1 사회 건설의 내재적 구성

〈그림 0-1〉에서 볼 수 있듯이 사회 건설 분야는 주요하게 민생사업, 사회사업, 소득 분배, 도시와 농촌 공동체, 사회조직, 사회규범, 사회 관리, 사회체제, 사회구조 등 아홉 갈래로 나눌 수 있다. 연관된 통일체인 이 아홉 갈래는 사회 건설의 분야에서 서로 다른 기능을 하고 있다. 종합하면 다음과 같다.

(1) 민생사업, 사회사업과 소득 분배는 사회 건설의 착안점과 기초이다. 민생사업과 사회사업은 사회 구성원(주체) 생존과 발전의 행위 능력 기초이다. 사회 구성원이 사회 유동을 하려면 일정한 자원이나 기회를 점유해야 한다. 이는 사회 주체의 기본 권리로 '사회 적응 기능'을 지니고 있는 것이다. 이 중 민생은 주로 취업, 소득 분배와 소비, 주택, 교통, 사회보

장 등을 포함한다. 사회사업은 주로 교육, 과학기술, 문화와 체육, 의료 보건 등을 포함한다. 소득 분배는 특수성을 띤 민생 문제로 사회 행위자의 기본 생존 및 발전과 관련된다. 또한 정부, 시장, 사회가 사회자원 배치와 관련된 복잡한 문제이다. 당연히 민생은 사회 건설의 전부가 아니지만 현 단계에서 특히 잘 해결해야 할 중요한 문제점이다.

(2) 사회조직과 도시 및 농촌 공동체는 사회 건설 주체의 자치적인 행위 담당체로 사회 순응과 사회 조정의 이중 기능을 지니고 있다. 사회조직은 행동 주체와 행동 담당체의 이중 특성을 지니고 있는바 주체적 담당체이다. 공동체는 주체 행위의 지리 공간적 담당체이다.

(3) 사회 관리와 사회규범은 모두 사회학에서 일컫는 사회 통제 방식으로 사회 통합, 시스템 인티그레이션, 사회 질서 유지 등의 기능을 지니고 있다.[24] 관리는 연장 수단이고 규범은 가치 이념의 조정이다. 사회 관리는 사회 건설을 대체할 수 없을 뿐만 아니라 사회 건설의 중요한 구성부분이다. 상대적으로 볼 때 사회 관리는 '표면에 대한 일시적 해결'이고 사회 건설은 '근본적 해결'이다.

(4) 사회체제는 사회 건설 내부의 거시적 기본 구성으로 '톱레벨 디자인'이다. 전체 사회 건설 체계를 통괄하는데 사회 건설 내부의 구조 체제, 외부의 기능성 체제 및 각 시스템 간 통합 체제를 포함한다. 이를테면 민생 체제, 사회사업 체제, 공동체 체제, 사회조직 체제, 사회 관리 체제 등으로, 자원과 기회의 배치, 권리와 의무가 규정한 사회체제이다. 또한 사

---

24) 사회학에서 시스템 간의 조정을 '시스템 인티그레이션'이라고 한다. 사회 행위자 간의 관계 통합을 '사회 통합'이라고 한다. 이 두 개념은 기든스의 스승인 록우드가 1976년 한 문장에서 제기한 것이다(馬爾科姆·沃特斯, 『現代社會學理論(第2版)』, 楊善華等譯, 華夏出版社, 2000, p.114, p.122 참조).

회개혁의 중요한 고리와 돌파구로 사회 건설의 각 단계와 부분을 연결하고 있으므로 개혁의 중점과 난제이기도 하다.

(5) 사회구조는 사회 건설의 핵심이다. 사회구조는 일정한 자원과 기회를 점유한 사회 구성원의 조직 방식 및 구성을 가리킨다. 도시와 농촌 구조, 지역 구조, 조직 구조, 분배 구조, 소비 구조, 계층구조, 인구구조, 가정 구조 등이 포함된다.[25] 사회 건설의 핵심 목표는 중산층을 확대하여 마름모형 사회구조를 형성하는 것이다. 사회구조 역시 기타 사회 건설 성과의 중요한 특징이자 결과이다.

3) 사회 건설의 기본 목표

중국 사회 건설의 실천과 위에서 제시한 사회 건설의 범주를 결합하면 사회 건설은 다음과 같은 거시적 의의와 총체적 목표를 실현해야 한다.

(1) 공평하고 합리적인 사회 이익 관계 구축

사회는 이익 관계의 집합체이다. 각 방면의 사회 이익 관계를 적절하게 처리하고 사회 이익 관계의 상태 협조를 촉진하는 것은 사회 건설의 중요한 목표이다. 각 계층, 각 영역 사회 이익 관계의 불균형과 부조화는 현재 사회 모순과 사회문제의 중요한 원인이다. 경제 이익 관계를 조정하는 핵심 원칙이 경제 자원 시장화의 최적화 배치라고 가정할 때, 경제 효과의 추구에 있어 사회 이익 관계의 조정에는 가치 취향이 내재해 있다. 즉 사회 생활 영역 내에서 자원과 기회의 합리적 배치를 추구하고 사회 공평을 추구하는 것이다.

---

25) 陸學藝 主編, 앞의 책, 같은 쪽.

(2) 사회 전체 구성원의 공동 복지 증진

인간의 이익이 목적이다. 인간의 수요를 만족시키고 인간의 발전을 촉진하며 사회 전체 구성원의 공동 복지를 증진하는 것이 바로 사회 발전의 궁극적 목표이다. 공동 복지는 전체 사회 구성원의 공공 복지로서, 자원과 기회의 최적화 배치를 통해 먼저 부유해진 지역이나 사람들이 기타 지역이나 사람들을 이끌어 공동 부유를 실현하는 것이다. 전체 사회 구성원이 경제사회 발전 성과를 공동 향유할 수 있도록 보장하고 사회 생활의 질을 제고하며 사회 권리를 증진하여 각 사회 구성원의 여러 가지 수요를 충족시켜야 한다.

(3) 사회구조 특히 계층구조의 최적화

사회구조 최적화의 본질은 자원과 기회에 대한 각 사회 구성원의 합리적 배치이다. 자원과 기회를 합리적으로 배치하려면 정부, 시장, 사회 간의 행위 경계와 권리 경계를 명확히 해야 한다. 더욱 중요한 것은 중산층의 발전과 마름모형 사회구조의 형성이다. 인구구조, 도시와 농촌 공동체 구조, 조직 구조, 분배 구조, 소비 구조 등을 효과적으로 조정하고 경제사회 구조의 부조화적 모순을 제거하여 사회 각 계층의 조화로운 공동 생존에 이르러야 한다.

(4) 사회 조화의 촉진과 사회 현대화의 실현

사회 현대화는 사회 건설의 본질이고 이상적 목표이기도 하다. 사회 건설로 공평과 정의를 실현하고 인간의 기본 권리를 보장하며 안전 발전을 보장하고 빈부 격차를 줄여 사회의 조화에 이르는 것이다. 사회 현대화의 건설은 민생사업 현대화, 사회사업 현대화(이를테면 교육현대화, 과학기술 현대화, 의료보건 현대화 등), 사회체제 현대화, 사회 관리 현대화, 사

회조직 현대화, 사회 생활 현대화, 사회구조 현대화 등을 반드시 실현해야
한다. 핵심은 현대화적인 사회구조를 구축하여 각 계층 구성원의 발전을
촉진하는 것이다. 국내외 현대화 건설의 역사를 보면 사회 현대화 건설은
경제 현대화 건설과 마찬가지로 힘들고 복잡하며 장기적인 역사 임무로 5
년, 10년에 실현할 수 있는 것이 아니다.

4) 사회 건설의 기본 원칙

원칙은 사회 건설의 목표를 실현하는 기본 요구이다. 아래에서는 기본
이념, 핵심 구조, 사업 체제 등에 입각하여 논술하고자 한다.

현대 중국 사회 건설

(1) 기본 이념 : 인본주의 견지, 기본 권리 보장

사회 건설의 근간은 인간을 모든 것의 근본으로 삼는 것과 인간 기본
권을 보장하는 것이다. 권리의 내용을 보면 경제, 사회, 정치, 문화 등 기
본 권리가 포함된다.[26] 권리의 발전 단계를 볼 때 생존권, 발달권, 향유권
등을 포함한다. 훌륭한 사회 혹은 현대사회는 반드시 인간의 기본 권리를
보장하고 만족시키는 사회이다. 여당이나 정부를 놓고 보면 '인본' 권리
는 '인본' 사상의 추진으로 실현된다. '인본'은 모든 인간을 강조하는 것으
로 "물건이나 사물을 근본"으로 하는 것과 대응되는 개념이다. '인본'을 강
조하는 것은 '군권'이나 '관권 본위'에 대응하는 것이다(이를테면 '민귀군
경(民貴君輕)' 사상 이념). 백성을 이롭게 하고 백성에게 혜택을 주며 백성

---

26) 민사권리, 정치권리, 사회권리 등 3대 공민 기본 권리에 대해서는「公民權與社會
階級」(T. H. 馬歇爾, 劉繼同 譯, 『國外社會學』 2003年 第1期)을 참조할 것.

을 양육하고 백성을 사랑할 것을 강조해야 한다. 이른바 "백성은 나라의 근간으로 근간이 든든해야 나라가 안정"하다. 사회 건설은 인민의 주체적 지위와 창의성을 반드시 존중해야 한다. 오늘의 중국은 '강한 정부'와 그에 대응하는 '시민사회'를 구축해야 할 뿐만 아니라 시장의 과도한 침식을 막아내는 '능동적 사회'를 필요로 한다. 사회 건설 자체에서 '진보 운동'을 발기하여 사회를 발전시키고 인간의 기본 권리를 보장해야 한다. 이를 위해서는 정부의 권력을 사회에 이행하는 사회체제 개혁이 필요하다.

(2) 핵심 구조 : 공평과 정의, 공동 건설과 공유를 견지

공평과 정의는 중국 특색이 있는 사회주의의 내재적 요구이며 사회 조화의 기본 조건이다. 30여 년의 경제 건설은 자원과 기회의 효율 문제를 비교적 잘 해결했다. 현재 추진되고 있는 사회 건설은 공평과 정의 문제를 해결해야 한다. 경제사회 구조의 부조화는 당면한 사회의 공정성이 충격과 도전을 받고 있음을 보여준다. 이와 함께 사회구조 내부에도 분화가 생겨 사회의 공정성이 침식을 받고 있다. 사회 건설은 질서와 진보를 기본 방향으로 하고 자원과 기회의 공정한 배치를 핵심 명제로 한다. 사회 건설은 사회체제 개혁, 공공 재정 분배 제도 개혁을 주요 수단으로 하고 사회구조 조정을 중간 변수와 관측 지수로 하여 사회 현대화의 목표에 도달하도록 한다. 시장경제 조건에서 자원 배치는 주로 시장을 통해 이루어진다. 시장의 결함에 대해 국가는 사회 분야의 조절으로 시장의 오류를 바로잡아야 한다. 사회 건설은 절차의 공정성과 실질 공정성으로 공평과 정의를 실현해야 한다.

(3) 사업 체제 : 순차적인 추진과 총괄 협조를 견지

경제, 정치, 문화, 사회, 생태 문명 건설을 하나로 하는 총체적 구성에서 이 다섯 가지 건설은 하나의 시스템 속에서 연관된 통일체를 이루고 있는바 그 자체에 논리 절차와 그에 상응하는 선후 절차가 있다. '경제 건설, 정치 건설, 문화 건설, 사회 건설, 생태 문명 건설'의 표현 방식을 채택했지만 현대화 발전의 일반 법칙을 볼 때 그 순서는 응당 경제 건설, 사회 건설, 정치 건설, 문화 건설, 생태 문명 건설(이 중 문화 건설과 생태 문명 건설은 기타 문명 건설에 침투되거나 융합됨)이다. 먼저 중국의 사회 생산력은 아직도 발전하지 못했다. 경제 건설을 중심으로 하는 것은 그 어느 때에도 움직일 수 없으며 총체적 구성에서 경제 건설을 마땅히 첫 번째 자리에 놓아야 한다. 다음, 사회 건설의 순위가 위로 상승한 것은 현 단계 사회주의 조화로운 사회 구축의 전략 목표에 의해 정해진 것이다. 그다음, 사회 건설은 정치 건설이나 문화 건설에 비해 활용성이 더 강하므로 그 단계적 목표를 먼저 실현해야 한다. 경제, 정치, 문화 건설을 일체로 하는 총체적 구성에서의 순위는 공산당 역사에서 여러 차례의 조정을 거쳤다. 이는 일정 단계의 핵심 임무 혹은 사업의 중심에 의해 결정된다. 신중국 성립 초기, 중국 사회주의 건설 총체적 구성은 정치, 경제, 문화 순이었다. 개혁 개방 이후 공산당의 사업 중심은 경제 건설로 이동되었으므로 총체적 구성은 경제, 정치, 문화 순이었다. 현 단계 사회주의 조화로운 사회 구축이 중요한 자리를 차지한다. 따라서 사회 건설의 순위도 상응한 조정을 해야 한다. 사회 건설의 강화에서 사회 건설과 기타 건설의 관계를 잘 조정해야 한다. 이 밖에 사회 건설의 내부 구조에서 전체적 조화를 이루어야 하지만 치중점이 다르므로 선후 순서와 단계적 중점을 정해야 한다. 발달 지역의 사회 건설이 전국의 앞자리에 설 수 있도록 격려해야 한다.

4. 사회 건설의 아홉 가지 임무와 세 단계

사회 건설은 총체적 건설 구성의 한 갈래로 민생사업이나 사회 관리만 포함되는 것이 아니다. 임무 또한 어렵고 힘들다. 여기에서는 앞서 제기한 사회 건설의 아홉 방면의 내용을 결합하여 사회체제 개혁의 완벽화와 사회구조의 최적화 조정을 중심으로 중국 사회 건설의 금후 주요 임무를 간략히 논술하고자 한다. 구체적인 시행은 사회경제의 조화로운 발전의 진행에 따라 정해질 것이다.

1) 사회 건설 아홉 측면의 임무

(1) 민생사업의 개선

민생사업은 주요하게 취업, 소득 분배, 주택, 사회보장 등을 포함한다. 취업은 민생의 근본이므로 사회 역량을 발휘하여 주민 취업을 확대하고 취업의 공평성을 보장하며 취업의 질을 제고해야 한다. 특히 체제 내와 체제 외의 과도한 차이를 줄여야 한다. 주택 방면에서 인구 유동과 사회경제 발전의 관계에 따라 주택 공급 규모를 확대하고 저가 임대주택의 분양을 증가해야 한다. 수혜 범위를 넓히고 기초 생활을 보장하며 다층적이고 지속적 발전을 견지하여 사회보장법을 관철 집행해야 한다. 또한 도시와 농촌의 총괄 건설과 전국 인민에게 혜택을 주는 사회보장 체계의 구축을 다그쳐야 한다. 전체 인민의 취업, 주택, 노후가 보장되도록 노력하며 사회 각 계층 구성원의 사회 적응 능력을 지속적으로 제고해야 한다.

(2) 사회사업의 추진

사회사업은 주로 교육, 과학기술, 문화, 체육, 의료 보건 등 분야를 포함한다. 금후 전력을 다해 기초 서비스 제공 체제와 시스템을 개혁하고 완벽화해야 한다. 정부, 시장, 사회의 역할을 발휘해야 한다. '정부의 기초 생활 보장'으로 주민들의 기본 수요를 충족시켜야 한다. 수요를 발전 방향으로 삼고 시장을 통해 전체 구성원의 다층적 수요를 만족시켜야 한다. 전력을 다해 도시와 농촌 사회사업의 일체화 발전을 추진해야 한다. 행정, 공익, 경영을 분류하는 원칙에 따라 현행 공공기관 체제를 개혁해야 한다. 새로운 공공기관 운영 시스템을 구축하여 각 계층이 모두 공공 서비스의 혜택을 보도록 해야 한다.

(3) 소득 분배 제도의 개혁

자원과 기회에 대한 개혁과 완벽화는 정부, 기업, 사회 삼자 간의 공평 분배제도와 체제 및 시스템 내에서 노동에 따라 소득을 얻고 국민에게 재화를 분배하며 발전 성과를 공유하게 하는 것이다. 주민 소득이 GNI에서 차지하는 비중을 제고하고 주민 소득 증가와 경제 발전의 동시성, 노동 소득 증가와 노동 생산 능률 향상의 동시성, 소득 분배의 거시적 조절과 기업 임금 협상의 동시성, 최저임금 기준의 제고와 소득 배증 계획의 장기 시스템을 구축해야 한다. 소득 분배 제도를 규범화하여 합법적 소득을 보호하고 중하층민의 소득을 증가시키며 고소득을 조절하고 불법 소득을 금지하여 중산층의 규모를 확대해야 한다. 간부 소득과 재산 신고제를 구축하고 중하층 사회 구성원의 합법적 소득과 합법적 재산 및 소유권을 보호해야 한다.

(4) 도시와 농촌 공동체 자치의 강화

도시와 농촌 공동체는 사회 건설의 기층 실체로 주민의 여러 기본 권리를 담당하고 있다. 도시와 농촌 공동체 건설 목표는 현대화의 요구에 부합하는 기층 사회 관리 구조를 구축하는 것으로, 기층 공동체의 자치 시스템을 개선하고 주민의 자치 능력을 제고하여 이웃 간의 우호, 도움, 화목을 도모하는 것이다. 실제 상황에 의거해 공동체의 관할 경계와 규모를 과학적으로 기획해야 한다. 공동체와 정부의 관계에서 경제사회 기능의 분리에 따라 동사무소와 같은 기구를 설치하고 간부를 새로 배치하며 직능과 직책, 권리와 책임 관계, 경비 보장 등을 명확히 해야 한다. 외지인과 현지인의 화목을 도모할 방법을 찾아야 하며 여러 형태의 공동체 내부 융합 시스템 구축에 진력해야 한다. 정책 인도로 그 지역의 사회조직과 부문, 업주 위원회, 주택 관리 사무소 등 공동체를 함께 건설할 기관과 부서의 사회적 책임을 충분히 발휘하게 한다. 전체 공동체 연합 의사기구를 설립하여 공공 서비스와 공동체 관리의 민주적 결책 기능을 충분히 발휘시켜 "민생이 민주를 촉진하고 민주가 조화를 촉진"하는 국면을 이룩한다. 주민의 실제 수요를 발전 방향으로 삼아 공동체의 서비스 체계를 완비하고 사회 종사자와 지원자의 역할을 충분히 발휘해야 한다. 지역 주민들의 정보 공유 시스템을 구축하여 주민들에게 더욱 좋고 편리한 공공 서비스를 제공해야 한다. 기층 공동체를 활력이 넘치고 인간관계가 조화로운 현대판 '집단 공동체'로 구축해야 한다.

(5) 사회조직의 발전

전 사회는 정치 협력의 이념을 염두에 두고 정부, 기업, 사회조직의 직능을 점차 분리하고 기능을 서로 보충하며 자원을 공유하고 협력하여 함께 건설해야 한다. 정부가 담당하는 과도한 공공 서비스와 사회 관리 기능을 순차적으로 내놓아야 한다. 따라서 사회조직이 사회 자치, 위험성 대처, 모순 제거, 정부 부족 보완, 행정 비용을 절감할 수 있는 사회 건설의 진정한 주체가 되게 해야 한다. 사회조직의 행정관리 체제와 시스템을 개혁하고 적극적 인도와 법에 의한 관리를 함께 실행하며 가입 기준을 낮추어야 한다. 그리고 절차를 간소화하고 등록, 기록 제도를 시행하여 통일적으로 접수하고 각자가 알맞은 기능을 맡으며 협력하고 등급을 나누어 책임지게 해야 한다. 분류 발전하고 기능이 분리되며 감독 관리와 실행 기능이 분리된 분류 감독 관리 시스템을 구축해야 한다. 특히 제삼자가 사회조직을 평가 감독하는 관리 체제와 시스템을 구축하거나 이용해야 한다. 정부, 기업, 사회의 역할을 발휘해야 하는데 정부가 서비스를 구매하고 전문 기금을 설립하며 운영 조건을 제공하는 형식으로 사회조직 운영의 실제 곤란을 해결해야 한다. 정부가 사회조직을 직접 운영하는 경향을 개변해야 한다. 사회조직의 사회화 정도와 자치 기능을 제고시켜 중추적 사회조직이 올바른 기능을 발휘하도록 보장한다. 노동조합, 공산주의청년단, 부녀연합회 및 여러 업종별 협회의 기능을 전환시켜 대중을 직시하고 사회에 봉사하게 해야 한다. 사회조직 내의 중산층 역할을 제고하고 사회조직의 발전으로 중산층의 규모를 확대하여 중산층과 사회 건설의 상호 추진을 실현해야 한다.

(6) 사회 관리 창조성 강화

현대 사회 관리의 본질은 사회 위험성 대처와 공공 질서의 유지이다. 인본적 서비스를 선도하고 서비스로 관리를 개선하여 시민의 자아 관리를 주로 하는 사회 관리 구성을 실현해야 한다. 전 사회는 여러 측의 참여와 공동 관리 이념을 수립해야 하는바 특히 정부가 사회 관리에 대한 사무에서 모든 것을 엄격하게 책임지는 상황을 효과적으로 변화시켜야 한다. 관리 규제, 체제와 시스템, 능력, 인재 및 정보화 건설로 정부, 시장, 사회의 다원화 협력 관리를 강화하고 사회조직 관리에서의 중산층의 역할을 발휘하여 조화로운 사회를 구축하도록 노력해야 한다. 각 부류의 인구를 포함하는 동태 관리 체계를 구축하며 이익 협조, 요구 표현, 권익 보장, 모순 중재 등 군중들의 권익 문제 관련 시스템을 구축해야 한다. 다원화된 주체의 역할을 발휘하고 각 유형의 안전 건설을 강화하여 대형 사고를 예방해야 한다. 타율과 자율의 상호 결합 및 법치와 덕치의 상호 결합의 관리 모식을 탐색하고 사회 주체가 법에 따라 직능을 맡고 그에 따라 책임을 지게 해야 한다. 정상 상태 관리를 실현하고 사회 관리의 제도화, 규범화, 전문화의 장기 효과 체제와 시스템 구축을 강화한다. 전문화된 관리 인재를 육성하여 전문화 관리 수준을 제고한다. 관리 방식을 개혁하고 과학적 관리와 정보화 관리를 추진한다. 또한 감시 카메라 등 사회 치안 기술 예방 수단을 사용하며 인구 비율에 따라 경찰력을 합리적으로 배치하여 경찰력이 기층까지 내려가게 한다.

(7) 사회규범의 건립과 완비

신용 체계와 사회문명 건설을 중심으로 한 사회규범을 완비해야 한다. 양호한 법치 환경을 만들며 법에 따라 엄격히 집법하여 청렴하고 신뢰를 받는 법치 정부를 건설해야 한다. 시민 도덕과 신용 교육, 민주 법치 교육, 시민의식 교육 및 취업자의 직업도덕 교육과 직업정신 교육을 적극 실시한다. 현대인의 문명 수양, 정부의 솔선 역할, 간부의 모범 역할을 강조하며 법치를 강화하고 덕치를 완비하여 신뢰 사회를 구축한다. 특색 있는 문예, 체육, 오락 활동으로 중화민족의 역사문명과 전통 미덕을 발양하며 핵심 가치관 선전 교육을 추진한다. 사회 신뢰체계를 구축하고 사회 신용정보 시스템을 완비하며 사회 신뢰 네트워크 구축을 강화한다. 문명한 외출, 규범화된 운전, 정화된 환경, 합리한 소비를 선도하여 공공 안전 문명과 생태 문명 건설을 촉진한다. 분투와 진취, 이성과 평화, 개방과 포용의 원칙으로 공민들의 적극 향상하려는 심리 상태를 양성한다. 전문적 심리 자문기구와 심리 상담 서비스를 발전시켜 정신위생 예방, 치료 시스템과 고위험군의 심리 관여 시스템을 구축함으로써 극단적 행위를 효과적으로 예방하고 감소시킨다.

(8) 사회체제의 개혁

중국 현행 사회체제는 대부분 1950년 이후 계획경제 체제의 요구에 따라 점차 건립된 것으로 계획체제를 위한다. 현재 사회주의 시장경제 체제와 개혁에 성공하지 못한 사회체제의 병행은 비조화적이다. 이는 많은 경제사회 모순이 장기간 해결을 보지 못하는 중요한 원인이다. 그러므로 사회 건설을 추진하려면 반드시 사회체제 개혁을 중심 부분과 돌파구로 삼고 자원과 기회의 배치 체제를 개혁하고 완비해야 한다. 첫째, 정부, 시장, 사회를 각자 자리매김하고 직능을 정해야 한다. '정부 주도, 사회 주체, 시장 조절'로 각자 역할을 발휘하여 정부가 사회에 권력을 이양하고 사회의 공간을 개방해야 한다. 둘째, 사회주의 시장경제 체제와 서로 적응하는 사회체제를 구축해야 한다. 정부가 장기간 사회 서비스와 공공 관리를 책임지던 상황을 변화시키고 민영경제와 사회조직이 교통, 문화, 교육, 의료, 체육 등 사회 공공사업에 참여하게 한다. 셋째, 정부에서 운영하던 과학, 교육, 의료, 문화 등 부서의 체제와 시스템을 개혁하여 사회주의 시장경제와 서로 적응되게 해야 한다. 이러한 부서 종사자들의 적극성을 동원하고 공공 서비스를 잘하여 인민 대중의 수요를 충족시켜야 한다. 넷째, 사회조직과 사회세력 특히는 사회 중간 계층을 민주적으로 참여시키고 역량을 발휘하게 하여 군중들이 사회 건설의 결책자와 사회개혁의 주체가 되게 하며 '강한 정부, 약한 사회' 상황을 변화시켜야 한다. 다섯째, 공공 재정 투입에서 "경제를 중요시하고 사회를 중요시하지 않는" 상황을 변화시켜야 한다. 여섯째, 경제, 사회, 정치, 문화 등 분야에서 각 계층 구성원의 상호 유동을 제약하던 체제적 장애를 타파해야 한다. 특히 체제 내와 체제 외의 유동 장벽을 제거하여 사회 구성원이 자신의 능력과 조건 및 경제사회 발전의 수요에 의해 합리적으로 유동하게 한다. 또한 기층 서비스에 대한 정부 투입의 부족과 기층에 대한 관리와 간섭이 과다한 곤란을 해결해야 한다. 사회 민주 참여의 부족과 능력의 부족, 시장과 자원의 조정에 최선을 다하지 않는 상황을 변화시켜야 한다.

(9) 사회구조의 최적화 조정

합리적이고 개방적인 산업사회 중기에 사회구조의 구축은 사회 건설의 가장 중요하고 핵심적인 임무일 뿐만 아니라 중국의 두 번째 경제사회 개혁 발전이 해결해야 할 관건적 문제이기도 하다. 사회구조의 조정과 최적화의 실질은 사회 계층구조의 조정과 최적화이며 본질은 중산층의 발전이다. 중산층의 발전은 민생 보장, 사회사업 등 분야에서 사회 중하층을 상류층으로 확장시키는 경로로 사회 유동을 진일보 촉진한다. 적극적인 인적자원 교육 양성으로 중산층이 배태한 인적자본에 활력을 넣어야 하며 제2, 3산업 근로자의 문화 소질과 전문 기술을 제고해야 한다. 제2, 3산업의 취업 경로를 넓히며 취업 구조의 조정으로 직업 구조의 고급화 추세를 촉진해야 한다.

세계 현대화 건설의 역사에서 볼 수 있듯이 현대사회의 주체는 중산층이며 현대사회의 계층구조는 마름모형 사회구조이다. 경제, 정치, 문화 등 권력을 장악한 집단이 소수에 불과하고 이러한 권력을 아예 장악하지 못한 집단 역시 극소수이며 중산층이 이러한 마름모형 사회의 주체이다. 국내외의 연구에 의하면 산업화 중기 단계의 국가에서 중산층이 취업 인구의 40%를 차지하고 산업화 후기 단계의 국가에서 중산층이 50% 이상을 차지해야만 마름모형 사회구조를 형성할 수 있다. 이러한 국가만이 균형되고 조화로우며 안정하고도 지속적으로 발전할 수 있다. 현재 중국의 중산층은 28~30%로 추정된다. 마름모형 사회구조에 비해 일정한 차이가 있다. 개혁으로 중산층을 확대해야 하는 것은 중국의 다음 단계에서 진행해야 할 사회 건설의 전략적 임무이다.

2) 사회 건설 발전의 세 단계

현재 중국의 기본 국정에 따라 중국 사회 건설의 향후 발전은 다음과 같은 세 단계를 경과할 것이다.

첫 번째 단계, 이는 현재 진행 단계로 가장 현실적이면서도 절박하게 해결을 요하는 민생사업, 사회사업에서 시작하여 취업 문제, 병원비 문제, 사회보장 문제, 주택 문제와 노후 문제 등 기본 민생 문제를 힘껏 해결해야 한다. 뿐만 아니라 사회 관리의 혁신에 입각하여 조화로운 사회의 안정에 영향을 미치는 문제를 해결하고 사회 모순을 제거하며 사회충돌을 억제해야 한다. 근원적 문제를 해결해야 하는바 사회 모순의 발생을 방지하고 감소시켜 사회의 공평과 정의를 촉진해야 한다. 이 두 사업은 중국공산당 제17차 대표대회 이래 강력히 추진하고 있으며 효과적이다. 제12차 5개년 기간 민생사업과 사회사업의 개선 및 사회 관리의 혁신을 보장하면 중국의 사회 건설은 한 단계 업그레이드되어 경제와 사회가 조화롭게 발전될 것이다.

두 번째 단계, 사회체제 개혁을 힘껏 추진하여 새로운 사회정책을 제정하고 사회 관리를 완비해야 한다. 신형 도시화를 추진하고 도시와 농촌의 이원화 구조를 타파하여 점차 도시와 농촌 일체화를 실현해야 한다. 사회 유동 경로를 확대하여 중산층의 발전을 추진하고, 합리적이고 개방적이며 포용적인 사회구조를 구축하여 경제구조와 서로 조화되게 해야 한다. 합리적이고 개방적인 산업사회 중기 단계 사회구조 구축은 사회 건설의 가장 중요하고 핵심적인 임무이다. 우리는 현재를 개혁 발전의 관건적 시기라고 말한다. 이 관건적 시기의 중요한 사업은 사회 건설, 특히 사회체제 개혁으로 합리적 사회구조를 구축하는 것이다. 사회사업을 포함한 중국의 현행 사회체제는 계획경제 체제 시기에 형성된 것이다. 사회 건설을 추진하려면 반드시 사회체제를 개혁해야 한다. 당년, 경제 건설 단행 시 먼저 경제체제를 개혁했듯이 먼저 사회체제를 개혁해야 한다. 사회체제를 개혁하지 않으면 사회 건설을 할 수 없다. 만약 호적 제도와 도시 이원화 체제를 개혁하지 않으면 도시 일체화와 도시와 농촌 일체화를 이룩할 수 없어 누적된 많은 사회문제를 해결할 수 없다. 취업 체제, 사회보장 체제와 사회사업 체제를 점차 개혁하여 사회주의 시장경제 체제와 서로 대응되고 연관된 사회체제를 구축해야 한다. 제12차 5개년 시기와 제13차 5개년 계획 시기는 사회체제 개혁의 관건적 시기로 사회체제 개혁을 완성하면 중국의 사회 건설은 경제 건설처럼 비약할 수 있다. 그러나 사회체제를 개혁하지 않거나 연기한다면 사회문제는 장기간 해결을 보지 못할 것이며 현 단계 발전의 걸림돌이 될 것이다. 그러므로 향후 10년은 중국의 사회체제 개혁과 사회 건설의 가장 관건적인 시기이다.

세 번째 단계, 2020년 이후 사회경제 체제 개혁으로 사회체제가 점차 완비될 것이고 사회 관리 체계는 더욱 완벽화될 것이며 사회 유동 경로도 순탄해질 것이다. 사회조직이 발전하고 사회구조가 더욱 최적화되어 사회주의 시장경제 체제와 서로 대응되고, 현대 경제구조와 상호 협조되는 현대 사회구조를 형성하여 전면적이고도 조화로운 지속적 발전에 양호한 사회 환경을 제공할 것이다. 중국공산당 제16기 중앙위원회 제6차 전체회의에서 제기한 "민주 법치, 공평 정의, 신용 우애, 활력이 충만하고, 안정되고 질서가 있으며, 인간과 인간이 화목하게 공존하는 사회주의 조화로운 사회" 목표도 실현될 것이다.

이 세 단계의 구분은 상대적인 것이지 분리된 것이 아니다. 향후의 실천 과정은 상호 교차되어 진행되는 것으로 첫 단계의 민생사업에서만 두드러지게 표현된다. 각 단계와 지역 및 실제 상황에는 서로 다른 해결책이 있어야 한다. 사회 건설을 잘 하고 사회 현대화를 건설하는 것은 새로운 분야로 우리는 "돌을 더듬어가며 강을 건너듯이" 일을 진행하면서 경험을 모색해야 한다. 이는 향후 5년, 10년, 20년 사업의 중점이다. 사회 건설의 실천에 따라 사회 현대화는 궁극적으로 실현될 것이며 이로써 사회주의의 전면 현대화를 실현하여 중화민족의 부흥을 실현할 것이다.

5. 사회 건설 강화 관련 정책 건의

사회주의 조화로운 사회 구축과 사회 건설, 이 중요한 두 개념은 중국 공산당 제16기 중앙위원회 제4차 전체회의에서 동시에 제기했다. 사회주의 조화로운 사회는 중국 특색이 있는 사회주의 사업의 총체적 전략 목표와 연결되어 있고 사회 건설은 이 목표를 실현하는 중요한 수단이다. 사회주의 조화로운 사회 구축과 사회 건설이라는 역사적 임무를 제기한 후 전국적으로 사회 실천을 전개하여 좋은 성과와 새로운 경험을 얻었다. 그러나 해결해야 할 문제들도 남아 있다. 이를테면 "사회 건설이 새로운 진보를 취득"한 기반 위에 어떻게 사회 건설을 계속할지 등 사업이 남아 있다.

1) 사회주의 건설 이론의 연구 학습과 모순 해결 및 공감대 형성

　사회 건설은 실천이며 중국공산당의 사회주의와 조화로운 사회 구축 이론 구성에서의 이론적 창조이기도 하다. 이 이론을 둘러싸고 제기한 새로운 사상, 새로운 관점, 새로운 논단은 학계, 정계, 사회 분야의 논쟁과 연구를 걸쳐 점차 성숙되어가고 있다. 새로운 실천은 새로운 이론의 지도를 필요로 하며 이론의 광범한 보급을 더욱 필요로 한다. 2005년 2월 21일 후진타오 주석은 중국공산당 중앙 정치국 20차 단체 학습 시 사회 건설 이론 연구의 중요성을 강조하면서 "마르크스레닌주의, 마오쩌둥 사상, 덩샤오핑 이론과 세 개 대표 중요 사상 관련 사회주의 사회 건설 이론의 연구를 강화해야 한다", "중국 역사와 관련 사회 건설 이론 연구를 강화해야 한다", "외국의 사회 건설 이론 연구에 관심을 가져야 한다"라고 당부했다.

　사회 건설 이론의 학습과 연구에서의 가장 기본은 발전 형세를 정확하게 판단하고 주요 모순을 직시하고 분석하는 것이다. 21세기 이래 '경제는 좋은 소식, 사회는 나쁜 소식'이라는 국면과 관련해 우리는 경제 발전과 사회 발전을 하나의 모순체로 보아야 한다. 현재 장기간 경제가 궁핍하던 문제는 거의 해결을 보았다. 모순의 주요 방면은 경제 면에서 사회 면으로 전환되었다. 따라서 중국공산당 제16기 중앙위원회 제6차 전체회의에서는 "반드시 경제 건설을 중심으로 하고 사회주의 조화로운 사회 구축을 더욱 두드러진 자리에 놓아야 한다"고 제기했다. 사회 건설의 강화와 사회 모순 및 사회문제 해결은 시대의 요구가 되었다. 발전 전략에 대한 적절한 조정이 필요하다. 그러나 사회 건설을 경제 건설과 동등하게 중요한 자리에 놓는 것은 쉽지 않다. 근래 각 지방의 인민대표대회와 정치협상회의에서 공표한 자료에 따르면, 31개 성(省)·시(市)·자치구(自治區)의 정부공작보고 중 24개 성·시·자치구의 경제성장률이 10% 이상에 달해 중 앙정부의 예상보다 훨씬 높았다. 경제성장률의 과도한 추구는 필연적으로 정부의 투자를 증가시키며 사회 건설을 소홀히 할 수밖에 없다. 경제 발전과 사회 발전이 더욱 불균형해지고 비조화적이 되어 사회 모순과 사회 충돌이 날로 심각해질 것이다. 관련 조사에 따르면, 현재 중국의 상황은 경제 발전이 좋은 지역일수록 사회 모순과 충돌이 많고 정부에 대한 민중의 만족도가 낮으며 행복지수 역시 낮다. 만족도를 보면 도시가 농촌보다 낮고 경제가 발달한 동부 지역이 경제가 발달하지 못한 중서부 지역보다 낮으며 고소득층이 저소득층보다 낮고 고학력층이 저학력층보다 낮다. 이는 심사숙고해야 할 바이다.

사회 건설의 추진은 먼저 이론적 측면에서 모순과 문제의 실질을 분석해야 한다. 사회 건설 실천의 총괄과 이론 연구를 통해 현재 중국의 사회 경제 형세의 단계적 특징을 똑바로 인식하고 사회주의 조화로운 사회 구축을 더욱 두드러진 자리에 놓으며 실천에서 사회 건설을 더욱 강화해야 한다. 이는 경제와 사회의 부조화한 모순 해결에 유리하다.

2) 체계적인 사회체제 개혁 추진과 난관 타파 및 대세 선도

중국 경제 건설이 성공을 이룩한 기본 경험 중 하나는 고도로 집중된 계획경제부터 개혁한 것이다. 만약 도급책임제를 위주로 한 농촌과 국유기업을 개혁하지 않고 농민, 노동자, 지식인의 생산 적극성을 동원하지 않았다면 경제 발전의 휘황한 성과가 있을 수 없다. 사회 건설의 진행도 현행 사회체제로부터 개혁해야 한다. 사회체제 개혁으로 사회주의 조화로운 사회 구축에 대한 사회 각 계층의 적극성을 동원해야 한다.

몇 년간 개혁 관련 논의와 연구 토론이 급격히 많아졌다. 작은 개혁의 조짐을 보이지만 도급책임제나 국유기업 개혁과 같은 전국을 뒤흔들고 대세에 영향을 주며 후세에 이로움을 남길 큰 개혁이 아직 없다. 이왕의 개혁은 모두 정치 분야나 경제 분야에 집중되어 있었다. 현재 중국은 사회 건설을 중심으로 하는 새로운 역사적 단계로 전환하고 있다. 개혁은 사회 분야에서 진행되어야 하며 그 중점은 사회체제 개혁이어야 한다. 사회체제는 경제체제와 마찬가지로 하나의 큰 연관체이다. 여기에는 도시와 농촌 체제, 지역 체제, 노동 취업 체제, 소득 분배 체제, 사회사업 체제, 사회 보장 체제, 사회조직 체제, 사회 관리 체제 등이 포함된다. 이러한 모든 사회체제는 전부 1950년대 이후 구축된 것으로 계획경제의 요구에 부합되며 계획경제 체제를 위한 것이다. 개혁개방 이후 사회체제는 여러 가지 개혁을 단행하여 일부 성과를 거두었지만, 실패했거나 모색 중이며 심지어 시작하지 않은 것도 있다. 그러므로 사회체제는 사회주의 시장경제 체제와 상호 조화되는 요구에 따라 전환되지 않았다고 할 수 있다.

사회 건설 추진은 사회체제 개혁을 필요로 할 뿐만 아니라 전반 국면에 중대한 영향을 미치는 사회체제를 개혁해야 한다. 경제사회 개혁과 발전 경험 교훈을 총괄하면, 현행 도시와 농촌 이원화 구조의 사회체제가 바로 전반 국면에 영향을 미치는 사회체제이다(경제체제일 수도 있지만 주요하게는 사회체제임). 사회체제 개혁은 도시와 농촌의 이원화 구조 체제에서 시작하여 성공을 거두어야 한다. 이는 기타 사회체제 개혁의 추진에 유리하며 중국 사회 건설이 취득한 상징적 발전이기도 하다.

60여 년 각 도시와 농촌 이원화 체제는 중국 경제사회의 각 방면에 침투되어 고질이 되었을 뿐만 아니라 복잡하여 해결하기가 어렵다. 이는 많은 사회 모순과 사회문제를 양산하는 근원이 되었다. "삼농(三農, 농업·농촌·농민) 문제", 농민공 문제, 도시 내부 이원화 문제, 형사 범죄 증가 등 사회 치안 문제, 민원 제기 및 집단 소요 사태가 다년간 문젯거리였다.

장기간 해결되지 못한 모순과 문제점은 도시와 농촌의 이원화 구조와 체제에서 직간접적으로 발생하고 있다. 이 체제를 개혁하지 않으면 많은 문제를 해결하지 못한다. 도시와 농촌 이원화 체제 개혁은 어렵고도 중차대한 임무로 개혁하지 않으면 안 될 시급한 시기에 이르렀다. 30여 년의 개혁개방과 시장경제 체제 개혁의 실천으로 도시와 농촌 이원화 구조 체제에 대한 개혁의 인식이 일치해졌고 개혁 조건도 성숙해졌다. 일부 성, 시에서는 총괄 관리하는 도시와 농촌 종합 개혁 시험을 다년간 전개하여 일정한 개혁 경험을 쌓았다. 사회 건설을 중심으로 하는 새로운 역사 시기에 들어선 시점에서 도시와 농촌 이원화 구조 체제 개혁은 반드시 성공해야 한다. 이는 기타 사회체제 개혁을 이끌어나가는 돌파구가 되어 사회 건설의 추진에 양호한 기반을 닦을 것이다.

3) 사회 건설 원칙 준수와 적극적이고 안정적인 도시화 추진

신중국 성립 60여 년간, 산업화의 실현에 대해서는 그 어떤 논쟁도 없었다. '문화대혁명' 기간에도 "공업은 따칭(大慶)을 따라 배워야 한다"는 구호를 외쳤던 것이다. 3년곤란시기(1959~1961년)는 중국 도시화 수준의 저하를 초래했다. 1978년 도시화율은 17.9%밖에 안 되어 1958년보다 낮았다. 2005년 중앙에서 제11차 5개년 계획 제정 시 도시화를 재언급했다. 2010년 제12차 5개년 계획 제정 건의에서 "적극적이고도 온당하게 도시화를 추진할 것"을 제기했다. 중국공산당 제18차 대표대회 이후인 2012년 12월 중앙경제공작회의에서 "적극적이고도 온당하게 도시화를 추진하며 도시화의 질을 힘껏 제고해야 한다. …(중략)… 도시화의 질 제고에서 정세에 따라 유리하게 이끌어야 하는바 좋은 면은 추진하고 나쁜 면은 피해 도시화의 건강한 발전을 적극 인도해야 한다"고 지적했다. 또한 도시화에 대한 방침과 경로를 자세히 논술했다.

중국의 도시화 진행 여부와 어떤 도시화(대도시 아니면 소도시)를 할 것인지, 어떻게 도시화를 실현할 것인지 등 중요 문제와 관련해 정계와 학계는 장기간 논쟁해왔다. 그러나 농업 취업 인구가 비농업으로 전환하고 농촌 인구가 도시 인구로 전환하는 것은 막을 수 없는 역사적 흐름으로 중국도 피해 갈 수 없다. 개혁개방 이후 특히는 1992년 이후 수억 명에 달하는 농민들이 여러 방식과 경로를 통해 도시에 유입되었다. 1995년 중국의 도시인구는 3억 5,174만 명에 달해 도시화율이 29%밖에 되지 않았다. 2011년에는 6억 9,079만 명에 달했는바 16년간 연평균 2,119만 명이 증가되었으며 그 증가율은 96.4%에 달해 중국식 도시화를 실현했다. 농민공을 주체로 하는 대량의 외래인구의 도시 유입은 중국의 경제 발전에 활력을 불어넣어 거대한 재화를 창조했다. 이는 중국 경제가 번영해진 기본 원인이다. 그러나 농촌 인구가 단기간 내에 도시로 밀집되면서 도시의 기초시설 등 조건이 부족하게 되었다. 또한 상응된 조직, 제도, 정책 등을 적시에 조정하지 못해 임시적 조치가 체계적인 계획보다 더 많았다. 이로써 주택 부족, 환경오염, 교통 정체, 도시 빈곤화가 나타나고 사회 치안이 무질서해지고 범죄가 증가하며 사회 모순과 사회 충돌이 빈번한 '도시병'이 발생했다. 중국 국정의 특수성과 쾌속적인 도시화 진척은 특수한 도시인 부류를 형성했다. 도시를 잘 관리하여 7억 명에 달하는 도시인구의 거주 문제를 해결하고 화목하게 지내게 하여 활력과 질서 있는 도시 사회 생태를 구축하는 것이 우리 앞에 놓인 중대한 역사 임무이다.

세계 현대화의 경험에 의하면 산업화와 도시화는 상부상조하여 추진해야 하는바 도시화 수준과 산업화 수준은 서로 적합해야 한다. 그러나 중국의 도시화는 장기간 산업화보다 정체되어 있다. 이는 바로 사회 발전이 경제 발전보다 정체되어 있다는 증거이며 사회경제 발전의 불균형

개관 기초 보고

과 부조화를 양산한 중요한 원인이기도 하다. 중국의 도시화는 1990년대 중기부터 빠른 속도로 발전하기 시작했는데 현재 도시화율이 50% 이상에 달한다. 중국 도시화는 긍정적인 면과 부정적인 면 두 가지를 모두 구현했다. 긍정적인 면은 도시화가 산업화에 비해 장기간 정체되어 있는 모순을 완화시켰는바 경제의 고성장률을 촉진하여 사회 공공사업의 발전을 추진했다. 부정적인 면은 도시화의 구체적 실현 방법에서 효율 우선 원칙을 채택했으며 행정 명령을 동원하여 이른바 '토지 매매로 돈을 벌'거나 '도시를 경영'하는 방식을 취했다. 농민들의 토지를 염가로 징수하여 '토지 재정'을 추진했는바 '토지의 도시화'가 '인구의 도시화'보다 훨씬 빨라 수많은 농민들이 토지와 생업을 잃게 되었다. 도시와 농촌 이원화 체제와 연결되어 '인구의 도시화' 문제를 해결하는 과정에서 중국 특유의 농민공 체제가 형성되었다. 근 30여 년간 수억 명에 달하는 농민들이 도시에 유입되어 제2, 3산업에 종사하여 거대한 재화를 창조했다. 그러나 그들은 소득이 적고 사회보장이 부족하며 응당 누려야 할 공공 서비스를 누리지 못하고 있다. 일부 경제학자들은 농민공과 도시의 관계를 가리켜 경제적으로 받아들이지만 사회적으로는 배척하는 관계라고 한다. 농민공은 도시의 노동자이지만 신분은 농민이다. 국가통계국의 통계에 따르면 2009년 전국에 2억 3,000만 명에 달하는 농민공이 있는데 이 중 8,445만 명은 고향의 소도시에 취직했고 1억 4,500만 명은 고향을 떠나 타지에서 취직했다. 1억 4,500만 명(가족까지 합하면 2억 명에 달함)은 전국의 각 도시에 분포되어 도시 호적 주민들과는 다른 생활을 하고 있다. 이는 중국의 특유한 도시 이원화 사회구조를 형성하였다. 이로써 수많은 사회 모순과 문제가 양산되고 있다.

산업화와 도시화는 국가 현대화 건설의 양날이다. 분류학의 법칙에 따르면 도시는 사회 분야에 속하므로 도시화는 사회 건설의 범주에 속한다.

당대 중국 사회 건설

도시화는 사회 건설의 원칙에 따라 인본주의와 공평 정의를 견지하고 인간 기본권을 보장하며 인간의 전면적 발전을 촉진해야 한다. 중국의 도시화 현 상황에 대해 정세에 따라 유리하게 이끌어야 한다. 좋은 면은 추진하고 나쁜 면은 피하여 도시화의 건강한 발전을 인도해야 한다.

첫째, 도시화의 추진을 사회 건설의 총체적 계획에 넣어야 한다. 사회 건설의 원칙에 따라 도시화의 계획과 발전을 지도하고 도시 건설을 경제 목표 실현 방침으로 전환해야 한다. 중국공산당 중앙과 국무원은 도시화 공작회의를 소집하여 도시화의 지도 방침과 중대한 문제들을 전문 토론한 후 상응한 결정을 내리도록 건의해야 한다. 이로써 사회 건설, 도시 건설과 경제 건설의 관계를 잘 처리해야 한다.

현재 중국의 도시화는 빠른 발전 단계에 들어섰다. 현 단계에서는 적극적이고도 안정적으로 도시화를 추진하고 도시화의 질을 향상시켜야 한다. 먼저 실제에 입각하여 2억 명에 달하는 '반시민화' 인구가 순차적으로 시민화가 되게 해야 된다. 그리고 도시의 인프라와 공공 서비스 시스템을 시급히 구축해야 한다. 적극적으로 도시를 확장하고 2억 명에 달하는 도시의 외래인구와 5억 명에 달하는 도시 호적 인구를 관리하고 주거를 제한하며 순차적으로 그 숫자를 증가시켜야 한다. 각 도시의 상황은 서로 같지 않으므로 일률적으로 해서는 안 된다. 도시화율이 낮은 지역은 시급히 양을 확대해야 한다. 2010년 정부는 "적극적이고도 안정적으로 도시화를 추진해야 한다"는 방침을 제기한 후 많은 지역에서는 이를 경제 발전의 좋은 시기로 간주하여 토지 도시화의 발걸음을 다그쳤다. 일부 도시에서는 강제 철거, 묘지 강제 이장, 농지와 농민 택지 강제 징수 등을 단행하여 사회 모순과 충돌을 격화시켰는데 이는 잘못된 경향이다. 이러한 비도덕적 '도시화' 행위를 결연히 저지해야 한다.

둘째, 적극적으로 농민공의 시민화를 추진하여 도시 내부의 일체화를 실현해야 한다. 1980년대 제2, 3산업의 발전 수요에 맞추어 도시와 농촌을 분할 관리하는 호적 제도하에 농민공이라는 일시적 대책의 취업 방식이 나타났다. 중국 경제의 지속적이고도 빠른 발전에 따라 수억 명에 달하는 농민공들이 도시에 유입되었다. 이들은 '세계공장'의 주체적 역량이 되어 중국의 휘황한 성과를 창출했다. 그러나 일시적 대책으로 발전한 농민공 체제는 적극적인 면을 충분히 발휘하는 한편 폐단도 날로 뚜렷해졌다. 특히 인간을 근본으로 삼고 공평과 정의를 견지하며 인간의 기본 권리를 보장하고 조화로운 사회와 인간의 전면적 발전을 촉진하는 신형 도시화 추진 시기에 현행 농민공 체제는 폐단만 많을 뿐 이로움이 전혀 없다. 날로 인심을 잃어가기 때문에 반드시 개혁해야 한다. 농민공 체제는 현재 이원화 사회체제의 기본 요소이다. 개혁으로 농민공 체제를 타파해야만 농민공이 시민이 될 수 있으며 도시 이원화 사회는 도시 일원화 사회가 될 수 있다. 신형 도시화 경로의 개척을 추진하고 도시와 농촌 이원화 구조를 타파하여 도시와 농촌 일체화 실현의 돌파구를 열어야 한다. 이는 일거다득의 중대한 조치이다. 다년간의 연구와 토론 및 모색으로 각 방면에 대한 인식이 일치되어가고 있다. 몇 개의 시험도시는 성공적이었으며 개혁 방식과 절차 등 방면에서 경험을 도출하기도 했다. 농민공 체제와 관련하여 정부가 개혁을 위한 결단을 내려야 할 시기이다.

4) 조직기구 설립과 사업 체제 완비 및 사회 건설의 추진 협조

사회 건설은 총체적 구조 중 5대 건설의 하나이다. 사회 건설 강화 시 반드시 강력한 조직 협조 기구와 사업기구가 있어야 한다. 60여 년의 역사가 증명하듯이 당 중앙에서 결정한 전략 임무는 조직 보장이 있고 기구와 종사자가 관철 집행하면 효과적으로 실현된다. 경제 건설 방면에서 각 시기에 국가계획위원회, 국가경제제개혁위원회, 국가발전개혁위원회 등 부서를 설립하여 경제체제 개혁과 경제 건설을 주관했으며 성공을 거두었다. 그러나 일부 대사에서 조직 보장이 부족하여 기대한 임무를 완성하지 못했다. 2006년 중국공산당 제16기 중앙위원회 제6차 전체회의에서 '사회주의 조화로운 사회 구축에 관한 약간의 중대한 문제의 결정'을 내린 후 베이징시는 2007년 9월 사회공작위원회와 사회건설판공실을 설립했다. 그 후 상하이, 광둥, 따칭, 청두, 난징 역시 선후하여 사회공작위원회나 사회건설판공실을 설립하여 사회 건설과 사회 관리를 주관했는바 효과적으로 사업을 추진했으며 많은 경험을 쌓았다. 2011년 봄부터 각 지역에서 선후하여 사회공작위원회나 사회건설판공실을 설립하여 사회 건설과 사회 관리 사업을 주관했는바 좋은 성과를 거두었다.

근래 일부 지역에서는 사회 건설 기구를 설립하여 사업을 전개하고 많은 지역에서는 사회 관리 기구를 설립하여 사업을 전개한다. 비교해볼 때 사회 건설 기구 설립, 이를테면 사회건설공작위원회나 사회건설판공실이 더 적절하다. 사회건설공작기구를 설립하면 공동체 건설과 공공 서비스를 추진할 수 있으며 사회조직을 육성 발전시킬 수 있다. 뿐만 아니라 사회 관리도 할 수 있어 사회 건설의 모든 사업을 두루 포괄할 수 있다. 사회 관리 기구의 설립은 사회의 두드러진 문제를 해결하거나 사회의 안정을 수호하는 특정한 시기에는 유리하나 사회 건설을 중점적으로 강화하기에는 기구 명칭이 어울리지 않는다. 사회 건설의 실천을 보면 베이징, 상하이 등지는 사회건설공작위원회를 설립하여 많은 사업을 했으며 성과도 거두었다. 그러나 실천 중에서 부딪친 이러저러한 문제점을 사회 건설공작위원회 자체로는 조정과 해결이 불가능했다. 현행 행정관리 체제에서 사회 건설의 구체적 사업을 주관하는 부서는 아주 많다. 이를테면 사회사업 방면에서 과학, 교육, 문화, 의료, 체육 등은 모두 관할 기구가 있다. 그리고 민정국(民政局), 신방국(信訪局) 등이 있는바 구체적 사업을 주관하는 기구가 부족한 것이 아니라 총괄적 계획과 종합적 조정을 하는 기구가 부족한 것이다. 그러므로 사회 건설을 강화하려면 발전개혁위원회와 유사한 기구를 설립해야 한다. 건의하건대 국가발전개혁위원회의 사회사(社會司), 분배사(分配司) 등 직능 부서를 분리한 후 그에 상응한 직책을 부여하여 사회 건설의 발전과 개혁을 총괄 계획, 조정하게 하여 사회 건설의 임무 추진을 조직적으로 수행하고 강화해야 한다.

5) 지역 경험 총괄 보급 및 사회 건설의 시범 모형 창조 격려

사회 건설의 강화는 지역의 창조(首創)와 총체적 기획을 결합해야 하고 풍부한 사회 건설의 실천 속에서 경험을 도출해내야 한다. 현재 적지 않은 지역에서는 사회 건설과 사회 관리 방면에서 많은 성과를 거두었다. 따라서 사회와 경제의 협조적 발전을 촉진하고 조화로운 사회의 안정을 수호하는 전형 지역과 구체적 경험이 대량으로 나타났다. 이러한 전형적 경험을 총괄하고 선전 보급하는 것은 전국 범위 내의 사회 건설 사업 보편적 추진에 중요한 의의가 있다. 일부 지역에서는 상급 부문의 사회 건설 관련 총체적 기획을 기다리고 있다. 훌륭한 총체적 기획은 일반적으로 기층의 실천과 창조를 총괄한 선진 경험이 승화하여 형성된 것이다. 사회 건설은 새로운 역사적 임무로 실천을 중요시하고 실사구시를 견지하며 실제에 입각해야 한다. 실제적 문제 해결에 입각하여 창조와 경험 총괄을 더욱 중시해야 한다.

조사 연구와 경험 총괄에서 일부 지역과 부서의 선진 경험을 발견하고 총괄해야 할 뿐만 아니라 보편적 문제점도 발견해야 한다. '도급책임제'나 조대방소(抓大放小 : 큰 것은 잡고 작은 것은 놓는다)의 국유기업 개혁처럼 사회체제 개혁과 사회 건설의 돌파구를 찾아야 한다. 이와 함께 시(市), 현(縣), 향진(鄕鎭) 혹은 학교, 병원 등 지역과 기관 부문에서 사회 건설과 사회 관리, 사회체제 개혁을 전개한 경험을 발견하고 총괄해야 한다.

현재 사회 건설과 사회 관리는 이미 전국 각지에서 왕성하게 전개되고 있다. 여러 선진적이고 창조적인 전형들이 끊임없이 나타나고 있다. 경제 건설의 경험을 참조하면 현재는 1980년대와 매우 흡사하여 사회 건설에서 '원저우 모식(溫州模式)', '수난 모식(蘇南模式)'이 창조되고 나타날 시기이다. 우리는 사회 건설의 일선에서 이러한 신형 모식을 적시에 발견하고 총괄하며 보급해야 한다. 이는 사회 건설에 매우 유익하다.

6) 사회 건설 투입 확대, 재력 · 물력 · 인력 보장

향후 대규모적인 사회 건설은 경제 건설과 마찬가지로 대량의 인력, 재력과 물력의 투입을 요한다. 경제가 발전하고 사회가 정체된 현재의 불균형적 상황을 초래한 중요한 원인은 사회에 대한 투입을 장기간 소홀히 한 결과이다. 민생사업, 사회사업, 공공 서비스 분야의 자금 투입 부족으로 민중들의 "병원에 가기 어렵고 학교 다니기 어려운" 문제를 양산했다. 중앙에서 민생 개선을 중점으로 한 사회 건설의 추진을 제기한 후 각급 정부가 민생에 대한 투입을 증가하여 상황이 호전되었다. 그러나 그동안 투입하지 못한 자금이 너무 많다. 특히 중서부와 빈곤 지역은 재정이 어려워 교육, 의료, 노후 보장 등 방면의 많은 문제를 해결해야 한다. 우리는 "공공 재정 체제를 완비하고 재정 수지 구조를 조정하며 더욱 많은 재정 자금을 공공 서비스 분야에 투입해야 하는바 교육, 의료, 문화, 취업과 재취업 서비스, 사회보장, 생태 환경, 공공 기초 시설, 사회 치안 방면에 대한 재정 투입을 늘려야 한다"[27]는 중국공산당 제16기 중앙위원회 제6차 전체회의의 결정에 따라야 한다. 사회 건설에 대한 투입을 증가하여 민생사업, 사회사업, 공공 서비스를 발전시켜 인민들이 개혁 발전의 성과를 향유하게 해야 한다. 따라서 사회 모순과 사회문제가 감소되고 이는 경제 발전에 유리하다.

사회 건설 강화에서 인력과 인재, 간부에 대한 투입을 중시해야 한다. 중국공산당 제16기 중앙위원회 제6차 전체회의는 "각급 당 위원회는 조화로운 사회 건설을 총체적 구성 사업의 중요한 자리에 놓아야 한다. 방향을 파악하고 정책을 제정하며 힘을 통합하고 환경을 만들어 지도적 책임을 확실히 짊어져야 한다"고 강조했다. 또한 "방대한 사회사업 인재의 대오를 건설해야 한다. 합리한 구성, 훌륭한 자질의 사회사업 인재의 대오를 육성하는 것은 조화로운 사회 구축의 절박한 수요이다"[28]라고 지적했다. 경제 건설 과정에서 우리는 규모가 방대한 경제사업 종사자를 선발하고 양성했다. 사회사업을 잘 하려면 역시 규모가 방대한 사회사업 종사자를 선발하고 양성해야 한다.

중국 현재의 사회사업 종사자 대오는 여전히 약소하고 분야가 분산되어 하나의 세력을 형성하지 못했다. 첫째, 사람들이 사회사업에 대한 이해가 부족하여 '사회사업'이 일정한 사회 분위기를 형성하지 못하고 있다. 둘째, 사회사업 종사자들이 소속되는 기구나 부서가 설립되지 못했다. 전국적으로 3개의 성, 시와 몇 개의 소도시에서만 사회건설공작위원회나 영도소조(領導小組)를 설립했을 뿐이다. 국외에서 돌아온 많은 사회학 관련

27) 『中共中央關于構建社會主義和諧社會若幹重大問題的決定」輔導讀本』, 人民出版社, 2006, pp.36~38.
28) 위의 책, 같은 쪽.

당대 중국 사회 건설

전공 학사, 석사, 박사들은 관련 직업을 찾지 못하며 일부는 전공과 무관한 일자리를 찾는다(국내의 사회학 관련 졸업생들도 역시 마찬가지임). 셋째, 사회사업 종사자의 수가 부족하다. 추산에 의하면 현재 사회사업 전문 종사자는 약 8만 명이다(전문기구의 통계가 없으므로 추산한 것임). 이는 13억 명의 인구와 어울리지 않는다. 통계에 따르면 2004년 미국의 사회사업 전문 종사자는 56만 2천여 명으로 천 명당 1.9명의 사회사업 종사자가 있다. 중국의 경제사회 발전 수준이 낮은 것을 감안하여 천 명당 1명의 사회사업 전문 종사자를 배치하더라도 약 135만 명을 필요로 한다. 사회 건설에 종사하는 간부 역시 심각하게 부족하다.

우리는 "정확한 인재 등용 방침을 견지하고 훌륭한 지도부를 선발하며 사회 건설과 사회 관리에 익숙한 우수한 간부의 육성과 선발을 중시해야 한다. 전공 양성을 강화하고 사회사업 종사자의 직업 자질과 전문 수준을 제고해야 한다. 인재 양성 계획을 제정하고 대학교의 사회사업 종사 인재의 양성 체계를 구축하여 사회사업에 시급히 필요한 각 부류의 전문 인재를 하루빨리 양성해야 한다"[29]는 중국공산당 제16기 중앙위원회 제6차 전체회의의 결정에 따라야 한다. 그리고 사회건설공작위원회를 설립하고 사회사업 각 방면의 종사자를 조직하여 실천 속에서 단련, 제고하고 점차 확대하여 규모가 방대한 사회사업 종사자 대오를 건설해야 한다. 또한 사회의 여러 세력을 동원하여 사회 건설의 대업을 공동 추진해야 한다.

---

29) 위의 책, 같은 쪽.

제 1 장

민생사업

민생 보장과 개선은 개혁개방과 사회주의 현대화 건설의 근본 목표이다. 민생사업은 사회 주체 생존과 발전 능력의 기초로 사회 구성원의 사회 활동을 위한 일정한 자원과 기회를 필요로 한다. 또한 사회 주체의 기본 권리로 '사회 적응 기능'을 가지고 있다. 개혁개방 이래 중국 주민의 생활수준은 천지개벽의 변화를 가져왔다. 의식(衣食)의 부족에서 샤오캉과 부유로 나아갔고 사회 건설의 기초인 민생사업 건설도 빠르게 발전했다. 그러나 일자리 부족과 구조적 모순, 사회보장 예산의 투입 부족, 주민과 주민 생활 수지의 패러독스, 경제사회 건설에 비해 취약한 도시 교통 등 여러 민생 난제들이 남아 있다. 그 근원은 자원과 기회 배치의 불공정, 체제와 시스템의 결핍, 보편적으로 존재하는 구조적 불균형에 있다. 향후 정부의 주도적 역할과 사회의 주체적 역할 및 시장의 조정 역할을 두루 발휘하여 체제 건설과 톱레벨 디자인을 강화하고 구조를 최적화하며 함께 건설하고 함께 향유함으로써 민생사업의 현대화를 이룩해야 한다.

제1장 민생사업

민생사업은 사회 건설의 기초이자 사회 조화의 근본이다. 신중국 성립 이후 당과 국가는 줄곧 민생을 국가의 대계로 간주했는바 곧 '국계민생(國計民生)'이다. 개혁개방 이후 당과 정부는 생활수준의 제고와 생활 질의 개선을 개혁개방과 경제사회 발전의 근본 목표로 삼았다. 특히 21세기라는 새로운 역사 시기에 들어선 후 역대 당의 문건과 정부 보고서는 모두 민생사업과 관련하여 상세하게 설명했다. 중국공산당 제16차 대표대회에서는 '취업은 민생의 근본'이라고 했으며 중국공산당 제17차 대표대회는 "민생 개선을 중심으로 사회 건설을 빨리 추진해야 한다"고 했다. 특히 중국공산당 제18차 대표대회에서는 "민생 개선과 창조적 관리로 사회 건설을 강화해야 한다", "인민의 물질 문화 수준 향상은 개혁개방과 사회주의 현대화 건설의 근본 목표이다"라고 했다. 이는 사회 건설에서 민생사업의 중요성을 표명한 것이다. 현재 민생 개선에 대한 대중의 요구가 갈수록 높아지고 당과 정부도 민생 개선 과정에서의 사회 건설을 갈수록 중시하게 되었는바 이는 새로운 시기의 민생사업 건설이 더욱 필요해졌음을 의미한다. 제1장에서는 민생사업의 범주와 구성을 설명한 후 당대 중국 민생사업의 발전 현황과 문제점을 정리하고 민생사업 곤경의 사회적 원인을 분석한다. 또한 이를 바탕으로 민생사업 건설 개선과 관련해 대책과 건의를 제기할 것이다.

1. 민생사업과 사회 건설의 관계

1) 민생사업 범주와 구성

현재 민생의 개념과 범주는 확정되지 않았다. 일부에서는 '대민생(大民生 : 인민의 생활에 대한 국가의 정책)'을 말하고 일부에서는 '소민생(小民生 : 생활이나 생계에 대한 서민의 의견)'을 말하고 있다. '민생'이란 어휘는 『좌전(左傳)·선공 12년』에서 처음 나타났다. 바로 "민생재근, 근칙불궤(民生在勤, 勤則不匱 : 사람의 삶은 근면함에 있으니 근면하면 모자람이 없다)"이다. 이는 농업사회에서 백성들의 근면한 노동 생산과 모자람에 대한 대처를 바라는 통치계급의 사상을 보여준다. 쑨원은 1905년 8월 중국 동맹회 성립 초기부터 '민족', '민권', '민생'의 '삼민주의' 사상을 제기했으며 민생을 "인민의 생활로 사회의 생존이고 국민의 생계이며 군중의 생명이다"[1]라고 했다. 『사해(辭海)』에서는 민생을 '인민의 생계'로 설명하고 있다. 이 밖에 많은 사람들은 민생을 경제민생, 정치민생, 사회민생, 문화민생, 생태민생으로 나누거나 생존권, 발전권의 시각에서 민생의 범주를 확정하기도 한다. 이렇듯 각 시기의 민생에는 여러 가지 뜻이 담겨 있다.

우리는 민생사업을 사회 주체의 생존과 발전의 행위 능력 기초로 인정

---

1) 『孫中山文集』, 中華書局, 1981, p.802.

한다. 즉 사회 구성원이 사회 활동을 필요로 하는 자원과 기회이며 사회 주체의 기본권으로 '사회 적응 기능'을 가지고 있다. 경제사회 체제와 시스템의 개혁으로 인민대중의 날로 늘어나는 물질과 정신 생활의 수요를 충족시키고 인민의 생활수준을 보장하고 개선해야 한다. 현대사회는 인간의 기본권을 확실히 보장하는 사회여야 한다. 집정당과 정부는 '민본' 사상으로 '인간의 기본 권리'를 추진해야 한다.

민생사업은 취업, 소득 분배, 소비, 주택, 교통, 사회보장(의, 식, 주, 행, 용) 등을 포함하는바 인민의 기본 생존과 물질생활 수요의 충족에 관련되어 있다. 이 유형의 민생사업은 '생존형 민생'이다. 그리고 과학, 교육, 문화, 보건, 체육 등은 인민의 기본 발전과 정신생활 수요에 관련되어 있는바 이 유형의 민생사업은 '발전형 민생'이다. 이 밖에 인민대중이 법제 내에서 합리적 민생 요구를 제기하고 사회의 공평과 정의를 수호하며 인민의 민주 참여와 민생사업 자원 배치의 기회 등 문제를 구현하는 '참여형 민생'이 있다. 각 유형의 민생사업은 인민대중의 생존권, 발전권, 참여권을 향유하는 기회와 과정으로 시대성과 사회성을 띠고 있다. 사회 발전 법칙에 따르면 민생사업은 낮은 데에서 높은 데로 건설해야 한다. '생존형 민생'을 해결한 후 '발전형 민생'을 해결해야 한다. 그러나 현대사회 발전 정도에 따라 이 두 가지를 함께 진행하거나 교차적으로 진행할 수도 있다. 이는 각 단계의 민중들의 수요가 다름에 의한 것이다. '참여형 민생'을 '생존형 민생'과 '발전형 민생' 사이에 넣을 수도 있다. 여기서는 먼저 중점적으로 '생존형 민생'을 다루고 '발전형 민생'은 다음 장에서 다루고자 한다.

2) 민생사업은 사회 건설의 기초

사회 건설을 강화하여 사회주의 조화로운 사회를 구축하고 사회 현대화를 실현하여 민생을 보장, 개선하는 것은 최대공약수이다. 다시 말하면 민생사업은 사회 건설의 바탕이다. 사회 건설을 중심으로 하는 새로운 역사적 전환기에 들어선 현 시점에서 인민대중은 의식 해결과 샤오캉에서 더 나아가 장래의 행복한 생활, 특히 민생사업을 더욱 크게 기대하게 된다. 현재 민생사업 건설은 의사일정에 올라 사회가 주목하는 초점이 되었다. 시대의 발전과 인민의 수요를 반영하며 민생사업 건설의 중요성과 시대적 범주를 구현했다. 그 목표는 의, 식, 주, 행, 용을 두루 만족시키고 노약자와 장애인의 기초 생활을 보장하여 전 국민이 더욱 행복한 생활을 누리게 하는 것이다. 이는 새로운 역사적 전환기의 사회 건설 강화에 중요한 현실적 의의가 있다.

당대 중국 사회 건설

(1) 사회 건설의 자원에 관하여

사회 관리, 사회조직, 공동체, 사회체제, 사회구조 등의 다름으로 하여 민생사업은 사회사업과 마찬가지로 사회 주체 행위의 자원과 기회 배치를 적재하고 있으므로 사회 건설의 기초 기능을 지니고 있다. 그러나 사회 건설의 기타 분야도 민생과 밀접한 연관이 있다. 이를테면 민생사업 체제의 개혁, 완비와 관련되어 있고 민생에 대한 사회구조의 영향과 제약과 관련되어 있으며 민생사업의 사회 관리(이를테면 먹거리 안전) 등과 관련되어 있다.

(2) 사회 건설의 주체와 대상에 관하여

사회 건설의 주체는 인민이다. 사회 건설을 추진하는 기본세력 역시 인민이며 특히 사회 중산층이 중견 세력이다. 사회 건설의 기본 대상 역시 인민이며 그 최종 목표는 광범한 인민대중이 행복한 생활을 누림으로써 사회의 조화에 이르는 것이다. 그러므로 기본 주체와 대상의 물질생활 수요를 충족시키는 것은 사회 건설의 기초이다. 풍족하고 행복한 중산층이 없으면 조화로운 사회와 사회 현대화는 이룩할 수 없다.

(3) 현재 중국 사회 건설의 난제에 관하여

개혁개방 30여 년간 사회는 물질적으로 지극히 풍부해졌고 인민 생활수준도 향상되었으며 생활의 질도 개선되어 전 사회는 전반적으로 샤오캉에 이르렀다. 그러나 현재의 샤오캉은 낮은 수준으로 전면적이지 않고 발전이 아주 불균형하다. 21세기에 이르러 중국에는 새로운 상황과 난제가 나타났다. 이를테면 취직 문제, 소득 문제, 주택 문제, 고물가, 고소비, 교통 혼잡과 사회보험의 지원이 적은 등 문제점들이다. 민생 자원과 기회는 독점 상황에 처해 있다. 이 모든 것은 광범한 사회 취약계층을 지속적으로 곤혹케 한다. 이러한 기본 물질생활 문제점들이 장기간 해결되지 못하면 광범한 사회 취약계층은 중산층으로 신분 이동하지 못하여 현대 사회구조를 형성하지 못하게 된다. 그러므로 경제 건설을 농촌부터 착수했듯이 전 사회는 민생이라는 기초 사업부터 틀어쥐어 사회 건설의 착안점으로 삼아야 한다.

마지막으로 강조할 것은 민생사업은 사회 건설의 중요한 구성 부분일 뿐, 사회 건설 자체와 동일시해서는 안 된다는 점이다. 이 밖에 민생사업은 경제 발전의 성과를 소모하는 것으로만 여길 것이 아니라 경제 기적과 새로운 경제성장 포인트를 창조하는 중요 요소로 여겨야 한다.

2. 당대 중국 민생사업 발전 상황

개혁개방 이후 중국 주민의 생활에는 커다란 변화가 일어났다. 의식 부족에서 샤오캉과 부유로 나아갔고 민생사업 건설은 비교적 크게 개선되었다. 사회 건설의 기초인 민생사업 건설의 빠른 발전은 다음 몇 가지 면에서 볼 수 있다.

1) 주민 생활수준의 제고

여기에서는 소득, 소비지출과 사회보장 등 세 갈래로 나누어 주민 생활 수준의 향상 상황을 살필 것이다.

『중국통계연감2011』에 의하면 1991~2010년 도시 주민 일인당 가처분 소득은 1,700.6위안에서 19,109.4위안으로 증가했는바 연평균 8.2% 증가 했다. 농촌 주민 일인당 가처분 소득은 686.3위안에서 5919위안으로 증 가했는바 연평균 5.8% 증가했다.

도시 주민 일인당 생활 소비지출은 1,453.81위안에서 13,471.45위안으 로 증가했는바 연평균 12.7% 증가했다. 농촌 주민 일인당 생활 소비지출 은 619.79위안에서 4,381.82위안으로 증가했는바 연평균 10.9% 증가했 다(표 1-1, 1-2).

표 1-1 도시 주민 가정 일인당 생활 소비지출 구성

단위 : %

연도	1990	1995	2000	2005	2010
식품	54.24	49.92	39.18	36.69	35.67
의류	13.36	13.55	10.01	10.08	10.72
주거	6.98	7.07	10.01	10.18	9.89
가전 설비 용품 및 서비스	10.14	8.39	8.79	5.62	6.74
의료 보건	2.01	3.11	6.36	7.56	6.47
교통 통신	1.20	4.83	7.90	12.55	14.73
문화 교육 오락 용품 및 서비스	11.12	8.84	12.56	13.82	12.08
기타 상품 및 서비스	0.94	4.28	5.17	3.50	3.71

표 1-2 농촌 주민 가정 일인당 생활 소비지출 구성

단위: %

연도	1990	1995	2000	2005	2010
식품	58.80	58.62	49.13	45.48	41.09
의류	7.77	6.85	5.75	5.81	6.03
주거	17.34	13.91	15.47	14.49	19.06
가전 설비 용품 및 서비스	5.29	5.23	4.52	4.36	5.34
의료 보건	3.25	3.24	5.24	6.58	7.44
교통 통신	1.44	2.58	5.58	9.59	10.52
문화 교육 오락 용품 및 서비스	5.37	7.81	11.18	11.56	8.37
기타 상품 및 서비스	0.74	1.76	3.14	2.13	2.15

『중국통계연감2011』에 따르면 사회보장의 공공 재정지출이 대폭 증가했다. 2010년은 1980년의 449배(취업 지출 포함)에 달했다. 2000년 전까지 국가 재정지출의 2%도 안 되었지만 2005년에는 7.5%에 달했다. 사회 기부도 2000년 이후 30배 이상으로 증가했다. 이와 함께 사회보장 영향 범위도 점차 확대되었고 사회보장 금액도 증가했다. 2010년과 1994년을 비교할 때, 실업보험 상황을 보면 보험 가입자 수가 1.6배 증가했고 실업보험금 수령자 수는 2.1배 증가했으며 수령 금액은 27배 증가했다. 도시 직원의 기본 의료보험 상황을 보면 직원과 퇴직자 의료보험 가입자는 46.5배, 230배 증가했다. 2010년 의료보험에 가입한 직원은 전체 직원의 51.3%를 차지했다. 2010년 도시 주민 의료보험 가입자는 2억 명을 넘었는데 이는 도시 인구의 30%를 차지한다. 2010년과 1990년을 비교할 때 도시 기본 양로보험 가입자는 3.5배 증가했는바 2010년 도시 인구의 38.4%를 차지했다. 이 중 직원, 퇴직자 양로보험 가입자는 3배, 6배 증가하여 2010년 양로보험 가입 직원은 전체 직원의 30%를 차지했다. 농촌

사회 양로보험은 2006년부터 실행했는데 가입자는 2010년 연말에 이르러 1배 이상 증가했다. 양로보험에 가입한 농촌 인구의 비례는 7.3%에서 15% 이상으로 증가했다. 2010년 연말 공상보험 가입자는 1995년에 비해 5배 이상 증가하여 전체 직원의 46.6%를 차지했다. 1998년 이후 기초생활보장급여 수급자는 40배 증가했으며 오보호(五保戶 : 주로 농촌에서 생활력이 없는 세대나 개인을 위한 의·식·주·의료·장례 등 다섯 가지 혜택을 받는 대상)도 1배가량 증가하여 기초생활보장급여가 필요한 사람들이 거의 모두 받을 수 있게 되었다. 2010년 생육보험 가입자도 1995년에 비해 7배가량 증가했다.

2) 주민 생활 질의 개선

여기서는 주로 취업 구조, 주거 조건, 소비 구조 등 세 갈래로 주민 생활 질의 개선 상황을 살필 것이다.

취업 구조를 보면, 사회 개방 정도와 사회 활력의 제고로 노동력 이동이 아주 빈번한바 『중국통계연감』에서 볼 수 있듯이 전국 취업자의 구조에 아주 큰 변화가 발생했다. 1978~2010년 3차산업 취업자 수는 연평균 13.7%로 증가했는데 1994년 3차산업 취업자 수는 2차산업 취업자 수를 초과했으며 40%를 넘었다. 화이트칼라 수의 증가로 취업 구조는 고급화 추세를 보인다.

주거 조건을 보면, 2010년 도시 일인당 주거 면적은 31.6m²로 1978년의 4.7배에 달했고 1998년의 1.7배에 달했다. 1998년 주택 개혁 이후 69%의 증가세를 보였는바 연평균 5.7% 증가했다. 농촌 일인당 주거 면적은 1978년의 8.1m²에서 2010년의 34.1m²로 증가하여 연평균 26.7% 증가했다. 이와 함께 서민들은 주택뿐만 아니라 가구 등의 개선에도 관심이 많은데 특히 쾌적한 주거환경에 더욱 신경을 쓴다.

엥겔계수는 소비 구조를 반영하는 중요지표이다. 도시 주민의 엥겔계수는 1978년의 57.5%에서 2010년의 35.7%로 감소하여 현재 '비교적 부유한 수준'[2])에 이르렀다. 농촌의 엥겔계수는 67.7%에서 41.1%로 감소하여 현재 '여유로운 수준'에 이르렀다. 식품 소비지출의 감소는 생활용품이나 오락, 교육 등 소비지출의 증가로 이어지는데 이는 소비 구조가 점차 합리적으로 바뀌고 있음을 설명한다.

3) 주민 생활 방식의 거대한 변화

여기서는 취업 방식, 소득 취득 경로, 교통수단 등 세 갈래로 주민 생활 방식의 변화를 살필 것이다.

취업 직장은 단일화에서 다원화로 변하고 있는바 체재 내의 행정 배치, 체제 외의 시장화 직업 선택, 경쟁 취업, 친지 소개 취업 등 다양한 경로가 있다. 『중국통계연감』의 2010년과 1980년 취업자 수를 비교해보자. 국유 · 집체 기업의 취업자 수는 각각 10%와 4% 감소했고 유한책임회사 · 주식유한회사 · 농촌기업의 취업자 수는 1~2배 증가했다. 민간기업 · 자영업 취업자 수는 8~10% 증가했으며 홍콩 · 마카오 · 타이완 투자회사나 외국 투자회사의 취업자 수도 대폭 증가했다. 일부 학자들은 현재 중국의 비정규 취업자 수를 655.1만~7,512.5만 명으로 추산하고 있다.[3] 2008년

---

2) 엥겔계수의 국제기준은 일반 주민의 생활수준을 '빈곤'(50% 이상), '여유로운 수준'(40%~49%), '비교적 부유한 수준'(30%~39%) 등으로 나눈다.

3) 吳要武 · 蔡昉, 「中國城鎭非正規就業: 規模與特征」, 『中國勞動經濟學』, 2006年 第3卷.

「중국종합사회조사」(CGSS)를 보면 피설문자 중 비정규 취업자 수는 비농업 취업자 수의 49.8%를 차지했다. 국내외의 사회자본 및 '강한 유대', '약한 유대' 이론이 노동력의 직업 선택에 주는 영향에서 보면 중국의 전통적 인간관계는 시장화 취업에서 중요한 사회자본 기능을 한다. 이를테면 2008년 「중국종합사회조사」에서 볼 수 있듯이 66.7%에 달하는 실업자는 친지를 통해, 14.9%는 직업소개소를 통해, 10.5%는 채용박람회를 통해 취업을 했다. 정부를 통한 취업자 수는 4.1%에 불과했다.

취업 방식의 변화는 소득 취득 경로의 다양화를 결정했다. 『중국통계연감』의 2010년, 1990년 도시와 농촌 주민 수입 출처를 보자. 2010년 도시 주민의 전체 소득에서 임금이 차지하는 비율은 1990년 대비 10% 남짓 감소했으나 시장화 겸업 소득이 6.6% 증가했다. 국유기업의 직원들뿐만 아니라 일부 공무원들도 겸직 현상을 보였다. 농촌 주민의 농업 부업 소득은 2010년에는 1990년 대비 21.6% 감소했으나 도시 진출 등 시장화 노동 소득은 16% 증가했다.

교통수단도 점차 다양해져 일상 연계가 더욱 밀접해졌다. 『중국통계연감』에서 볼 수 있듯이 외출시 도로, 철도, 수운과 해운, 항공편 등을 이용하는데 주요한 교통수단으로는 버스, 기차, 여객선, 비행기, 자가용 등이 있다.

4) 민생 인프라 건설 강화

여기서는 재정 투입, 주택 건설, 교통 발전 등 세 갈래로 민생 인프라 건설 상황을 살필 것이다.

『중국통계연감』에서 열거한 23가지 공공 재정지출 사항에 의하면 사회보장과 취업, 교통 운수(소득과 소비는 공공 재정지출 범위에 포함되지 않음) 등 세 사항은 근년에 들어 증가폭이 매우 컸다. 2010년 사회보장과 취업, 교통 운수에 대한 투입은 공공 재정지출의 20%가량을 차지했다. 이는 2000년 이후 연평균 2% 증가한 것이다. 2009년 저가 임대주택 사항 지출은 725.97억 위안, 2010년에는 2,376.88억 위안에 달했다. 도시와 농촌의 일부 인프라(이를테면 도로 교통 기초 시설, 공중화장실, 문화 체육 활동 시설 등)를 늘리거나 보수했다. 1978년 대비 2010년 도로 여객 수송량은 19.5배, 철도 여객 수송량은 1.1배, 항공 여객 수송량은 114.9배 증가했다. 도시 공공 교통을 보면 근 10년간 자동차·전차는 1배가량, 전철은 5배, 택시는 18% 증가했다. 2010년까지 고속열차는 500대에 달했으며 2012년까지 전국은 베이징을 중심으로 8시간 이내 고속철도 교통권을 건설하려고 한다.

5) 민생사업 제도의 개선

여기서는 취업 정책, 소득 분배 제도, 주택 보장 제도, 사회보장제도 등 네 갈래로 민생사업 제도의 개선 상황을 살필 것이다.

취업 정책을 보면, 계획경제 시기 국가에서 도맡아 일자리를 배치하던 정책과 단일 소유제 취업 모식을 점차 개혁하여 "근로자가 자주적으로 직업을 선택하고, 시장이 취업을 조정하며, 정부가 취업 방침을 촉진하여 취업 경로를 확대"하는 방향으로 나아갔다. 1980년대 초반 국유기업은 고용계약제와 초빙제를 시행했고 1990년대 중후반부터 국유기업에서 정리해고제를 시행했다. 2008년 8월 국가는 '취업촉진법'을 반포했다. 현재 다종 소유제 기업은 취업에서 적극적 역할을 하고 있다. 융통성 있는 시장화 취업 모식과 비정규 취업 선택은 도시와 농촌 이원적인 노동 취업 국면을 타파했다.

소득 분배 제도에서 국가는 획일적인 전체주의 분배 모식을 점차 타파하여 절대적 평균주의를 철저히 배제했다. 일시적으로 '효율 우선, 공평 고려'의 방법을 채택했으며 점차 노동에 의한 분배를 주체로 하고 여러 가지 분배 방식이 병존하는 '효율과 공평을 모두 중시'하는 정책을 실행했다.

주택 보장 제도에서 시장화의 발전과 많은 청년들의 도시 진출로 주택 부족 문제점이 드러났다. 도시 및 외곽의 토지가 특히 귀했으므로 1997년 국가는 주민주택 제도 개혁을 실행했다. 주택 지원 복지 혜택을 취소하여 도시 주민들이 시장을 통해 주택을 분양받게 했으며 이와 함께 경제형 주택, 저가 임대주택 정책을 시행했다. 현재 중국은 주택 보장에 많은 투자를 했으며 이미 저가 임대주택, 경제형 주택, 공공 임대주택, 지정 가격 주택 등 다원화 주택 보장 체계가 이루어져 있다.

사회보장체계가 점차 발전하여 완비되었다.[4] 1990년대 초반 이후 국가는 점차적으로 전면 양로, 의료 제도를 실행했다. 2009~2011년 전국에 의료 구제 체계를 구축했는바 정부가 주도하고 자선 기구가 보충하는 체제와 시스템이었다. 그밖에 최저생활보장제도를 바탕으로 하고 재해 구조를 중점으로 하며 빈곤 퇴치를 보충으로 하는 사회 구제 체계를 구축했다. 1998년 국가는 실업 보장, 국유기업 정리해고 직원의 기본 생활 보장(재취업 지

---

4) 사회보장은 공공기관(주요하게 정부)이 법률과 규정에 의해 사회 구성원의 기본 생활권을 보장하기 위해 제공하는 구제이며 사회 안전망이다. 사회적 위험으로부터 인간의 생존과 발전을 보호하는 역할을 한다. 일반적으로 재분배의 형식으로 사회 빈곤층이나 취약계층에 보상적 공평을 제공한다. 중국의 사회보장체계는 사회보험(사회보장의 주요부분으로 양로보험, 의료보험, 실업보험, 공상보험, 생육보험을 포함), 사회복지(공공복지, 직업복지, 기타 복지 등), 사회 구제(재해 구제, 실업 구제, 고아·독거노인·장애인·환자 구제, 빈곤 구제 등), 우선 안치(현역 군인 및 가족, 퇴직·퇴역 군인 및 열사 가족 등에 대한 우대로 무휼 성격을 지닌 특수 제도) 등이 있다. 사회보장은 많은 경우 다음 장에서 논의할 '사회사업'과 함께 추진된다.

원 서비스 포함) 및 도시 주민 최저생활보장정책을 추진했다. 2005년까지이 세 보장 정책을 거의 실현했으며 실업보험과 최저생활보장제도를 추진했다. 이는 기업 보장 방식에서 사회보장 방식으로 나아갔음을 보여준다. 2003년 이후 농촌에서 신형농촌합작의료제도를 점차 구축, 완비하고 있다. 의료보험이 최초로 전국적 범위로 확대되었으며 농촌 사회 양로보험도 적극 추진되고 있다.

3. 당대 중국 민생사업 문제점

당대 중국의 민생사업의 발전 변화는 아주 크다. 인민의 생활수준, 생활의 질, 생활 방식 및 민생사업의 기초 건설, 민생사업 제도 건설은 모두 큰 성과를 거두었다. 그러나 앞에서 언급했듯이 아직도 문제점이 남아 있다. 이는 일자리 부족과 구조적 모순에서 나타날 뿐만 아니라 사회보장 예산의 투입 부족, 주민과 주민 생활 수지의 패러독스, 경제사회 건설 대비 취약한 도시 교통 등 면에서 나타난다.

1) 사회보장 예산의 투입 부족

현재 민중의 수요에 비해 전국 기본 민생 총량은 여전히 부족하다. 기초가 약하고 보장이 미비하여 대중들은 각종 위험에 대처하기 어렵다. 매체에서 보도한 세계 일부 국가의 사회복지 상황을 보면 미국 등 국가는 시장 조율 복지제도를 실행하고 프랑스나 독일 등 국가는 산업 부문 조율 복지제도(사회복지가 GDP의 20% 이상을 차지함)를 실행하며 북유럽국가는 거의 정부 조율 복지제도(사회복지가 GDP의 30% 이상을 차지함)를 실행한다. 현재 중국은 정부 조율 복지제도를 실행하고 있다. 사회복지, 사회보장에 대한 정부의 투입이 해마다 증가하지만 전체적으로 여전히 적은 편(사회보험, 취업, 주택, 교육, 과학, 문화, 보건 등에 대한 총투입은 GDP의 10%도 안 됨)이므로 저복지, 저보장제도 국가이다(그림 1-1).

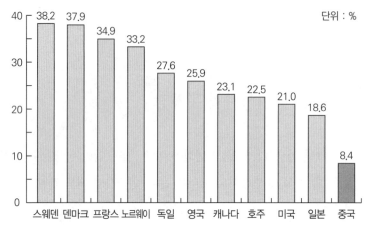

주 : 이 중 중국의 사회복지는 교육, 과학기술, 문화 체육과 매스미디어, 사회보장과 취업, 의료 보건, 주택 보장 등 지출이다.

자료 출처 : 劉植榮,「看看外國的社會福利」,『羊城晚報』, 2010年12月13日;『中國統計年鑑 (2011)』(電子版).

그림 1-1 현재 일부 국가의 사회복지 지출 대비 GDP 비율 비교

이 밖에『중국통계연감』에 따르면 중국의 부양계수[5] 구조에 변화가 생겼다. 어린이 부양계수는 1982년의 55%에서 2004년의 30%로 감소했고 노인 부양계수는 1999년에 10%를 넘었다. 노령인구의 증가(2010년 전국 노령인구는 1.7억여 명으로 전체 인구의 13%를 차지함)로 노인 부양계수

현대 중국 사회 건설

---

5) 일정 범위 내의 가정 총인구를 취업자 인구와 나눈 값으로, 취업 인구가 직접 부양하는 정도를 나타내는 지표 – 역주.

가 더욱 증가할 것이다. 더욱 큰 문젯거리는 수령 사회보험금이 너무 적은 것이다. 이를테면 2010년 1년간 일인당 수령 실업보험금은 3,000위안(한 달 평균 250위안)밖에 안 된다. 2010년 신형농촌합작의료 가입률이 96.3%이지만 일인당 평균 수령 금액은 130위안밖에 안 된다.[6]

2) 취업 압력과 구조적 모순

21세기, 중국의 취업 상황이 아주 심각하고 취업 구조 문제점도 뚜렷해졌다. 이는 두 가지 면에서 볼 수 있다. 첫째, 새로 늘어난 취업 인구와 일자리 간의 모순이 더욱 커졌다. 『중국통계연감』를 보면 전국 노동 인구는 지속적으로 증가했다. 2010년 경제활동 인구가 7억 8,388만 명(전체 인구의 58.5%)에 달해 1978년 대비 94.2%, 1990년 대비 20.5%, 2000년 대비 8.2% 증가했다. 증가 속도가 점차 느려져 인구 증가 속도와 비슷해졌지만 취업 인구 전체 규모가 여전히 방대하다. 이를테면 2010년 도시의 새로 늘어난 취업 인구는 1,800여만 명이지만 일자리는 1,100여만 개에 불과했다. 취업의 구조적 압력이 점차 커진 것이다.

둘째, 근 20년간 전국의 실업률은 지속적으로 높은 수준을 유지했다.[7] 〈그림 1-2〉에서 볼 수 있듯이 현재 정부 등록 실업률은 4.0~4.3% 사이이

---

6) 『中華人民共和國 2009年 國民經濟和社會發展統計公報』, 國家統計局網, 2010年 2月 25日.

7) 실업은 일반적으로 경제활동 연령(중국은 현재 경제활동 연령을 16~65세로 정했음)에 속하고 노동 능력을 구비한 근로자가 일정 기간(일반적으로 연속 30일) 취직을 못 하는 것을 가리킨다. 여기에는 임시 실업자, 비정규직, 장애인, 환자 등을 포함하지 않는다. 1994년 중국에서 국유기업 정리해고 실행 시 정부는 '실업'과 '도시등록실업률' 개념을 공식적으로 사용했다.

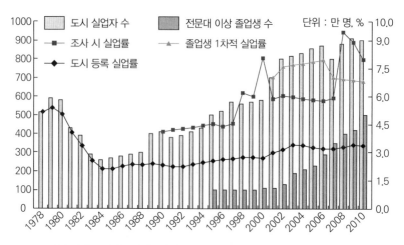

주 : 그림의 편의를 위해 졸업생 1차적 취업률을 10으로 나누었음.

자료 출처 : 中華人民共和國國家統計局編,『中國統計年鑑(2011)』, 中國統計出版社, 2011;
蔡昉主編,『人口和勞動綠皮書(2007)』, 社會科學文獻出版社, 2007, p.47; 李培林·陳
光金,「力挽狂瀾: 中國社會發展迎接新挑戰-2008~2009年中國社會形勢分析與預測
總報告」(汝信等主編,『2009年 中國社會形勢分析與預測』, 社會科學文獻出版社, 2008,
8면에 수록); 2000년 제5차 전국 인구조사 데이터; 2005년 전국 1% 표본조사 데이터;
2009년, 2010년 실업률 조사 예측 데이터; 대졸자 수와 대졸자 1차적 취업률은 인력자
원사회보장부와 교육부의 데이터를 정리한 것임.

그림 1-2 개혁개방 이후 전국 실업 인구와 실업률, 대졸자 수 및 취업 변화

다. 이는 우리가 볼 수 있는 현실과 큰 차이가 있다. 여러 조사의 실업률을
보면 2000년 전국 제5차 인구조사시 실업률은 8.12%였고 2008년 중국 사
회과학원 조사시 실업률은 9.6%(국제기구는 실업률 10%가 사회불안을 야
기하는 경계선으로 보고 있음)였다. 대부분의 경우 5%를 넘었으며 2010
년에는 약 8%이다.[8] 실업 인구의 분포를 보자. 2008년 「중국종합사회조
사」에 따르면 도시 실업자가 83.3%이고 연령은 35~54세이며, 청장년 실
업자가 59.0%, 학력은 중등교육 이하가 56.0%였다. 청년의 대규모 미취업

---

8)   李培林等,『當代中國民生』, 社會科學文獻出版社, 2010, p.62.

은 사회적 위험 요소이다. 1999년 대학교의 정원 확대 이후 대졸자의 일자리 문제는 사회의 주목을 받았다(그림 1-2). 2010년 대졸자 수는 575.4만 명으로 1978년의 35배, 1995년의 7배이다. 2001년 이후 대졸자의 1차적 취업률은 70%쯤(근년에는 70%보다 낮음)이다. 취업이 마땅치 않음으로 하여 농촌에서 '공부무용론'이 나타났고 백년대계인 교육에 대해 다시 생각하게 되었다. 이 밖에 사회의 잠재 실업자(취업했으나 쉽게 실업할 수 있는 사람)와 비정규 일용직(이를테면 농민공은 오늘은 일거리가 있지만 내일은 없을 수도 있음) 등 문제점이 있다.

3) 거주와 주민 생활 수지의 패러독스

수입과 지출 간의 합리적 비례는 주민의 기본 민생 수요가 만족을 얻는 기본 특징이다. 그러나 경제의 빠른 발전으로 도시와 농촌 간, 각 지역 간 및 계층 간의 주민 생활수준과 질은 큰 격차를 보인다. 국가에서 주택 개혁 제도를 실행한 이후 주민들의 주거 조건이 크게 변모했지만 주택은 주민 민생의 수지에 큰 영향을 주고 있다. 새로운 시기에 들어선 중국 사회에는 주민 생활 수지와 거주 간에 심각한 패러독스가 형성되었다.

소득과 소비에서 주민 간에 큰 격차를 보인다. 〈표 1-3〉에서 볼 수 있듯이 개혁개방 이후 주민의 소득과 소비 간에 구조적 차이가 나타나고 있는바 도시와 농촌 간, 각 지역 간 및 계층 간의 격차가 날로 커지고 있다. 사회 최하층 주민의 생활 압력이 비교적 크다.

이 밖에 도시 최하층의 주택 수요가 해결되지 않고 있다. 〈표 1-4〉에서 볼 수 있듯이 도시 상위 10% 고소득자와 하위 10% 저소득자의 주택 지출 격차가 점차 커졌는바 2003년에는 5.81:1로 최고치에 달했다. 상위 10% 고소득자와 20% 중등 소득자의 비율은 20% 중등 소득자와 하위 10% 저소득

표 1-3 개혁개방 이후 주민 소득과 소비의 구조적 차이 변화

연도		1980	1990	2000	2010
도시 농촌 차이	일인당 소득 비율(위안)	478:191	1510:686	6280:2253	19109:5919
	일인당 소비지출 비율(위안)	412:162	1279:585	4998:1670	13471:4382
	도시와 농촌 엥겔계수 비율(%)	56.9:61.8	54.2:58.8	39.4:49.1	35.7:41.1
지역 차이	도시 일인당 가처분소득 비율(위안)	–	(1992) 상하이 3027: 네이멍구 1494	상하이 11718: 산시 4724	상하이 31838: 깐수 13189
	농촌 일인당 순소득 비율(위안)	–	상하이 1665: 깐수 399	상하이 5596: 티베트 1331	상하이 13978: 깐수 3425
	도시 일인당 소비지출 비율 (위안)	–	(1989) 상하이 2045: 장시 945	상하이 8868: 장시 3624	상하이 23200: 칭하이 9614
	농촌 일인당 생활소비지출 비율 (위안)	–	(1989) 상하이 1418: 구이저우 353	상하이 4138: 깐수 1084	상하이 10211: 티베트 2667
계층 차이	도시 고소득– 저소득 일인당 가처분소득 비율(위안)	–	1890:1144	9434:3634	41158:7605
	도시 고소득– 저소득 일인당 소비지출 비율(위안)	–	1685:961	7102:3275	26339:6410
	농촌 고소득– 저소득 일인당 순소득 비율(위안)	–	–	(2002) 5896:857	14050:1870
	농촌 고소득– 저소득 일인당 생활 소비지출 비율(위안)	–	–	(2002) 3500:1006	8190:2535
업종 간 최고–최저 평균 임금 비율(위안)		1035:475	2656:1541	13620:5184	(09) 60398:14356

연도	1980	1990	2000	2010
국유-집체-기타 직장 일인당 임금 비율(위안)	–	2284:1681: 2987	9552:6262: 10984	38359:24010: 35801

주 : 임금이 가장 높은 업종을 보면 1980년과 1990년은 전력 · 가스 · 물 생산 공급 기업,
2000년은 과학 연구와 종합 기술 서비스업, 2009년은 금융업이다. 임금이 가장 낮은
업종을 보면 1980년은 사회 서비스업, 1990년 · 2000년 · 2009년은 농업 · 임업 · 목축
업 · 어업이다.

자료출처 :『中國統計年鑑』·『中國統計摘要2011』(中華人民共和國國家統計局編, 中國統計出
版社, 2011).

표 1-4 1998~2010년 전국 도시 사회계층 주거 지출 비용 대비

연도	1998	1999	2000	2001	2002	2003	2004	2005	2006	2007	2008	2009	2010
최고/최저 소득자 주거 지출 비율	2.79	2.91	2.87	2.92	5.25	5.81	5.61	4.94	5.14	4.88	4.82	4.95	4.59
최고/중등 소득자 주거 지출 비율	1.91	1.96	1.84	1.84	2.64	3.05	2.82	2.55	2.75	2.62	2.53	2.53	2.39
중등/최저 소득자 주거 지출 비율	1.46	1.49	1.56	1.59	1.99	1.91	1.99	1.94	1.87	1.86	1.91	1.95	1.92

자료 출처 : 2010年 · 2011年『中國統計年鑑』(電子版),『中國統計摘要2011』(中華人民共和
國國家統計局編, 中國統計出版社, 2011).

자 비율에 비해 더 큰 차이를 보였다. 이는 상위계층(적어도 주택이 한 채
있음)의 주거 소비 수준이 중하위계층(주택이 한 채라도 있으면 괜찮음)에
비해 훨씬 높음을 설명한다. 중하위계층의 주택 구입과 임대가 아주 어렵
다. 특히 베이징, 상하이, 광저우, 선전 등 대도시의 천문학적 집값 때문에
일부 청년들은 중소도시로 밀려났다. 드라마 〈워쥐(蝸居 : 달팽이집)〉는 바
로 중산층 일상생활의 진실한 모습을 보여주었다. 지역 비교 시,『중국통계

연감2011』에서 볼 수 있듯이 2010년 상하이 주민의 일인당 주거 지출이 가장 높았다(2,166.2위안). 두 번째가 광둥(1,925.2위안)이고 세 번째가 톈진 (1,615.6위안)이다. 소비지출에서의 주거 지출 비율을 보면 허베이(河北)가 13%로 1위, 산시(山西)가 12.7%로 2위를 차지했다. 허베이는 베이징, 톈진 지역 직장인들이 허베이에 거주하는 것과 관련되고 산시는 석탄상들이 대규모적으로 주택 구입에 나선 것과 관련된다.

4) 경제사회 건설 대비 취약한 도시 교통

열차표 사기 어려운 문제점과 불안전, 그리고 도시 교통 체증 등은 사람들의 불만을 야기한다. 교통을 보면 1980년 중반 이후 농민공, 학생, 상인 유동의 증가로 열차표 사기 어려운 문제점이 갈수록 심각해졌다(특히 5월 1일 근로자의 날 연휴, 10월 1일 국경일 연휴, 설 연휴가 더욱 그러함). 고속철도를 부설하고 임시 열차편을 운행해도 문제는 해결되지 않는다. 국내 항공기의 연착과 지연 또한 매우 심하다. 연착 지연 시 충분한 설명이나 이유도 없고 보상도 거의 하지 않는다. 자가용의 증가로 도시 교통 체증이 매우 심각하다. 이를테면 길이 막히기로 소문난 베이징은 2001년 폭설로 인한 교통 대혼잡 이후 '시내버스 우선 통행', '지하철 노선 증가', '자가용 2부제', '신규 자동차 번호판 추첨제' 등 정책[9]을 실행했지만 교통 체증을 해결하지 못했다. 특히 2010년 9월 17일, 2011년 6월 23일, 2012년 7월 21일의 폭우로 베이징의 교통이 거의 마비되었다. 관련 조사에 의하면 전국 50개 도시 중 17개 도시의 평균 출근 시간이 30분 이상인데 베이징은

---

9) 「北京10年治堵幾無成效 今年官方數次提限購車」, 『新京報』 2010年 12月 13日.

52분, 광저우는 48분, 상하이는 47분, 선전은 46분에 달했다.[10] 이는 직장인의 정상 생활과 정서에 영향을 준다. 사회 건설의 정체와 투입 부족으로 경제사회 발전과 인민의 생활 수요를 충족시키지 못함을 보여준다.

4. 당대 중국 민생사업 난제 발생의 사회적 요인

현재 민생사업 분야에 문제점이 일어난 데에는 여러 원인이 있다. 그러나 주요 원인은 자원과 기회 배치의 불공평, 체제와 시스템의 결핍, 보편적으로 존재하는 구조적 불균형에 있다.

1) 체제의 관성과 감독 시스템의 결핍

민생사업의 체제와 시스템을 보면 주로 체제의 관성이 존재하고 민생 자원 투입 시스템이 단일하며 민주 결책이 충분하지 못하며 민주감독체제가 부족하여 여러 민생 문제를 유발한다.

(1) 체제의 관성이 존재하고 민생 투입 시스템이 단일하다

선진국의 경험에 따르면 '기본 민생'은 공공 제품이며 공공 서비스이다. 일반적으로 정부가 무료나 저가로 국민에게 균등하게 제공, 배치한다. '비기본 민생'은 일반적으로 시장이나 사회에서 여러 사회 주체의 다양한 수요를 만족시키기 위해 유상으로 제공한다. 중국은 장기간 정부 전체주

---

10) 陳澤仁, 「上班的路怎麼越來越長? 讓人心俱廢」, 『人民日報』 2010年 12月23日.

의 체제를 유지했다. 이는 정부가 기본 민생에 자본을 투입하는 단일 주체가 되게 했다. 재정이 어려운 상황에서 정부의 투입이 많을 수 없다. 시장화 개혁의 배경하에 사회기구와 기업이 민생 자원 투입에 참여하지만 사회의 기부와 시장의 보충은 아직도 미미하다.『중국통계연감』을 보면 2009년 사회보장 자금 출처 중 사회기구와 기업의 투입은 공공 재정 투입의 10%도 안 된다. 뿐만 아니라 민생에 대한 중앙정부와 지방정부의 지출 구조도 합리적이지 못하다.『중국통계연감』을 보면 최근 몇 년간 중앙정부의 민생투입은 줄곧 20%쯤밖에 안 되고 지방정부의 투입이 80%에 달했다. 그러나 대량의 지역 사무를 담당하는 지방정부는 지역 세금의 40%를 거두어가는 한편, 중앙정부는 60%를 거두어간다. 이는 심각한 구조적 편차를 초래했는바 지방정부가 40%의 재력으로 80%의 민생 지출을 부담해야 한다. 이러한 체제 때문에 지방정부는 토지를 팔거나 광산을 팔아 부족한 자금을 충당해야 했으므로 강제 철거로 인한 집단 소요나 안전 사고 등이 발생한다.

(2) 민생 자원 배치 시스템이 불합리하고 투입과 증가가 완만하다

민생 자원 배치 시스템의 불합리는 사실상 민생 자원 배치의 불공평으로 인한 자원 배치의 비정상을 초래한다. 이를테면 사회보장 분야의 자원 배치에서 일부 고소득자들이 최저생활비를 수령하고 일부 저소득자들이 오히려 수령하지 못한다. 또한 일부 국유기업이나 기관의 양로보험, 의료보험, 사회복지 등은 직급, 직함에 따라 향유한다. 결국 직급, 직함이 높은 자가 더욱 많은 사회보장을 향유하여 취약층을 보장해야 하는 사회보장의 취지와 어긋난다. 시장의 발전이나 경제성장과 달리 민생 발전이 정체되어 있다.『중국통계연감』을 보면 2010년은 1978년에 비해 GDP가 78배 증가했지만 도시 주민 가처분소득은 55배, 농촌 주민 가처분소득은 43배밖에 증가하지 못했다. 경제성장의 혜택을 주민들이 골고루 본 것

당대 중국 사회 건설

이 아니다. 또한 민생 자원은 집값이나 물가와 함께 동시 증가한 것이 아니다. 이를테면 1998년 주택 개혁 이후 집값의 폭등은 현재 가장 심각한 민생 문제이다.[11] 과중한 주택 비용은 현재 도시민의 가장 큰 부담거리로 2008~2010년에 주목해야 할 여덟 가지 사회문제점 중 제3위, 4위를 차지했다.[12] 소득 증대 정체와 보편적 복지의 부재 등 '민생 정상 증가 시스템'의 부족 때문에 민생 자원 배치의 불균형이 더욱 격화되고 있다.

(3) 민주 결책이 충분하지 못하고 민주 감독 체제가 부족하다

정부 전체주의의 관성은 시민사회의 적극적 성장을 저해한다. 장기간 중국은 정부에 의지해 모든 일을 해왔다. 민생에 대한 기획과 투입 등도 정부가 인민을 대신해왔다. 사회조직의 부족과 사회세력의 불참 때문에 시장은 자체의 역할을 충분하고도 효과적으로 발휘할 수 없다. 그 결과 민생사업 발전은 단일해졌고 민생사업의 결책에 실수와 착오가 너무

---

11) 1998년 이후 주택 개혁 정책은 다음과 같은 단계를 겪는다. 첫째 단계, 1998~2002년은 부동산 산업을 개혁, 추진하는 발전 단계로 2000년 부동산 자본시장이 발족되었다. 둘째 단계, 2003~2007년은 "토지를 엄격하게 관리하고 대출을 제한하는" 연속 조정 단계로 2006년 '국무원 부동산 시장 조정 여섯 가지 정책(國六條)'을 출범하여 주택 건설용 토지를 감소시켰다. 셋째 단계, 2008~2009년은 대출 규제를 완화한 발전을 격려하는 단계로 경제 위기에 대처하기 위해 규제를 완화했다. 넷째 단계, 2010년부터 현재까지는 주택 구매 제한을 실행하는 조정 단계로 2009년 '국무원 부동산 관련 네 가지 정책(國四條)' 출범을 바탕으로 '국무원 부동산 관련 열한 가지 정책(國十一條)', '국무원 부동산 관련 열 가지 신정책(新國十條)', '국무원 부동산 관련 여덟 가지 신정책(新國八條)' 등을 출범하여 집값의 폭등을 제한했다(唐勇, 「1998年以来中国房地产相关政策述评」, 『中国城市经济』, 2011年 第3期 참조).

12) 袁嶽·張慧, 「2010年 中國居民生活質量指數報告」(汝信·陸學藝·李培林主編, 『2011年 中國社會形勢分析與預測』, 社會科學文獻出版社, 2011, 94쪽에 수록).

많았다. 일부 지방정부는 '민생 업적 공사'를 추진하기 위해 조사 연구를 하지 않은 채 군중들의 의견을 묵살하고 군중들이 결책에 참여하지 못하게 했다. 그러므로 공급이 수요보다 많거나 공급과 수요가 서로 어울리지 않는 결과가 나타나 공급과 수요 구조의 불균형을 초래했다. 만약 국가가 신농촌 건설, 공동체 규범화 건설에 대량 투자 시 주민들이 결책에 참여하지 못하게 하거나 자금 운용에 효과적인 감독이 부족하다면 큰 낭비를 초래할 것이다. 실제 조사에서 한 지방정부의 간부는 지역의 신농촌 건설을 '사치한 농촌, 빈곤한 농민'이라고 평가했다.

2) 법칙에 대한 인식 부족, 낙후한 이념, 기획의 불균형

사회의 변천과 변화 등 사회 발전 법칙의 단계적 특징 및 주요 모순 등에 대한 이해가 부족하고 현대 집정 이념이 낙후하여 지도자의 의지나 권력이 제도를 대체했다. 그러므로 결책에 민주 참여 기회가 적어졌으며 민생사업 분야의 기획 설계에 실수나 착오가 많아졌다.

(1) 법칙에 대한 인식이 부족하고 이념이 낙후하여 기본 민생 정책의 설계에 융통성이 없다

정부의 일부 간부들은 지식의 부족과 관념, 취지, 추세 등의 원인으로 장기간 도시와 농촌 이원화 구조 사유나 'GDP 맹신주의' 사유를 고집했다. 일부 간부들은 "농민은 도시에 들어와서는 안 된다"고 여기며 인구 유동을 차단한다. 그 결과 기차역이나 터미널, 공항 및 도심 지역 기획 설계가 인구의 증가를 따라가지 못했다. 특히 선전(深圳)특별구는 수용 인구 300~500만 명 규모로 설계했으나 현재 인구가 1,200만 명을 넘었다. "키가 자랐으나 어릴 적 옷을 입고 있는" 꼴이 되어 도심 지역 기획이 혼란하고 무질서한 많은 문제점을 초래했다. 교통 혼잡, 자원 파괴, 환경오염, 소음 및 은행·병원·학교·상점의 길게 줄을 선 인파 등은 주민의 생활 질을 낮추고 있다. 이 원인은 주로 도심 지역 기획이 인구가 대량으로 대도시에 몰린다는 객관적 법칙을 무시한 데에 있으며, 인구의 유동 법칙과 도시화 발전 법칙에 대한 인식 부족에 있다.

(2) 정책 기획에 과학적 합리성이 부족하여 기획에서 착오를 범하는 '제도적 관성'을 형성했다

소득 분배에서 한동안 '효율 우선, 공평 고려'의 정책을 실행했다. 일차 분배의 가치를 강조했는데 이는 당초 평균주의를 타파하여 주민의 적극성과 창조성을 동원하기 위해서였다. 그러나 합리적 조정 시스템의 결핍(세수, 사회보장 등 2차 분배 정책이 뒤따르지 못했음)으로 이 일시적 정책을 장기간 실행하여 '제도적 관성'으로 만들었다. 주민 소득의 심각한 격차를 초래하여 현재도 격차가 줄어들 기미가 전혀 보이지 않는다. 또한 공간 구조적 배치 기획이 불합리하여 민생의 혼란을 초래했다. 민생의 공간 평등 문제점이 두드러졌는바 도시와 농촌 간, 동부 지역과 중서부 지역 간의 민생 자원 배치의 불균형 역시 민생의 난제일 뿐만 아니라 민생 불균형의 외적 원인이다. 일부 대도시의 명문 학교와 대형 종합병원은 모두 도심에 자리하고 있어 교외 지역이나 오지의 민생 자원과 큰 차이를 보인다. 그러므로 도심 지역으로 사람들이 몰려들어 학교에 입학하기 어렵고 교육비가 높으며 진찰을 받기 어렵고 병원비가 높은 상황을 초래했다. 또한 다년간 빈번하게 발생한 스쿨버스 사고의 근본 원인은 농촌의 학교를 통폐합하여 '자원 통합, 경제적 학교 운영'을 실시하는 정부의 정책에 있다. 이러한 문제점의 발생에는 역사적 원인도 있고 기획 설계 및 정책 실행의 비타당성 원인도 있다.

(3) 시장화 이익의 각축에서 기본 민생사업의 조정성이 더욱 약화되었다

도심 지역 기획 부서의 이익 분쟁이 심각해져 조정성이 날로 약화되었다. 또한 정경유착이 주민들의 이익을 잠식하여 기획 설계가 더욱 혼잡해졌다. 일부 도심 지역의 도로를 해마다 파헤친다. 금년에는 가스관, 내년에는 수도관, 후년에는 송전 케이블을 부설하고 또 나무를 심는다. 이 모든 것은 전반적인 기획과 조정이 결핍되어 도로 교통의 혼잡을 초래한 것으로서 시민의 원성을 사고 있다.

3) 정치와 시장의 갈등으로 인한 사회 상부구조의 독점 유발

중국의 시장경제는 정부가 주도하는 시장경제이다. 현재 경제 시장화가 심각하게 부족하지만 정치 시장화나 사회 시장화는 과도하게 팽창되어 있는데 이는 중국의 역사와 밀접한 연관이 있다. 정부 전체주의의 구체적 체현으로 정부가 모든 시장을 건설하고 또한 모든 사회 업무를 관리한다. 즉 권력 집중이다. 이데올로기 충돌의 권력 집중과 달리 시장화 조건에서의 중앙집권은 주로 경제 이익을 둘러싼 권력 집중이다. 중앙집권 체제의 후유증으로 경제 분야에 정치적 요소를 과도하게 침투시키고, 정치와 사회의 분야에 시장화의 이익 거래를 침투시키는 것이다. 즉 정치권력과 경제 이익의 상호 결합과 침투는 '정치 시장화'와 '시장 정치화'의 병존을 초래하여 자원과 기회가 정부와 사회 상위층에 과도 집중되는 독점을 형성했다.

(1) 독점 구조가 민생 자원의 배치를 좌우하여 민생 자원의 최적화 배치에 영향을 준다

한편으로 기업이 단독으로 발전시키고 제공해야 할 비기본 민생사업에 정부 및 간부가 간섭하거나 이익을 도모한다. 그 결과 정경유착, 권력자 경제를 형성하여 경제 시장화의 심각한 부족을 초래했고 여러 계층의 민생 요구를 만족시키지 못했다. 다른 한편으로 정치시장화와 사회시장화가 매우 뚜렷하다. 일부 지방정부 및 간부들은 공공 이익과 민생 서비스에서 사회윤리에 입각하는 것이 아니라 자신의 이익에 입각하여 서민의 이익을 빼앗는다. 정부와 기업 간, 간부와 서민 간, 중앙과 지방 간에는 모두 인위적인 '정치 시장화' 거래가 있다.[13] 더욱 중요한 것은 정경유착으로 지대 추구 행위가 발생한다는 점이다. 『대학』에서 이르기를 "재취즉민산, 재산즉민취(財聚則民散, 財散則民聚 : 재물이 모이면 백성이 흩어지고 재물이 흩어지면 백성이 모인다)"라고 했다. 개혁개방 30여 년간 세무제도 개혁으로 사실상 '민부(民富)'가 '국부(國富)'로 전환되었다. 현재 백성이 빈궁한 것은 일반 중하층 백성이 빈궁한 것일 뿐 사회 상층은 아주 부유하다. 그러므로 사회 상류층은 기득권을 위해 공모 결탁할 것인바 광범한 중하층의 민생 건설이 반드시 영향을 받을 것이다. 이를테면 강제 철거 등은 정치 시장화가 주민 주택 민생에 대해 저지르는 약탈이다.

(2) 중하층에 대한 '체제적 배척'과 '구조적 배척'이 더욱 뚜렷해졌다

취업 분야에서, 체제 내의 편제 직원과 용역 직원 사이에 '같지 않은 노동에 같지 않은 임금'(용역 직원은 더럽고 힘들고 위험한 3D 노동을 하지만 최저임금을 받음)을 받는다. 또한 체제 내 직장에서 끊임없이 감원하여 체제 외 취업자의 취업이 쉽지 않다. 그 결과 공공 자원과 기회는 체제 내

---

13) 顏炸, 「中産主義:社會建設突圍經濟市場的核心議題」, 『戰略與管理』, 2011年 第2期.

직원들이 독식한다. 그중 고위급 간부나 부자의 친지들은 거래로 체제 내의 비교적 좋은 자리를 독식해버려 한동안 '관료 2세', '부동산 아저씨(房叔 : 부동산을 많이 소유한 남성을 이르는 말)', '부동산 언니(房姐 : 부동산을 많이 소유한 젊은 여성을 이르는 말)' 등 현상이 나타났다. 사회 중하층을 구조적으로 배척하고 민생 자원과 기회를 점유하여 사회의 정상적이고 합리적인 계층 유동을 저해했다.

(3) 상층과 하층의 구조적 세력의 불균형은 최하층 민생 권익 보장을 더욱 어렵게 한다

근년에 빈번하게 발생하는 농민공 임금 체불 문제, 철거 보상 문제, 환경오염 문제 등 민생 권익 보장 행위는 대부분 집단 소요 사건으로 변했다. 본래 정당하고 합리적인 요구였지만 정치와 시장이 이익 동맹을 맺었고 또한 사법의 불공정으로 취약계층은 해결할 방법도, 하소연할 곳도 없어 사회의 불안정 요소가 되기 쉽다. 대부분의 사회 위험이 사회 최하층이나 취약계층이 유발한 것이라 하더라도 사회 상류층이나 정부 역시 사회 위험을 유발한 책임이 있다.

5. 민생사업 건설의 추세와 전략적 대책

위의 분석을 보면 중국의 민생사업은 큰 성과를 거두었지만 자원과 기회의 배치가 불합리적이고 체제와 시스템의 구조에 고질적 문제가 뚜렷하다. 만약 이를 분석하지 않고 이해하지 못하면 민생의 난제를 효과적으로 해결할 수 없다. 향후 일정 기간 중국 경제는 지속적으로 성장하고 사회 건설도 뒤떨어지지 않을 것이며 경제사회 발전의 격차도 점차 축소될 것이다. 그러나 객관적 요소의 존재와 주관적 요소의 간섭으로 일부 민생 문제는 악화될 수도 있다. 향후 정부가 주도하고 사회가 주체가 되며 시장이 조절하는 각 역할을 잘 발휘하여 제도 건설과 기획 설계를 강화하고 구조를 최적화하며 관계를 정리하여 민생사업의 현대화를 이룩해야 한다.

1) 향후 민생사업 건설의 추세 및 객관적 영향 요인

민생사업은 주로 인민대중과 밀접한 관계가 있다. 그러므로 민생사업 구성을 바탕으로 도시와 농촌 인구 구조의 변화를 상세하게 분석하고 경제사회 발전과 노동력 총량 및 노인 부양 상황의 변화를 분석하여 향후 일정 기간의 민생사업 발전 추세를 전체적으로 파악해야 한다.

(1) 산업화와 도시화 수준의 진일보 향상에 따라 금후 민생사업 건설의 중심은 도시에 있다

중국 공업경제의 지속적 증가로 도시화가 더 빨리 진행되고 있다. 관련 자료에 근거하여 간단한 예측(그림 1-3)을 하면 향후 중국 도시 인구의 자연 증가율은 감소할 것이지만 도시화 수준은 올라갈 것이다. 도시 진출 농촌 인구가 지속적으로 증가하여 2020년 도시 인구의 비율은 60%를 넘을 것이며 도시 진출 농촌 인구 비율이 30%를 넘을 것이다. 향후 수십 년 정부가 강제적인 감축 정책을 실행하거나 기타 원인이 작용하지 않는 다면 중국의 도시화는 선진국에서 일찍 나타난 '역도시화' 현상이 나타날 수 없다. 그러므로 향후 일정기간 도시의 노동력 취업 압력과 사회보장 특히 농민공의 사회보장, 주택, 교통 통신 시설 건설, 환경오염 등 압력이 날로 심각해질 것이다. 2020년 이후 전국 민생사업 건설 임무는 주로 도시에 있다. 즉 향후 중국의 사회 건설은 바로 도시 현대화 건설로 도시의 경

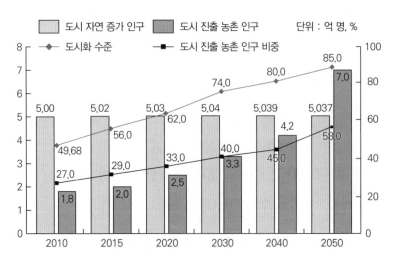

주 : 세계 도시화 발전의 'S자형' 법칙 : 도시화 수준이 30% 미만일 때 발전이 더디고
30~70%일 때 발전이 빠르다. 70% 이상이 되면 다시 더디어진다(Ray M. Northam,
Urban Geography, New York: John Wiley & Sons, 1979, p.66 참조).

자료 출처 : 『中國統計年鑒』.

그림 1-3 장래 중국 도시 인구, 도시화 수준 및 농촌 인구의
도시 진출 변화 추세(간단예측)

제, 사회, 문화 및 주민 생활 방식 등이 전통사회에서 현대사회로 전환하
는 것이다.[14] 이를테면 향후 교통, 통신이 지속적으로 발전할 것이고 국
가의 투입도 증가될 것이다. 또한 중저 소득층의 소비 욕망과 소비수준의
향상으로 자가용도 증가할 것이다. 베이징 등 대도시의 '신규 자동차 번호

당대 중국 사회 건설

---

14) '도시화'는 '도시 현대화'의 상위 개념으로 두 개념은 차이가 있다. 도시화는 일반
　　적으로 한 국가나 지역의 도시 인구 비율(도시화 수준) 및 도시의 수를 가리키는
　　것으로 그 국가나 지역의 인구가 도시로 집중되는 과정이다. 도시 현대화의 개념
　　은 광의의 개념과 협의의 개념으로 나눌 수 있는데 협의적으로는 주로 도시 건설
　　의 현대화를 가리키며 구도시의 보수와 신도시의 건설에 역점을 두고 있다. 광의
　　적으로는 도시 주민들에 대한 최적의 사업, 학습, 생활환경 제공을 가리킨다.

판 추첨제' 상황을 보면 자동차 구매 추세는 향후 10년간 지속적인 증가세를 보일 것이다. 따라서 일부 지역의 교통 체증은 날로 심해질 것이며 이러한 '도시병'은 중소도시로 확대될 것이다.

(2) 향후 노동력은 점차 감소할 것이지만 취업 압력은 여전히 심각할 것이다

〈그림 1-4〉, 〈표 1-5〉에서 볼 수 있듯이 개혁개방 이래 노동력의 새로운 증가와 일자리는 저-고-저의 과정을 겪었다. 1990~1999년 일자리가 가장 많았으나 취업탄성계수는 전체적으로 줄어들었다. 이는 경제증가가 일자리에 대한 공헌이 점차 줄어들었음을 설명한다. 그러므로 고방안(116만 명), 중방안(84만 명), 저방안(46만 명)을 근거로 추산하면 향후 10년 전국 경제성장률이 8% 유지시 일자리가 각각 928만 개, 672만 개, 368만 개에 달할 것이다. 모건스탠리 중국 지역의 수석 이코노미스트는 2010~2020년 중국 노동 인구의 증가가 2000만 명쯤이지만 도시와 농촌의 비농업 취업 인구 수가 8000만 명에 달할 것이라고 예측했다. 도시와 농촌의 비농업 취업 인구가 취업 인구에서 차지하는 비율은 2010년의 67%에서 2020년의 75%로 증가할 것이다.[15] 금후 경제성장으로 일자리가 늘어난다는 가정하에 중방안의 일자리 수로 계산해도 향후 10년 동안 해마다 200여만 명이 취직을 못 할 것이다. 정리해고 실업자를 합하면 실업률이 더 높을 것이므로 취업압력이 여전히 심각할 것이다. 사회 중하층 소득이 배로 증가하는 계획의 실현 여부와 사회 위험 대비 주민 사회보장 여부는 아직 더 관망해야 한다.

---

15) 「未來十年中國將新增非農業就業8000萬人」, 『新世紀』, http://finance.sina.com.cn/roll/20101103/18138895046.shtml.

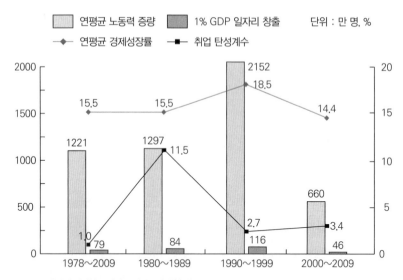

		단위 : 만 명, %
연평균 노동력 증량	1% GDP 일자리 창출	
연평균 경제성장률	취업 탄성계수	

주 : 취업탄성계수=취업증가율/경제성장률×100%

자료 출처 : 『中國統計年鑒 2010』(電子版), 『新中國五十年統計資料彙編』(中華人民共和國國家統計局國民經濟綜合統計司編, 中國統計出版社, 1999).

그림 1-4 개혁개방 이래 노동력과 경제성장 및 취업량 변화

(3) 노령화 추세가 심각하여 사회보장의 압력이 날로 커질 것이다

〈표 1-5〉에서 볼 수 있듯이 현재 인구구조는 2000년 이후의 마름모형에서 2030년이나 2040년의 원기둥 모형으로 변한다. 65세 이상 인구 비중이 2050년에는 25%에 달해 초고령사회에 들어설 것이다. 15~64세 인구비중은 막 '거꾸로 된 U자형'을 겪고 있다(2007년에 72.77%로 가장 높았음). 사회 총 부양 비중은 'U자형'으로 2030년 이후 노인 부양 비중이 어린이 부양 비중보다 높을 것이며 2035년에는 30%를 넘을 것이다. 향후 사회 부양 부담은 주로 노인 부양 부담이다. 현재 노동력 7명이 노인 1명을 부담하지만 2040년에는 노동력 3명이 노인 1명을 부담하게 될 것이다. 또한 경제 자체의 증가활력이 약화되어 일자리가 줄어들 뿐만 아니라 고

표 1-5 향후 인구 연령 구조, 부양비율 및 노동력 증가의 변화 추세

연도	2010	2015	2020	2025	2030	2035	2040	2045	2050
0~14세 인구 비중(%)	19.28	19.25	18.59	17.21	15.60	15.00	15.14	15.15	14.68
15~64세 인구 비중(%)	71.59	71.15	69.49	69.20	67.81	64.87	62.33	61.63	61.04
65세 이상 인구 비중(%)	9.13	9.60	11.92	13.59	16.59	20.13	22.53	23.22	24.48
15~64세 노동력 증가량(만 명)	616	-32	-177	472	-1660	-4274	-4223	-2361	-2818
전체 부양 비율	39.68	40.55	43.90	44.51	47.48	54.15	60.44	62.26	63.83
어린이 부양 비율	26.93	27.06	26.75	24.87	23.01	23.12	24.58	24.58	24.05
노인 부양 비율	12.75	13.49	17.15	19.64	24.47	31.03	37.68	37.68	39.78

자료 출처: 관련『中國統計年鑒』; 2010년 이후 데이터는 중국인민대학(中國人民大學) 인구예측 연구팀의 2000년 제5차 인구조사 바탕 추산과 장지(張冀)의 2005년 1% 인구표본조사 사망률 상황 조사에 근거했음(汝信等主編, 『2009年中國社會形勢分析與預測』, 社會科學文獻出版社, 2008, p.253).

령화로 사회 소비와 사회 활력이 제약을 받을 것이다.

이 밖에 많은 면에서 추산해보면 2010년 중국의 지니계수는 0.5를 넘었으며 도시와 농촌 주민 소득의 격차는 3.24 : 1이다. 비록 국가에서 개인 소득세 징수 기점을 높였지만 이러한 소득 격차가 여전히 줄지 않고 있다. 게다가 절대 빈곤 인구와 상대 인구의 변동으로 사회보장 압력이 적지 않다. 특히 비공유 경제의 발전에 따라 그 직원들의 사회보장은 더욱 우려가 된다. 2008년 「중국종합사회조사」를 보면 당정기관, 국유기업, 교육 · 보건 등 비영리 부문 및 삼자기업의 각종 사회보험 가입률은 괜찮은 편이지만 민영기업과 자영업자의 가입률은 매우 낮다.[16]

---

16) 李培林等, 『當代中國民生』, 社會科學文獻出版社, 2010, p.37.

2) 향후 민생사업 건설의 전략적 대책

(1) 법칙과 발전 추세를 파악하고 민생사업 건설의 전체 계획을 잘 구상해야 한다

무엇보다도 민생사업과 경제성장의 관계 법칙, 민생과 인구구조 변화의 관계 법칙, 도시 농촌 일체화 발전과 인구의 도시 진출 법칙과 추세 등을 잘 파악해야 한다. 일반적으로 민생 수준과 경제성장은 정비례되어야 한다. 민생 투입의 증가 속도가 경제의 성장 속도와 일치해야 한다. 금후 중국 인구 증가 속도가 느려지고 노령화가 심각해져 일정 기간 노인 부양과 취업에 대한 압력이 병존할 것이다. 그러므로 민생사업 건설의 전체적 기획을 인구구조의 역사적 변동 법칙과 관련시켜야 한다. 도시 농촌 일체화의 본질은 인구가 도시에 모이는 것으로 인구의 도시화를 이룩하는 것이다. 청두(成都) 등 일부 지방은 도시 농촌 일체화에서 일부 성과를 거두었는바 보급 시 참고로 할 수 있다. 이러한 도시들은 지속적이고도 순차적으로 추진했다. 우선 도시 농촌 경제사회의 조화로운 발전에 착안하여 전체적 기획을 세웠는데 먼저 농촌 토지개혁을 시작했다. 다음 의식주 등 민생사업과 교육 문화 위생 등 사회사업을 추진했다. 마지막으로 도시와 농촌을 이원 분할한 호적 관리 제도를 철저히 개혁하여 농민들이 순차적으로 도시에 진출하게 했고 도심 지역을 합리적으로 기획하여 도시와 농촌 민생사업의 일체화를 이룩했다.

(2) 체제를 개혁하고 시스템을 완비하며 여러 세력의 역할을 발휘하여 다양한 민생 수요를 만족시켜야 한다

기본 민생과 비기본 민생의 차이를 구분하여 정부의 '기본 민생 보장'을 추진하고 다양하고 다층적인 비기본 민생사업의 투자 건설은 시장과 사회에게 양도해야 한다. 이와 함께 정상적인 민생 투입 시스템, 민생 결책 시스템, 민생 협조 시스템, 민생 수호 시스템, 민생 요구 시스템, 민생 증가 시스템 등을 구축하거나 완비해야 한다. 기본 민생이나 비기본 민생 사업 건설을 막론하고 정부는 시종일관 주도적 역할과 응집 역할로 사회를 이끌어나가야 한다. 그러나 정부의 전체주의 사유를 금해야 하며 "정부가 주도하고 사회가 주체가 되며 시장이 보충하는" 역할을 적극 수행해야 한다. 정부의 단일한 민생 기획 체제, 결책 체제 및 투입 체제를 변화시켜야 한다. 이를테면 선전(深圳) 각급 정부는 '시장에서 서비스를 구매'하는 방식으로 주민들에게 공공 서비스를 제공한다. 이로써 정부의 재정 부담을 경감할 뿐만 아니라 기본 민생 문제도 해결할 수 있다. 기본 민생 자원 역시 시장을 통해 얻을 수 있다. 이를테면 사회보험기금을 일부 중요한 분야에 우선적으로 투자하여 높은 수익률을 얻을 수 있게 함으로써 사회보험기금의 효익을 높여 지불 능력을 제고할 수 있다.

(3) 구조를 최적화하고 공평과 균형의 원칙을 견지하여 중하층 주민의 생활수준을 제고해야 한다

무엇보다도 정책 설계로 민생사업의 도시 농촌 구조, 지역 구조, 취업 구조, 소득 분배 구조, 소비 구조, 계층구조 등을 조정하고 최적화한다. 도시와 농촌 간, 지역 간의 민생 투입은 기본적으로 균등해야 하는바 도시와 농촌 민생사업 건설에서 기획과 투입이 같아야 한다. 금후 전국 도시 민생사업 건설 임무가 막중한 것을 감안하여 먼저 도시 농민공과 정리해고 실업자의 사회보장, 취업과 재취업, 소득 수준 제고 등 문제를 해결해야 한다. 특히 중하층 사회 구성원의 취업 능력을 제고해야 한다. 중하층의 사회보장사업을 중시해야 하는바 실제와 결합하여 최저생활보장 수준을 제고하고 최저임금을 인상해야 한다. 또한 중하층 주민의 저가 임대

주택 건설을 추진하고 합리적으로 배치하여 중하층 주민들이 모두 혜택을 보게 해야 한다. 이와 함께 기업 임금 협상 시스템을 구축하거나 완비하여 직원들의 임금과 복지를 보장해야 한다.

(4) 민주로 민생을 보장하고 민생 분야의 부패현상을 엄격하게 타파해야 한다

부패를 제거하지 못하면 민생도 보장하지 못한다. 민생사업 건설 과정에서 정부, 사회기구, 기업 등 여러 주체가 민주적 감독 역할을 발휘하여 민주로 민생을 보장해야 한다. 참여형 민생으로 매진하며 인민의 민생 이익이 특권계층에게 약탈당하지 않도록 보장해야 한다. 현재 민생 난제의 해결을 구실로 공공 자원을 강탈하는 행위를 경계하고 타격해야 한다. 일부 지방은 민주로 민생을 보장하는 실천 과정에서 성공을 거두었다. 이를 테면 청두의 일부 구, 시에서는 결책권과 집행권, 경제 직능과 사회 직능, 행정 직능과 자치 직능을 분리시켜 기층 관리의 창조성을 추진했다. 촌민들은 자발적으로 의사회(議事會) 제도를 실행하는데 '한 가구 한 표'의 방식으로 마을 공공 서비스와 사회 관리 59개 사항의 전용자금 사용을 결정한다. 점차적으로 "당 조직 간부-촌민(대표)회의 혹은 의사회 결책-촌위원회 집행-기타 경제사회 기구의 광범한 참여"의 신형 농촌 민주 관리 국면을 형성했다. 기층 사회의 자치 기능을 강화하여 "민생으로 민주를 촉진하고 민주로 민생을 보장하는" 효과를 거두었다. 일부 도시의 가도판사처(街道辦事處 : 동사무소에 해당), 공동체는 먼저 행정 직능의 전환을 시도했다. 경제 직능을 분리시켜 민생사업, 사회 서비스 및 공공 관리에 집중하도록 하여 비교적 좋은 효과를 거두었다.

제 2 장

사회사업

사회사업 건설은 사회 건설의 중요한 구성 부분으로 그 특징인 사회성과 공익성은 사회 건설의 기초 지위와 중요 역할을 결정한다. 개혁개방 이래 사회사업에 대한 국가의 재정 투입이 증가했고 사회사업 체계도 점차 완비되었다. 재정 투입이 절대적으로 증가했으나 차지하는 비중의 증가는 뚜렷하지 않다. 이는 사회사업 건설 과정에서 중요성에 대한 인식이 부족함을 설명한다. 사회사업 공급이 사회사업 수요를 만족시키지 못하여 일련의 사회문제를 초래했다. 전국적으로 보면 각 지역 사회 건설 발전의 불균형은 사회사업의 공평성에 영향을 미쳤다. 그러므로 사회사업 건설의 투입을 증가하고 각 사회자원을 충분히 동원하여 중점 분야와 중점 지역의 사회사업 건설을 강화해야 한다. 각 사회사업 건설 주체의 책임, 권리, 이익을 명확히 하고 사회사업 운영 시스템을 조정하여 사회사업의 진보를 전면 추진해야 한다.

제2장 사회사업

신중국 성립 이래 중국은 세 차례의 큰 역사적 전환을 겪었는바 현재는 '경제 건설과 사회 건설을 두루 중시'하는 세 번째 역사적 전환기에 들어섰다. 이 새로운 역사적 전환기, 사회사업은 사회 건설의 중요한 내용으로 사회 건설에서의 지위와 의의는 인정을 받았다. 신중국 성립 이래의 사회사업 건설이 큰 성과를 거두었지만 새로운 역사적 전환기, 인간의 물질생활이 뚜렷한 개선을 가져온 한편 정신생활 수요와 전면 발전 욕구도 더욱 강해졌다. 그러나 중국은 다년간 경제 건설을 중심으로 했기에 사회사업 건설은 경제 건설에 비해 뒤처졌다. 사회사업의 공급과 수요 모순이 두드러진 상황에서 시장화 시스템이 사회사업 분야에 침투했다. 겉으로 드러난 현상을 보면 일부 공공재의 시장화를 들 수 있다. 이를테면 교육 산업화, 의료 시장화, 주택 상품화이다. 사회사업 건설의 뒤처진 상황은 '학교에 입학하기 어렵고', '의료비가 비싸며', '집값이 높은' 일련의 문제점을 초래했고 이로 인한 사회 모순은 아주 심각하다. 그러므로 새로운 시기의 사회사업 건설은 사회사업에 대한 민중의 기대와 수요를 근거로 사회사업 건설의 다원화 주체의 적극성을 충분히 동원하여 사회사업 건설 체제를 개혁하고 사회사업의 발전 수준을 향상시켜야 한다.

1. 사회사업은 사회 건설의 기초

1) 사회사업의 범주와 분야

'사회사업'은 널리 쓰이는 어휘이지만 아직 명확한 정의가 없다. 정부 공문서나 학자들은 모두 문제 논술의 시각에서 이 어휘를 사용한다. 각급 정부의 사회사업 통계는 주로 과학, 문화, 교육, 체육 등 몇 가지 면을 가리켰다. 도대체 사회사업이란 무엇인가? 어떤 분야를 포함하고 있는가? 이는 개념 확정 문제일 뿐만 아니라 중국 사회사업 각 분야의 구체적 개혁과도 관련된다.

'사회사업', 이 개념을 분석하려면 '사회'와 '사업'을 분리시켜 보아야 한다. '사회사업'에서 '사회'는 국가와 상호 대응되는 개념이다. 국가는 특정 계급의 산물로 특정 계급 정권의 합법성을 수호하고 집정자는 공공 이익을 슬로건으로 공공 서비스를 제공하여 효과적으로 사회를 관리한다. 이러한 공공 정책을 제정하고 실행하는 총합을 공공사업과 공공 행정관리라고 한다. 그러나 사회는 자원과 기회 재분배의 중요한 분야로 사회 공평 수호와 합리적인 사회구조 구축을 목표로 한다. 이로부터 사회사업의 뚜렷한 특징은 '사회성'임을 알 수 있다. 이는 곧 국부 이익과 부문 이익을 목표로 해서는 안 될 뿐만 아니라 국방, 외교, 기업 개조, 농업 생산, 도시 교통, 수도·전기·석탄 공급 등 공공사업과도 다름을 알 수 있다. 다시 '사업'을 보기로 하자. 현대 중국어에서 '사업'은 '기업'과 상호 대응되는 것이다. 영리를 목적으로 하지 않고 사회 구성원의 생산과 생활에 서비스를 제공하는 각 기구 및 행위를 가리킨다. '사업'의 가장 기본적인 특징은 공익 추구로 사적 이익을 취해서는 안 된다. 그러므로 사회사업의 또 다른 뚜렷한 특징은 '공익성'이다. 넓은 범위에서 보면 사회사업은 일반적으로 정부 부서나 기업과 함께 나열되는 사회사업 부서를 가리킨다. 사회 전체의 복지 향상을 목표로 경제 효율과 사회 공평의 이중 목표를 구현하는바 정부가 참여하여 거시적 측면에서 정책을 제정하고 공익성 사업을 조정해야 한다.[1)]

사회사업은 전통사회가 현대사회로 전환하는 과정에서 발생했으며 서방 중세기 교회 자선사업을 바탕으로 발전했다. 서방에서 사회사업은 사회업무(social work)의 범주에 속한다. 사회업무는 사회복지의 분야에 속하며 정부나 민간의 비영리기구가 자력으로 정상 생활을 할 수 없는 사람들에게 비영리적, 조직화, 과학화, 전문화된 사회 서비스를 제공하는 것을 가리킨다. 사회사업은 사회보험, 공중위생, 교육 등 사회복지 사항과 병렬되거나 이들을 보충하는 개념이다.[2)] 중국에서 '사회사업'은 'social welfare'와 대응된다. 그러나 외연에서 사회복지의 개념보다 더 크다.[3)]

---

1) 梁鴻·徐進,「社會事業 公共財政投入與經濟增長 : 一個內生框架」,『東南學術』, 2008年第3期.

2) 仲村右一等,『世界社會福利』第7冊, 旬報社, 2000, p.508.

3) '사회사업' 개념의 불명확은 '사회사업'과 그 인접 개념이 서로 뒤섞인 것과 관련된다. 첫째, '사회사업'과 '사회'가 서로 뒤섞인 결과 모든 개인과 사회의 관계를 모두 포함시켰다. '사회사업'이 '사회'의 대명사가 되어 거의 모든 정부 부서가 모두 '사회사업'과 관련되었다. 둘째, '사회사업'과 '사업단위(事業單位 : 정부가 국유자산으로 설립하여 교육, 과학기술, 문화, 위생 등 사회 서비스를 제공하는 공공기관)'이다. 일부 사회사업 연구 문헌에서는 '사업단위'에서 종사하는 행위를 전부 사회사업으로 간주했다. 이는 한편으로 사회사업의 범위를 확대시켰고 다른 한편으로 정부가 '사회사업 단위'를 거치지 않고 제공하거나 '사회사업 단위'의 제도 전환 후 제공하는 사회사업 서비스를 배제했다. 그러므로 사회사업 추진

현재 '사회사업'에는 광의적 개념과 협의적 개념이 있다. 광의적 '사회사업'은 인간의 전면 발전의 실현을 목표로 사회봉사와 민생 개선을 사명으로 하며 그 행위가 사회의 전체 구성원을 포함하고 있다. 협의적 '사회사업'은 사회 구성원의 신체적 · 정신적 수요의 만족을 목표로 사회 구성원의 역량을 제고하여 국민경제와 사회 생활에 서비스나 조건을 제공하는 사회 행위이다. 제1장에서 '민생사업'을 논의했으므로 본장에서는 협의적 개념인 '사회사업'을 논의하겠다. 여기에는 과학기술 사업, 교육 사업, 문화 사업, 의료위생 사업, 체육 사업 등 다섯 갈래가 포함된다.

2) 사회사업 건설은 사회 건설을 추진하는 초석

'사회 건설'에 관한 이론이 매우 많지만 어느 관점에 입각하든 사회사업 건설은 사회 건설의 중요한 구성 부분이며, 기초 지위에 있다. 이는 주로 사회사업 건설의 공익성 및 중요한 사회 기능에 있다.

사회사업의 공익성은 주로 과학기술 사업, 문화 선전, 의료 보건, 체육 등 사회 공익사업을 통해 사회 구성원에게 교육과 의료 보장을 받을 평등한 권리를 제공한다. 이로써 과학문화 역량의 향상, 건강 의식의 제고, 정신상태의 개선, 공평에 대한 합리적인 추구를 실현하며 행복감과 만족도를 향상시켜 "각자 자신의 능력을 발휘하고 각자가 필요한 자리에 있는" 진정으로 평등한 사회 구성원이 되게 한다. 사회사업 발전의 궁극적 목표는 인간 발전의 촉진이다. 인간이 전면적으로 발전해야 사회의 전면 진보를 촉진할 수 있다. 인간은 사회 건설의 주체이다. 그 어떤 사회조직의 구

개혁의 과정에서 '사회사업' 개념과 그 주요 분야를 명확히 하는 것이 기초 작업이라고 할 수 있다.

성원이나 사회 건설에서의 시민 개인이거나를 막론하고 그 종합적 역량은 사회 건설의 효과에 직접적 영향을 준다. 사회사업은 개인에게 교육과 기본 의료 보건 및 체육 활동 등 서비스를 제공한다. 이는 인민대중의 문화 수준, 건강 보장 수준 및 생명 안전 상황과 관련되는바 인민대중의 사회봉사 능력의 발휘와 삶의 질 향상에 영향을 준다.

사회사업 건설의 주요한 사회 기능을 보면 국민의 건강한 체질, 비교적 높은 문화 수양, 적극적이고도 건강한 생활 방식은 조화로운 사회 구축에서 불가결 요소이다. 사회사업 건설은 개인에게 교육 수준의 향상, 과학기술의 진보, 건강 상황의 개선, 체육 시설 및 기타 사회 공익사업의 보장 등을 제공한다. 사회주의 조화로운 사회 건설에 양호한 사회적 조건뿐만 아니라 소중한 인력과 브레인을 제공한다.

총괄적으로 보면 사회사업 건설은 사회 건설에서 중요한 기초 지위를 차지한다. 이는 사회 건설의 내용에서 드러난다. 사회 건설을 개괄하면 실체 건설(지역사회 건설, 사회조직 건설, 사회사업 건설, 사회환경 건설)과 제도 건설(사회구조의 조정과 구축, 사회 유동 시스템 건설, 사회 이익 관계 조정 시스템 건설, 사회보장체계 건설, 사회 안전 체계 건설)이다. 사회사업 건설은 사회 건설의 중요한 부분이다.

3) 사회사업 건설이 사회 건설에 미치는 중요한 의의

사회사업 건설은 사회 건설의 기초로 사회 건설 추진에서 중요한 의의를 지닌다.

첫째, 사회 관계를 조화시키고 각 계층과 집단 간 이익 관계를 조정하여 사회 공평을 촉진하고 사회 단결을 수호한다. 시장경제의 조건하에서 도시와 농촌, 지역 발전의 격차와 사회집단 이익의 분화 등 문제점은 시장 시스템으로 해결할 수 없다. 사회사업은 국민소득 2차 분배의 주요한 분야로 발전의 조화성과 공정성을 더욱 중시해야 한다. 사회사업의 기능 중 하나는 사회 특수층과 취약층에게 필요한 서비스를 제공하여 사회경제 발전의 성과를 함께 향유하며 그들의 복지와 사회적 인정을 증진하고 사회 단결을 수호하는 것이다. 사회사업 건설로 특히 의무교육과 기본 의료 및 공공 위생 서비스를 강화하여 사회 발전 수준을 향상해야 한다. 사회 취약층의 권익을 보호하고 지역 간 공공 서비스의 격차를 축소하며 경제 발전의 격차가 초래한 삶의 질의 차이를 줄여 기본공공 서비스의 균등화를 촉진해야 한다.

둘째, 전체 사회 구성원의 복지를 증진하고 사회 문명의 발전을 촉진한다. 사회의 발전과 운행은 반드시 인간의 전면 발전을 초석으로 한다. 본질적으로 말하면 사회사업의 모든 방면은 인간의 발전을 촉진해야 한다. 교육사업, 의료 보건, 사회보장, 문화 생활, 체육 단련 등 인간 생존 환경의 개선으로 인간의 삶의 질을 향상하고 인간의 전면 발전을 촉진하며 그 공익성을 구현해야 한다. 그러므로 사회사업의 충분한 발전을 바탕으로 해야만 인간의 발전 목표가 진정으로 실현될 수 있다. 인간은 '사회의 세포'로 그 발전은 사회의 전면 진보와 지속적 발전을 자동적으로 추진한다. 이는 정부의 사회사업 건설에서의 주도 역할을 요구한다. 공공 서비스 직능을 강화하고 사회 효익의 우선 원칙을 견지하며 공공 재정 지출을 확대하여 인민대중이 사회사업 건설에서 더욱 이익을 얻고 발전 성과를 공유하게 한다.

셋째, 경제의 지속적 발전을 추진한다. 경제 발전의 시각에서 보면 효율은 발전의 핵심 문제이다. 시장경제의 발전은 결코 공평과 발전이라는 목표가 자동적으로 실현됨을 뜻하지 않는다. 반대로 완전한 시장 시스템은 잔혹한 시장경쟁을 초래한다. 그러나 사회 발전의 시각에서 보면 사회 공평과 인간의 발전은 발전의 핵심 문제이다. 사회사업의 발전으로 인한 교육 수준의 향상, 건강 상황의 개선, 사회 안전 체계의 완비, 과학기술 문화의 진보 및 사회 관리의 질서화 등은 경제의 진일보 발전에 양호한 사회적 조건을 구축하며 경제 발전에 소중한 인력과 브레인을 제공한다. 그러므로 사회사업과 경제 발전은 아주 밀접한 관련이 있다. 사회사업의 발전과 경제 발전은 모두 사회 수요를 만족시키는 한편 경제 효익을 창출한다. 사회 건설은 돈이 들지만 경제적으로 부를 창출하기도 한다. 이를테면 교육은 소비이자 투자이다. 인간 역량을 향상하는 결정적 요소는 사회의 발전을 촉진하고 경제 효익을 가져오기도 한다. 인민의 생활수준 향상은 사회 수요의 다양화를 촉진한다. 사회사업 건설도 인민대중의 기본 공공 서비스 외의 기타 수요를 충족시키기 위해 더욱 많고 규모가 더욱 큰 사회사업 산업을 육성하여 경제사회의 조화로운 발전을 촉진한다.

2. 신중국 성립 이래 사회 건설의 주요 성과

신중국 성립은 중화민족의 새로운 역사의 기원을 열었으며 중국 사회사업 발전사의 새로운 페이지를 장식했다. 사회사업은 구중국의 폐허에서 신중국 성립 이후의 비약적인 진보까지, '문화대혁명'의 심한 훼손에서 개혁개방 이후의 융성 발전까지, 다시 새로운 시기의 빠르고도 왕성한 발전에 이르렀다. 신중국 성립 60여 년간 중국 사회사업은 전 세계인이 주목하는 성과를 거두었으며 중국 사회사업사의 가장 휘황한 한 페이지를 썼다.

1) 사회사업 건설에 대한 재정 투입의 뚜렷한 증가

개혁개방 이후 중국 경제의 빠른 증가와 함께 인민 생활수준과 삶의 질이 향상되었다. 인간의 수요도 최초의 의식 해결에서 과학, 교육, 문화, 보건 등 정신 문화 생활의 질적 향상으로 점차 전환했다. 국가 공공 재정의 사회사업에 대한 투입도 해마다 증가하고 있다.

통계자료를 보면 중국 GDP는 2002년의 12조 300억 위안에서 2011년의 47조 3,000억 위안으로 증가했는데 물가 상승 요소를 제외하고도 1.5배 증가했다.[4] 동시기 사회사업 총지출은 3,979억 600만 위안에서 2조 8,179억 위안으로 7.08배 증가했는데 그 증가 속도는 GDP의 증가 속도보다 훨씬 빨랐다. 사회사업 지출이 GDP에서 차지하는 비중이 2002년의 2.8%에서 2011년의 6%로 증가했다(표 2-1). 특히 교육에서 2007년 '무상 의무교육' 정책을 실행했으므로 교육비 지출은 2006년에 비해 뚜렷하게 증가했다.

표 2-1 2002~2011년 과학, 교육, 보건, 문화 재정 지출 상황

단위 : 억 위안

연도	2002	2003	2004	2005	2006	2007	2008	2009	2010	2011
과학	269.83	300.79	335.93	387.14	483.36	1783.04	2129.21	2744.52	3250.18	3806
교육	2644.98	2937.34	3365.94	3974.83	4870.41	7122.32	9010.21	10437.54	12550.02	16116
보건	635.04	778.05	854.64	1036.81	1320.23	1989.96	2757.04	3994.19	4804.18	6367
문화	429.21	489.33	587.14	703.40	841.98	898.64	1095.74	1393.07	1542.70	1890

자료 출처 : 國家統計局网站, http://www.stats.gov.cn/tjgb.

2) 사회사업 체계의 점진적 개선

국가재정 투입의 증가로 중국 사회사업도 큰 성과를 거두었다. 과학, 교육, 문화, 보건, 체육 등 사업 체계가 점차 완벽해졌다. 교육과 공공 위생 사업에서 중국 사회사업 발전의 전체 상황을 알아볼 수 있다.

---

4) 『十八大報告輔導讀本』, 人民出版社, 2012.

(1) 교육 서비스 체계가 점차 완비되고 발전했다

신중국의 교육은 지극히 낙후한 상황에서 시작되었다. 1949년 중국 인구의 80%가 문맹이었고 초등학교와 중학교 입학률은 각각 20%와 6%였으며 대학 재학생은 11.7만 명이었다. 정부의 대규모 투입과 건설로 중국의 문맹률은 1964년의 33.58%에서 1982년의 22.81%로 감소했다. 초등학교 교육을 보급하여 학령 아동 입학률이 95.5%에 달했다.

개혁개방 이후 교육사업은 빠른 발전기에 들어섰다. 첫째, 9년제 무상 의무교육을 전면 보급했다. 2012년 의무교육률은 100%이고 청장년 문맹률은 1.08%로 감소했다.[5] 둘째, 대학 교육이 대중화 발전 단계에 들어섰다. 2011년, 석박사과정 신입생 56만 명을 모집하여 석박사과정 재학생이 164만 6,000명에 달했으며 졸업생 43만 명을 배출했다. 전문대학 및 대학교는 신입생 681만 5,000명을 모집하여 재학생 수가 2,308만 5,000명에 달했으며 졸업생 608만 2,000명을 배출했다.[6] 다년간의 노력을 통해 대학교육은 비약적 발전을 이루었다. 셋째, 직업교육이 빠른 속도로 발전했다. 직업교육의 학교 운영 사상과 양성 모식, 학교 운영 체제를 개혁하여 '복무를 취지로 하고 취업을 방향으로 하는' 학교 운영 방침을 정했다. 중등 직업교육과 고등 직업교육의 빠른 발전으로 대규모 기술 인재 양성 능력을 갖추었다. 넷째, 교육 공평의 중요한 걸음을 내디디었다. 현재 중국은 인구 대국에서 인력자원 대국으로 전환했으며 인력자원 강국으로 나아가기 위해 매진하고 있다.

개혁개방 이후 특히 중국공산당 제16차 대표대회 이후 당과 국가는 시

---

5) 『十八大報告輔導讀本』, 위의 책.

6) 「中華人民共和國2011年國民經濟和社會發展統計公報」, http://www.stats.gov.cn/tjgb/ndtjgb/qgndtjgb/t20120222_402786440.htm.

종일관 교육의 공익성과 교육 공평의 촉진을 기본 교육정책으로 견지했다. 각급 정부의 교육 책임 실행을 추진하여 전국의 아동, 청소년과 인민 대중이 더욱 공평한 교육 기회와 더욱 양질의 교육자원을 접하도록 했다.

(2) 공공 위생 사업이 전면적으로 추진되었다

신중국 성립 초기에는 중국 위생 사업의 기초가 취약하고 수준이 낮아서 인민대중의 공공 위생 사업의 수요를 충족시키지 못했다. 60여 년간 특히 개혁개방 이후 중국은 공공 위생 체계 건설을 부단히 강화했다. 농촌 합작 의료를 강력하게 추진했고 에이즈 등 질병 예방 사업을 강화했으며 '병원 가기 어렵고 의료 비용이 높은' 문제점 해결을 위해 일련의 방침과 정책, 제도를 제정했다. 전국적 노력으로 중국 위생 사업에는 큰 변화가 일어났으며 각 사업은 전면 추진되고 있다.

첫째, 인민 건강 수준이 부단히 향상되었다. 신중국 성립 초기 중국의 평균 수명은 35세였으나 2010년에는 73.5세로 증가했다. 영유아 사망률은 신중국 성립 초기의 200‰에서 2011년의 12.1‰로 감소했다. 임산부 사망률은 신중국 성립 초기의 1500/10만에서 2011년의 26.1/10만으로 감소했다. 이 세 지표의 변화는 중국 국민의 건강 수준이 개도국에서 높은 수준임을 보여준다.

둘째, 도시와 농촌을 두루 포함한 위생 서비스 체계가 기본 구축되었다. 개혁개방 이후의 건설로 중국의 공공 위생 체계는 초보적으로 구축되었고 위생 서비스 능력도 뚜렷한 향상을 가져왔다. 2011년 전국에는 95만 3,432개소 의료위생기구가 있는데 이 중 병원이 2만 1638개소, 향진(鄕鎭 : 작은 지방 도시로 읍이나 면에 해당) 위생소(의원에 해당) 3만 7,374개소, 공동체 위생복무센터 3만 2,812개소, 진료소(의무실 포함) 17만 7,754개소, 농촌 위생소 65만 9,596개소, 질병예방통제센터 3,499개소, 위생감독소(센터) 3,005개소이다. 위생사업 종사자는 620여만 명이며 이 중 자격증 소지 의사 251만여 명, 간호사가 224만여 명이다. 의료 위생 기구를 보면 병상이 515여만 개로 이 중 병원에 368만여 개, 향진 위생소에 103만여 개 있다.[7]

셋째, 다층적 현대 의료 보장 체계를 구축했다. 현재 도시와 농촌을 포함한 현대 의료보험 제도를 이미 구축했다. 이 중 사회보험제도는 도시 직장인 기본 의료보험 제도, 일부 사업단위와 공무원 공비 의료 제도, 도시와 농촌 주민 기본 의료보험 제도, 신형 농촌 합작 의료 제도 등을 포함한다. 이 밖에 상업보험, 직원호조보험, 보충의료보험 등 여러 보험 방식은 날로 늘어나는 인민대중의 의료 보장 수요를 만족시킨다.

넷째, 중대 전염병의 예방과 퇴치에서 성과를 거두었다. 현재 중국은 에이즈, 주혈흡충증, 결핵, 간염, 흑사병, 요오드 결핍증 등 중대 전염병과 풍토병, 비전염성 질병의 예방과 퇴치에서 큰 발전을 거두었으며 의료 구제 체계도 구축했다. 2011년 카테고리 A 및 B 전염병 발병자는 총 323.8만 명이며 이 중 사망자가 1만 5,264명이다. 전염병 발병률은 241.44/10만이고 사망률은 1.14/10만이다.[8]

3. 사회사업 건설 문제점에 대한 분석

사회사업 건설이 일련의 성과를 거두었지만 여러 원인으로 하여 여전히 문제점이 존재한다. 2010년 중국 GDP는 40조 1,202억 위안으로 전년

---

7) 「中華人民共和國2011年國民經濟和社會發展統計公報」, 위의 사이트.
8) 「中華人民共和國2011年國民經濟和社會發展統計公報」, 위의 사이트.

대비 10.4% 증가했으며 중국은 세계 제2대 경제체가 되었다. 그러나 사회사업에 대한 투입과 발전은 선진국과 심지어 일부 개도국과 비교해도 격차가 있다. 일찍 유엔개발계획이 발표한 「2005년 인간개발보고서」는 "중국의 사회 발전이 경제성장에 뒤처지고 있어 심히 우려된다"[9]라고 했다. 중국의 사회사업 건설의 문제점은 다음과 같다.

1) 사회사업 건설의 중요 지위가 각급 지방정부 집정 이념에서 미확립

개혁개방 이후 경제 건설을 강조했고 GDP를 치적 심사의 주요한 기준이나 유일한 기준으로 정했으므로 일부 간부들이 경제 건설을 절대화하거나 GDP 증장을 지방행정의 주요 임무로 간주했다. 따라서 경제 건설을 사회 건설보다 더 중요시하게 되었다. 사회사업은 소비이자 복지이므로 생산성이 없다고 간주한다. 또한 사회 건설은 상부구조로 그 발전은 경제 토대에 의존하기 때문에 경제가 발전해야만 사회사업을 할 수 있다고 간주한다. 사회사업 건설은 '눈으로 보고 피부로 느끼는' 경제 발전이나 사회 안정 수호 등 임무에 비해 덜 중요해 보인다. 또한 건설 효과가 눈에 쉽게 띄지 않거나 눈에 띄더라도 오랜 시간이 걸린다. 그러므로 재정 예산에서 사회사업 지출은 기타 사업(산업)의 지출에 비해 아주 적다. 사회사업 건설에 대한 경시는 사회사업의 정체를 초래했다.

사실상 사회사업 건설과 경제 건설은 상부상조하는바 경제 건설의 빠른 발전은 사회사업 발전에 물질적 바탕을 제공하는 한편 사회사업 발전

---

9) 「2005年聯合國開發計劃署人類發展報告在中國發布」, http://finance.sina.com. cn/g/20050908/16451953105.shtml, 2005-09-08.

의 새로운 수요를 창출한다. 사회사업의 건강한 발전은 경제의 지속적 발전에 유리하다. 사회사업 건설의 정체는 각종 사회 모순의 누적을 초래할 것이며 이는 경제 건설의 사회 환경을 파괴하고 경제 건설의 목표에서 벗어나게 된다.

2) 사회사업에 대한 재정 투입 및 공공 서비스 부족

사회사업에 대한 국가의 재정 투입이 증가했지만 그 투입의 규모와 발전 수준은 선진국은 물론 많은 개도국에 비해서도 낮은 편으로 경제의 빠른 성장과 걸맞지 않는다. 2005년 GDP에서 차지하는 국가재정의 교육, 의료지출 비중은 기타 국가에 비해 적다.

2005년 선진국의 교육 지출은 평균 GDP의 5%를 차지한다. 개도국도 4%를 차지하는데 이 중 멕시코는 5.3%, 브라질은 4.4%이다. 그러나 중국은 2.8%밖에 안 된다. 중국의 교육 지출은 선진국보다 적을 뿐만 아니라 기타 개도국보다도 적다. 선진국과 대비 시 2005년 중국의 보건 의료 지출은 GDP의 4.7%로 미국의 1/3이며 한국이나 인도보다도 적다(표 2-2).

표 2-2 2005년 세계 주요국가의 교육, 의료 지출이 GDP에서 차지하는 비중

단위: %

국가	미국	영국	프랑스	캐나다	뉴질랜드	덴마크	스위스	인도	남아공	중국
교육	4.8	5.0	5.6	4.7	5.2	6.8	–	–	–	2.8
의료	15.2	8.2	11.2	9.7	8.9	9.1	11.4	5.0	8.7	4.7

일인당 교육 지출을 보면 중국은 더욱 뒤처진다. 2010년 중국의 일인당 교육 지출은 42달러, 미국은 2,684달러로 중국의 63.9배이다. 일인

당 교육 지출이 GDP에서 차지하는 비중을 보면 중국은 0.82%, 미국은 6.10%로 중국의 7.44배이고 러시아는 1.87%로 중국의 2.28배, 브라질은 2.29%로 중국의 2.79배이다.[10)]

1993년 중공중앙과 국무원은 「중국 교육개혁과 발전 강요」를 반포하여 국가재정 지출에서의 교육 지출이 차지하는 비중을 점차 늘려 20세기 말에 4%에 도달하게 한다"고 했지만 20여 년이 흐른 오늘에도 이 목표를 실현하지 못했다(표 2-3).[11)]

중국의 보건 의료 사업에도 이와 비슷한 문제점이 있다. 중국의 보건 의료지출이 GDP에서 차지하는 비중이 목표에 달하지 못했다. 30년 전, 세계보건기구는 2000년까지 개도국의 보건 의료 총비용이 GDP의 5%를 차지해야 한다고 요구했다. 중국의 경우 GDP에서 보건의료 총비용이 차지하는 비중은 1978년의 3.02%에서 2008년의 4.63%로 증가했다. 30년 사이 2%도 증가하지 못하여 세계보건기구의 요구에 도달하지 못했다. 2008년 전 세계의 보건 의료 총비용이 GDP에서 차지하는 평균 비중은 9.7%로 일인당 802달러에 달했다. 선진국의 보건의료 총비용이 GDP에서 차지하는 평균 비중은 11.2%로 일인당 4,405달러에 달했다.

근년에 이르러 중국의 보건 의료 지출의 절대치는 증가했지만 보건 의료 총비용에서 차지하는 비중의 증장은 더디다. 2001~2009년 보건 의료 지출은 4.24%에서 6.14%로 증가했을 뿐이다. GDP에서 차지하는 비중은 더욱 낮은데 1.4%밖에 안 된다(표 2-4).

당대 중국 사회 건설

---

10) 鳳凰網敎育, http://edu.ifeng.com/news/201002/0221_6978_1550955.shtml, 2010.

11) 『南方周末』本文網址: http://www.infzm.com/content/41664.

표 2-3 중국의 재정, 교육 지출 관련 데이터(2001~2011년)

연도	교육 지출 (억 위안)	재정 지출 (억 위안)	GDP(억 위안)	교육지출 비중(%)	
				재정 지출	GDP
2001	3057.0	18902.6	109655.2	16.2	2.8
2002	3491.4	22053.2	120332.7	15.8	2.9
2003	3850.6	24649.9	135822.8	15.6	2.8
2004	4465.9	28486.9	159878.3	15.2	2.8
2005	5161.1	33930.3	183217.4	15.2	2.8
2006	6348.4	40422.7	211923.5	15.7	3.0
2007	7122.3	49781.4	249529.9	14.3	2.9
2008	9010.2	62592.7	314045.0	14.4	2.9
2009	10437.5	76299.9	335352.9	13.7	3.1
2010	12450.0	89575.4	398000.0	13.9	3.1
2011	16116.0	108930.0	471564.0	14.8	3.4

자료 출처 : 『中國財政年鑒 2009』(中華人民共和國財政部編, 中國財政出版社, 2010); 『2009, 2010年 國民經濟和社會發展計劃執行情況與 2010, 2011年 國民經濟和社會發展計劃的 決議(草案)』; 財政部公布的『2009, 2010年 全國財政收支情況』.

표 2-4 정부 보건 의료 지출

연도	정부 보건 의료 지출(억 위안)				재정 지출 에서의 비중(%)	보건 의료 총비용 에서의 비중(%)	GDP 에서의 비중(%)
	합계	보건 의료 서비스 지출	의료 보장 지출	행정관리 사무 지출	인구와 계획 생육 사무 지출			
2001	800.61	450.11	235.75	32.96	81.79	4.24	15.93	0.73
2002	908.51	497.41	251.66	44.69	114.75	4.12	15.69	0.75
2003	1116.94	603.02	320.54	51.57	141.82	4.53	16.96	0.82
2004	1293.58	679.72	371.60	60.90	181.36	4.54	17.04	0.81

연도	정부 보건 의료 지출(억 위안)					재정 지출에서의 비중(%)	보건 의료 총비용에서의 비중(%)	GDP에서의 비중(%)
	합계	보건 의료 서비스 지출	의료 보장 지출	행정관리 사무 지출	인구와 계획 생육 사무 지출			
2005	1552.53	805.52	453.31	72.53	221.18	4.58	17.93	0.85
2006	1778.86	834.82	602.53	84.59	256.92	4.40	18.07	0.84
2007	2581.58	1153.30	957.02	123.95	347.32	5.19	22.31	1.03
2008	3593.94	1397.23	1577.10	194.32	425.29	5.74	24.73	1.14
2009	4685.60	–	–	–	–	6.14	27.23	1.40

자료 출처 : 中華人民共和國衛生部編, 『2010中國衛生統計年鑑』, 中國協和醫科出版社.

사회사업에 대한 재정 투입이 경제성장 속도보다 낮다. 그러나 경제가 성장한 후 사회사업에 대한 인간의 수요가 오히려 증가된다. 이는 사회사업 공공 수요의 증장과 공급 부족의 모순을 야기하여 부정적 영향을 초래한다.

3) 사회사업의 지역 간, 도시와 농촌 간 발전에서의 불균형

경제 발전과 불균형을 이루고 있는 중국의 사회사업은 지역 간, 도시와 농촌 간 발전 수준에도 큰 격차가 있다. 지역간의 교육 발전을 실례로 보자. 교육 자원, 재정 투입, 시설 등 주요 지표를 보면 각 지역 간의 발전은 불균형하고 공정성이 부족하다. 현재 서부지역의 42개 현(縣)은 아직 '두 개 기본(兩基 : 9년제 의무교육의 기본적 실행과 청장년 문맹 기본적 퇴치의 약칭)' 임무를 완성하지 못했는바 학령 아동 미취학률이 30% 이상에 달하는 지역도 있다. 2004년 서부 지역 기초 교육 경비 총수입은 95억 4,117.2만 위안으로 전국 기초 교육 경비 총수입의 23.07%를 차지했다. 동부 지역 기초 교육 경비 총수입은 전국 기초 교육 경비 총수입의 52.41%를 차지했으며 서부 지역보다 121억 2,839.04만 위안 더 많았다. 2004년 전국 성(省) 평균 기초 교육 경비 총수입은 13억 3,383.06만 위안이지만 서부 지역의 성 평균 기초 교육 경비 총수입은 7억 9,509.77만 위안이다. 전국 성 평균 기초 교육 경비 총수입은 서부 지역의 1.68배에 달했다. 동부 지역 성 평균 기초 교육 경비 총수입은 19억 6,996.02만 위안으로 서부 지역 성 평균보다 11억 7,486.25만 위안 더 많았는바 2.5배에 달했다.[12]

도시와 농촌의 교육 자원과 의료 자원 분포를 보면 사회사업 발전의 불균형성이 더욱 뚜렷하다. 광둥(廣東) 서부에 위치한 우촨 시(吳川市) 탕주이진(塘綴鎭) 중학교 일인당 교육 경비는 1,136위안이었으나 둥산 구(東山區) 육재중학교 일인당 교육경비는 4,688위안에 달했다. 도시와 농촌의 교육 경비 격차가 4배에 이른다.[13] 보건 의료에서 의료 자원 분포를 보자. 80%의 의료자원은 도시에 집중되어 있고 도시의 의료 자원에서 또 80%는 베이징 등 대도시에 집중되어 있다. 베이징에는 세허(協和)병원, 베이징병원, 퉁런(同仁)병원, 301병원 등 대형 종합병원이 57개소에 달하지만 많은 농촌의 향진 위생원, 위생소는 경영이 어려워 문을 닫는 경우가 허다하다. 중국 소도시의 의료 자원이 그토록 부족하니 농촌은 더 말할 나위도 없다.[14]

지역 간, 도시와 농촌 간의 사회사업 건설 자원 배치의 불균형은 사회사업의 공익성 부족을 직접 초래했다. 이는 사회사업의 본질적 특징인 공익성 사업 성질에 부합되지 않는다.

---

12) 王根順・孟子博,「西部地區基礎教育經費的問題及對策分析」,『昆明理工大學學報(社會科學版)』, 2007年 第8期.

13) 杜星・夏楊・童文霞,「廣東九年義務教育狀況現狀調査 – 廣東:讓窮孩子不輸在起跑線上」,『羊城晚報』2005年 4月 21日.

14) 景天魁,『底線公平 – 和諧社會的基礎』, 北京師範大學出版社, 2009.

4) 사회사업 건설의 민간 주체 미발달 및 민간 자본 유입 시스템의 미흡

중국의 사회사업 건설은 신중국 성립 후의 사회주의 제도 구축에서 시작되었다. 당시 사회사업은 국가가 모두 도맡아서 운영하는 책임제 체제였다. 그러나 경제의 발전과 사회의 진보에 따라 인민 생활수준이 부단히 향상되고 사회사업에 대한 요구가 날로 높아졌으며 각 계층과 집단이 사회사업에 대한 요구도 제각각이었다. 그러므로 국가(정부) 재정으로 모든 계층과 집단의 사회사업에 대한 요구를 충족시키는 것은 불가능하다. 선진국이나 개도국에 이러한 선례가 없었다. 그러므로 다원화된 사회사업 건설 주체가 필요하다. 그러나 현재 사회사업 건설 주체의 구조를 보면 사회단체와 기업은 사회사업 건설의 주체로 세력을 확대하고 특히 사회사업을 담당하는 사회조직이 되어야 한다.

다원화 발전 주체에도 분공 분야의 직책 불명확, 직권 남용 등 현상이 나타난다. 마땅히 정부가 부담해야 할 사회사업이나 사회사업 감독 관리에서 정부가 발을 뺀 경우가 있다. 농촌 의무교육이나 의료 사업 등이 바로 그러하다. 이와 함께 사회단체나 기업이 투자한 사회사업 사항은 여러 가지 원인으로 정부의 감독 관리가 완비하지 못하다. 이를테면 문화시장의 감독 관리가 부실하여 무허가 영업이나 규정 위반 현상이 때때로 발생하는데 이는 좋지 않은 사회적 영향을 초래한다. 그리고 마땅히 기업이나 사회단체가 건설 주체를 맡아야 할 사회사업 발전 사항에서 지방정부가 장기간 건설 주체와 투자 주체를 맡고 있다. 민간업체나 중개업체가 맡아야 할 일을 정부가 도맡기 때문에 민간 주체가 발전할 여지가 작아지고 있다.

이와 함께 일부 외적 요인이 민간자본과 민간기구의 사회사업 건설 분야 진출의 주요 장애가 되고 있다. 현재 중국에는 완벽하고 권위적인 정보 발표 시스템과 양질의 사회 중개 서비스 체계가 부족하다. 정부 부서에서 제정한 투자 관련 정책은 전문적 부서나 경로를 통해 공표할 수 없다. 투자자가 투자 대상이나 투자 전망을 알 수 있는 방법이 적다. 정보의 부족으로 투자자들의 투자 열정이 낮거나 맹목적 투자를 초래한다. 일부 사항에서 단일 투자 주체의 기준이 높아 민영기업이 투자하기 어렵다. 그러므로 민간자본의 투자를 이끌어내는 데 있어 민간기업의 제한된 자본과 민간자본에 대한 완벽한 시행 세칙과 명확한 권리 책임을 규정하여 사회사업의 인프라 건설에 투자하게 하려면 정부가 여전히 많은 노력을 해야 한다. 또한 지역 전체적 경제 환경의 제약적 요소도 존재한다. 이를테면 토지, 에너지, 인재, 산업 구조 및 서비스 환경 등 요소인데 이러한 요소의 영향이 비교적 크다. 이 밖에 정부 관련 부서가 투자 사항에 대한 심사 비준 주기가 너무 길거나 업무 효율이 낮은 현상이 아직도 남아 있다. 이는 모두 민간자본의 사회사업 건설 분야에 대한 투자를 저해하는 외적 요인이다.

5) 시장 시스템의 공익 사회사업 개입이 민중 불만을 야기

계획경제 체제에서의 사회사업 운영 시스템의 폐단과 기업 개조 및 시장 시스템의 영향으로 사회사업 개혁은 사회사업 각 분야를 명확하고 세부적으로 분류하지 않았으며 개혁에서 간단화나 범시장화 경향을 보인다. 개혁에서 시장 시스템을 사회사업 공공 서비스 분야에 직접 도입하는 경향이 있으며 이는 소득 격차가 점차 사회 격차와 심각한 사회문제, 이를테면 교육비와 병원비가 비싼 문제점을 양산했다. 이는 국민의 건강과 문화적 역량의 향상에 영향을 줄 뿐만 아니라 빈곤, 시민의 불만, 집단 간 관계 불균형 등 일련의 사회문제를 양산한다. 사회사업 체제 개혁은 경제체제 개혁과 다르다. 사회사업의 대표 분야인 과학기술, 교육, 문화, 의료 보건 등은 장기간 정부가 책임지는 순공익성 사업으로 간주되었다. 그러나 반공익성 사회사업 시장화 개혁의 영향으로 순공익성 사회사업에도 시장 시스템의 역할이 나타나기 시작했다. 이를테면 최근 전국 각지의 의무교육 과정에서 학교를 선택하는 붐이나 고액 병원비 등이다. 순공익성 사회사업 분야의 범시장화 개혁은 정부 사회사업 기본 요구에 대한 시민들의 기대를 낮추었다. 이는 경제 발전에 영향을 줄 뿐만 아니라 사회 안정과 사회 개혁에 대한 대중의 지지도를 낮추어 당과 정부의 형상과 위신 및 사회 응집력에 영향을 준다. 순공익성 사회사업에 대한 시장 시스템의 도입과 산업화 움직임은 사회적 불평등감을 증가시켜 정부에 대한 대중의 불만을 야기하고 사회의 조화를 파괴한다.

4. 사회사업 건설 강화에 대한 주요 건의

사회사업 건설에 여러 가지 문제점이 존재하기 때문에 관념을 전변시키고 사회사업 건설 투입을 확대하며 사회사업 체제 개혁을 추진하여 사회사업의 발전을 촉진해야 한다. 정부는 사회사업 발전의 종합 관리를 강화하고 과학적 기획을 세우며 감독 직능과 서비스 직능을 완벽화해야 한다. 사회사업 체제의 시장화와 사회화 개혁으로 다원화 주체 구조를 완비해야 한다. 각 부문은 자체의 역할을 충분히 발휘하고 상호 배합하고 상호 감독하여 사회사업 발전 체제의 완비를 추진해야 한다.

1) 사회사업 건설의 이념과 원칙

현대화의 탐색 과정에서 중국의 경제 건설 수준은 이미 현대화 중후반

수준에 달했지만 사회사업 건설은 정체되어 있다. 그러므로 경제사회 발전의 전면 현대화를 실현하려면 경제 건설만 중시할 것이 아니라 사회사업 건설에도 많은 힘을 쏟아야 한다. 사회사업 건설은 대중의 전면 발전 수요를 충족시킬 뿐만 아니라 국가 부강과 민족 문명 발전의 표지이자 전면적 현대화 실현의 표지이다.

(1) 사상적으로 사회사업 건설을 중시해야 한다

사회사업 건설을 중시하려면 사회사업에 대한 투자를 똑바로 인식해야 한다. 사회사업 건설은 정부의 행정 행위일 뿐만 아니라 사회 전체 소비시장에 대한 정부의 산업 투자행위이기도 하다. 직접 수익을 얻는 모든 개체 소비자들은 다시 간접적으로 소비 비용을 나누어 부담한다. 근로자인 시민이 신체적 역량, 과학문화적 자질, 노동 기능의 향상을 통해 사회에 보답한다. 그러나 단기간의 고립적 시각에서 사회사업의 투자 효과를 보거나 인식이 부족하여 사회사업 투자를 단순한 투자 행위로 보면 수지가 안 맞는 장사이다. 이렇게 되면 사회사업을 소홀히 하게 되어 자금 투입이 부족해지거나 관리가 부실해지는 문제점을 양산하게 되며 일부 기구의 목표나 행위가 공익성의 기본 요구나 규범을 벗어나게 된다.

사회사업 건설에서 반드시 경제와 사회의 조화로운 발전 이념을 수립하고 전면적이고 조화로우며 지속적인 현대화 발전 목표를 분명하게 해야 한다. 현대화를 단편적으로 이해하거나 현대화를 경제 현대화와 동일시하는 것은 사회사업 현대화 실현에 불리한바 사회사업 현대화를 심각하게 저해할 것이며 나아가 경제 자체의 성장도 저해할 것이다.

(2) 인본주의 건설 이념을 견지해야 한다

사회사업의 뚜렷한 특징은 사회성과 공익성이다. 인간은 사회 발전의 주체이므로 사회사업 건설의 가장 중요한 이념은 인본주의이다.

사회사업을 발전시키려면 인본주의 이념을 수립해야 한다. 정부는 사회사업 건설 기획의 제정에서 인민 생활수준, 문명수준의 향상과 인간의 전면적 발전의 실현을 취지로 삼아야 하며 인민대중이 강력하게 원하는 사회사업 개혁을 정부 업무의 중요한 자리에 놓아야 한다. 경제 발전을 바탕으로 인민대중의 날로 늘어나는 물질문화 수요를 만족시키고 인간의 전면 발전을 촉진해야 한다. 인민대중의 창조적 정신을 존중하고 개혁의 심화와 체제의 혁신으로 모든 적극적 요소를 동원하고 전 사회의 창조적 활력을 불러일으켜야 한다. 시장경제 조건에서 만약 정부가 사회사업의 공익성과 사회적 특징을 중시하고 강력하게 추진하지 않는다면 그것은 구현되기 어렵다. 그러므로 각급 정부는 사회사업 건설을 중시해야 한다. 구체적으로 재정 투입 사항의 채택이나 체제 혁신 구상의 채택에서 광범한 인민대중이 혜택을 보는가, 광범한 인민대중의 절박한 수요를 충족시키는가에 입각해야 하며 이를 모든 업무 성패의 기준으로 삼아야 한다. 사회사업 건설에 대한 재정 투입을 확대하여 대다수 대중의 근본 이익을 대표하며 경제 발전과 대응되는 사회사업 제품과 서비스를 제공하기 위해 노력해야 한다. 경제사회의 건강하고 지속적인 발전을 촉진하여 조화로운 사회를 구축해야 한다.

(3) 공평, 공정의 건설 원칙을 견지해야 한다

현재 중국의 사회사업 건설 과정에서 도시와 농촌 간, 각 지역 간의 자원 배치가 불균형하다. 이러한 불균형은 사회사업의 공평과 공정 원칙에 직접적 영향을 준다. 사회의 각 구성원이 개체 발전의 기본 권익을 얻으려면 반드시 사회에서 기본적인 사회사업 공공 서비스를 얻어야 한다. 그러나 체제 내와 체제 외, 도시와 농촌 간, 지역 간의 자원 배치가 서로 다르므로 각 개인이 얻는 기본 공공 서비스도 다르다.

국가는 사회사업 건설의 주요 책임자로 인간의 기본 수요를 충족시켜야 한다. 질이 높거나 개성적이거나 전문적인 사회사업을 요구하는 집단에 대해서는 기타 사회사업 건설 주체의 노력과 시장화나 사회화의 운영 시스템으로 그러한 수요를 충족시켜야 한다. 정부는 제한적인 사회사업 건설 자원을 명문학교나 대형병원 등에 투입해서는 안 된다. 이는 사회 구성원 간의 불평등을 초래할 뿐만 아니라 사회 유동에 장애를 만들어 사회구조가 정형화되게 하는바 합리적인 사회구조 형성에 해롭다.

사회사업을 중시하고 발전시키려면 정확한 가치관이 있어야 한다. 사회사업의 발전은 특정 사회 가치관의 영향을 받는다. 이러한 가치관은 사회사업의 발전 전략과 책략 및 구체적 방식과 수단의 선택에 큰 영향을 미친다. 사회사업의 공익성 특징은 사회사업 가치관이 사회 공평과 사회 정의가 되도록 인도한다. 사회사업은 주로 각 구성원에게 평등한 교육 기회를 제공하는 것으로 정상적인 사회 유동 시스템을 구축하고 빈부 격차를 감소시키며 사회 구성원들이 경제 발전 성과를 공유하도록 하여 사회의 공평과 정의를 촉진한다. 그러므로 사회사업의 발전은 정부가 공공 이익에 입각하여 사회의 공평을 중시하고 대중의 이익을 골고루 반영하며 인민 내부 모순과 기타 사회 모순을 정확히 처리하고 각 집단의 이익관계를 합당하게 조정하는 방향으로 이루어져야 한다.

2) 사회사업 건설의 총괄 기획

사회사업 건설은 경제 건설에 비해 더 복잡하고 관련 영역이 더 넓으며 도전도 더 크다. 정부는 사회사업의 합리적인 중장기 발전 목표를 세우고 경제 발전 수준을 참고로 사회사업 발전 계획을 제정하여 경제 발전과 함께 실행해야 한다. 또한 사회사업 분야의 건설 과정에서 사회사업 건설의 중점 분야를 명확히 해야 한다. 현재 사회사업 건설에 필요한 자금, 인력 자원 등 제한과 사회사업 각 분야의 각 사회단계에서 중요성 불일치 등으로 모든 사회사업을 전면적으로 빠르게 추진할 수 없다. 사회사업 건설에서 중점 분야 지정시, 각 사회사업의 운영과 발전에서의 상대적 중요성과 인민대중의 수요를 참조해야 한다. 현재 중국의 현실 상황을 보면 우선시해야 할 것은 공공교육의 균등화, 기본 의료 보건 보장 제도의 완비, 공공 문화 서비스 체계 구축이다. 이는 전체 사회 구성원이 공공 서비스 자원과 발전 기회를 균등하게 향유하느냐의 여부에 직접 관련되며 인간의 역량과 사회 문명의 향상 및 경제의 지속적 증가의 잠재력에도 관련된다. 상술한 각 사회사업에서 어떻게 건설할 것인가는 각 지역의 실제 상황에 따라 무엇을 중심으로 사회사업을 발전시킬 것인지 구체적으로 정해야 한다.

(1) 중점 건설 분야의 총괄 관리

기초 의무교육을 보자. 2010년 국무원에서 반포한 「국가 중장기 교육 개혁과 발전 기획 개요(2010~2020년)」는 중국 교육 개혁의 강령 문서로 그 주요 취지는 기본 공공 교육 서비스 균등화의 점차적 실현이다. 교육 기획 개요는 교육을 우선 발전의 전략적 자리에 놓으며 2012년 국가재정의 교육 경비 지출이 GDP의 4%를 차지해야 된다고 분명하게 제기했다. 공평의 촉진을 국가 기본 교육정책으로 하며 국민의 교육권은 법에 의해 보장된다. 현재 중국에서 의무교육을 받는 학생은 1.6억여 명으로 대부분 농촌과 중서부 지역에 있다. 본 개요는 중국의 21세기 첫 번째 교육 개혁 발전 기획 개요로 중국의 교육 투입 확대, 기초 의무교육의 공익성과 보편적 혜택성의 실현, 기본 공공 교육 서비스 균등화의 추진 등을 보장한다.

기본 의료 보건 보장을 보자. 첫째, 현행 간부 공비 의료 제도, 도시 직장인 기본 의료보험 제도, 도시 주민 기본 의료보험, 신형 농촌 합작 의료 제도 등 각종 의료 보장 제도의 일체화를 점차 실현해야 한다. 의료 비용 분담 비례를 조정하고 자금 마련 수준을 높여 기본 의료 보장 수준을 향상해야 한다. 둘째, 각종 사회 상업보험의 발전을 적극적 격려해야 한다. 최종적으로 정부가 주도하고 전국의 모든 주민을 포함하는 기본 의료 보장 제도(정부의 의료 구제 제도 포함)를 주체로 하고 각종 사회 상업 의료 보험을 보충으로 하는 의료 보장 제도를 구축해야 한다.

공공 문화 서비스 체계를 구축해야 한다. 중국공산당 제17기 중앙위원회 제6차 전체회의에서 통과된 「문화체제 개혁을 심화하여 사회주의 문화의 대발전, 대번영 추진 관련 중공중앙 결정」에 따르면 도시와 농촌을 포함한 구조가 합리적이고 기능이 구전하며 실용적이고 효과적인 공공 문화 서비스 체계를 구축하여 인민대중의 기본 문화 권익을 보장해야 한다. 범위를 보면 첫째, 문화관, 박물관, 도서관, 미술관, 과학기술관, 기념관, 노동자문화궁, 청소년궁 등 공공 문화시설과 애국주의 교육 시범 기지를 건설한다. 대중에게 무상 개방하고 기타 국유 문화부서나 교육기관의 공익성 문화행사를 격려하며 군중의 문화행사에 공공장소를 제공하게 한다. 둘째, 공동체의 공공 문화시설을 확대하는바 공동체 문화센터의 건설을 도시 농촌 기획과 설계에 넣어 투자 경로를 확대한다. 국가 공공 문화 서비스 체계 시범 기지의 건설을 추진한다. 셋째, 여성, 미성년자, 노인, 장애인 대상 공공 문화 서비스 시설을 건설한다. 사회조직이 직접 운영, 협찬, 시설 제공 등 방식으로 공공 문화 서비스에 참여하거나 제공하는 것을 유도하고 격려한다. 각 지역과 각 집단의 공공 문화 서비스 체계의 건설로 인민대중의 TV 시청, 라디오 청취, 독서, 공공 문화 감상, 공공 문화행사 참여 등 기본 문화 권익을 보장한다. 도시와 농촌을 포함한 구조가 합리적이고 기능이 구전하며 실용적이고 효과적인 공공 문화 서비스 체계를 구축한다.

(2) 중점 건설 지역의 총괄 관리

지역을 나누어 볼 때 현재 사회사업 발전의 중심지는 농촌이어야 한다. 농촌의 사회사업 발전은 도시에 비해 규모가 큰데 이는 지금까지 도시와 농촌 발전이 균형을 잃었다는 반증이기도 하다. 또한 이는 농촌의 빠른 발전을 제약하는 중요한 요소이다. 그러므로 사회사업의 발전은 사회 공평의 이념에 따라 대중이 공공재와 서비스를 향유하게 하는 목표를 실현해야 한다. 사회 기본 공공재와 서비스가 도시와 농촌을 포함하게 하며 기초 교육과 공공 의료 보건, 공공 문화 자원의 균형적 발전을 촉진하여 조화로운 사회의 건설을 추진해야 한다.

현재 전국에서는 신농촌 건설 등 프로젝트가 추진되어 큰 성과를 거두었다. 그러나 인구의 유동 등 요소가 사회구조의 빠른 변화를 초래하여 사회사업의 발전과 자원의 통합은 아직도 조정을 거쳐야 한다. 첫째, 도시와 농촌 기초 교육 구조 조정 시 벽지의 농촌과 농민공 자녀 학교의 기초 교육 발전을 우선시해야 한다. 둘째, 공공 의료 보건 자원 배치의 균형화를 촉진해야 한다. 전국 특히 농촌 질병 예방 퇴치 체계와 공공 의료 보건 구조 체계의 건설을 확대해야 한다. 셋째, 공공 문화 자원 배치의 균형화를 촉진해야 한다. 기층 공공 문화 시설의 건설을 확대하여 전사회를 포함하는 비교적 완벽한 공공 문화 서비스 체계를 구축해야 한다. 정부 투입을 바탕으로 사회자원을 충분히 이용하여 농촌 기층 문화 시설 건설을 추진해야 한다.

3) 사회사업 개혁 촉진의 구체적 조치

개혁개방 이전 중국의 사회사업은 거의 국가가 도맡아 했으며 일부는 기관 부서 체제를 통해 사회 서비스를 제공했다. 국가와 기관 부서가 사회사업 건설의 주체가 되었다. 이러한 모식에서 사회사업의 발전은 분할된 모습을 보였다. 아울러 경제성장의 추구가 국가의 주요 목표가 된 상황에서 사회사업 건설에 대한 국가의 투입이 극히 제한적이다. 이는 사회사업 발전의 전체적 수준을 낮추어 사회사업에 대한 인민대중의 수요를 충족시키지 못했다.

사회사업 체제의 개혁을 추진하여 사회사업의 사회성과 공익성을 회복하고 분명히 해야 한다. 국가는 사회가 사회사업을 도맡도록 추진하며 사회사업의 발전에 시장 시스템을 도입하여 일부 사회사업, 특히 공익성이 적거나 없는 사회사업의 빠른 발전을 촉진해야 한다. 사회사업 체제 개혁은 전체적 설계와 체계적 추진이 부족하여 정부의 제한적 투입이 가장 기본적으로 수요되는 사회사업 건설에 사용되는 것이 아니라 개혁 과정에서 점차 시장화 분야로 나아가거나 사회사업 건설에서 이미 성과를 거둔 분야나 지역에 중복 사용된다. 이로써 일부 사회사업 분야가 지나치게 시장화되거나 각 지역, 분야의 사회사업 발전의 격차가 더욱 커지면서 대중의 불평등감이 늘어나고 사회에 대한 불만을 초래하여 사회 모순을 유발한다. 이러한 사회 현실 상황은 사회사업의 공익성과 배리된다. 그러므로 새로운 사회 형세에서 사회체제 개혁을 강화하여 사회사업의 전면 진보를 추진해야 한다.

(1) 사회사업 건설 주체의 책임, 권리, 이익을 분명히 한다

사회사업 체제 개혁의 목표는 주로 정부, 기업, 사회조직 삼자 간의 사회사업 건설에서 권리와 책임을 규범화하고 삼자 간의 관계를 분명히 하며 제도의 설계를 진일보 기획하여 사회사업 건설을 추진하는 것이다.

사회사업 각 분야를 업무의 성질과 공익 정도에 따라 분류하여 해결해야 한다. 아울러 정부의 직접 운영, 정부의 출자 운영, 정부의 감독 운영,

정부의 서비스 구매 등 방식을 채택하여 사회사업 발전에서 정부의 책임을 이행해야 한다. 현재 사회사업 단위는 그 공익성에 의해 비공익성, 순공익성, 반공익성으로 나눈다. 비공익성 사회사업 단위의 주요 행위는 정부의 직능과 거의 무관하다. 제품과 서비스가 '외부성'을 지니지 않고 직접 사회에 제품이나 서비스를 제공하거나 이윤을 창출하는 사업체로 시장화를 빨리 이룩해야 한다. 이를테면 응용기술 개발 업체와 경영성 문화사업 업체, 사회 중개 업체, 직업 양성 업체, 업종별 협회 등은 시장화해야 한다.

순공익성 사회사업 단위는 주로 제품이나 서비스가 공익성을 지니거나 국익 및 국가의 기본 목표와 관련되는 사업 단위이다. 이를테면 기초 교육, 공공 위생, 공익성 문화사업, 기초 연구, 전략기술 연구, 중요 공익성 연구 분야 등이다. 이러한 국익 및 국가의 장구한 발전과 관련되고 시장 시스템의 역할을 발휘하기 힘든 사업 단위는 반드시 정부가 직접 구성하고 재정 경비를 조달하여 영리성 행위에 참여하지 못하게 해야 한다. 반공익성 사회사업 단위는 주로 공익성이 상대적으로 약하며 그 제품과 서비스가 특정 단체를 겨냥한 사업 단위를 가리킨다. 정부가 간접적으로 구성하고 관리하는 비영리기구로 점차 전환해야 한다. 일부 사업 단위는 비영리기구로 전환하더라도 주요 자금 출처는 정부의 재정 지원이다. 이는 선진국 비영리기구의 조직과 발전에서도 마찬가지이다.

사회사업은 정부 주도와 사회 참여의 원칙을 견지해야 한다. 사회사업 건설 추진에서 정부의 주도적 지위를 강화하고 사회사업 업무에 대한 정부의 거시적 조절을 강화해야 한다. 아울러 정부는 공익성 시설 완비를 바탕으로 시장 시스템을 도입하여 정부와 시장의 합리적인 분업을 적극 실현해야 한다. 정부 재정 지원은 사회사업의 기본 수요를 보장해야 하고 시장은 사회사업 산업화로 사람들의 다양한 발전 수요를 충족시켜야 한다.

사회사업 관리 체제의 혁신을 추진하려면 반드시 관리 이념을 갱신하고 관리 방식을 혁신하며 서비스 분야를 확대해야 한다. 한편으로 합리적인 직책 범위를 분명히 해야 한다. 사회사업의 공익성과 산업성을 구분하며 서로 다른 관리 체제를 채택해야 한다. 공익성 사회사업에 대해 공공 의식을 체현하고 공공 자원, 공공 서비스, 공공 제품을 강조해야 한다. 산업성 사회사업을 시장의 요구에 응하게 하여 사회의 여러 수요를 충족시킨다. 다른 한편으로 서비스 분야를 확대하고 비공유제 시장 진입 제도를 적당히 완화해야 한다. 이를테면 교육, 과학연구, 의료보건, 체육 등 사회 사업에 대한 비공유제 자본의 투자를 격려하고 유도해야 한다. 여기에는 비영리성 분야나 영리성 분야가 포함된다. 이와 함께 사회사업 단위 내부 개혁을 추진해야 한다. 합병, 개조, 취소, 조정 등 수단으로 구조조정을 하고 신형 법인 관리 구조를 구축하며 경쟁성이 있는 인사 제도와 효과적인 격려 및 제약 메커니즘을 구축하여 사회사업 발전에 활력을 불어넣어야 한다.

(2) 사회사업 행정관리 체제를 완비해야 한다

행정관리 체제 개혁은 사회사업 체제 개혁의 중점이 되어야 한다. 현재 중국의 사회사업 행정관리 체제는 여전히 '구역 간과 계통 간의 분할'을 주요 특징으로 한다. 이와 함께 사회사업 건설에서 각급 정부의 책임 구분이 비합리적이다. 그러므로 사회사업 행정관리 체제를 완비해야 한다.

현재 개혁 중, 정부 행정관리 체제 개혁에서 새로운 진전을 보여야 한다. 그렇지 않으면 사업 단위를 개조하거나 자금 지원 방식에 변화가 생겨도 운영 효율이 떨어지는 상황을 변화시킬 수 없다. 현재 사회사업 행정관리 체제의 '구역 간과 계통 간의 분할' 상황을 개변하는 데에 있어 급선무는 국가 사회사업 체제 개혁 전문기구를 출범하여 각급 정부의 모든 관련 주관부서와 함께 개혁의 방침, 정책을 공동 기획하는 것이다. 각 부서 간의 관계를 조정하여 '구역 간과 계통 간의 분할' 체제가 발생시킨 '통일적인 정치가 이루어지지 않고 다원화'되어 상호 협조적이지 못한 폐단을 감소시켜야 한다. 이로써 관리 효율을 제고하고 각 부서 간의 조화를 강화해야 한다. 아울러 각급 정부의 직책을 세분화해야 한다. 국가 목표와 관련되고 각 기구 간의 배합과 조화가 필요한 사회사업 이를테면 기초과학 연구, 사회 공익성이 강한 기술 연구, 보건 방역 등은 중앙정부가 통일적으로 기획하고 중앙 재정에서 직접 투자하며 간접 관리를 해야 한다. 공익성이 강하며 정부의 기본 직능과 관련되나 서로 독립된 기구가 부담하는 사회사업, 이를테면 기초 교육 등은 중앙정부가 통일 기획하고 지방정부가 조직 시행하는 방식을 채택할 수 있다. 필요 경비는 지방정부에서 부담하고 중앙정부가 보충하거나 전부 중앙 재정에서 지출한다. 지역의 공중 이익을 체현하는 사회사업은 주로 지방정부가 부담하고 중앙정부는 거시적 지도를 제공하며 각 지역의 실제 상황에 따라 필요한 원조를 제공할 수 있다.[15]

(3) 사회사업 재정 체제 개혁을 단행해야 한다

사회사업 건설이 정체되는 주요한 원인은 사회사업 건설에 대한 재정 투입 부족이다. 사회사업 건설에서 재정 투입이 부족한 문제점을 개변하려면 반드시 재정 체제를 개혁하고 공공 재정 체계를 건설해야 한다.

사회사업 재정 체제 개혁을 단행하려면 첫째, 재정 지출 구조를 조정하여 사회사업 건설에서의 재정 지출 비례를 높여야 한다. 재정 지출의

---

15) 葛延風, 「對社會事業體制改革及事業單位體制改革的反思與建議」, 『改革攻堅 30題 : 完善社會主義市場體制探索』, 中國發展出版社, 2003, p.329.

'경제 건설 영리'를 '공공사업 비영리'로 변화시켜 사회사업 건설에 대한 정부 재정의 투입을 확보해야 한다. 정부의 자금 투입 대상은 자금 사용의 효익 문제일 뿐만 아니라 정부가 직능에 맞게 책임을 지는 근본적 문제이다. 공익성 사회사업 건설에 대한 정부의 투입은 비례 보장을 받아야 하는바 이는 발전 기획에 써놓는 것이 아니라 재정 예산으로 확실히 보장해야 한다. 각 항목 지출은 예산법 등 법률을 엄격히 따라야 한다. 재정 예산 초안이 인민대표대회에서 통과되면 반드시 엄격하게 집행해야 하며 정부가 제멋대로 초과 지출하거나 새로운 지출 항목을 증가시켜서는 안 된다. 만약 특수 상황 때문에 예산을 증가시키려면 반드시 관련 법률에 준해야 한다.

둘째, 각 유형의 사회사업 기구에 대해 규범적인 지원 방식을 구축하며 재정 감독과 제어, 조정 기능을 발휘해야 한다. 기초 교육, 기본 의료 보건 서비스, 기초 공익성 문화사업, 기초 연구 등 순공익성 사회사업 재정 지출은 반드시 우선 보장되어야 한다. 기초 사회사업에 대한 재정 투입은 이러한 사회사업 기본 건설의 지원에서 드러나는 한편 기본 사회 공공 서비스의 실제적 향유에서도 나타난다. 이를테면 초등학교 의무교육에서 학교 운영 효율을 높이고 양질의 교육 자원을 공유하기 위해 학교 통폐합을 단행했다. 이는 벽지 아동이 양질의 교육 자원을 향유할 기회를 증가시킨 것이 아니라 오히려 그들의 교육 원가(교통비, 급식비 등)를 증가시켜 의무교육을 받을 권리를 상실하게 했다. 농촌 기본 의료 보건 서비스, 기초 공익성 문화 사업도 모두 이러하다. 빈곤한 농촌 사람들은 자체의 원인 때문 혹은 경제 원인 때문에 이러한 것을 향유할 수 없다.

셋째, 중앙정부와 지방정부 간 및 각급 정부 간의 재정 관계를 반드시 전면 조정해야 한다. 각급 정부의 재정 수입과 지출 간의 분배 관계 조정이 관건이다. 이는 사회사업 발전의 책임과 관련 재정의 책임을 상호 일치하게 한다. 중앙정부에서 부담해야 할 사회사업은 반드시 중앙정부 재정에서 투입을 보장하고 지방정부에서 부담해야 할 사회사업은 지방정부 재정에 의지해야 한다. 지역간 경제 발전의 불균형을 고려하여 재정 이전 지출 제도를 강화해야 한다. 이는 일부 빈곤 지역을 효과적으로 지원하여 지역 간 사회사업 발전 수준 격차를 줄일 수 있다.

(4) 사회사업 운영 시스템을 조정해야 한다

현재 중국의 사회사업 운영 시스템은 경직되어 행정화 경향이 심각하다. 사회사업 단위의 행정화 제거 개혁이 이미 사회체제 개혁의 중점이 되었다.

사회사업 운영 시스템 개혁의 목표는 사회주의 시장경제 체제와 상호 적응하고 도시와 농촌이 일체화되고 사회주의 시장경제 법칙에 의해 운영되며 각 부문의 적극성을 동원할 수 있는 사회사업 건설의 새로운 체제를 구축하는 것이다. 사회사업 운영 시스템에서 정부는 사회사업 건설 권력 독점을 제거하며 사회 세력과 자원이 사회사업 건설 분야에 진출하게 하여 다주체적이고 다원화한 사회사업 건설 국면을 형성해야 한다. 그러나 사회자본이 사회사업 건설에 진출하면서 초래할 문제점을 피하기 위해 정부는 반드시 감독 관리를 강화하고 새로운 평가 시스템을 구축해야 한다. 이 평가 시스템은 민간자본의 사회사업 건설 효과와 정부 부서의 사회사업 건설 효과에 적용되어야 한다. 이는 민간 건설 주체에 제도적 구속력을 형성하며 그들 간의 공평 경쟁을 촉진할 수 있다.

반드시 현실을 바탕으로 새로운 종합 평가 시스템을 구축해야 한다. 또한 사회사업 질에 대한 개인이 느낌을 제때에 반영하고 사회사업 건설의 질과 사회적 효익을 감독하는 사회사업 건설의 종합 평가 시스템을 구축해야 한다.

첫째, 정부의 업적 심사에 대한 사회 공중의 참여와 사회사업 건설 능력 평가 내용을 관철해야 한다. 사회사업은 사회적인 공공사업으로 국가가 정부 공공 부서를 통해 조직하고 실행한다. 정부 행위의 합리성을 보장하려면 반드시 납세자의 알 권리와 감독권을 보장해야 한다. 정부의 사회사업 발전 기획, 사회사업 재정 예산과 결산 등 정책의 제정과 실행은 모두 납세자의 감독을 받아야 한다.

둘째, 사회사업 건설 성과를 평가하려면 투입이 얼마인가도 보아야 하지만 그보다 그 사회효익을 보아야 한다. 이는 사회사업 건설 성과를 평가하는 중요한 시스템이다. 이는 각 사회사업 조직의 건설 적극성을 동원하고 자원의 사용 효익을 향상시킬 뿐만 아니라 사회사업 조직 자체의 건강한 발전을 촉진할 수 있다.

셋째, 사회사업 건설이 양산한 사회효익 평가 시 주로 대중의 주관적 감수를 지표로 하여 사회사업의 공익성을 반영해야 한다. 사회사업 발전 수준 평가 시스템에는 여러 가지 객관적 지표가 있어야 할 뿐만 아니라 대중의 주관적 감수를 증가시켜야 한다. 사회사업은 전체 국민을 위하는 공공사업인 만큼 대중의 만족도가 사회사업 발전의 성과를 가늠하는 중요 지표가 되어야 한다. 실제에서 여러 가지 객관적 지표를 보면 사회사업 발전 속도와 질이 매우 좋아 보이지만 대중의 주관적 인상은 별로 안 좋으며 만족도가 낮은 상황을 종종 볼 수 있다. 이는 우리에게 사회사업 건설 성과 평가 시 객관적 지표만을 기준으로 해서는 안 되며 주관적 지표 즉 사회사업 발전에 대한 대중의 주관적 감수와 만족도도 기준으로 삼아야 함을 알려준다.

이 밖에 사회사업 건설 성과 평가 시 경제 발전 지표 고찰을 경시해서 안 된다. 사회사업 건설은 일정한 경제 발전 수준을 바탕으로 하기 때문에 경제 발전을 떠나서 사회 건설을 논할 수 없다. 현재 사회사업 건설을 강조하는 것은 개혁개방 이후 경제의 비약적 발전이 사회사업 건설에 일정한 토대를 마련했기 때문이다. 만약 경제의 지탱이 없다면 더는 사회사업 건설을 할 수 없다. 뿐만 아니라 경제의 부담 능력을 초과하는 사회사업 건설은 오히려 경제의 건강한 발전을 제약한다.

그러므로 사회사업 건설 성과 평가 시 간단한 사회사업 건설 지표를 채택한다면 비과학적이다. 이는 경제 발전과 사회사업 건설의 내재적 연관성을 분리시킴으로 사회사업 건설 성과에서 중요한 객관적 참조 지표를 누락하게 된다. 더욱 중요한 것은 정부사업에서 경제 발전 수준과 상관 없이 간단하게 사회사업 건설 상황을 살피는 것은 각급 정부 부서를 오도할 수 있다. 일부 지역이 경제 발전의 실제 상황과 상관 없이 맹목적으로 사회사업 건설을 추진하도록 격려하여 사회사업 '번영의 허상'을 발생시킬 수 있다. 그러므로 사회사업 건설 성과 평가 시 필요한 경제지표를 결합하여 더욱 과학적이고 합리적인 평가가 이루어지도록 해야 한다.

제3장

소득 분배

소득 분배와 사회 건설은 밀접한 연관이 있다. 소득 분배는 자원 배치, 사회의 공평, 정의와 관련되며 사회 주체의 성장과 사회 계층구조의 조정에 영향을 끼쳐 최종적으로 사회 현대화 구축에 영향을 미친다. 현재 중국의 소득 격차는 매우 크다. 1차 분배에서 근로자 보수가 차지하는 비중이 너무 적고 2차 분배에서 사회 분야의 배치가 너무 적으며 업종 독점이 소득 격차를 더욱 키운다. 제도의 불평등은 소득 분배 불균형의 근원으로 체제 요소, 도시와 농촌 이원화 구조 및 분배 과정의 비공개, 불투명, 비민주화 등이 포함된다. 이러한 상황에서 소득 분배 제도의 개혁은 전면 개혁으로 국가가 개혁의 원칙, 목표, 기본 제도의 설계, 각 항목의 중점 조치 시행 등 방면에서 종합적 조치를 취하여 점진적으로 추진해야 한다. 그러므로 본장에서 다섯 가지를 건의한다. 첫째, 1차 분배와 2차 분배에서 모두 공평을 첫 자리에 놓아야 한다. 둘째, 3차 분배 시스템을 완비하고 사회조직의 성장을 도와야 한다. 셋째, 합리적인 임금 정상 인상 시스템을 구축해야 한다. 넷째, 독점을 타파하고 경쟁을 촉진하여 독점 업종의 소득 수준을 제한해야 한다. 다섯째, 소득 분배의 불공정한 체제와 제도적 장애를 제거해야 한다.

제3장 소득 분배

소득 분배는 경제문제일 뿐만 아니라 사회문제이다. 사회의 소득 분배 합리성은 사회의 공평과 정의에 관련되고 사회의 조화와 안정에 영향을 주어 사회 현대화 실현에 영향을 미친다. 세계 현대화의 경험에서 볼 수 있듯이 소득 격차와 빈부 격차가 심각한 사회는 경제가 아무리 발전해도 선진국이 될 수 없다. 경제 발전 과정에서 법률, 행정과 경제 수단으로 소득 분배를 적당히 조절하여 각 사회 구성원이나 집단 간의 소득 격차를 합리적으로 유지하고 공동 부유를 실현하는 것은 국가가 현대화로 나아가는 보편적 법칙이다.

개혁개방 이후 자유 경쟁과 효율 추구, 시장 배치를 특징으로 하는 시장 경제 체제 개혁으로 경제가 발전되었다. 그러나 사회 구성원 간의 소득 격차가 확대되어 지니계수가 높은 수준을 유지하고 있는 가운데 한동안은 위험 수준에 이르렀다. 중국은 소득 격차가 가장 작은 국가에서 소득 격차가 가장 큰 국가가 되었다. 이는 일련의 사회문제를 양산했다. 현행 소득 분배 제도 개혁은 눈앞에 임박했다.

1. 소득 분배 조정은 사회 건설의 중요한 내용

소득 분배를 경제 분야에서 보면 생산 소비의 중요한 고리이고 사회 전반에서 보면 사회 건설의 중요한 구성 부분이다.

1) 자원의 사회 건설 배치에 직결되는 분배

자원, 기회 및 국민소득의 분배는 기업, 국가와 근로자 간의 관계를 조율하고 누적과 소비, 경제와 사회의 조화로운 발전을 이룩하는 제도적 배치이다. 분배는 경제 건설과 사회 건설 간의 자원 투입 비례 관계를 결정한다. 중국공산당 제15차 대표대회에서는 "재력을 집중하여 국가재정을 진흥시키는 것은 경제사회의 각 사업의 발전을 보장하는 중요한 조건이다. 국가와 기업 그리고 개인, 중앙과 지방 간의 분배 관계를 정확하게 처리해야 한다"라고 지적했다. 아울러 국가재정은 경제 건설과 사회 건설 간의 분배에서 이전지급, 사회보장 등 방식으로 지역 간, 사회계층 간의 빈부 격차를 조절한다. 현재 국가재정의 분배는 전반적으로 경제 발전으로 기울었다. 사회 건설, 즉 민생, 사회사업, 공동체 건설과 사회조직 육성 등에 대한 투입 부족으로 사회 건설이 경제 건설보다 정체되었다. 경제, 사회 발전의 부조화는 이미 중국 사회의 주요 모순이 되었다.

경제 건설에 비해 사회 건설은 더욱 자원의 배치와 관련된다. 소득 분배는 사회 주체[1]의 성장에 물질적 기초를 제공하며 사회 건설의 각 분야와 밀접한 연관이 있다. 민생사업은 국민소득의 누적과 소비 간의 분배에

당대 중국 사회 건설

---

1) 여기서 사회 주체는 사회조직, 대중을 가리키는 것으로 소사회 개념이다.

치중하고 사회사업은 자원과 국가재정의 각 부서와 산업 간의 분배에 치중한다. 공동체 건설은 국가재정의 공간적 분배에 치중하고 사회조직의 육성은 재산 소유제 구조를 위주로 하는 재산 소유권 관계의 분배에 치중한다. 이 중 분배는 사회 주체인 대중과 사회조직의 육성에 기초 역할을 한다. 현재 중국의 사회조직 육성에는 여전히 재산권 구조가 부족하다. 시장경제 체제의 구축 과정에서 기업화의 추진으로 여러 가지 사회자본이 흘러들어오는바 공유제 자본을 위주로, 여러 자본이 병존하는 재산권 구조를 이루었다. 그러나 재산권 제도 개혁은 아직 이루어지지 않았다. 국가는 민간자본의 공공 서비스 분야 진출에 여전히 많은 제한을 두고 있으며 사회조직은 아직 대응되는 조직권이 없다. 이는 분배에서 사회 주체의 약세를 초래했다. 전체적으로 사회 주체의 육성, 사회구조의 조정, 사회 건설의 진행과 목표의 최종 달성은 모두 분배 제도 개혁에 의지해야 한다. 합리하고 공평한 분배만이 사회 분야의 발전에 필요하고 충족한 물질을 제공한다. 또한 '공평하고 합리적인 사회 이익 관계 구축'은 사회 건설의 중요한 개념이며 주요 목표이다.

2) 사회의 공평 정의와 사회 안정에 직결되는 분배

분배는 국가와 사회, 국가와 국민, 중앙과 지방, 도시와 농촌 간의 네 가지 차이를 직접적으로 반영한다. 이 네 가지 차이는 최종적으로 국가와 국민의 관계로 표출되며 국민의 이익과 밀접한 관계가 있다. 중국공산당 제17차 대표대회에서는 분배에 있어서 '효율과 공평'을 두루 고려할 것을 요구했지만 실제 상황은 여전히 '효율 우선'이다. 구체적 표현으로 경제 발전에 투입이 많고 사회 발전에 투입이 적으며, 독점 부문에 투입이 많고 경쟁 분야에 투입이 적으며, 정부 부서에 투입이 많고 국민에 대한 투입이 적은 것이다. 이는 생활과 사회에 대한 국민의 만족도에 영향을 미친다. 근년에 이르러 물가 인상이 심각한바 소비 물가지수인 CPI는 2011년에 5.5%에 달했다.[2] 그러나 급여소득 증가가 완만하여 구매력이 떨어졌다. 2011년 도시와 농촌의 엥겔계수는 각각 36.3%와 40.4%였다. 마늘, 생강, 콩, 파 등 식료품 가격의 폭등과 교육비, 의료비, 집값의 고공 행진은 시민의 불만을 초래했다. 요컨대 소득 증가와 물가 인상, 소득과 소비 간의 격차가 커짐으로 하여 사회에 대한 시민의 만족도가 낮다.

중국공산당 제17차 대표대회에서는 "합리적인 분배 제도는 사회 공평의 중요한 체현이다"라고 지적했다. 그러나 분배의 불공평은 사회집단을 이익에 따라 분열시키는바 사회 통합에 불리하다. 2012년 중국의 지니계수는 0.474로 위험수위인 0.4를 넘어섰다.[3] 2011년 도시와 농촌 간의 격차는 3.1배에 달했다.[4] 이러한 상황에서 사회적 분열은 날로 커져 심각한 사회문제를 양산했다. 사회 빈부 격차의 확대는 사회 공평에 대한 사회 구성원의 의구심을 유발한다. 시민들은 현재의 불공평한 분배에 불만을 품고 있다. 관료의 불법 소득, 공무원이 받는 복지 혜택, 금융과 부동산업계의 벼락부자에 대해 의문을 제기하고 있다. 또한 관료와 부자를 증오하는 사회 심리가 보편적으로 존재한다. 이와 함께 강제 철거, 노사 충돌 등 이익 분쟁으로 인한 집단 소요 사건이 빈번하게 발생한다. 분배는 사회 공평에 영향을 주며 심지어 사회 안정과 지속적 발전에까지 영향을 미친다.

현대 중국 사회 건설

---

2) 汝信 等主編, 『2012年中國社會形勢分析與預測』, 社會科學文獻出版社, 2012, p.4.

3) http://finance.ifeng.com/news/special/data201212/20130118/7574994.shtml.

4) 陸學藝 等主編 『2013年中國社會形勢分析與預測』, 社會科學文獻出版社, 2013, p.56.

3) 사회 주체의 성장과 사회계층 구조조정에 직결되는 분배

불합리한 소득 분배 구조에서 부유층이 극소수를 차지하고 저소득층이 대다수를 차지한다. 이는 심각한 사회열을 초래하여 사회 주체의 성장에 영향을 미친다. 국가통계국은 세계은행의 기준을 환산하여 가구당 연간 소득 6만~50만 위안을 중등 소득 가구로 분류했다. 중국의 중등 소득 가구 비례는 매우 낮고 저소득 가구가 많다. 민정부(民政部)의 통계에 따르면 2011년 도시와 농촌 최저생활보장 수급자, 농촌 오보호, 국가우선구제대상 등 국가최저생활보장 수급자가 9,000만 명에 달한다.[5] 900여만 명의 정리해고 실업자를 합하면 최저 소득층은 1억 명에 달해 총인구의 8%를 차지한다. 또한 4억 명에 달하는 농촌 주민의 연평균 소득은 6,000위안이 안 되고(2010년) 2. 3억 명에 달하는 농민공 월소득이 2,000위안이 안 된다.[6] 이로부터 추산하면 저소득층은 이미 전국 총인구의 절반을 넘었다.[7] 소득

---

5) 민정부 통계에 의하면 2011년 도시 최저생활보장 수급자는 2282.4만 명, 농촌 최저생활보장 수급자는 5237.2만 명, 농촌 오보호는 553.2만 명, 국가우선구제대상은 623.3만 명이다.

6) 『2011년中國統計年鑑』에 의하면 2010년 농촌 주민이 4억여 명이며 2010년 농촌 주민의 일인당 순소득은 5,919위안이다. 농민공 관련 데이터 출처는 국가통계국 『2011我國農民工統調査監測報告』이다.

7) 蔡愼坤, 「中國低收入群體究竟有多少人?」, http://blog.ifeng.com/article/15285718. html, 2011年 12月 14日.

　　이 문장은 "중국에는 현재 적어도 8,000만 명이 정부의 최저생활비를 수령하고 있다. 적어도 1억 명이 사회로부터 망각된 집단으로 일자리가 없고 기본소득이 없으며 최저생활보장이 없다. 또한 2억 명이 의식을 간신히 해결하고 있으며 그 어떤 자산이나 예금도 없다. 이 밖에 2억 명이 자급자족형으로 기본 소비 능력이 부족하다. 중국 최상위 부유층은 총인구의 5%가 안 되지만 그들의 재산은 미국, 유럽이나 아시아 최상위 부자의 재산보다 더 많다. 그들은 이미 이민했거나 이민을 하고 있으며 수탈만 할 뿐 중국 경제에 공헌이 거의 없다. 10%밖에 안 되는 골드칼라와 화이트칼라 혹은 기업주만이 중국의 중산층이라고 할 수 있다. 그들은

분배의 불공평으로 중국의 사회 취약층이 날로 많아져 피라미드 사회구조를 이룬다. 이는 사회의 순조로운 전환과 사회의 안정에 극히 해롭다.

중등 소득층이 주요한 비중을 차지하는 것은 합리적인 사회구조의 중요한 표징이다. 현대의 합리적인 사회구조는 위와 아래가 작고 가운데가 큰, 마름모형 구조여야 한다. 이러한 사회구조만이 사회의 안정과 지속적 발전을 이룩할 수 있다. 중등 소득층의 대부분은 중산층에 속한다. 현재 중국의 중산층은 중국의 경제 발전 수준과 대비하면 너무 적다. 이는 중국의 소득 분배 제도 등과 직접적 연관이 있다. 만약 간단하게 1차 분배에 따른 소득을 기준으로 하면 많은 사람들이 중산층에 속한다. 그러나 주택, 교육, 의료, 물가 인상 등 재분배 요소를 고려하면 중산층이 직면한 압력이 매우 크다. 특히 중산층이 집중된 일부 대도시에서 소득 기준으로는 이미 중산층이 되었지만 실제 생활 수준이 중산층에 달하지 못한 경우가 많다. 이는 객관적 평가 기준과 실제 생활수준 간에 큰 격차가 있음을 말해 준다.

2. 새로운 시기 중국 소득 분배 제도 개혁과 변혁

소득 분배 제도는 국가의 정치, 경제 환경과 밀접한 연관이 있다. 중국의 소득 분배 제도는 신중국 성립 이후의 계획경제 평균주의 경향 단계를 거치면서 보편적으로 빈곤한 소득 균등화 현상을 형성했다. 또 개혁개방

현재 중국 소비의 주력이다. 이밖의 수억 명은 '샌드위치' 신세로 비록 샤오캉 생활을 누리지만 일단 중병이나 천재, 인재가 닥치거나 물가나 집값이 폭등하면 빈곤층으로 전락할 수 있다"고 했다.

이후 시장경제의 '효율을 우선으로, 공평을 두루 고려하는' 방향의 전환을 거쳐 소득 격차가 날로 커지는 상황을 연출했다. 현재는 효율과 공평을 두루 중시하는 방향으로 나아가고 있다. 향후 중국 경제 발전 수준의 향상으로 소득 분배는 반드시 '공평을 우선으로, 효율을 두루 고려하는' 방향으로 나아가야 한다.

1) 노동에 의한 분배 원칙 관철과 평균주의의 타파(1978~1987년)

개혁개방 초기 사회는 전반적으로 빈궁하고 낙후한 상황이었다. 공산당은 사회주의 건설의 경험과 총체적 교훈을 바탕으로 당의 사업의 중점을 계급투쟁에서 경제 건설로 전환했다. 덩샤오핑은 계획경제 체제의 '일대이공(一大二公 : 규모가 크고 집단화 수준이 높다는 뜻으로 인민공사 조직화의 주요 방침임)'과 '한 솥의 밥(大鍋飯 : 업적이나 능력과 상관없이 똑같은 대우를 받는 것)'을 먹는 평균주의 분배 방식이 효율에 해를 끼치므로 "일부 사람들이 먼저 부유해져도 좋다"[8]고 제기했다. 일부 사람들이 성실한 노동과 합법적 경영으로 먼저 부유해져 격려와 시범 역할을 하며 최종적으로 전반 사회 구성원의 공동 부유를 실현한다는 것이다.

1978년 12월 중국공산당 제11기 중앙위원회 제3차 전체회의에서는 농촌을 돌파구로 '노동에 의한 분배' 원칙을 관철하게 했다. 이 회의는 "반드시 우리나라 수억 명에 달하는 농민의 사회주의 적극성을 동원하고 반드시 경제적으로 그들의 물질 이익에 충분한 관심을 기울여야 한다", "이 중 가장 중요한 것은 다음과 같다. 인민공사, 생산대대(生産大隊)와 생산대(生

8) 『鄧小平文選』第二卷, 人民出版社, 1994, p.152.

産隊 : 중국 사회주의 농업경제 노동 조직의 농촌 기층 조직)의 소유권과 자주권은 국가 법률의 보호를 받는다. 생산대의 노동력, 자금, 제품과 물자를 무상으로 사용하거나 점유해서는 안 된다. 인민공사의 각급 경제 조직은 반드시 '노동에 의한 분배' 원칙을 실행하고 노동의 양과 질에 따라 보수를 계산하며 평균주의를 타파해야 한다"[9], "인민공사의 각급 경제 조직은 반드시 각자가 능력에 따라 일하고 노동에 의해 분배하는 원칙을 지켜 일한 만큼 받고, 남녀 모두 같은 노동에 같은 임금을 받도록 한다. 정량 관리를 강화하고 노동의 양과 질에 따라 보수를 계산하며 필요한 상벌 제도를 구축하고 평균주의를 시정해야 한다"[10]고 제기했다. 이로부터 가정연산승포책임제(家庭聯産承包責任制)가 노동에 의한 분배의 한 형식으로 농촌에서 전개되었다.

1984년 10월 중국공산당 제12기 중앙위원회 제3차 전체회의에서는 「경제제체개혁 관련 중공중앙 결정」이 통과되었다. 이 회의는 노동에 의한 분배 원칙에 대해 "첫째, 기업 직원의 상여금은 기업의 경영 상황에 의해 자체 결정하며 국가는 기업으로부터 적당한 한도를 초과하는 상여금에 대해 세금을 징수한다. 둘째, 장려 정책을 제정하여 기업 직원이 더 잘 일할 수 있도록 한다. 그들이 기업을 위해 창출한 경제 효익으로 임금과 상여금을 결정하며 기업의 경제 효익을 향상한다. 셋째, 노동 종류의 번다함으로 정신노동과 육체노동(정신노동은 복잡노동이고 육체노동은 단순노동임), 힘든 노동과 힘들지 않은 노동 등으로 구분한다. 노동의 양과 질의 구별을 위해 기업 내에서 임금 기준이 서로 달라야 한다. 정신노동의 보수를 향상하고 상벌을 분명히 한다. 넷째, 국가기관, 사업 단위 업무자의 임금은 그

---

9)　『中國共産黨第十一屆中央委員會第三次全體會議公報』(1978년 12월 22일 통과).
10)　위의『公報』(1978년 12월 22일 통과).

들이 부담하고 있는 책임이나 공헌, 성과에 따라 분배한다"[11]고 구체적으로 규정했다.

2) 노동에 의한 분배를 위주로 기타 분배 방식을 보충으로, 효율과 공평을 두루 고려(1987~1997년)

1987년 10월 중국공산당 제13차 대표대회에서는 사회주의 초급 단계에서 반드시 노동에 의한 분배를 주로, 여러 가지 분배 방식과 정확한 분배 원칙을 실행해야 한다고 했다. 대회는 "현 단계 우리가 반드시 견지해야 할 원칙은 노동에 의한 분배를 위주로, 기타 분배 방식을 보충으로 하는 것이다. 노동에 의한 분배라는 주요 방식과 개체 노동 소득 외에 기업은 채권 발행으로 자금을 조달할 수 있으므로 여기에 채권 이자를 받는 형식이 나타난다. …(후략)"[12]라고 했다. 중국공산당 제13차 대표대회에서 처음으로 노동에 의한 분배를 주로, 기타 분배 방식을 보충으로 하는 원칙을 제기했다. 이는 분배 제도에서의 중요한 개혁이다. 이 밖에 회의는 합법적인 비노동 소득을 인정하여 효율 촉진을 전제로 사회 공평 등 구체적인 정책 주장을 체현했다.

1992년 10월 중국공산당 제14차 대표대회에서는 여전히 노동에 의한 분배를 주로, 기타 분배 방식을 보충으로 하는 원칙을 견지한다고 했다. 이와 함께 현실 상황에 근거하여 "효율과 공평을 두루 고려해야 한다. 효율을 촉진하려면 남보다 앞서는 것을 격려해야 한다. 동시에 공평 또한 중

---

11) 中共中央文獻硏究室編,『十一届三中全會以來黨的歷次中國代表大會中央全會重要文件選編』, 中央文獻出版社, 1997, pp.358~359.

12) 中共中央文獻硏究室編, 위의 책, p.467.

시해야 한다. 시장을 포함한 여러 조정 수단을 이용하여 빈부 격차를 해소하고 공동 부유를 실현해야 한다"[13]라고 규정했다. 공평과 효율을 두루 고려하는 것은 양자를 모두 중시하는 것으로 우선순위가 없다. '빈부 격차 해소, 공동 부유를 실현'을 먼저 강조하고 다음 '공평과 효율의 두루 고려'를 강조했다.

3) 노동에 의한 분배와 생산요소에 따른 분배의 결합, 효율을 우선으로 공평을 고려(1997~2002년)

1997년 9월 중국공산당 제15차 대표대회에서는 노동에 의한 분배와 생산요소에 따른 분배의 결합을 제기했다. 처음으로 기타 분배 방식을 생산요소에 따른 분배라고 과학적으로 총괄했는데 이는 사회주의 분배 방식의 진보이다. 이 밖에 '효율을 우선으로 공평을 고려하는' 원칙을 제기하여 효율을 첫자리에 놓았다. 소득 분배와 관련하여 이 회의에서는 "노동에 의한 분배를 위주로 하되 여러 가지 분배 방식이 병존하는 제도를 견지한다. 노동에 의한 분배와 생산요소에 따른 분배를 결합하고 효율을 우선으로 공평을 고려하는 원칙을 견지한다. 이는 자원 배치의 최적화에 유리하고 경제 발전을 촉진하며 사회 안정을 유지할 수 있다. 합법적 소득을 장려하여 일부 사람들로 하여금 성실한 노동과 합법적 경영으로 먼저 부유해지게 하며 자본과 기술 등 생산요소를 소득 분배에 참여시킨다. 불법 소득을 단속하고 공유재산의 착복과 세금의 탈루, 정경유착 등 불법 수단으로 폭리를 얻는 행위를 법에 따라 엄격히 처리한다. 불합리한 소득을 정돈하고 고소득을 조정한다. 개인 소득세 제도를 완비하고 소득 격차를 줄

---

13) 中共中央文獻研究室編, 위의 책, p.157.

여 빈부 격차를 해소한다"[14]고 제기했다. 이는 경제 효익이 공평 문제보다 우선시되어야 한다는 것이다.

4) 1차 분배의 초점은 효율, 2차 분배의 초점은 공평(2002〜)

'효율 우선, 공평 고려'의 분배 원칙은 빈부 격차와 사회 모순을 초래했다. 이는 많은 학자와 정부 관료들 사이에 분배 원칙에 대한 논쟁을 유발했다. 2002년 11월 중국공산당 제16차 대표대회에서는 중국의 분배 제도 개혁을 설명했다. "첫째, 국가와 기업, 개인의 분배 관계를 조정하고 규범화한다. 둘째, 노동, 자본, 기술과 관리 등 생산요소의 공헌에 따라 분배하는 원칙을 확립하고 노동에 의한 분배를 위주로 하되 여러 가지 분배 형식이 병존하는 분배 제도를 완비한다. 셋째, 효율을 우선으로, 공평을 고려하는 분배 방식을 견지한다. 헌신 정신을 제창할 뿐만 아니라 분배 정책을 관철하고 평균주의를 반대하며 소득 격차를 해소한다. 1차 분배에서 효율을 중시하며 시장의 역할을 발휘하여 일부 사람들이 성실한 노동과 합법적 경영으로 먼저 부유해지게 한다. 2차 분배에서 소득 분배에 대한 정부의 조절 기능을 강화하여 고소득을 조절한다. 넷째, 분배를 규범화하여 일부 독점 업종의 고소득을 합리적으로 조절하고 불법 수입을 단속한다. 다섯째, 중등 소득자 비중을 늘리고 저소득자 수준을 향상하여 공동 부유를 실현한다."[15]

2004년 중국공산당 제16기 중앙위원회 제4차 전체회의에서는 "사회 공평을 중시하고 국민소득을 합리적으로 조정한다. 강력한 조치로 지역

---

14) 中共中央文獻硏究室編, 위의 책, p.430.
15) 中共中央文獻硏究室編, 위의 책, p.560.

간, 일부 사회 구성원 간 소득 격차가 심각한 문제점을 해결하여 전체 인민의 공동 부유를 점차 실현한다"고 강조했다. 사회 공평과 합리적 분배를 강조했으며 '효율 우선'을 언급하지 않았다.

2007년 11월 중국공산당 제17차 대표대회의 소득 분배 제도에 대한 기본 관점은 1차 분배와 2차 분배에서 효율과 공평의 관계를 잘 해결하고 2차 분배에서 공평을 중시하는 것이다. 합리적인 소득 분배 제도는 사회 공평의 중요한 체현이며 사회 공평을 합리적 소득 분배 제도의 근본 요구로 삼을 것을 제기했다. 처음으로 국민총소득에서 개인소득 비중 향상과 1차 분배에서 노동 보수 비중 향상을 제기했다. 또한 빈곤 퇴치 기준과 최저임금 기준의 점진적 향상, 기업 직원 임금의 정상적 인상 시스템과 지불 보장 시스템 구축, 인민대중의 재산소득 증가, 기회 균등, 분배 질서의 정돈 등을 제기했다. 공평 원칙을 따르는 것은 조화로운 사회에 조건을 마련해 주고 소득 분배 제도 개혁의 방향을 제시했다.

2012년 중국공산당 제18차 대표대회에서는 "갖은 방법을 다하여 주민 소득을 증가시키며 발전 성과를 인민이 공유하게 한다"고 했다. 회의에서는 "주민소득 증가와 경제 발전을 함께 이루어야 하며 노동 보수의 증가와 노동 생산 능률이 함께 제고되어야 한다. 국민총소득에서 개인소득 비중을 높이고 1차 분배에서의 노동 보수 비중을 향상시킨다. 1차 분배와 2차 분배에서 효율과 공평의 관계를 잘 해결하고 2차 분배에서 공평을 중시한다. 노동, 자본, 기술, 관리 등 요소가 성과에 따라 분배에 참여하는 1차 분배 시스템을 완비하고 세수, 사회보장, 이전지급을 주요 수단으로 하는 2차 분배 조절 시스템을 구축한다. 기업과 사업 단위 임금 제도 개혁을 강화하고 기업 임금 집단 협상 제도를 추진하여 노동소득을 보호한다. 여러 경로를 통해 주민 재산소득을 증가시킨다. 분배 질서를 규범화하고 합법적 소득을 보호하고 저소득층의 소득을 증가시키고 고소득을 조절하며 불법 소득을 단속한다"고 했다. 예전의 정책에 비하면 중국공산당 제18차 대표대회에서는 '주민소득 배증 계획'과 '기업 임금 집단 협상 제도의 추진과 노동소득 보호'를 제기했다.

3. 현재 중국 소득 분배의 주요 문제점

현재 중국 소득 분배의 가장 큰 문제점은 소득 분배의 불합리와 불공평이다. 각 사회계층 소득 격차가 매우 심각하고 소수가 대다수 부를 차지했으며 중등 소득층의 발전이 곤란하고 저소득층이 많다. 국민총소득에서 국가소득이 차지하는 비중이 너무 크고 2차 분배에서 국가가 조절 역할을 다하지 못한다. 체제와 제도 때문에 소득 분배는 업종이나 계층으로 쏠렸다. 소득 분배에서 비공개, 불투명으로 인한 문제점이 심각하며 권력의 지대추구행위, 불법소득, 탐오부패가 성행한다. 소득 분배의 불공평은 사회계층의 심각한 분화를 초래하며 나아가 경제사회의 발전과 사회주의 조화로운 사회 건설에 악영향을 미칠 것이다.

1) 1차 분배에서 근로자 소득이 차지하는 비율이 너무 낮음

노동에 의한 분배는 중국 소득 분배의 기본 원칙이다. 개혁개방 이후 국가는 여러 가지 분배 방식이 병존하는 원칙을 제기했지만 줄곧 노동에 의한 분배를 위주로 했다. 근년에 이르러 국민총소득에서 주민소득이 차지하는 비중이 감소 추세를 보였다. 통계를 보면 2007년 국민 가처분소득에서 주민소득이 57.5%를 차지하여 1992년 대비 10.8% 감소했다. 정부의 소득과 기업의 수입은 상승 추세를 보인다. 통계에 따르면 1997~2007년

GDP에서 노동 보수의 비중이 53.4%에서 39.74%로 감소했다. 통계 기준 변화의 영향도 있지만 노동 보수 비중은 확실히 감소했다. 국제적으로 보면 1차 분배에서 중국 근로자 보수 비중이 선진국에 비해 훨씬 적으나 기업 이윤은 선진국에 비해 훨씬 높다. 세계 주요 경제체의 근로자 보수는 GDP에서 50~70%를 차지하여 2007년 중국의 39.74%보다 10~17% 높다. 이러한 국가의 기업 이윤율은 20~25%로 중국의 31.3%보다 6~11% 적다. 일부 학자는 현재 1차 분배의 '자본 강세, 노동 약세' 추세가 더 심해져 여러 생산요소 중 노동이 차지하는 지위가 더 내려갈 것이라고 했다.[16]

이와 함께 국가는 세수 개혁으로 재정을 집중했으므로 국민총소득은 더욱 정부에 집중되었다. 이는 1994년의 분리과세 제도에서 시작되었다. 중국은 1980년대와 1990년대에 '방권양리(放權讓利 : 하부 기관에 일부 권력을 이양하고 일정 이윤을 양도하는 것)'의 도급책임제를 실시했다. 이는 일부 지방정부는 매우 부유해진 반면 중앙정부가 빈궁해지는 결과를 초래했다. 1994년 분리과세 제도 실행 이후 세수가 점차 중앙에 집중되었다. GDP에서의 재정수입 비중과 재정 총수입에서의 중앙 재정수입 비중이 점차 높아졌다. 2011년 공공 재정수입이 10조 3,740억 위안에 달했는데 이 중 세수가 8조 9,720억 위안에 달했다. 국가재정 집중 목적은 자금을 집중하여 인프라를 건설하고 전반 경제의 비약적 발전을 도모하는 데 있다. 이는 비교적 합리적이다. 이를테면 지하철, 고속철도가 몇 년 만에 부설되었는데 이는 기타 국가에서는 거의 불가능하다. 재정수입의 집중은 경제 위기에 대한 국가의 대처 능력을 향상시켰다. 이를테면 2008년 국제 금융 위기에 대처하기 위해 국가는 4조 위안에 달하는 투자 활성화 방안

---

16) 蔡麗華, 「收入分配不公與社會公平正義探析」, 『當代世界與社會主義』2012年 第1期, pp.174~175.

을 출범시켰다. 국가재정의 집중은 경제 발전에 비교적 합리적이지만 1차 분배에서 노동이 차지하는 비중을 감소시켜 국가가 부유해지고 국민이 빈궁해지는 결과를 초래했다. 자원, 재정이 국가에 집중되어 체제 내외의 차이를 가져왔다. 자원 분배의 불공평은 분배의 불공평을 유발했는바 이는 가장 큰 불공평이다.[17]

2) 2차 분배에서 사회 분야의 배당 비율이 너무 낮음

전체 분배의 구성에서 정부가 많은 몫, 기업이 가운데 몫, 주민 소득이 적은 몫을 가져간다. 국가통계국의 통계를 보면 2011년 공공 재정수입이 10조 3,740억 위안으로 전년 대비 24.8% 증가했으나 도시 비민영기업 직원 연평균 임금 실제 증가율은 8.5%, 도시 민영기업 직원 연평균 임금 실제 증가율은 12.3%밖에 안 되었다. 재정수입의 증가 속도는 주민 평균 임금 증가 속도보다 훨씬 빠르다. 국민총소득에서의 정부 재정수입 비중의 증가는 정부의 2차 분배 우세 이용에 유리하여 시장경제가 초래한 1차 분배에서의 불공평을 해결할 수 있다. 그러나 사실상 정부 재정수입은 빈부 격차의 확대에 따라 증가한 것으로 특히 1990년대 이후 중국의 지니계수는 상승세를 보였다. 여기서 볼 수 있듯이 2차 분배 분야에서의 국가의 기능이 점차 약화되고 있다.

근년에 이르러 빈부 격차가 확대됨에 따라 2002년 이후 정부는 2차 분배에서의 '공평'을 점차 강조했다. 그러나 실제적으로 2차 분배는 '공평'보다 '효율'에 기운다. 국가재정의 2차 분배 과정을 보면 국가재정의 이전지

---

17) 何偉, 「資源分配不公決定分配不公 再論公平與分配不能聯姻」, 『中國流通經濟』 2006年第7期, pp.10~13.

급과 사회 공공 서비스, 사회보장의 실행은 모두 부익부, 빈익빈 추세를 보였다. 이를테면 지방에 대한 중앙재정의 이전지급은 부가가치세와 소비세의 반환, 전문 보조금, 기타 보조금 등 세 가지로 나눈다. 실제 과정에는 지역 간의 심각한 불균형이 존재한다. 저우페이저우(周飛舟)의 연구에 따르면 동부 지역의 세수 반환은 중서부 지역보다 많으며 서부 지역은 전문 보조금과 기타 보조금을 더 많이 받는다. 발전 속도로 인한 지역 간의 재력과 공공 서비스 수준 불균형이 해결되지 못할 뿐만 아니라 오히려 더욱 심각해졌다.[18] 이전지급은 경제가 발전한 지역에 더욱 많은 자원을 몰아준다. 지역 간의 격차는 실제보다 더욱 크며 최종적으로 각 지역 간 개인소득 격차에서 구현된다.

국가재정의 지출은 세 가지로 나눈다. 행정관리 경비 지출과 국방 지출 위주의 경상비 지출, 정부 투자 위주의 경제성 지출, 교육 · 보건 · 사회보장 위주의 사회성 지출이다.[19] 국가재정의 분배는 정부의 투자로 경도되어 교육, 보건, 사회보장 등 공공 서비스 지출이 부족하다. 1998년부터 국가는 양로, 의료, 교육 체제 개혁을 추진했다. 점차 복지주택을 취소했고 교육 산업화와 의료 시장화를 추진했으며 기업 직원의 노인 부양을 기업 부담에서 사회 총괄 관리로 전환했다. 본래 정부가 담당해야 할 일부 공공 서비스를 시장과 사회에 떠넘긴 것이다. 2011년 중앙재정은 대중 생활과 밀접한 관련이 있는 교육, 의료 보건, 사회보장과 취업, 보장형 주택, 문화 등 민생에 1조 1,659.31억 위안을 지출했다(중앙부서 지출과 이전지급을 포함).[20] 이는

---

18) 周飛舟,「分稅制十年 : 制度及其影響」,『中國社會科學』2006年第6期, pp.100 ~116.

19) 中國經濟增長與宏觀穩定課題組,「增長失衡與政府責任」,『新華文摘』2007年第1期.

20) 財政部部長,『關於2001年中央決算的報告』, 2012년 6월 27일 제11기 전국인민

중앙 재정지출의 20.8%를 차지한다. 지방 재정지출을 합산해도 국가 재정 지출에서의 공공 서비스 지출이 차지하는 비중은 극히 적다.[21] 2010년 국가 재정에서 교육, 의료, 사회보장은 29%를 차지했는데 일인당 GDP가 3,000 달러 국가의 평균 수준에 비해 13%나 낮고 일인당 GDP가 3,000~6,000달 러 국가의 평균 수준에 비해 24%나 낮다. 국민총소득에서의 국가 재정수입 이 차지하는 비중이 줄곧 상승세이지만 대부분은 국가와 경제 투자에 지출 하고 공공 서비스와 사회 건설에 투입하는 비중이 극히 낮다.

3) 업종 독점으로 인한 소득 격차

업종 독점은 중국 소득 격차가 벌어진 중요한 원인이다. 이러한 부서는 대부분 국가 자원과 공공 서비스에 대한 통제로 폭리를 취한다. 그 배후에 는 든든한 정치적 배경과 공공 자원이 있으므로 시장경제의 경쟁에서 우 세를 차지할 뿐만 아니라 독립적 가격 결정권을 갖고 있다. 이들은 사회 평균 소득 수준보다 많은 이윤을 취하므로 업종 간 격차가 날로 커진다. 2010년, 19개 업종 취업자의 평균 임금을 보면 금융업 종사자의 평균 임 금이 가장 높았고 두 번째는 정보와 컴퓨터 및 소프트웨어, 세 번째는 과 학 연구와 기술 서비스, 네 번째는 전력과 가스 및 수도의 생산과 공급업 이었다. 이러한 업종은 모두 국가가 독점한 국유기업이다. 농업 · 임업 · 목축업 · 어업, 숙박업과 요식업, 환경과 공공 서비스업, 건축업과 제조업 등 업종 종사자의 평균 임금은 낮은 수준이다. 소득이 가장 높은 업종과 가장 낮은 업종 간의 격차는 15배에 달한다. 연구에 따르면 2009년 업종

대표대회 상무위원회 제27차 회의 보고.
21) 중국인민정치협상회의 11기 4차 회의 전체회의에서의 장따닝(張大寧)의 발언.

간 격차의 약 1/3은 독점 요소가 초래했다.[22]

독점 업종의 수익은 기업 독점에서 오며 기업은 그 수익으로 투자를 하거나 고위 임원의 상여금으로 쓴다. 2011년 2월『인민일보』는 「국유기업의 배당금 2조 위안은 어디로 갔는가」라는 칼럼을 실었다. 칼럼에서 국유기업은 배당금의 5~10%를 국고에 귀속시키는데 그 비중이 너무 낮다고 했다. 중국석유화공공사의 고가 술, 중국석유천연가스공사 타림유전의 랜드로버 차량 등 독점 국유기업의 과도한 낭비는 보도매체에 의해 여러 번 폭로되었다. 인력자원사회보장부의 통계에 따르면 2009년 중앙기업 책임자의 평균 연봉은 68만 위안에 달했으며 90%는 100만 위안 이상에 달했다. 독점 기업 고위 임원의 고액 연봉은 대중의 불만을 자아내고 있다. 인력자원사회보장부, 재정부, 국무원 국유자산감독관리위원회 등 부서들은 공동 제정한 문서를 통해 국유기업 고위 임원의 연봉이 기업 직원 평균 연봉의 10~15배를 초과하지 못하도록 규정했다.

독점 업종 직원 임금도 기타 업종 직원의 임금보다 훨씬 많다. 이 밖에 사회보장, 부동산 등 많은 복지가 따른다. 전력, 통신, 석유, 담배, 금융 등 독점 업종의 직원 수는 중국 전체 기업 직원 수의 8.4%인 반면 이들 임금은 중국 기업 전체 임금의 13.6%를 차지한다.[23] 임금만으로 보면 현재 전력, 통신, 금융 보험, 수도와 전기 및 가스 공급, 담배 등 독점 업종 직원의 평균 임금은 기타 업종의 2~3배에 달한다. 이를테면 2008년 전력기업 직원의 평균 연봉은 4만 2,627위안, 담배 제조업 직원의 평균 연봉은 6

현대 중국 사회 건설

---

22) http://finance.sina.com.cn/leadership/mjxkh/20090714/11066477372.shtml.

23) 『중국노동통계연감(中國勞動統計年鑒)』(2010)의 계산에 따르면 독점 업종에는 석유와 천연가스 채굴, 강철과 유색금속, 담배업, 석유가공, 전력과 열에너지, 항공, 통신, 금융업 등이 포함된다. 주 : 민영기업과 자영업자는 제외.

만 2,442위안에 달했지만 제조업 직원의 평균 연봉은 2만 4,192위안, 목재 가공업 직원의 평균 연봉은 1만 5,663위안으로 가장 적었다.[24] 임금 외에도 독점 업종은 고액의 상여금을 준다. 이를테면 전력기업 직원의 월급은 2,000~5,000위안이지만 월 상여금이 2만 위안에 달하는 곳도 있다. 기타 복지와 사회보장을 합치면 독점 업종과 일반 업종의 실제 격차는 더 커진다. 근년에 이르러 사회는 독점 업종의 고액 이윤에 강한 불만과 분노를 표출했으며 소득 분배 개혁 방안을 방해하는 세력으로 독점 업종을 꼽았다.

4) 제도의 불평등은 소득 분배 불균형의 근본 원인

제도 불공평의 주요한 체현은 체제 내외 직원 소득 불공평과 도시와 농촌간 소득 불공평이다. 이는 계획경제 체제가 남긴 결과로 이 불평등은 시민권의 불평등이고 모든 불평등의 근원이다.

체제 내 직원은 주로 정부 공무원과 기업 단위의 편제 내 직원을 가리키는데 5,000만 명에 달한다. 이 밖에 같은 일을 하는 대량의 체제 외 직원은 체제 내 직원보다 훨씬 적은 임금을 받는다. 체제 외 직원에는 두 가지 유형이 있다. 하나는 편제 외의 계약직이고 다른 하나는 노무 파견직이다. 체제 외 직원 수는 1억여 명에 달하는데 특히 노무 파견직은 '같은 노동에 같지 않은 보수'를 받고 있어 상황이 아주 심각하다.

첫째, 편제 외 계약직이다. 비록 계약직과 정규직은 같은 일을 하지만 신분이 같지 않아 인사나 복지에 큰 차별이 있다. 정규직은 일자리가 안정되고 대우가 좋으며 사회보험 혜택을 받는다. 계약직은 일자리가 불안정

---

24) 『2009년국가통계연감(2009年國家統計年鑑)』의 4~25면에 근거한 업종별 직원 평균 임금이다(2008년).

하고 대우가 좋지 못하며 사회보험 혜택을 받지 못하는 경우가 있다. 사업 단위 체제 개혁 이후 계약직과 정규직의 차별이 적어졌지만 '같은 노동에 같지 않은 보수'를 받고 있는 상황은 여전히 심각하다. 교육업을 실례로 들면 베이징의 공립학교 체제 내 교사의 월 실소득은 3,000위안이지만 민영학교 체제 외 교사의 임금은 아주 낮다. 베이징 농민공자녀학교 교사의 월급은 500~600위안이며 기껏해야 1,200위안이다. 농민공자녀학교에 임용되는 교사 대부분은 인맥이 없는 사범대학 졸업생이다. 농촌 기간제 교사의 월급은 300~500위안이다. 교육부의 통계를 보면 2007년 농촌 기간제 교사는 40만 명에 달한다.

둘째, 노무 파견직이다. 전국총공회(全國總工會)의 조사 연구 보고[25]에 의하면 2011년 노무 파견직이 이미 6,000여만 명에 달해 도시 취업자의 약 20%를 차지한다. 실제 숫자는 이보다 더 많을 것이다. 노무 파견직은 주요하게 공유제 기업이나 사업 단위에 집중되어 있으며 일부 일자리는 많은 노무 파견직을 고용한다. 일부 중앙기업은 2/3이상 직원이 노무 파견직이다. 일부 학교나 과학 연구 부문에서도 많은 노무 파견직을 고용한다. 조사에 의하면 정규직과 노무 파견직의 소득 격차는 적게 30%, 많게 몇 배에 달한다.

체제 차이로 인한 도시와 농촌 이원화 구조가 소득 분배의 불공평을 초래했다. 현재 중국의 도시와 농촌 주민 간 지니계수는 0.46을 넘었으며 2012년에는 0.474에 달했다. 도시와 농촌의 차별은 순소득에서 보인다. 2010년 4억 명이 농촌에 거주하고 있다. 농촌 주민의 일인당 순소득이 1980년의 191위안에서 2010년의 5,919위안으로 증가했지만 2010년

---

25) 降蘊彰,「權威報告稱'勞務派遣'達6000萬人全總建議修改〈勞動合同法〉」,『經濟觀察報』2011年2月28日.

도시 주민의 일인당 가처분소득 1만 9,109.4위안에 비하면 30%나 적다.[26] 도시와 농촌 주민의 차이가 발생한 원인은 많지만 그중 가장 주요한 것은 재산성 불공평이다. 재산성 불공평은 농촌에 거주하고 있는 4억 명 농민 뿐만 아니라 외지에서 품팔이하는 농민공에게도 영향을 미친다.

첫째, 농산품 가격에 대한 통제는 농민 가정 경영 소득이 장기간 매우 낮은 상황을 초래했다. 농산품 가격은 장기간 통제를 받았다. 기타 물가에 비해 농민은 줄곧 공업 발전을 위해 헌신하고 있지만 본인의 가정 경영 소득은 지속적으로 감소했다. 1990년 가정 경영 소득은 순소득의 75.6%를 차지했으나 2000년에는 63.3%, 2011년에는 46.2%로 감소하여 감소율이 각각 12.3%와 29.4%에 달했다.[27] 농산품 가격의 저하로 도시와 농촌의 가격 차이가 벌어져 많은 농민들이 농업으로만 생계를 유지하기 어렵게 되어 외지로 품팔이하러 간다.

둘째, 도시와 농촌 토지 수익의 차이이다. 이를테면 농촌의 토지 징수와 철거는 농민 이익에 대한 침해이다. 토지법에 의하면 농민이 도급 맡은 토지는 용도 통제 원칙을 지켜야 하는바 농지는 농업에만 쓰여야 한다. 농지를 건설부지로 쓰려면 반드시 징수하는 과정을 거쳐야 한다. 농촌집체 소유제 토지를 국유로 전환하면 정부는 토지의 원사용자에게 30배보다 높지 않은 보상(이 중에는 농민이 토지를 상실한 보상과 이후의 안치 보조가 포함됨)을 지급해야 한다. 이렇게 정부가 시장을 독점하여 농민의 토지 양도금을 지방정부나 중앙재정에 귀속시킨다. 근년에 이르러 시장화의 빠른 발전으로 전국 농지 면적은 1996년의 1억 3,003.8만 헥타르에서 2008년의 1억 2,172만 헥타르로 감소했는바 12년간 831.8만 헥타르 감소했다.

---

26) 출처: 2006년 · 2011년『中國統計年鑑』, 中國統計出版社, 2006 · 2011.

27) 출처 :『2012年中國統計年鑑』, 中國統計出版社, 2012.

이 감소된 토지의 양도금은 모두 정부에 귀속되었다. 2009년 토지 양도금은 1.5조 위안, 2010년은 2.9조 위안, 2011년은 3.3조 위안에 달했는데 실제는 이보다 더 많을 것이다. 토지 양도금은 많은 지방정부의 대부분 수입을 차지하는바 2011년의 토지양도금은 지방정부 재정의 70%, 중앙 재정의 32%를 차지했다. 이러한 상황에서 농민들은 토지를 잃었지만 도시화 확대에서 농지를 통한 수익을 얼마 얻지 못했다.

셋째, 도시와 농촌 부동산 수익에서 큰 격차가 있다. 1992년 이후 도시의 주식시장과 부동산시장의 발전으로 도시 주민들은 주식배당금, 임대료와 기타 투자 수익을 얻을 수 있었다. 또한 10년간 집값의 폭등으로 도시 주민들의 주택은 가격이 10배 가까이 올랐다. 그러나 농촌 주택은 매매가 허락되지 않는 소산권주택(小产权房 : 일반 주택과 달리 토지 사용권 증서나 부동산 등기가 없어 한정적 권리를 갖고 있는 주택)이다. 도시와 농촌의 이원화 제도는 도시와 농촌 주민의 정책적 재산의 격차를 확대했다. 부동산으로부터의 재산성 수익은 도시와 농촌 격차가 벌어지는 가장 중요한 요소이다.

농민들이 도시에 진출하여 품팔이할 때 기업은 농민공 근로자의 재생산 원가를 지불하지 않고 이를 농촌에 전가했다. 기업은 농민공 근로자의 일상생활 유지비만 지불하기 때문에 농민공의 임금과 복지 혜택은 최저 수준이다. 이는 중국의 도시와 농촌의 이원화 제도가 초래한 것이며 이로써 중국의 '세계공장' 지위가 확립되었다. 국가통계국의 통계에 따르면 2009년 중국에 2.3억 명에 달하는 농민공이 있으며 이 중 외지로 나간 농민공이 1.5억 명에 달한다. 그러나 농민공은 산업 노동자와 같은 임금이나 복지 혜택을 받지 못하는바 임금은 이미 10년이나 동결되었다. 2011년 칭화대학(淸華大學) 사회학과의 조사에 따르면 광저우, 상하이 농민공 평균 월소득은 2,400위안이며 대부분은 최저임금보다 낮은 임금을 받는다.[28] 이렇듯 농민공은 도시 근로자보다 훨씬 적은 임금을 받는다.[29] 제도의 강제적 분배는 도시와 농촌의 이원화 체제를 더욱 심화시켰다.

5) 분배 과정의 비공개, 불투명, 비민주화

1984년 이후 '일부 사람들이 먼저 부유해지게 하는 것'은 줄곧 분배의 주요 목표였다. 1984년 중국공산당 제12기 중앙위원회 제3차 전체회의의 「경제체제 개혁에 관한 결정」에서는 "일부 사람들이 성실한 노동과 합법적 경영을 통해 먼저 부유해지게 한다"라고 했다. 1987년 중국공산당 제13차 대표대회에서는 "초급 단계에서 공동 부유를 목표로 일부 사람들이 성실한 노동과 합법적 경영으로 먼저 부유해지게 한다"라고 했다. 1997년 중국공산당 제15차 대표대회에서는 "합법적 소득을 격려하여 일부 사람들이 성실한 노동과 합법적 경영으로 먼저 부유해지게 하며 자본과 기술 등 생산요소가 소득 분배에 참여하게 한다"라고 했다. 여기서 볼 수 있듯이 '일부 사람들이 먼저 부유해지게 하는' 목표의 실현은 '전체 요소'의 분배를 통해, '성실한 노동'과 '합법적 경영'을 통해 실현하는 것이다. 그러나 실제 과정에서 전체적인 제도의 설계는 자원과 자본의 누적을 위한 것이므로 분배 과정에 자본과 자원 보유자의 권력으로부터 영향을 받게 된다. 분배 과정의 비공개, 불투명, 비민주화는 주민간 소득 격차를 더욱 키웠다.

이를테면 체제 내 종사자는 체제 외 종사자와 같은 일을 하면서 2~3배 많은 복지를 받는다. 또한 체제 내 종사자는 직무권력 등을 이용하여 비시

---

28) 清華大學社會學系, 『新生農民工 : 全新的社會-階級特徵及其對世界工場的挑戰』, 2011.
29) 李培林·田豊, 「中國新生農民工 : 社會態度和行爲選擇」, 『社會』2011年第3期.

장화의 상황에서 더욱 많은 임금 외 소득을 얻는다.[30] 일부 업종의 부당 소득은 아주 많다. 또한 일부 기업은 불법 경영으로 수입을 올린다. 싼루(三鹿) 멜라민 분유, 백주 가소제 첨가, 저질 식용유 등 사건이 빈번하게 발생한다. 먼저 부유해진 사람들이 모두 '성실한 노동'과 '합법적 경영'을 통한 것이 아니라 많은 경우 비민주적인 제도로부터 많은 이익을 얻은 것이다.

자원, 재정의 집중과 분배 과정의 비공개, 불투명은 행정 권력에게 분배 조종의 틈새를 주었다. 이는 분배의 가장 큰 불공평을 초래했다. 정부 행정 비용을 보자. 『2011년 중국통계연감』에 따르면 1978~2010년 정부의 소비지출은 480억 위안에서 5조 3,614억 위안으로 증가했으며 총지출에서 차지하는 비율은 20%에서 30%로 증가했다. 그러나 주민 소비는 전체 소비에서 10% 감소했다. 2010년 주민 소비는 13조 3,291억 위안이며 이 중 도시 주민 소비가 10조 2,394억 위안, 농촌 주민 소비가 3조 897억 위안이다. 정부의 소비는 농촌 주민의 소비를 넘어섰으며 도시 주민 소비의 반도 넘어섰다. 정부 고액의 삼공경비(三公經費)[31]는 이미 시민들의 불만을 자아냈다. 중앙부서에서 공개한 2011년 부서 결산을 보면 해관총서(海關總署), 국가질량감독검험검역총국(國家質量監督檢驗檢疫總局), 국가통계국, 중국기상국, 중국과학원, 농업부, 체육총국, 은행업감독관리위원회 등 중앙부서의 삼공경비는 모두 1억 위안을 넘었다. 이 중 중국지진국(中國地震局)은 2011년 삼공경비와 행정경비를 공개했는데 지진 예측에 사용된 경비는 관용차 경비의 1/13밖에 안 되었다.[32] 정부의 삼공 소비가 투명

당대 중국 사회 건설

---

30) 陸學藝, 『當代中國社會結構』, 앞의 책, p.187.

31) 삼공경비는 정부 부서 직원의 해외 출장, 관용차 구입 및 운행, 공무 접대 등 세 가지 유형의 재정 지원 경비를 가리킨다.

32) 2011년 『중국지진국공개결산서(中國地震局公開決算書)』(33~34면)를 보면 2011년 중국지진국의 삼공경비에서 해외 출장비가 639.74만 위안으로 11.41%, 관용차 경

하지 못하여 대중의 의혹을 받으며 정부와 시민 간의 첨예한 갈등으로 치닫고 있다.

또한 관료의 탐오는 행정 권력이 분배에 개입한 결과이다. 중앙 재정의 재분배과정에서, 전문 보조금 분배에서, 정부의 융자 과정에서, 정부의 경제 건설과 도시 건설 투자의 과정에서 부패 관료 등 권력자들이 많아지고 있다. 기층을 보면 위법자 중 70% 이상이 농촌 간부이다. 농촌 간부의 부패로 인한 고소가 농촌 고소의 50% 이상을 차지한다. 행정 권력의 최말단인 기층이 이러하니 더욱 많은 자원과 자본을 장악한 행정 권력자는 어떠하겠는가. 이들은 중국에서 가장 부유한 집단으로 민중의 분노를 사고 있다. 권력층의 발생, 관민 간의 넘을 수 없는 한계와 첨예한 갈등은 모두 분배 과정의 비공개, 불투명과 비민주화가 초래한 것으로 자원과 재화가 과도 집중된 제도의 결과이기도 하다.

4. 중국 소득 분배 제도 개혁 추진 관련 건의

소득 격차의 확대 추세와 폐해를 당과 국가의 지도자들은 이미 의식하고 있다. 소득 분배 개혁 방안의 제정을 여러 차례 제기했고 8년이 지났지만 개혁 방안이 좀처럼 출범되지 못하고 있다. 현재 중국의 소득 분배의 불공평은 각 이익집단의 목표 충돌과 각축 때문이다. 개혁은 필연코 개혁 개방 과정에서 형성된 일부 이익집단의 이익을 건드리므로 이 이익집단은 개혁을 방해한다. 이 밖에 계획체제로 인해 형성된 일부 체제와 제도적 원

비가 3,562.93만 위안으로 63.54%, 공무 접대비가 1,404.76만 위안으로 25.05%를 차지했다.

인은 소득 분배 제도의 조정만으로 해결할 수 없다. 그러므로 중국의 소득 분배 제도 개혁은 심층적인 전면 개혁으로 국가가 개혁의 원칙, 목표, 기본제도의 설계, 중점 조치의 실행 등 방면에서 종합적 조치를 채택하고 점진적으로 추진해야 한다.

1) 소득 분배 제도 개혁의 목표와 기본 원칙

사회집단의 심각한 분화와 분배의 불공평, 불합리가 현재 분배의 문제점이라는 것은 공통된 인식이다. 소득 분배 제도 개혁의 목표는 사회 구성원의 격차를 줄이고 중등 소득자를 증가시키며 공평하고 합리적으로 건강한 사회 발전과 지속적인 경제 발전을 이룩하는 것이다. 중국공산당 제18차 대표대회에서는 사회주의 기본 경제 제도와 분배 제도의 견지, 국민소득 분배 방식 조정, 2차 분배 조절 강화와 소득 분배 격차의 문제점 해결 등을 제기했다. 이로써 전체 인민이 발전 성과의 혜택을 더욱 공평하게 받게 하며 공동 부유로 점진적으로 나아가 "평형적, 조화적, 지속적으로 뚜렷하게 발전하는 것을 바탕으로 GDP와 일인당 소득을 2010년 대비 배증하는 것"이다.

현재 중국은 빈부 격차가 가장 심한 국가이다. 이는 사회주의 기본 가치와 배리된다. 중국의 경제, 사회 발전이 새로운 역사적 전환기에 들어선 후 소득 분배 제도 개혁의 기본 원칙은 공평 견지이다. 여기서 공평은 계획경제 체제의 평균주의로 되돌아가는 것이 아니라 상대적 공평을 뜻한다. 노동과 가치 창출에 걸맞은 소득을 얻게 하는 것이지 개인의 사회적 지위, 업종 독점이나 탐오부패로 고소득을 얻는 것이 아니다. 대부분 사회집단이 소득 수준에 만족을 느끼고 불공평감과 상대적 박탈감 지수가 낮은 것이 평가 기준이 되어야 한다. 이 밖에 소득 분배는 존 롤스의 차등적 평등에 따라 일부 사회 취약층으로 편향되어 그들의 기본 사회 생활을 보장해야 한다.

2) 소득 분배 제도 개혁 추진에 대한 건의

소득 분배 제도 개혁은 체계적 사업이자 점진적 과정으로 단번에 성공하거나 전부 해결할 수 없다. 현재 소득 분배 제도 개혁의 중점은 첫째, 기본 제도를 제정하며 제도 전체를 합리적으로 설계함으로써 이후 개혁의 점차적 발전에 제도적 기초를 다져놓는 것이다. 둘째, 현재 조속히 해결해야 할 문제점을 해결하여 소득 격차가 사회에 초래하는 큰 폐해를 미연에 방지해야 한다. 소득 분배 제도 개혁은 다음과 같이 전개할 수 있다.

(1) 1차 분배와 2차 분배에서 모두 공평을 첫자리에 놓도록 강조한다

'효율 우선, 공평 고려'는 특정된 역사적 조건에서 발생한 소득 분배 원칙과 이념으로 개혁개방 초기 평균주의를 타파하고 생산력을 발전시키는 데 적극적 역할을 했다. 그러나 개혁개방의 심화와 소득 분배 격차의 점차적 확대로 '효율 우선, 공평 고려'를 조정해야 한다. 중국공산당 제17차 대표대회에서는 "1차 분배와 2차 분배에서 효율과 공평의 관계를 잘 해결하며 2차 분배에서 공평을 더욱 중시한다"고 했다. 이는 효율과 공평, 생산과 분배에 대한 집정당의 이해가 크게 발전했음을 보여준다. 그러나 '효율 우선, 공평 고려'는 유연성이 있는바 특히 1차 분배의 공평과 효율의 문제점 해결이 분명하지 않다. 그러므로 학계에서 논쟁이 많았다. 이 중 주요한 관점으로는 첫째, '병중론(幷重論)'으로 1차 분배에서 효율과 공평을 모두 중요시해야 한다는 것이다. 둘째, '공평위중론(公平爲重論)'으로 공평을 더 중요시해야 한다는 것이다. 셋째, '효율우선론(效率優先論)'이다.

우리는 현재 중국의 1차 분배에서 공평을 우선시해야 할 시기가 왔다고 간주한다. 30여 년의 개혁개방과 연평균 9%의 성장률로 중국의 경제 총량에는 많은 변화가 생겼다. 국민총소득에서의 주민 소득 비중이 점차 늘어나 물질적 바탕과 체제적 기초를 마련했다. 현재 중국 사회의 주요 모순은 생산 부족이 초래한 것이 아니라 소비 부족과 사회 건설의 정체가 초래했다. 현재 중국의 사회 불공평이 심각한 수준에 이르렀는바 효율을 여전히 첫자리에 놓으면 소득 격차가 필연코 커져 사회 모순이 격화될 것이다. 이는 선진국과 개도국이 모두 겪었던 것으로 참고 가치가 있다. 2차 분배 분야에서 정부는 공평을 위주로 공공 재정을 사용하여 공평한 사회 서비스와 사회보장을 제공해야 한다. 정부는 사회 구성원 간에 동일한 교육, 의료, 취업, 양로 등 사회보장제도를 실행하여 사회 구성원의 공평을 이룩하는 한편 저소득층을 보장해야 한다.

(2) 3차 분배 제도를 구축하고 사회조직을 발전시킨다

3차 분배는 사회의 각 세력을 동원한 사회 구제, 민간 기부, 자선사업, 자원봉사 등 여러 형식의 제도와 시스템의 구축을 가리킨다. 사회 상조로 정부의 조절에 대한 보충이다. 3차 분배의 역할은 1차 분배와 2차 분배가 대체할 수 없다. 3차 분배는 독거 노인과 장애인을 돌보고 취약층 여성과 고아를 보호하며 실업자, 극빈자, 에이즈 환자, 행동장애자 등을 돕는 면에서 특수한 역할을 한다. 정부는 한편으로 우대 정책을 출범하여 사회의 자선사업을 장려하고 다른 한편으로 관련 법률 체계를 구축하여 자선사업의 건강한 발전을 보장해야 한다. 1차 분배의 주체는 기업이고 2차 분배의 주체는 정부이며 3차 분배의 주체는 사회조직이다. 그러므로 3차 분배의 사회 공평에 대한 조절 역할을 발휘하려면 사회조직을 육성, 발전시켜 소득 분배 조절에서 시장과 정부의 부족을 보완해야 한다.

(3) 합리적 임금의 정상적 인상 시스템을 구축한다

　장기간 주민소득의 증가는 경제성장 속도보다 느렸다. 특히 기층 직원 임금은 다년간 동결되었다. 현재 조금 증가했지만 물가의 폭등으로 실제 소득은 감소되었다. 경제 발전이 일정한 단계에 이른 후 전 국민의 소득 수준을 향상하는 것은 국가가 현대화 사회로 나아가는 필수 고리이다. 1960년대부터 일본은 '국민소득배증계획'을 성공적으로 실행하여 국강민부를 이룩했다. 이는 일본의 비약적 발전에 기초를 닦아놓아 일본이 일거에 선진국이 되게 했다. 중국의 근로자 보수가 증가하지 못한 것은 합리적 임금 인상 시스템의 부재 때문이다. 그러므로 금후 소득 분배 개혁에서 임금 관련 법안을 제정하여 노동 보수가 1차 분배에서 차지하는 비중을 정해야 한다. 임금을 보장하는 합리적 인상 시스템은 세 가지를 포함해야 한다. 첫째, GDP의 증가와 임금의 인상이 함께 이루어져야 한다. 둘째, 고용업체 이윤의 증가가 근로자 임금 인상의 지표가 되어야 한다. 셋째, 물가 상승 지수를 임금 인상의 지표로 삼는다. 현재 중국의 물가는 고가 행진을 계속하는바 주민의 근로소득과 소비수준을 반드시 고려해야 한다. 임금 인상으로 물가 인상에 따른 실소득의 감소를 미봉해야 한다.

　중국공산당 제17기 중앙위원회 제5차 전체회의에서 통과된 「국민경제와 사회 발전의 제12차 5개년 계획 제정 관련 중공중앙의 건의」는 「두 개의 동시에(兩個同步)」를 제출했는바 주민 소득의 증가와 경제 발전, 노동 보수의 증장과 노동 생산 능률의 향상이 동시에 이루어져야 한다고 했다. 시장경제 조건에서 정부가 어떻게 해야 「두 개의 동시에」라는 증장 목표를 이룰 수 있는가? 첫째, 경제 발전에 따라 최저 임금 수준을 조정하거나 향상하여 임금 제도를 보완한다. 둘째, 평등한 노사 소득 협상 제도를 구축하고 '노사 협력', '단체 협상' 등 제도를 통해 노사 관계에서의 근로자 협상력을 향상한다. 셋째, 정부는 중소기업에 대한 감세를 통해 중소기업의 원가를 낮추어 직원 소득의 향상을 위한 조건을 제공한다. 넷째, 정기적으로 공무원과 기업 직원의 임금을 비교하고 기업 직원 임금 수준 변화 상황에 따라 사업 단위의 임금을 합리적으로 인상해야 한다. 다섯째, 감독 관리와 집법을 엄격히 하여 국가노동계약법과 임금법을 지키지 않는 기업을 엄벌해야 한다.

(4) 독점을 타파하고 경쟁을 촉진하며 독점업종의 소득수준을 제한한다

독점 업종의 고소득은 업종 독점을 바탕으로 구축되었는데 분배 기점의 불공평이자 분배 과정과 결과의 불공평이다. 독점 업종의 고소득 타파는 현재 소득 분배 제도 개혁의 중점 사업이다. 첫째, 통신, 전력, 민간 항공, 금융, 철도, 우정, 공공사업 등 업종을 개혁하여 독점을 타파하며 민간 자본이 일부 분야에 유입되어 경쟁하게 한다. 둘째, 독점 업종의 제품과 서비스 가격 결정권을 폐지하고 원가와 수익 관련 정보를 공개하여 공중의 인정과 사회의 감독을 받으며 최종적으로 독점 업종의 제품과 서비스의 시장화 가격 시스템을 구축한다. 셋째, 독점 업종 기업에 중세를 부과하고 무상 점용한 전체 인민 소유의 자원에 대해서는 자원세를 부과해야 한다. 넷째, 독점 업종의 임금 총액이나 인력 비용, 임금 수준이나 일인당 인력 비용을 이중 통제한다. 독점 업종은 거의 모두 국유기업이거나 국유지주기업으로 정부는 행정 수단으로 고소득을 조절할 수 있는 권한이 있다. 다섯째, 독점 업종의 노동 인사 등 제도를 개혁해야 한다. 독점 업종 직원들에게 해고되거나 좌천될 수 있다는 위기감을 주어 소득 분배에 동의하도록 한다. 이 밖에 원자바오(溫家寶) 총리가 여러 차례 제기한 독점 업종의 임금 총액 실행, 임금 수준 이중 조정 등 조치를 집행해야 한다. 일부 기업 고위 임원의 고소득을 조절하고 고소득층에 대한 개인 소득세 부

당대 중국 사회 건설

과를 확대해야 한다.

(5) 소득 분배를 불공평하게 만든 체제적, 제도적 장애를 제거한다

현재 중국의 소득 분배 개혁은 일부 체제와 제도적 장애에 직면했는데 이러한 장애는 소득 분배가 불공평해진 근원이다. 체제의 장애에서 첫째, 계획경제 체제와 시장경제 체제의 '병존'이 가져온 불공평이라는 문제점을 해결해야 한다. 이러한 문제점은 사실상 시장 경제 체제 개혁이 철저하지 못하여 유발된 것이다. 시장화 개혁 이후 국가는 일부 소위 국가전략과 관련된 국유기업을 보호하고 보조금을 지원하여 이들 기업이 낮은 원가로 금융 자본과 자원을 얻게 했다. 그리고 제품과 서비스의 독점권을 얻게 하여 관리자와 직원들이 일정 수준 이상의 고소득을 올리게 했다.

둘째, 현재 논쟁이 많은 것은 기업과 사업 단위의 노인 부양 부담금 '병존'이다. 가장 좋은 해결 방법은 시장경제 체제 개혁을 심화하여 개혁으로 노인 부양 부담금 '병존'이 소득 분배에 미치는 악영향을 제거하는 것이다.

셋째, 도시와 농촌의 이원화 체제이다. 도시와 농촌 주민의 소득 격차가 벌어진 근본 원인이 바로 그것이다. 향후 도시와 농촌의 이원화 체제 타파에서 성과를 거두려면 도시와 농촌의 호적 제도와 관련된 노동 고용 제도, 복지 제도, 교육 제도, 토지 제도, 부동산 제도, 사회보장 제도 등을 철저히 제거해야 한다. 농민의 근로소득과 재산소득 및 국가의 2차 분배를 통한 복지성 소득을 향상시켜 도시와 농촌의 격차가 벌어지는 추세를 돌려세워야 한다.

향후 소득 분배 개혁 방안 설계에서 국가는 현재의 재정 세무 체제의 개혁도 고려해야 한다. 세수와 재정 체제 개혁으로 정부의 지출을 합리적으로 제한하고 중소기업의 세금 부담을 줄이며 규범적이지 못한 정부 기금, 토지 양도금 및 번다한 수금 항목을 줄이거나 청산하여 기업이 직원 임금을 인상하도록 조건을 제공해야 한다. 그리고 개인 소득세, 주택세, 재산세 등으로 소득 격차를 조절해야 한다. 이 밖에 법률로 부당 소득, 불법 소득과 각종 탐오부패를 제한하고 일정 직급 이상 공무원의 개인재산 신고와 공시 제도를 추진해야 한다.

당대 중국 사회 건설

제4장

도시와 농촌 공동체

중국은 현재 새로운 역사적 전환기에 있다. 경제 건설을 중심으로 한 30여 년의 비약적 발전을 걸쳐 도시와 농촌 공동체는 단위제 개혁, 도시화 진전, 인구의 대량 유동 등으로 큰 변화가 생겼다. 이로부터 적지 않은 모순과 문제점이 초래되었으며 공동체 건설이 요구되고 있다. 현재 정부가 주도하는 상명하달의 공동체 건설은 일정한 성과를 거두었지만 여전히 계획경제가 남긴 일부 체제와 사상의 제한을 받고 있다. 또한 여러 가지 곤란에 직면해 있으며 개혁을 심화해야만 이러한 문제점을 해결할 수 있다. 이는 향후 공동체 건설에서 해결해야 할 주요 임무이다. 공동체 건설은 장기적이고 어려운 사업이다. 그 최종 방향은 도시와 농촌 공동체를 조직 능력이 있고 자체적으로 응집, 융합, 포용할 수 있는 유기적 공동체로 변화시켜 현대사회의 기층 생활 공동체가 조화로운 사회의 초석이 되게 하는 것이다.

제4장 도시와 농촌 공동체

공동체 건설은 사회 건설의 중요한 구성 부분이다. 미시적인 공동체 건설은 거시적 사회 건설의 착안점으로 사회 건설을 추진하는 기초 사업이다.[1] 중국은 현재 새로운 역사 전환기에 있다. 경제 건설을 중심으로 한 30여 년의 비약적 발전을 걸쳐 도시와 농촌 공동체에는 단위제(직장제) 개혁, 도시화 진전, 인구의 대량 유동 등으로 큰 변화가 생겼다. 이로부터 적지 않은 모순과 문제점이 초래되었으며 공동체 건설이 요구되고 있다. 그러나 현재 정부가 주도하는 공동체 건설은 계획경제가 남긴 일부 체제와 사상의 제한을 받고 있다. 또한 여러 가지 곤란에 직면해 있으며 이는 향후 공동체 건설에서 해결해야 할 주요 임무이다. 모든 도시와 농촌의 기층 공동체가 조화로워야만 전 사회의 조화를 이룩할 수 있다. 다양하고 생기가 넘치며 대중의 자체 관리를 위주로 하는 신형 공동체의 건설은 중

---

1) 潘澤泉, 「由社區建設達成社會建設」, 『湖南師範大學社會科學學報』 2010年 第5期, pp.69~70.

국 사회 현대화의 중요한 내용 중 하나이다.[2]

1. 도시와 농촌 공동체 건설 배경

'공동체'라는 어휘는 라틴어에서 유래했다. 그 뜻은 공동된 물건이나 친밀한 파트너 간의 관계이다. 독일의 사회학자 퇴니에스는 공동체란 혈연, 지연, 정감과 자연 의지로 결성된 친밀감과 유대감이 있는 전통 사회 생활체로 "유기적으로 혼연되어 함께 성장하는 전체"[3]라고 했다. 퇴니에스 이후 미국 사회학의 시카고학파 대표자인 파크는 공동체 개념 확정에 큰 영향을 끼쳤다. 그는 공동체에 더욱 많은 지역적 함의를 부여했는바 오늘날 지역, 집단, 공동 유대와 사회 교제, 귀속감과 동질감, 시설, 문화 등은 공동체의 기본 요소가 되었다. 분석의 편리와 정부 사업에서 공동체에 대한 토론을 위해 이 책에서는 공동체 지역을 촌민위원회나 주민위원회로 확정하려고 한다(2010년, 중국에 59.5만 개 촌민위원회와 8.7만 개 주민위원회가 있음). 행정적 공동체와 자연적 공동체 간에는 사실상 상호 구성의 관계가 있으므로 중합성이 아주 크다. 행정적 구획은 현실적 공동체를 바탕으로 형성된 것이고 행정적 구획은 인간 공동체 의식 형성에 중요한 영향을 끼친다.

---

2) 費孝通, 「對上海社區建設的一點思考-在"組織與體制：上海社區發展理論研討會"上的講話」, 『社會學研究』2002年第4期, pp.1~6.

3) 滕尼斯, 『共同體與社會-純粹社會學的基本概念』, 北京大學出版社, 2010, pp.43~47.

1) 도시와 농촌 공동체 변천과 정부 주도의 공동체 건설

100여 년간 중국 사회와 체제의 변화 과정에서 도시와 농촌 공동체도 여러 차례의 전환과 변천을 겪었다. 1990년대 이후 도시에서 시작하여 농촌으로 확대된 정부 주도의 공동체 건설은 바로 이러한 배경에서 역사의 무대에 등장했다.

(1) 도시 공동체 변천과 도시 공동체 건설

① 아직 대규모적 산업화와 도시화를 겪지 않은 도시 공동체

인류 역사에서 가장 일찍 나타난 공동체는 농경문화와 자연경제를 주요특징으로 하는 촌락 공동체이다. 경제사회의 발전에 따라 상품 생산과 교환을 주요 특징으로 하는 타운 공동체와 정치, 군사, 문화, 경제 등을 주요 특징으로 하는 도시 공동체가 나타났다. 중국 도시의 발전은 유구한 역사를 지니고 있다. 조나라의 한단(邯鄲), 제나라의 린쯔(臨淄) 인구는 수만 명에 달했고 서한의 장안(長安) 인구는 20만 명에 달했다. 송나라의 카이펑(開封)과 항저우(杭州) 인구는 100만 명을 넘었으며 10만 명가량의 중도시는 아주 많았는바 신흥 소도시인 원저우(溫州), 롄저우(連州) 등지의 인구도 수만 명에 달했다.[4] 근대에 이르러 구미 열강은 산업화로 도시화의 비약적인 발전을 이룩했지만 중국은 제국주의의 침략과 봉건주의의 압박으로 국민경제가 장기간 뒤처져 도시 발전이 정체되거나 심지어 뒷걸음쳤다. 1949년 중국의 도시 인구는 전체 인구의 10.6%를 차지하여 도시화 수준이 극히 낮았다.

---

4)   王雲,「中國古代的城市社區」,『聊城師範學院學報(哲學社會科學版)』1997年第3期, pp.11~14.

대규모적인 산업화와 도시화를 겪지 않은 중국의 도시 공동체는 거리, 골목, 동네 등으로 구성되었다. 지연과 업연관계는 도시 사회 관계의 주요한 두 관계이다. 이는 혈연과 종족으로 뭉친 농촌 공동체와 좀 다르지만 동네 이웃 간의 장기간 공존으로 교류가 많고 관계가 밀접하며 서로 도움을 주어 비교적 강한 지역 귀속감과 공동체 의식이 있다.

② 계획경제 시기 직장제 하의 도시 공동체

신중국 성립 이후 도시에서는 '직장제를 주로, 가거제(街居制 : 가도판사처와 주민위원회 제도)를 부로' 하는 도시 사회 관리 체제를 점차 구축했다. 직장은 계획경제 체제에 적응하기 위해 설립한 특수한 조직 형태로 정치, 경제, 사회적 기능을 수행한다. 직장은 사회 구성원에게 일정한 근로 보수를 제공하고 주택 분배와 공비 의료 제도로 직원들의 기본생존과 건강을 보장하며 탁아소, 유치원, 구내식당, 목욕탕 및 직원 자녀의 취업을 돕는 회사나 기업을 운영하여 직원들에게 각종 사회보장과 복지를 제공했다.[5] 가도판사처와 주민위원회는 직장제의 보충이다. 1954년 12월 31일 전국인민대표대회 상무위원회에서 '도시 가도판사처 조직 조례'와 '도시 주민위원회 조직 조례'가 통과되었다. 가도판사처는 도시 기층 정권 조직의 파출 조직이며 주민들의 거주 지역에 따라 가도판사처 산하에 지역적 자치 조직인 주민위원회를 설립했다. 당시 가도판사처와 주민위원회는 사회의 어중이떠중이, 민정 구제와 사회 무휼 대상자 등을 관리했다. 권한과 직능은 극히 제한적으로 직장제의 보충 역할을 했으며 명령과 동원식의 행정적 색채를 띠고 있었다. 주민위원회는 위에서 파견한 간부가

5) 李漢林·王奮宇·李路路,「中国城市社区的整合机制与单位现象」,『管理世界』 1994年第2期, pp.192~200.

아니라 동네 할아버지, 할머니들로 구성되었다.

일부 학자들은 계획경제 시기 도시 공동체의 주요 특징이 '직장공동체화'라고 하는데 두 가지 뜻이 있다. 첫째는 직장과 공동체가 도시 지리 공간에서 중첩됨을 가리키고 둘째는 일반적으로 말하는 '직장의 사회화적 운영'이다. 직장의 다원화 기능이 공동체 기능을 대체했다.[6] 비록 직장제에 선천적 결함이 있지만 이러한 직장 공동체에서 업무와 생활이 일체화되어 서로 잘 알고 개인 간의 교류가 비교적 빈번하여 직장 공동체에 일정한 귀속감이 있다. 페이샤오퉁(費孝通)은 "국영직장의 강한 '공유' 분위기와 동네 이웃 간의 '공동 향유' 분위기가 상부상조한다. 사람들은 관념상 '공유'의 느낌에 편향된다. 이러한 '공동 향유'와 '공유'의 느낌은 사실상 사회학에서 말하는 '공동체(community)' 의식과 매우 유사하다"[7]라고 했다.

③ 직장제의 점차적 해체와 인구 유동이 유발한 도시 공동체 문제점

개혁개방 이후 경제 체제 개혁과 사회구조의 전환으로 정부, 기업, 사회조직의 범주가 분화되기 시작했다. 기업은 점차 자주적으로 경영하고 손익을 자체로 책임지는 주체가 되었다. 정부 통제와 사회 관리 직능도 점차 직장 체제에서 벗어나 국가와 사회로 되돌아왔다. 기업의 구조조정과 감원으로 많은 사람들이 직장 체제 밖으로 나가게 되었다. 농촌 잉여 노동력의 유동과 도시 확장 발전의 과정에서 더욱 많은 사람들이 도시에 거주

---

6)   華偉, 「単位制向社区制的回归 : 中国城市基层管理体制50年变迁」, 『戦略與管理』 2000年第1期, pp.87~100.

7)   費孝通, 「居民自治: 中国城市社区建设的新目标」, 『江海學刊』 2002年第3期, pp.15~18.

하게 되었고 도시의 규모도 더욱 커졌다. 주택 개혁 정책의 실행과 상품 방(商品房 : 일반 거래용 주택) 건설로 도시 인구의 분포와 구성에 큰 변화가 생겼다. 도시 인구의 폭증과 변동의 과정에서 전통적 숙인사회(熟人社會 : 서로 잘 아는 사람들의 사회)는 생인사회(生人社會 : 서로 잘 알지 못하는 사람들의 사회)로 점차 변화되었다. 도시 공동체의 유형도 점차 다원화, 복잡화되어 직장 공동체, 상품방, 공동체, 농촌 거주에서 도시 거주 전환 공동체, 혼합 공동체 등 여러 유형이 있다.

직장제 해체와 인구 유동은 도시 기층 사회 관리가 통제력을 잃는 상황을 초래했으며 일련의 사회문제를 유발했다. 도시인들이 직장을 잃거나 농촌사람들이 도시에 진출하여 누구의 관심도 받지 못하는 '사회인'이 되어 기존의 관리 체제 밖에서 떠돌게 된다. 그들은 정부가 제공하는 공공 서비스를 받지 못하고 정부도 그들의 진실한 상황을 파악하지 못하므로 관리와 통제가 불가능하다. 이러한 배경에서 중공중앙과 국무원은 '공동체 건설'이라는 새로운 방향을 내놓았다. 도시 사회의 주요 기반이 공동체임을 분명히 했고 사회문제와 사회 모순 해결의 희망을 도시 공동체와 그 군중 자치 조직인 공동체 주민위원회에 두었다.[8] 도시 공동체 건설은 국민경제 체제와 사회구조 전환의 수요 및 도시 사회문제 해결의 과정에서 나타난 것이다.

④ 1990년대 이후 : 도시 공동체 건설 운동의 흥기

정부는 1986년부터 '공동체'란 어휘를 사용했다. 민정부는 도시 사회복지 사업 개혁을 추진하기 위해 사회 세력의 사회복지 사업 참여를 이끌어냈다. 이때 사회 세력이 참여하는 사회복지 사업을 '공동체 서비스'라고

---

8) 唐鈞, 「以'社區'來重構中國城市社會」, 『中國改革』2005年第11期, p.40.

불러 민정부문에서 국가를 대표하여 운영하는 사회복지와 구분했다. 1991년 민정부는 '공동체 건설' 개념을 제시했다. 1998년 국무원은 민정부의 기층정권건설사(基層政權建設司)를 모태로 기층 정권과 공동체건설사(基層政權和社區建設司)를 설립하여 공동체 건설의 발전을 추진했다. 이로부터 1990년대 이후 중국의 도시에서는 도시 기층 관리 체제를 개혁하는 사회 사업인 공동체 건설 운동이 일어났다. 이 단계에서 공동체는 직장제를 대체하는 도시 기층 관리 체제인 공동체 체제로 구축되었다. 도시 기층 공동체의 기능과 구조에 큰 변화가 발생하고 있으며 사회구조에서 중요하지 않던 지위가 점차 변하여 사회 체계에서의 기본 구조가 되고 있다.[9]

1999년 민정부는 19개 성(자치구, 직할시)에 26개 공동체 건설 실험구를 건설했다. 이와 함께 20여 개 성(자치구, 직할시)에 100개의 성(시)급 공동체 건설 실험구를 건설했다. 2000년 11월 국무원 판공청(辦公廳)은 「전국 도시 공동체 건설 추진에 관한 민정부 의견」(中辦發[2000]23號)을 전달했다. 이로부터 전국의 각 도시에서 도시 공동체가 추진되었다. 중국공산당 제16기 중앙위원회 제4차 전체회의에서는 사회주의 조화로운 사회 구축의 목표에 입각하여 "사회 건설과 관리를 강화하고 사회 관리 체제의 혁신을 추진한다"는 요구를 제기했다. 이로부터 공동체 건설이 비약적으로 추진되었다.

2006년 3월 제10기 전국인민대표대회 제4차 회의에서는 「중화인민공화국 국민경제와 사회 발전의 제11차 5개년 계획 강령」이 통과되었다. 여기서 공동체 건설을 제11차 5개년 계획 시기의 공공 서비스 중점 사업으로 정했으며 공동체 발전의 전략적 중요성을 역설했다. 동년 4월 국무원

---

9) 謝立中,「均衡發展: 城市基層社區變遷過程中的一個重要課題」,『求實』2002年 第7期, pp.8~11.

은「공동체 서비스 사업 강화와에 관한 관련 국무원 의견」(國發[2006]14號) 하달했는데 이는 공동체 서비스를 지도하는 중요한 강령 문서가 되었다. 이 두 문서의 지도하에 국가발전개혁위원회와 민정부는 「'제11차 5개년 계획' 시기 공동체 서비스 체계 발전 계획」을 반포했다. 전국 각지에서 공동체 서비스 사업을 강화하고 공동체 공공 서비스 센터와 서비스 시설을 건설했다. 이후 민정부는「전국 조화로운 공동체 건설 시범 단위 지도 표준(시행)」(民發[2008]142號), 「조화로운 공동체 건설 사업 추진에 관한 의견」(民發[2009]165號)을 연이어 반포했다. 2010년 10월 중공중앙 판공청과 국무원 판공청은「도시 공동체 주민위원회 건설 사업에 관한 의견」(中辦發[2010]27號)을 반포했다. 2011년 12월 국무원 판공청은「공동체 서비스 체계 건설 기획(2011~2015년)」(國辦發[2011]61號)을 하달하여 "2015년까지 비교적 완벽한 공동체 서비스 시설, 서비스 내용, 서비스 종사자, 서비스 네트워크와 운영 시스템을 초보적으로 구축한다"는 발전 목표를 제기했다. 중앙과 국무원 외에도 각급 공산당위원회와 정부 모두 공동체 건설을 매우 중시했다. 따라서 도시 공동체 건설 운동이 활발하게 전개되었다.

(2) 농촌 공동체 변천과 농촌 공동체 건설

① 전통적 향촌 공동체

중국의 전통 촌락은 일반적으로 수십 명에서 수백 명이 모여 사는 부락이며 촌민들이 장기간 거주하고 생활하는 곳이다. 이러한 촌락은 촌민들이 대대손손 함께 살아왔으므로 '숙인사회'가 되었다.[10] 극단적인 빈곤으로 인한 농촌 혁명이나 폭동을 제외하면 농촌은 가장 안정적인 곳이다.

당대 중국 사회 건설

---

10) 賀雪峰,「論半熟人社會-理解村委會選擧的一個視角」,『政治學硏究』2000年第

그 원인은 인간과 토지의 직접적인 연계를 바탕으로 체계적인 일련의 규칙이 있기 때문이다. 가정을 기본 생산과 생활 단위로 하고 먼저 장유유서와 남녀유별의 가정질서를 확립하고 혈연으로 연결된 가정은 가족을 구성하며 일련의 가규를 확립한다. 하나하나의 가정이나 가족으로 구성된 지역성 공동체는 체계적인 일련의 규칙을 구축하며 이로써 '집체본위(集體本位)'의 규칙 네트워크를 형성하여 전통적 농촌의 평온과 안정을 유지한다.[11] 1949년 이전, 청나라 말기의 근대화 발전이 일부 전통적 촌락에 충격을 주었지만 많은 농촌 공동체는 여전히 전통적 종법 질서를 유지하는 폐쇄적이고 안정적인 공동체였다. 이러한 전통적 공동체에서 기층 사회는 고도의 자치권을 갖고 있다. 민간의 엘리트는 혈연과 지연을 유대로 한 '차서격국(差序格局 : 자신을 중심으로 외연으로 점차 확대되는 인간관계)' 조직에서 기층 정권의 각종 직능을 이행했다. 세금 징수와 지방 치안의 유지 그리고 수리, 도로, 학교 등 공공사업의 시공과 일부 사회보장은 거의 민간 엘리트들이 도맡아 했다.[12]

② 계획경제 시기 정치, 경제, 합작사 일체의 농촌 공동체

1949년 이후 특히 인민공사시기 농촌에 대한 국가행정관리의 전면 침투에 따라 향신층과 종법 제도가 금지되어 종법 시스템이 붕괴되기 시작했고 향신 계층은 소멸되었다. 농촌은 국가 행정 관리 체계에 편입되었다. 이 시기 자원은 모두 국가에 통제되었고 국가는 공업화와 도시 우선 발전

3期, pp.61~69.

11) 徐勇, 『非均衡中的中國政治 城市與鄕村比較』, 中國廣播電視出版社, 1992, pp.84~85.

12) 賈先文 · 黃正泉, 「鄕村社會結構演進中的農村社區公共産品供給機制變遷」, 『學術交流』2009年第10期, pp.94~97.

전략을 실행했다. 농촌에서까지 공업을 지원하여 원시축적을 했으며 정사합일(政社合一 : 정부와 생산 기능의 통합)로 농촌 지역을 고도로 통제했다. 인민공사-생산대대-생산대라는 삼급(三級) 구조와 정권 조직 체계를 구축했고 농촌 기층에 선후하여 농업기술보급소, 공급판매합작사, 수리소 등 농업 생산, 경영, 유통 기구 및 문화센터, 방송센터, 위생원 등 문화생활과 의료 보건 기구를 설립했다. 인민공사와 생산대 및 위의 기구들을 통해 국가는 농업 생산과 유통 과정, 농민들의 일상생활에까지 전면적으로 개입했다.[13]

　일부 학자는 인민공사 체제는 특수한 체제로 전통적 농촌 사회를 철저히 파괴했지만 어떤 방면에서 촌락이 '숙인사회'가 되는 중요한 특징을 강화시켰다고 한다. 인민공사는 '삼급 소유제에 있어서 생산대를 최소 기본 단위로' 하며 호적 제도의 제한으로 생산대(촌락)가 촌민 생산과 생활의 단일한 근원이 되었다. 과거에 비해 생산대는 촌민들에게 더욱 많은 상호 교류의 공간과 이유를 제공했다(공동 생산으로 이익 관계가 더욱 밀접해짐).[14] 전통적인 가족 주도의 촌락이 혈연관계를 바탕으로 구성된 사회생활 공동체라면 신중국 성립 이후 인민공사 시기의 기층 공동체는 '정치와 경제가 분리되지 않고, 정부와 생산 기능이 분리되지 않은' 경제 공동체와 생산 공동체이다.[15] 또한 일부 학자는 인민공사 제도 하의 향촌 공동체를 '행정 공동체'라고 하면서 이러한 공동체는 여러 가지 결함이 있지만 촌민들은 그 가운데서 '공동체'가 가져오는 안전보장과 동질감을 느낀

13)　許遠旺,「社會重建中的基層治理轉型 : 兼論中國農村社區建設的生成邏輯」, 『人文雜誌』2010年第4期, pp.171~179.

14)　賀雪峰, 위와 같은 곳.

15)　項繼權,「中國農村社區及共同體的轉型與重建」,『華中師範大學學報(人文社會科學版)』2009年第3期, pp.2~9.

다고 했다.[16]

③ 도급제와 농촌 인구 유동이 유발한 농촌 공동체의 변화와 곤경

1978년 이후 국가는 먼저 농촌에서 경제 체제 개혁을 추진하여 가정연산승포책임제를 실행했다. 아울러 농촌에서 '향정촌치(鄕政村治)' 체제를 실행하여 향진은 말단 기층의 일급 정치조직이 되었고 생산대대는 촌민위원회에 의해 대체되었다. 농촌 기층의 군중성 자치 조직인 생산소대는 촌민소조(村民小組)가 되었다. 1987년 11월 24일 촌민위원회 조직법(시행)이 반포되었으며 1988년 6월 1일부터 실행되었다. 이는 중국 역사상 처음으로 등장한 농촌 공동체에서의 촌민 자치 실행 관련법이다.

농촌에 대한 국가 통제가 약화됨에 따라 전통적 향촌 질서가 나타나기 시작했다. 그러므로 개혁개방 초기 농촌 공동체에 종법이 재건되고 전통이 부흥했다. 일부 민간 예속 행위도 회복되었으며 민간 조직이 농촌 생활에서 더욱 중요한 역할을 하게 되었다. 그러나 곧 새로운 변화가 생겼다. 1980년대 사회주의 시장경제 체제 개혁의 심화로 중국에는 대규모적이고도 연속적인 농촌 인구 유동이 나타났다. 바로 '민공조(民工潮 : 농민의 도시 유입 현상)'로 전통적인 농촌에, 심지어 중국의 발전에 큰 영향을 주었다.[17]

가정연산승포책임제는 제도의 설계에서 '집체의 통일 경영과 개인의 분산 경영을 결합한 이중 운영 체제'이다. 그러나 현실의 경우 '분산 경

---

16) 黃平·王曉毅主編,『公共性的重建—社區建設的實踐與思考』, 社會科學文獻出版社, 2011, p.205.

17) 徐勇,「掙脫土地束縛之後的鄕村困境及應對農村人口流動與鄕村治理的一項相關性分析」,『華中師範大學學報(人文社會科學版)』2000年第2期, pp.5~11.

영'은 있지만 '통일 경영'이 없다. 게다가 농촌 인구의 대량 유동으로 계획경제 체제하에 형성된 특수한 농촌 기층 공동체는 점차 몰락하고 와해되었다. 고유의 집체와 농촌 공동체에 대한 농민들의 동질감과 귀속감이 점차 줄어들었다. 청장년 인구가 대량으로 빠져나가고 농촌에는 노인, 여성, 어린이들만 남았다. 엘리트층이 빠져나가 관리의 부재를 가져왔으며 농업 생산과 농민 생활을 지탱하는 농지 수리, 도로, 전력, 통신, 문화 행사 등 인프라 건설에는 투입이 부족하다. 교육, 의료 보건, 과학기술, 직업 양성 및 사회보장 등 공공 서비스 건설은 농민들의 수요를 충족시키지 못한다. 이런 것이 많은 농촌의 민낯이다. 이러한 배경에서 농촌 건설과 농촌 공동체 건설 관련 정책이 연이어 출범되었다.

④ 신농촌 건설과 농촌 공동체 건설

2005년 10월 중국공산당 제16기 중앙위원회 제4차 전체회의에서는 「국민 경제와 사회 발전 제11차 5개년 계획 제정 관련 중공중앙 건의」가 통과되어 '사회주의 신농촌 건설'의 역사적 임무를 제기했다. 2005년 12월 중공중앙과 국무원은 「사회주의 신농촌 건설 추진 관련 약간의 의견」을 하달했다. 2006년 중앙 1호 문서는 사회주의 신농촌 건설의 목표와 임무를 제기했는바 신농촌 건설의 기본 목표와 총 목표를 20자로 개괄했다. 바로 '생산 발전, 생활 부유, 향풍 문명, 마을 정결, 관리 민주'이다. 2006년 9월 민정부는 「농촌 공동체 건설 시범지 사업을 잘하여 사회주의 신농촌 건설을 추진하는 데에 관한 통지」를 반포했다. 2006년 10월 중국공산당 제16기 중앙위원회 제6차 전체회의에서는 「사회주의 조화로운 사회 구축 등 중요문제 관련 중공중앙 결정」이 통과되어 "도시 공동체 건설을 전면적으로 전개하고 농촌 공동체 건설을 적극 추진한다. 신형 공동체 관리와 서비스 체제를 구축하고 공동체를 질서 있고 서비스가 완벽하며 문명한 사회 생활체로 건설한다”고 제기했다. 2007년 중국공산당 제17차 대표대회에서는 “도시와 농촌 공동체를 질서 있고 서비스가 완벽하며 문명한 사회 생활체로 건설한다”고 분명하게 제기하여 처음으로 농촌 공동체 건설을 도시 공동체 건설과 동등한 자리에 놓았다. 이는 중국의 공동체 건설이 도시와 농촌에서 병진하는 새로운 단계에 들어섰음을 보여준다.

중앙에서 농촌 공동체 건설의 추진을 제기한 후 농촌 공동체 건설은 중국의 신농촌 건설의 중요 내용이 되었다. 농촌 공동체 건설 사업은 전국에서 빠른 속도로 전개되었다. 2007년 3월부터 민정부는 전국에 304개의 ‘전국 농촌 공동체 건설 실험현(시, 구)’을 지정하여 2년 주기의 농촌 공동체 건설 시험사업을 전개했다. 농촌 공동체 건설 시험사업의 단계적 성과를 공고히 하고 농촌 공동체 건설의 범위를 확대하기 위해 2009년 3월 6일 민정부는 「농촌 공동체 건설 시험 범위 확대’ 운동 전개 관련 통지」(民發[2009]27號)를 하달했다. 2009년 12월 평가를 걸쳐 장쑤 성 하이먼 시(江蘇省海門市), 장쑤 성 장자강 시(江蘇省張家港市), 저장 성 자싱 시 난후 구(浙江省嘉興市南湖區), 저장 성 핑후 시(浙江省平湖市), 산둥 성 주청 시(山東省諸城市), 산둥 성 칭다오 시 황다오 구(山東省青島市黃島區), 간쑤 성 아커싸이 카자흐족 자치현(甘肅省阿克塞哈薩克族自治縣) 등 7개의 현(시, 구)이 첫 번째 ‘전국 농촌 공동체 건설 시험 범위 확대 시범 단위’가 되었다. 이는 농촌 공동체 건설이 시험적 전면 추진의 새로운 단계에 들어섰음을 보여준다.[18] 2011년 12월 국무원 판공청은 「공동체 서비스 체계 건설기획(2011~2015년)」(國辦發[2011]61號)을 하달하여 “농촌 공동체 서비스 시범지 사업을 순차적으로 추진한다”는 목표를 제기했다.

---

18) 項繼權, 「新社區是新農村的基礎―對湖北仙洪新農村建設試驗區建設的思考」, 『中共福建省委黨校學報』2010年第10期, pp.8~13.

2) 도시와 농촌 공동체 건설이 이룩한 성과

도시에서 시작하여 농촌으로 확대된 도시와 농촌 공동체 건설은 정부가 적극적으로 추진한 공동체 건설 운동이다. 중앙정부가 주도하고 각급 지방 공산당위원회와 정부가 적극적으로 호응하며 강력하게 추진하여 공동체 건설은 단기간에 효과를 보았다.

(1) 기층 공동체 조직 구조의 기본 구축

조직 구조에는 조직 구조의 설치, 규장 제도의 제정이 포함된다. 이는 공동체 건설 초기 단계의 중점 사업이다. 도시와 농촌 공동체 조직 기구는 주로 공동체 당 조직과 공동체 자치 조직으로 이루어진다. 공동체 당 조직은 공동체 조직 체계의 정치 핵심이고 공동체 자치 조직은 주로 주(촌)민 대표대회, 주(촌)민위원회 및 기타 주(촌)민의 뜻에 따라 설립된 감독성과 보충성을 지닌 조직이다. 이 중 주(촌)민위원회는 공동체 주체 조직이자 사회 구성원의 법정 대표이다. 2000년부터 민정부의 지도하에 각 지역은 관할구역을 새로 조정했으며 공동체 주민위원회가 출범되었다. 신축 주택 단지, 도시와 농촌 인접 지대, 농촌 철거 신축 단지, 유동인구 집결지의 공동체 주민위원회 편성 사업도 점차 추진되고 있는데 목표는 도시와 농촌 공동체를 모두 포함하는 것이다. 공동체 당 조직과 공동체 주민위원회 산하에 주(촌)민소조를 설립하며 주(촌)민소조장이 주(촌)민소조의 주민자치를 책임진다.

기본 조직 구조를 바탕으로 각 지역은 공동체 건설의 실천과 탐색 과정에서 특색 있는 공동체 조직 방식을 이루었다. 각 지역 공동체의 구체적 상황에 따라 일부 공동체는 산하에 인민 중재, 치안 경비, 공공 위생, 계획 생육, 군중 문화 등 위원회를 설립했다. 일부 공동체는 공동체 위원이 관련 업무를 관장했다. 이 밖에 공동체 관리와 서비스를 잘 하기 위해 많은 공동체는 공동체 서비스 센터(혹은 공동체 업무 센터, 사회사무소라고도 칭함) 등 전문 서비스 기구를 설치하여 상급 정부의 공공 서비스 임무 하달에 따라 대민 봉사를 한다. 또한 일부 공동체는 공동체 협상 의사 기구를 설립하여 공동체 내의 공공 사무와 문제점을 협상, 토론한다.

각 공동체는 공동체 규장제도의 제정을 중시한다. 과거의 주(촌)민위원회는 체계적 규장제도가 거의 없었다. 현재의 공동체는 정부 요구에 따라 공산당 지부, 주(촌)민위원회, 주(촌)민대회, 사회 서비스 센터에서 모두 체계적 규장제도를 제정, 공포했으며 이에 따라 업무를 본다. 정부의 격려와 공동체 주재 부서의 지원으로 각 공동체는 각자의 자원을 개발하여 공동체 기구와 공동체 조직을 편성했다. 이를테면 노인협회, 공동체 자원봉사단, 시민학교, 청소년양성센터, 법률상담소, 공동체 교우센터, 공동체 무용단 등 각 유형의 공동체 기구와 조직을 설립하여 공동체 활동과 서비스 분야가 더 커지도록 했다.[19]

(2) 공동체 건설 보장 시스템의 완비

규범화되고 제도화된 보장 시스템의 구축은 조화로운 공동체 건설이 지속적으로 발전할 수 있는 중요한 보장이다. 근년에 이르러 공동체 건설의 각 보장 시스템은 부단히 완벽화되는 과정에 있다.[20]

첫째, 지도 시스템. 성(자치구, 직할시)급과 시급에 모두 당과 정부가

제4장 도시와 농촌 공동체

---

19) 郭虹,「社區治理結構的二重性與政府在社區建設中的職責-成都市城市社區治理結構研究」, http://www.sociologyol.org/yanjiubankuai/tuijianyuedu/tuijianyue-duliebiao/2010-07-16/10604.html.

20) 嚴振書,「轉型期中國社區建設的歷程, 成就與趨向」,『成都行政學院學報』2010年第2期, pp.64~69.

주관하고 민정부가 주도하며 관련 부서가 협동 참여하는 공동체 지도소조를 설립했다. 일부 현(시, 구)에도 전문적인 공동체 건설 사업 기구를 설립했다. 공동체 건설의 추진에 참여하는 당정 부서가 날로 많아졌는데 민정, 조직, 선전, 교육, 공안, 사법, 위생, 노동, 건설, 상업, 계획 생육, 체육, 문화 및 공회(노조), 공청단, 부녀 연합회 등 부서가 자체 기구의 직능에 입각하여 공동체 건설에 참여하고 있다.

둘째, 투입 시스템. 많은 지방은 공동체 건설을 해당 지역 재정 예산에 편입시켜 정부 투입과 사회 투입이 상호 결합하는 다원화 투입 시스템을 구축했으며 공동체 건설 자금의 출처를 확대했다. 이를테면 베이징 시정부는 2009년에 11억 위안을 투입하여 350개의 공동체 사무실과 건물을 증축, 개조했고 2010년에는 더욱 많은 자금을 들여 1,000여 개 공동체의 좁은건물과 사무실을 개축했다.[21] 2011년 베이징 시의 2633개 도시 공동체 사무실 면적은 모두 350m² 기준에 부합되었다.[22] 재정부의 통계에 따르면 2010년 전국의 도시와 농촌 공동체 사무 지출이 5,987.38억 위안으로 전년 대비 21.4% 증가하여 전국 재정지출의 6.7%를 차지했다. 주로 도시와 농촌 공동체 기획과 관리에 사용되었다. 도시와 농촌 공동체 공공시설의 건설과 보수 및 관리(도로, 교량, 가스, 난방, 대중교통, 가로등), 도시와 농촌 공동체의 환경 위생(도로 청소, 쓰레기 운반과 처리, 녹지 조성) 등이다. 시장 환경을 개선하고 시장경제 질서를 규범화했으며 주민 생활의 질을 향상했다.[23]

21) 魏禮群主編, 『新形勢下加强和創新社會管理硏究』, 國家行政學院出版社, 2011, p.56.
22) 陳荞, 「北京社區辦公用房面積年內全達標」, 『京華時報』2011年4月24日.
23) 『2010年全國公共財政支出基本情況』, http://www.mof.gov.cn/zhengwuxinxi/caizhengshuju/201108/t20110803_583781.html.

셋째, 격려 시스템. 인재 영입을 위해 많은 지역에서 공동체 실무자의 대우를 향상했다. 또한 기본 양로와 의료, 실업, 공상, 생육 등 보험 및 수당, 복지, 주택공적금 등을 보장하고 있다. 한편으로 법에 의해 선출된 공동체 간부들이 자질이 높고 연령대가 낮은 추세를 보이고 다른 한편으로 젊고 학력이 높으며 일정한 전문 지식을 취득한 인재가 공동체에 합류하고 있다. 이를테면 베이징 시 민정국은 사회사업 종사자를 공개 모집하여 기층 공동체에 파견했는데 2011년에만 1,000명을 기층 공동체에 파견했다. 이번 경쟁률은 1 : 27로 당시의 베이징 시 공무원 고시보다 경쟁이 더 치열했다(공무원 고시 경쟁률 1 : 11).[24]

(3) 공동체 서비스 시설과 네트워크의 규모가 갖추어짐

도시와 농촌 기층 공동체는 시민에게 기본 공공 서비스를 제공하는 기초 시스템이다. 공동체 서비스 체계의 구축은 정부의 공동체 건설의 중심 임무와 착력점이다.

제11차 5개년 계획 시기 공동체 서비스 체계 발전 계획에 따르면 제11차 5개년 계획 시기에 공산당 건설, 노동 보장, 사회 구제, 위생과 계획 생육, 공동체 치안, 문화, 교육과 체육, 양로원과 어린이집, 장애인 재활, 대민 봉사 등 여러 기능이 일체화된 종합 공동체 서비스 시설을 건설해야 한다. 조건이 허락되는 지역은 공동체 서비스 시설에 근거하여 여러 종류의 정보 서비스 자원을 통합하며 여러 유형의 공동체 정보 서비스 네트워크를 구축하여 공동체 정보화의 걸음을 다그쳐야 한다.

2009년까지 각 구와 가도, 주민위원회는 거의 모두 공동체 서비스 센터를 설립했다. 구, 가도, 주민위원회 삼급 공동체 서비스 네트워크를 구

---

24) 「北京2.7萬名昨趕考社區工作者」, http://news.qq.com/a/20110424/000120.html.

축하여 시민 생활에 편리를 도모했다. 전국의 87% 공동체에 공동체 서비스 센터, 93%의 공동체에 노동 보장소, 80%의 공동체에 경비실, 85%의 공동체에 위생소, 70%의 공동체에 도서관이 있다. 공동체 서비스 센터를 유대로 각 종류의 공동체 서비스 기업과 서비스 종사자를 연결시킨 공동체 서비스 네트워크를 초보적으로 구축했다.[25]

도시 공동체 기본 공공 서비스 체계의 구축을 바탕으로 농촌 공동체 서비스 체계의 건설도 빠른 속도로 추진되고 있다. 이미 많은 지방은 농촌 공동체 서비스 센터의 건설을 강화하여 농민들이 문 앞에서 편리한 공공 서비스를 받을 수 있게 함으로써 농촌에 새로운 활력과 변화를 가져왔다. 이를테면 청두 시 칭양 구(成都市靑羊區)는 도시와 농촌 일체화 과정에서 '농촌 신형 공동체가 건설된 곳이면 공공 서비스가 따라간다'는 원칙을 견지했다. 그 구역 내의 모든 농촌 신형 공동체에 모두 공동체 노동 보장 센터, 공동체 교육 업무 센터, 공동체 문화 체육 센터, 공동체 위생과 계획 생육 서비스 센터, 공동체 구제 업무 센터, 공동체 법률 자문 센터, 공동체 경비실 등을 설립하여 비교적 완벽한 공동체 공공 서비스 시스템을 구축했는바 정부의 직능을 직접 공동체에까지 확대시켰다.[26]

총괄적으로 보면, 2000년 국무원 판공청이 전달한「전국 도시 공동체 건설 추진에 관한 민정부 의견」에 따라 10여 년 동안 공동체 건설을 해왔으며 도시 공동체 건설에서 농촌 공동체 건설로 점차 확대되었다. 현재 도시와 농촌 공동체는 중국 사회의 기층 사회조직으로 이미 일정한 조직 기초, 제도 보장, 물질 조건, 시설 장소와 사회자원을 갖추었으며 사회 관리에서 특정한 역할을 하고 있다.

---

25) 侯岩,『中國城市社區服務系統建設硏究報告』, 中國經濟出版社, 2009, p.8.

26)「和諧文明背後 : 完善的社區公共服務系統」,『成都日報』2009年2月18日.

2. 도시와 농촌 공동체 건설 곤란 및 원인 분석

1) 도시와 농촌 공동체 건설이 직면한 현실적 곤란

앞에서 분석했듯이 도시와 농촌 공동체 건설은 마음대로 상상해낸 것이 아니라 경제, 사회 개혁, 도시와 농촌 사회구조의 변화의 수요에 따라 나타난 것이다. 이는 국가가 주도하는 상명하달의 공동체 건설 운동이다. 각급 정부의 강력한 추진에 따라 단기간에 뚜렷한 효과를 보았고 사회 발전이 초래한 일부 문제점을 해결했으나 직면한 현실적 곤란도 적지 않다.

(1) 자치 조직의 행정화 경향이 심각함

공동체 건설의 발전에 따라 정부 관리의 중점이 점차 기층으로 내려갔다. 이는 주(촌)민위원회가 사실상 행정 관리의 말단이 되어 주민의 수요가 아닌, 정부의 수요가 주(촌)민위원회 사업의 추동력이 되었다. 일부 학자는 공동체 건설에서의 행정화 경향의 주요한 체현을 직능의 행정화, 구성원의 공직화, 업무 방식의 기관화, 운영 시스템의 행정화, 권력 행사의 집중화, 사회 건설의 '치적사업' 등으로 총괄했다.[27] 주(촌)민위원회는 본위원회에 속하지 않는 범위 밖의 업무를 배당받기에 도시와 농촌 자치 조직의 주체인 주(촌)민위원회는 주민의 '인솔자'가 아니라 기층 정부의 '심부름꾼'이 되었다. 통계에 따르면 일부 지방의 주민위원회는 1년간 158개 사항에 달하는 업무를 보아야 했는데 이 중 행정 업무가 118개로 74.68%를 차지했다.[28] 속담에 이르기를 '위에는 실 천 오리, 아래에는 바늘 한 개

---

27) 潘小娟, 「社區行政化問題探究」, 『國家行政學院學報』 2007年 第1期, pp.33~36.
28) 曾望軍, 「論我國社區自組織的自治困境及其成因」, 『理論與改革』 2007年 第3期,

(上面千條線, 下面一根針 : 상급 부서와 기층의 업무 관계를 비유한 것으로 상급의 모든 부서가 자체의 업무 기준과 요구에 따라 기층에 실행을 요구 하면 기층은 어느 부서의 요구나 기준이라도 집행해야 함을 이르는 말)'라 고 했다. 주(촌)민위원회는 기층의 소정부가 되기 때문에 각 주(촌)위원회 간부들은 상급 정부의 여러 부서가 하달하는 임무의 완수에 급급해 공동 체의 발전과 공동체 주민의 수요를 고려할 시간이 전혀 없다.

중화인민공화국헌법과 중화인민공화국 도시주민위원회 조직법은 주민 위원회의 성질을 "주민위원회는 주민이 자아 관리, 자아 교육, 자아 서비 스를 하는 기층 군중성 자치 조직이다"라고 규정했다. 그러나 현실 생활 에서 주민위원회는 상급 정부가 하달하는 임무와 행정 직능을 이행할 수 밖에 없다. 이를테면 계획 생육, 정리해고와 재취업, 유동인구 관리, 사회 보장, 사회 치안 등이다. 또한 상급 각 부서가 하달하는 우수 사례를 선정 하기 위해 심사를 해야 하는데 이는 국가 법률이 규정한 도시 주민의 자 치조직 성격과 아주 큰 차이가 있다.

도시 공동체 주민위원회와 비슷한 행정화 문제는 농촌의 촌민위원회에 도 존재한다. 2010년 10월 28일 제11기 전국인민대표대회 상무위원회 제 17차 대표대회에서 수정한 중화인민공화국 촌민위원회 조직법에는 "촌민 위원회는 촌민이 자아 관리, 자아 교육, 자아 서비스를 하는 기층 군중성 자치 조직으로 민주 선거, 민주 결책, 민주 관리, 민주 감독을 한다. 촌민 위원회가 본촌의 공공 사무와 공익 사업, 민간 분쟁 중재, 사회 치안 수호 와 협조, 인민 정부에 촌민 의견 반영, 건의 제기 등을 담당한다"고 규정 했다. 그러나 현실 생활에서 향진 정부는 촌민위원회에 강압적인 행정, 재 정, 인사 통제를 유지하여 촌민위원회는 사실상 '행정화'가 되었다. 세무

현대 중국 사회 건설

pp.85~88.

개혁 이후 '촌의 재정을 향(진)이 관리'하고 촌 간부를 재정 수당에 편입시키는 조치로 향진 정부의 촌민위원회에 대한 통제가 더욱 강화되었고 촌민위원회의 행정화 경향이 더욱 심해졌다.

자치 조직의 행정화 문제점을 해결하기 위해 일부 지방은 공동체 서비스 센터(업무 센터, 사무 센터라고도 함)를 설립하여 고유의 주(촌)민위원회가 담당하는 행정 사무를 공동체 서비스 센터에서 해결하게 했다. 그러나 사실상 주(촌)민위원회 간부와 서비스 센터 종사자의 교차 임직이 보편적이므로 이러한 문제점이 아직 해결되지 못하고 있다.

(2) 공동체 서비스의 공급과 수요가 알맞지 않음

앞에서 언급했듯이 도시에서 시작되어 농촌에 보급된 도시와 농촌 공동체 건설은 공동체 서비스를 착안점으로 주로 기층 조직 건설, 인프라 건설과 서비스 체계 건설을 중시한다. 그러므로 공동체 건설은 항상 기층 간부에게 자금, 물질, 인력자원 배치 등 문제로만 인식되고 있다.

도시 공동체 건설은 다음과 같은 면에 치중해야 한다. 첫째, 공동체 주민위원회의 실무자 배치, 사무실, 업무비가 보장되어야 한다. 둘째, 체육 운동 시설, 문화 오락 시설, 교육양성 시설, 노인 서비스 시설 등 공동체 인프라를 건설해야 한다. 셋째, 공동체 서비스 센터를 건설해야 한다. 공동체 서비스 센터, 공동체 의료 보건 서비스 센터, 공동체 양로 서비스 센터, 공동체 경비실 등을 건설하고 계획 생육, 재취업, 퇴직자 관리, 유동인구 관리, 사회보장, 사회 치안, 의료 위생, 양로 등 공공 서비스와 사회 서비스를 공동체로 이양해야 한다.

신농촌 건설과 농촌 공동체 건설에서는 다음과 같은 면에 치중해야 한다. 첫째, 농촌 인프라를 완비하고 농민들의 생활환경을 개선해야 한다. 이를테면 오수 처리, 도로, 쓰레기 운반과 처리, 변소 개조, 가로등 등이다. 둘째, 촌민위원회 사무실을 개조하고 공동체 서비스 센터를 설치하며 상급 정부가 하달하는 공공 서비스를 담당해야 한다. 이를테면 노동 보장, 계획 생육, 유동인구, 구제 구조, 사회 치안, 건강 보건, 환경보호 등이다. 셋째, 농촌 공동체의 서비스 시설을 완비해야 한다. 이를테면 실내외 체육장과 운동기구, 책방이나 도서관, 노인 활동 센터, 문화 교실 등이다. 일부 지방은 농촌 공동체에 디지털 영화관을 만들었다.

현재의 공동체 건설 운동에서 각급 정부 부서는 공동체 건설의 결책 주체이며 자금 투입과 프로젝트 실행의 주체이기도 하다. 그러므로 강한 강제성을 띠고 있어 공급 수량과 구조는 거의 공문서의 하달을 통해 통일적으로 계획된다. 도시와 농촌 공동체 건설의 주체가 되어야 하는 공동체 주민들은 사실상 정부가 주도하는 공동체 건설 운동에서 발언권이 없다. 공동체 주민들은 정부의 공동체 건설 결과를 수동적으로 받아들일 뿐 그들의 진정한 수요는 충족되지 못한다. 이로써 기초 시설의 사용과 유지 및 관리에 문제가 생기게 되어 공동체 건설 결과의 지속성이 걱정거리가 된다. 우리는 많은 공동체 도서관이 문을 열지 않고, 공동체 실내 체육실에 운동을 하는 사람이 없거나 아주 적으며, 노인 보살핌터도 침대를 두어 개 놓고 간판만 걸어놓았을 뿐임을 발견했다. 모 향진의 진장(鎭長 : 읍장에 해당)은 '사치한 농촌, 빈곤한 농민'이란 말로 당지의 신농촌 건설과 농촌 공동체 건설을 개괄했다. 이는 정부가 공동체 건설에 많은 자금을 투입하여 농촌의 인프라와 서비스 시설이 일정한 개선을 이루었지만 농민들의 눈에는 사치와 낭비이며 정부가 제공하는 시설과 서비스는 현재 농민들이 진정으로 요구하는 것이 아니라는 뜻이다.

(3) 대다수 시민의 공동체 참여가 부족함

현재 중국의 도시와 농촌 공동체에 존재하는 보편적 현상은 소수의 열성분자 외에 대다수 주민들은 공동체 활동에 무관심한 것이다. 열성분자 대부분은 공산당원, 당소조장이나 아파트 단지 책임자, 여성, 퇴직자 등이다. 이들의 참여 이유는 충분한 여가 시간과 여러 가지 심리 욕구, 장기간 받은 직장 조직 문화의 영향, 일부 상징적인 물질 보상 등이다. 적지 않은 연구에서 다음과 같은 결론을 내렸다. 공동체 동원과 공동체 참여에서 중국의 본토 문화 자원(인정, 체면)과 개인(소집단) 간의 신임과 상호 혜택이 중요한 역할을 한다. '공동체 주민위원회−열성분자−일반 주민'의 동원 패턴을 구축했으며 공동체 참여는 연출(연기)성과 계획성을 띠고 있다.[29]

절대다수 공동체는 사실상 '조직화된' 상황에 처해 있는데 공동체 환경 위생 등 주민들의 일상생활과 관련이 밀접한 사항도 모두 행정명령이나 위생 활동을 통해 수동적으로 진행된다. 공동체 주(촌)민위원회는 상급 정부가 통제하는 기층 사회조직이 되어 정부의 지령에 따라 움직이고 공동체 열성분자를 동원하는 방식으로 임무를 전달, 배치한다. 일부 공동체는 문화, 체육행사 등을 다채롭게 조직하지만 참여 인수가 제한되고 공동체 주민 간에 여전히 서먹하여 공동체에 동질감과 귀속감을 느끼지 못한다. 그러므로 타인이나 공동체 업무 및 공동체 활동에 무관심하다.

(4) 외래 인구의 공동체 융합이 어려움

현재까지 기층 공동체 조직인 촌민위원회는 집체 토지 소유와 집체 재산권 소유권을 토대로 설립되었으므로 촌민 자치도 배타성과 폐쇄성을 띤다. 그러나 개혁개방은 농촌 공동체의 폐쇄성을 타파했다. 공동체 각 주민 간 권익관계의 타당한 해결, 공동체에 대한 주민들의 동질감과 귀속감 증

---

29) 肖林, 「"'社區'研究"與"社區研究"−近年來我國城市社區研究述評」, 『社會學研究』2011年第4期, pp.185~208.

가, 공동체의 통합과 융합 촉진이 시급하다. 현행 촌민위원회의 조직, 관리 체제를 개혁하여 공동체 전체 주민을 수용하고 통합해야 한다.[30] 지역 조사에서 우리는 매우 많은 전통적 농촌 공동체(특히 발전 지역 농촌), 대도시와 중등 도시의 '성중촌(城中村 : 도시 속의 농촌)' 공동체, 농민 집중 거주 공동체에는 현지인뿐만 아니라 다른 지역 집단 이주민 및 외지인들도 있음을 발견했다. 집단이주민이나 외지인들이 현지인과 한 공동체에서 살고 있지만 정치 권리와 경제 권리는 현지인들에게 속하므로 주택단지 관리 외에 공동체와 기타 관계를 거의 맺지 않는다. 지연과 문화 등 자연적 요소가 집단 간의 융합에 영향을 미치는 외에 기존 공동체 관리와 자치의 배타성, 폐쇄성 같은 특징은 현지인과 외지인의 인위적인 단절을 초래했다. 이는 외지인이 공동체에 동질감과 귀속감을 못 느끼게 만들어 외지인의 공동체 융합에 악영향을 준다.

농촌 공동체에 비해 도시 공동체는 재산 소유권과 관련되지 않으므로 주민 간에 복잡한 경제 이익 관계가 없지만 외지인이 공동체에 융합되기 어려운 점은 여전하다. 경제사회 발전과 인구의 유동으로 도시에는 '호적 소재지와 현 거주지의 불일치' 현상이 나타났다. 베이징을 실례로 보면, 2005년 베이징에 거주하는 호적 소재지와 현 거주지가 불일치한 외지 인구가 577만 명으로 상주인구의 37%를 차지했다. 전체 호적 소재지와 현 거주지가 불일치한 외지 인구 중 21.1%는 베이징 산하 구나 현의 서로 다른 향진이나 가도에 사는 외지 인구이고, 19.2%는 베이징의 서로 다른 구나 현에 사는 외지 인구이며, 60%는 다른 성(시, 자치구)에서 베이징으로 온 외지 인구이다.[31] 도시 공동체에 이토록 많은 비현지인이나 비현지 호

---

30) 項繼權,「農村社區建設 : 社會融合與治理轉型」,『社會主義研究』2008年第2期, pp.61~65.

적의 외지인이 살고 있지만 기층 행정관리 기구의 설치, 편제와 경비는 관할 지역의 호적 인구를 기본 근거로 하며 사회 서비스도 해당 공동체 호적 인구를 기준 수로 정한다. 그러므로 공동체 주민위원회가 실제적으로 책임지고 관리하며 서비스를 제공하는 대상자는 해당 공동체에 호적이 있는 사람들이다. 외지인에 대해서는 거주 등기, 계획 생육 관리 및 임시 거주증 수속 등만 책임질 뿐이다. 도시 공동체의 이러한 호적에 의한 관리는 강성 공동체의 복지 배척을 초래하며 호적 제한으로 해당 공동체 호적이 없는 사람들은 공동체의 복지와 공공 서비스를 받지 못하게 되므로 공동체에 동질감과 귀속감을 느끼지 못하게 된다.

(5) 공동체 규모가 너무 크거나 너무 작아 관리가 어려움

현재 적지 않은 공동체는 규모가 너무 크다. 조사에서 일부 가도와 향진의 상주인구가 30만 명, 심지어 60~70만 명에 달하는 것을 발견했다. 그러나 상주인구가 3만 명도 안 되는 공동체도 적지 않았다. 광둥 둥관(東莞)의 2010년 인구조사 통계를 보면 상주인구 30만 명가량의 향진과 가도가 12개로 인구는 도시 전체 인구의 61.2%를 차지했다. 이 중 상주인구가 가장 많은 창안 진(長安鎭)과 후먼 진(虎門鎭)의 인구는 각각 66만 4,230명, 63만 8,657명에 달했다. 창안 진의 상자오(上角) 공동체는 다년간 각급 정부로부터 '문명촌'과 모범 공동체로 선정되었다. 현재 상주인구 중 외지인이 4만여 명이다.[32] 중국의 경제 발달 지역에는 이처럼 규모가 너무 큰 공동체가 적지 않다. 공동체의 규모가 어느 정도이면 적당한지와 관련해 아

---

31) 喬曉春, 「北京市人戶分離狀況分析及戶籍制度改革的設想」, 『人口與發展』2008年第2期, pp.2~14.

32) 「東莞市文明村－上角社區」, http://www.dgqx.com/zan/guanli/sjc/index.htm.

직 정설이 없다. 그러나 너무 큰 규모의 공동체는 관리하기 힘들고 공동체 자치도 실현할 수 없다. 조사에서 가도와 공동체의 종사자들도 이를 인정 했다. 상주인구가 수만 명인데도 '공동체'로 불려 촌(주)민위원회라는 자 치 조직으로 관리한다. 이러한 기층이 어찌 조화롭고 안정될 수 있겠는가?

일부 공동체는 인구가 너무 많은 데 반해 일부 발전이 뒤처진 농촌 공 동체는 인구의 유출로 인구가 너무 적다. 공동체 규모가 너무 작은 것 역 시 난제이다. 농촌의 젊은 인력 유출로 여성, 노인, 어린이만 농촌에 남게 되어 '공심화(空心化 : 농촌 인구가 유출되어 농촌 상주인구가 줄어드는 현 상)'가 심각하다. 농촌은 물질 생산과 인구 재생산의 기본 능력을 상실했 고 농촌 공공 업무가 마비되어 농촌의 쇠퇴와 농촌 공공성의 상실을 가져 왔다.[33] 인구의 유출로 농촌 공공 서비스 자원에 대한 정부의 배치가 힘들 어지고 농촌 공동체의 인프라, 농촌 교육, 의료 등 자원 배치의 문제점이 더욱 뚜렷해진다.

2) 도시와 농촌 공동체 건설 곤란 발생의 원인 분석

앞에서 도시와 농촌 공동체 건설이 직면한 현실적 곤란을 서술했다. 이 는 현재 중국의 공동체 건설 과정에 존재하는 보편적인 문제점이다. 무슨 원인이 이러한 문제점을 초래했는가? 첫째, 공동체 건설 자체로 보면 공 동체 건설 운동으로 국가의 권력이 기층 공동체로 과도하게 침투되었다. 이는 공동체 조직 능력의 형성을 등한시했거나 심지어 저해했다. 공동체 의 동질감과 귀속감 및 응집력이 바로 공동체의 핵심인데도 말이다. 둘째,

---

33) 田毅鵬, 「鄕村'過蔬化'背景下城鄕一體化的兩難」, 『浙江學刊』2011年第5期, pp.31~35.

상술한 문제점은 공동체 내부에서 해결할 수 없다. 공동체 건설의 구체적 내용을 벗어나 더욱 넓은 시각에서 관찰하고 사고해야 공동체 건설의 문제점이 발생한 본질적 원인을 찾아낼 수 있다.

(1) 공동체 건설 운동의 내재적 역량 부족

공동체 건설과 관리와 관련하여 대체적으로 두 가지 방식이 있다. 첫째, 상명하달의 건설과 관리 방식이다. 정부의 정책 제정과 집행에 의해 공동체를 통제하여 공동체를 안정적이고 질서 있게 운행한다. 둘째, 상명하달과 하의상달의 상호 영향을 주는 공동체 건설과 관리 방식이다. 이 방식은 공동체 주민들의 역할과 공동체 민간 조직이 공동체 관리에서의 역할을 발휘시킨다. 현재 중국의 공동체 건설은 주로 첫째 방식으로 한다.[34]

실제 과정에서 공동체 건설은 주로 성시(省市)의 공동체 설립, 비교 평가, 심사 등을 통해 이루어진다. 비록 다양한 설립, 비교 평가, 심사가 정부업무의 추진에 유리하지만 공동체에서는 상급 부서의 눈치만 보면서 형식을 중시하고 내용을 경시하는 경향이 나타난다. 표면상 공동체의 각 공공 서비스 시설이 온전히 갖추어져 있고 기능도 완비된 것 같지만 진정으로 제구실을 하는지, 공동체 주민의 요구를 충족하는지는 의문이다. 이렇게 건설한 공동체는 투자가 적지 않지만 기계적이고 경직적인 공동체로 응집력과 활력이 결핍되어 있고 미래의 발전도 지속적이지 못하다.

공동체의 본질은 공동체에 대한 주민의 동질감과 응집력으로 혹은 공공정신(公共精神)이라고 한다. 일부 학자는 공동체 건설은 공공성의 중건

---

34) 郎友興·周文, 「社會資本與農村社區建設的可持續性」, 『浙江社會科學』2008年 第11期, pp.68~74.

이라고 한다.[35] 공동체 내의 인간과 인간 간의 신뢰, 도움, 협력 등은 공동체 건설에서 사용할 수 있는 소중한 공공 사회자원이다. 이러한 사회자원이 있어야만 기타 자원(공공 경제 자원, 공공 자연 자원 및 공동체에 대한 정부의 투입을 포함)을 활성화하여 공동체가 활력을 발산한다. 이로써 공동체 공공 사무를 더 잘 해결하고 공동체 공공 생활을 전개하여 공동체 주민들의 여러 가지 요구를 충족시킬 수 있다. 이와 함께 주민 요구의 충족은 다시 사회자본에 역작용을 하여 공동체 사회자본의 보유량을 증가시키며 선순환을 하게 한다. 〈그림 4-1〉은 이를 형상적으로 설명했다.

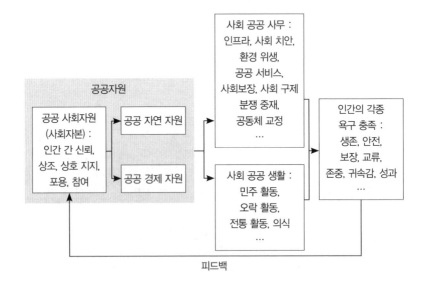

그림 4-1 공동체 건설에서의 공공 사회자원의 중요성

현재 정부가 주도하는 공동체 건설은 도시와 농촌 공동체의 공공 사무에서 관리자가 부재한 현상을 주목했다. 기층 공동체의 조직과 관리 체계

---

35) 黃平·王曉毅主編, 앞의 책.

를 구축하는 방식으로 건설의 중심을 직접적으로 공동체의 구체적 공공 사무 해결 방안에 넣어 일정한 성과를 거두었다. 그러나 공동체 내부의 공공 사회자원의 발굴과 양성을 등한시하여 건설의 실제 효과가 뚜렷하지 못하다.

행정의 추진으로 기층 공동체의 조직과 관리 체계를 구축했고 기층 공동체의 관리를 강화했지만 이러한 권력에 의한 강제로 형성된 공동체는 내재적 동질감을 바탕으로 구축된 '사회 생활 공동체'가 아니다. 우리는 현재 이러한 공동체 건설 패턴을 반드시 반성해야 한다. 향후 공동체 건설 과정에서 중국 국정에 부합되는 상명하달과 하의상달이 상호 결합되는 합리적 패턴을 모색해야 한다. 현실적 상황도 소홀히 해서는 안 된다. "공동체에 익숙해진 정부 조직과 주민위원회 외의 기타 사회조직은 자원, 권위, 능력의 부족으로 정부 부서를 대신하여 주민 관리와 공공 사무를 이행할 수 없다. 주민들도 조직 참여 의식이 부족하여 공동체 참여도가 낮다."[36] 이 두 패턴 간 연결과 전환은 이론과 실천 방면에서 부단히 모색해야 한다.

(2) 사회와 체제 전환의 외부적 제약

사실상 공동체 건설에 존재하는 많은 문제점과 곤란은 공동체 내부의 문제만이 아니라 사회와 체제 전환의 제약을 받는다. 그러므로 공동체에서 벗어나 다시 공동체를 돌아보아야 한다. 아래에서는 사회와 체제 전환의 시각에서 중국의 도시와 농촌 공동체 건설을 살피면서 공동체 문제점 발생 원인을 찾겠다. 이 중 하나는 사회 전환과 '공간-인구' 재구성으

---

36) 何海兵, 「我國城市基層社會管理體制的變遷: 從單位制, 街居制到社區制」, 『管理世界』2003年第6期, pp.52~62.

로 여러 사회문제가 발생하는 근본 원인이다. 다른 하나는 체제와 제도 조정의 정체로 이는 공동체 건설 과정이 여러 가지 현실적 곤란에 직면하게 한 문제의 소재이다.

① 사회 전환과 '공간-인구'의 재구성은 반드시 직면해야 할 현실

공동체는 일정한 지역에 거주하는 사람들로 구성되었다. '공간-인구'의 변동과 재구성은 공동체를 변화시키는 근본 원인이다. 〈그림 4-2〉에서 볼 수 있듯이 1949년 중국의 도시 호적 인구는 5,765만 명으로 전체 인구의 10.6%를 차지했다. 1978년 도시 호적 인구는 1억 7,245만 명으로 전체 인구의 17.9%를 차지했다. 2011년 도시 거주 인구는 6억 9,079만 명으로 전체 인구의 51.27%를 차지했고 농촌 거주 인구는 6억 5,656만 명으로 전체 인구의 48.73%를 차지했다. 이러한 농촌 인구의 대규모적인 도시 진출은 중국 역사에도 없었거니와 세계의 도시화 역사에도 많지 않다.

당대 중국 사회 건설

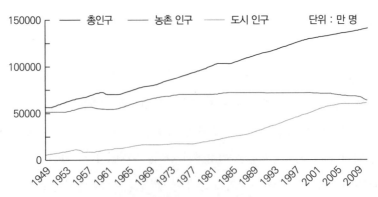

자료 출처 : 1949~2011年『中國統計年鑒』, 中國統計出版社, 1949~2011.

그림 4-2 1949~2011년 전국 도시와 농촌 인구 분포 상황

유동인구를 보면, 1982년 중국의 유동인구는 657만 명이었으나 2000

년에는 1억 명에 달했다. 제6차 전국인구조사통계를 보면 2010년 중국의 유동인구는 2억 2,100만 명에 달해 전체 인구의 16.16%를 차지했다. 〈그림 4-3〉은 1982~2010년 중국 유동인구의 급격한 증가세를 보여주었다. 온가족의 유동과 장기 거주 추세가 뚜렷하여 인구의 유동은 개체 유동에서 가정식 유동으로 변하고 있다. 유동인구는 이주지에서 평균 5년을 거주한다. 유동인구 중 배우자, 자녀, 부모와 함께 유동하는 인구가 전체 유동인구의 66%를 차지했다. 이러한 가정들은 도시 생활에의 융합과 교육, 주거, 사회보장, 의료 등 혜택을 바란다.[37] 유동인구가 더 이상 유동하지 않는 현상이 일반적인 현상이 되었는바 이는 국가가 반드시 직시해야 할 중요한 문제이다.

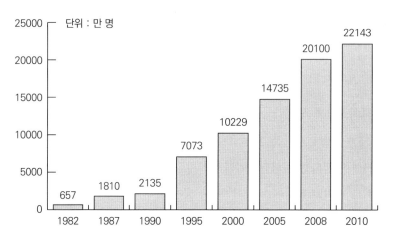

자료 출처 : 中國人民大學 '流動人口趨勢研究' 課題組研究資料.

그림 4-3 1982~2010년 유동인구의 급격한 증가

---

37) 國家人口和計劃生育委員會流動人口服務管理司編, 『中國流動人口發展報告 2011』, 中國人口出版社, 2011, pp.18~26.

산업화와 도시화의 비약적인 발전 과정에서 '공간-인구'의 재구성은 전통적인 도시 공동체와 농촌 공동체에 거대한 도전을 가져왔다. 현재 중국의 적지 않은 지역의 농촌 기층 공동체는 농촌 인구가 빠져나가 농촌 상주인구가 줄어드는 현상이 나타났고 관리자가 부재하며 고유의 공동체 느낌이 점차 소멸되고 있다. 도시 기층 공동체는 인구가 과도하게 증가하여 관리하기 힘들고 인간 간의 관계는 소원하고 삭막해졌다. '공간-인구' 구조의 재구성으로 전통 기층 공동체도 빠른 속도로 와해되고 있다. 인간과 관련되는 여러 가지 수요 이를테면 교육, 사회보장, 취업, 주택, 노인복지 등 수요가 충족되지 못한다. 표면적으로 보면 인구의 유동이지만 사실상은 공공 사무의 해결과 여러 가지 수요를 충족시키는 문제이며 더 심층적으로는 대중이 공평하고 공정하게 사회 권리를 향유하는 문제이다. 이러한 현실을 직시하고 적시에 체제와 제도를 조정하는 것만이 문제의 근본적 해결이다.

② 체제 전환과 계획경제 체제가 남긴 울타리

역사적으로 보면 모든 현대화 국가는 산업화와 도시화의 과정에서 지역 재조정이나 지역 발전 불균형을 겪었다. 이는 산업화와 도시화로의 이행에서 발생하는 사회현상이다. 이 과정에서 체제와 제도의 조정은 사회 전환과 변천의 법칙에 따라야 한다. 그러나 예전의 계획경제 체제는 기층 공동체에 지워지지 않는 흔적을 남겼다. 현재 공동체 건설은 사회와 체제 전환의 필연적 수요지만 계획경제 체제가 남긴 울타리에서 완전히 벗어나지 못했다. 이는 현재 도시와 농촌 공동체 건설에서 여러 가지 곤란이 나타난 주요 원인이다. 두 가지 면에서 드러나는데 하나는 도시와 농촌 이원화 구조 체제이고 다른 하나는 장기간 고도로 중앙집권화된 정부 계획 체제이다.

첫째, 도시와 농촌 이원화 구조 체제를 보자. 계획경제 체제는 도시와 농촌의 이원화 경제구조를 이원화 사회구조로 변화시켰다. 도시와 농촌을 갈라놓는 호적 제도, 토지제도, 재산 소유권 제도는 '농민'이란 단어를 신분의 상징이 아니라 직업의 증명으로 바꾸었다. 한 농민이 신분과 직업을 변경하려면 대학에 입학하거나 군대에 들어가는 수밖에 없다.

1990년 이후 시장경제의 발전은 대규모 인구 유동을 발생시켰으며 많은 도시 공동체, 대도시와 중등 도시의 성중촌 공동체나 일부 경제가 발전한 농촌 공동체에는 비호적 외지인이 대량 거주하고 있다. 그러나 공동체의 구획, 공동체 관리 기구와 관리자의 배치는 여전히 호적 인구수에 따르며 주로 호적자를 위해 봉사한다. 도시와 농촌 상주인구 비중의 격렬한 변동에 비하면 기층 공동체 조직의 조정과 변화는 도시화와 사회 변천보다 더디다. 〈그림 4-4〉를 보면 1984년 농촌 인구는 전체 인구의 76.99%, 촌민위원회 수는 전체 기층 자치 조직 수의 92.42%, 도시 인구는 전체 인구의 23.01%, 주민위원회 수는 전체 기층 자치 조직 수의 7.58%를 차지했다. 2010년 농촌 인구는 전체 인구의 50.05%, 촌민위원회 수는 전체 기층 자치 조직 수의 87.24%, 도시 인구는 전체 인구의 49.95%, 주민위원회 수는 전

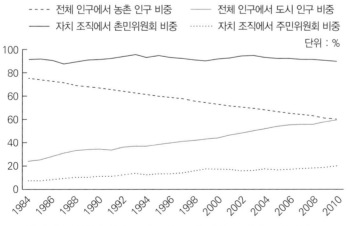

그림 4-4 도시와 농촌 인구 비중 변화와 기층 자치 조직 비중 변화

체 기층 자치 조직 수의 12.76%를 차지했다.

일부 지방은 적극적으로 해결 방안을 찾아냈지만 전체적으로 보면 호적 관리 제도에 의한 정부의 사회 관리와 공공 서비스 기능에는 큰 변화가 없다. 호적이 현재 거주지에 없으므로 자녀의 입학, 주택, 의료보험, 사회보장 등이 현재 거주지에 편입되지 못하며 공동체의 인프라 건설도 이들의 요구를 충분히 고려하지 않는다. 어떤 이는 한 도시에서 수 년, 수십 년 생활했지만 여전히 비호적 유동인구의 관리 체계에 의해 관리된다. 이들은 거주지의 공동체에 융합되기 어려우며 효과적인 사회 통합이 불가능하다. 도시화의 발전과 대규모적 인구 유동으로 계획경제 체제에서 정지되어 있던 도시와 농촌 이원화 구조가 도시 공동체에 옮겨왔다. 이로써 '도시 이원화 구조'가 발생했다. 이러한 도시와 농촌을 분리하는 이원화 체제는 중국의 경제 발전의 장애물로 사회 모순을 유발하여 사회 안정에 악영향을 미치며 사회 융합을 저해한다.

그러므로 산업화, 도시화 발전 시기 인구 유동 현실을 직시하고 도시 공동체와 농촌 공동체를 연결시켜야 한다. 도시와 농촌 공동체의 연결을 추진하고 이를 도시와 농촌 공동체의 균형적 발전을 실현하는 기본 수단으로 삼아 도시화와 신농촌 건설의 유기적 결합을 실현해야 한다.[38] 도시와 농촌 이원화 체제의 분리된 상황을 타파하고 호적 제도, 토지제도, 재산 소유권 제도의 개혁을 심화하여 도시와 농촌간의 격차를 줄이고 도시와 농촌 자원의 자유로운 유동을 촉진해야 한다. 그리고 공동체 상주인구를 바탕으로 그들에게 기본적인 공공재와 공공 서비스를 제공하고 공동체 동질감을 증가시켜 지역사회 생활 공동체를 구축해야 한다.

---

38) 毛丹, 「村落共同體的命運 : 四個觀察維度」, 『社會學研究』 2010年第1期, pp.1~33.

둘째, 장기간 고도로 중앙집권화된 정부 계획 체제를 보자. 현재 도시와 농촌 공동체는 주(촌)민위원회 행정화, 주민 참여 부족, 공동체 서비스의 공급과 수요의 불일치 등 문제점에 직면해 있다. 이는 모두 장기간 고도로 중앙집권화된 정부 계획 체제와 밀접한 연관이 있다.

공동체 행정화 경향은 중국의 장기간 고도로 중앙집권화된 정부 계획 체제에서 발생했다. 전체주의 정부의 영향이 뿌리 깊어 그 파급력은 단기간 내에 기층 공동체에서 사라질 수 없다. 그러므로 현재 공동체를 행정적 부서로 간주하여 건설한다. 장기간 고도로 중앙집권화된 정부 계획 체제는 주(촌)민위원회의 심각한 행정화 경향을 초래했다. 행정화는 사회 공동체 건설의 주체를 바꾸었으며 공동체 건설 주체가 바뀐 것은 공동체 주민의 참여 부족을 유발했고 공동체 주민의 참여 부족은 공급과 수요의 불일치를 초래했다.

일부 학자는 연구를 통해 중국의 도시 공동체 행정화는 공동체 구성원들이 자치의 이념과 기능을 상실하게 했다고 한다. 주민위원회가 자치 주체의 신분으로 공동체 주민이 아닌 정부를 위해 봉사할 때 공동체 구성원들 사이에는 '주민위원회를 중심으로'와 '나 자신을 중심으로'라는 두 집단 간의 이원화 분리가 생길 것이다. 이 두 집단 간의 분리를 이어놓으려면 상호 협력이 필요하다. 또한 정부의 권력 이양, 중개업체의 육성과 기업화 시스템의 도입 등도 두 집단이 손잡고 공동체 자치를 하는 데에 도움이 된다.[39] 그러므로 반드시 정부의 직능을 전환하고 공동체 건설에서 정부, 시장, 사회의 관계를 규명하고 조정하며 사회 관리의 체제와 시스템을 재구성해야 한다.

종합하면 공동체 건설은 사회와 체제 전환의 객관적 요구이며 기존 체

---

39) 閔學勤, 「社區自治主體的二元區隔及其演化」, 『社會學研究』2009年第1期, pp.162~183.

제의 제한을 받는다. 공동체에서 벗어나서 공동체를 보아야만 현재 공동체 건설에 존재하는 문제점과 발생 원인을 규명할 수 있다. 이는 공동체 건설을 추진하고 이상적인 신형 공동체를 구축하는 기초이다.

3. 중국 기층 사회 재구성 : 이상적 신형 공동체 구축

1) 향후 기층 공동체 건설의 목표와 구상

(1) 이상적 공동체란 무엇인가

어떤 공동체가 좋은 공동체이고 이상적 공동체인가? 앞의 분석에 따라 여기서는 이상적 공동체란 생기가 있고 포용적인 지역성 사회 생활 공동체로 조직 능력이 있으며 융합과 포용이 가능한 유기적 공동체라고 정의를 내리고자 한다. 공동체는 모든 주민의 보금자리이다. 주민은 공동체의 주인으로 화목하고 평등해야 한다. 여러 가지 문제점과 요구에 직면 시 자원을 조직, 동원하여 공동으로 해결하고 강한 동질감과 귀속감이 있어야 하며 공동체에서 안전하고 행복하게 생활할 수 있어야 한다. 이러한 기준을 따르려면 중국의 공동체 건설은 갈 길이 멀다.

(2) 구축 목표와 방향

이상적 신형 공동체를 구축하려면 공동체 상주인구를 기준 수로 하고 주민의 요구에 입각하여 공동체 건설을 고려해야 한다. 구체적으로 주민 요구와 인본주의에 입각하고 정부, 시장, 사회, 주민의 공동 협력을 필요로 한다. 화목한 보금자리를 만들며 조직적이고 조화로운 사회 생활 공동체를 구축해야 한다.

　공동체 건설은 인본주의와 공동체 전체 주민의 기본 요구에 입각해야 한다. 공동체 건설 과정은 정부, 시장, 사회 각 부문의 협력, 협상, 융합의 과정이다. 또한 공동 정신과 공동 가치의 육성 과정이자 사회 융합의 과정이다. 도시와 농촌 공동체 건설의 최종 목표는 도시와 농촌 공동체를 조직능력이 있고 융합과 포용이 가능한 유기적 공동체로 만들어 현대사회의 기층 사회 생활 공동체가 조화로운 사회의 초석이 되게 하는 것이다.

2) 이상적 공동체 구축의 방법과 수단

　공동체 건설은 장기적이고 힘든 과정이다. 중국의 도시와 농촌 공동체 건설은 사회와 체제의 전환이라는 배경에서 기인했다. 개혁개방 이후 경제 체제 개혁과 경제사회 발전 과정에서 파괴된 기층 사회 관리 체제와 조직 방식을 재구성하기 위해 발생했다. 공동체 건설 초기 정부를 주체로 구역 분할, 기구 설립, 인원 배치, 시설 투입 및 서비스 등으로 기층 사회에 대해 질서 있고 획일적이며 과감한 개혁과 재구성을 했다. 이는 지역사회의 재건에 바탕을 마련했다. 그러나 이러한 사회와 체제의 전환 과정은 아직 끝나지 않았다. 공동체 건설에는 많은 문제점과 곤란이 존재하며 개혁을 심화해야만 근본적으로 해결할 수 있다.

(1) 과학적 기획과 도시와 농촌 공동체 구축

　과학적으로 도시와 농촌 공동체를 기획하는 전제는 다년간 지속된 도시와 농촌 이원화 체제와 호적 관리에서 벗어나는 것이다. 공동체 상주인구를 기초로 공동체 규모를 합리적으로 정해야 한다. 공동체에 장기간 거주하는 외지인을 공동체 주민으로 대해주고 공동체의 인프라 건설과 교육, 의료 보건, 노인 복지, 사회보장 등 공공 자원 배치 및 사회 관리에서 차별하지 말아야 한다. 인본주의란 공동체 전체 주민을 근본으로 대하는 것으로 공동체 전체 주민의 요구에 입각하여 모든 주민들을 잘 배치하고 융합을 촉진해야 한다.

공동체 주민의 '정착 의식'은 공동체 귀속감, 지역 귀속감과 공동체 동질감 발생의 바탕이며 사회 안정의 기초이다. 중국은 현재 사회의 대전환과 인구 대유동 시기에 처해 있다. 시장경제 체제 및 도시와 농촌이 일체화된 공동체 제도를 조속히 구축해야 한다. 중앙은 비합리적인 호적 제도, 재산 소유권 제도, 공공 자원 배치 제도와 인구 관리 정책을 조정하고 기존의 신분 관리를 직업 관리로 전환해야 한다. 농촌의 유동인구가 도시에서 안정적 일자리를 찾아 도시 주민이 되면 농촌 인구의 유동은 인구 이동이 될 수 있다. 시민들이 어디로 이전하든지 평안하게 살면서 즐겁게 일할 수 있어야 한다.

과학적 기획을 바탕으로 사회 관리 서비스를 사회 말단까지 확대시켜야 한다. 더욱 많은 인력, 재력, 물력을 기층에 투입하여 기층 조직을 육성하고 기층의 자원을 통합하며 기층 사업을 강화해야 한다.

(2) 신형 공동체 관리 시스템 구축에 진력

현대화 요구에 부합되는 기층 사회 관리 기구의 설치는 향후 도시와 농촌 기층 공동체를 건설하는데 중요한 임무이다. 정부조직, 사회조직, 사회 중개업체의 권익관계 조정으로 공동체 관리 체계의 구축을 탐색해야 한다.[40] 공동체의 자주적 관리를 핵심으로 하여 정부, 시장, 주민 등 다원화

---

40) 楊寅,「城市社區建設與公民社會培育之互動」,『上海政法學院學報』2006年第2期, pp.1~7.

주체들이 상부상조하고 협력하는 관리가 되어야 한다. 공동체 주민의 자발적이고 자주적인 바탕으로 정부, 공동체 군중성 자치 조직(전체 주민을 대표)과 비영리기구 간의 분업과 협력, 상부상조 관계를 구축해야 한다.[41] 정부는 공동체에 대한 지원을 확대하는 한편 공동체 및 공동체 민간단체의 자치 능력을 육성해야 한다.

신형 공동체 관리 시스템은 공동체 주민의 주체적 지위와 참여 권리를 보장하여 공동체 건설에서 상명하달과 하의상달이 결합되게 한다. 또한 공동체 공공 서비스 등 자원 배치가 공동체 주민의 수요를 충족시키는 제도적 보장이 있어야 한다. 여기서는 지방정부가 탐색 과정에서 쌓은 경험을 본 연구팀의 조사 자료와 결합하여 사례의 형식으로 서술하고자 한다.

① 공동체 자치 조직과 정부의 관계를 규명하고 공동체 자치의 체제적 공간을 확대한다

첫째, 협애한 호적 인구의 자치에서 공동체 전체 주민의 자치로 전환한다. 농촌 공동체는 응당 경제조직과 분리되어 공동체는 더는 계획경제 하의 집체 경제조직이나 생산 공동체가 아니라 다양한 직업의 주민들이 함께 생활하는 사회 생활 공동체여야 한다. 마찬가지로 도시 공동체의 자치도 전체 주민을 융합하고 통합해야 한다.

둘째, 범주를 합리적으로 확정하고 상급 정부와 공동체 자치 조직의 권리와 책임을 규명한다. 정부의 서비스 구매 방식으로 공동체 자치 조직과 상급 정부의 관계를 규명하고 공동체 자치 조직을 번잡한 행정사무에서 해방시켜 공동체 자치를 실현한다.

---

41) 潘小娟, 『中國基層社會重構−社區治理硏究』, 中國法制出版社, 2004, p.4.

사례 1 장쑤 타이창(江蘇太倉) 정부와 사회의 상호 작용 실천

공동체 자치 조직 행정화 경향이 심각한 문제점을 해결하기 위해 2009년 5월 장쑤 성 타이창 시는「정부 행정관리와 기층 군중 자치의 상호작용 연결 시스템 구축에 관한 의견」을 반포했다. 여기서 "무릇 농촌(주민) 자치성적 관리 사업에 속하는 분야는 농촌(주민)위원회가 자주적으로 관리하게 한다", "정부 부서의 행정직책범위의 사업임무를 임의로 농촌(주민)위원회에 하달해서는 안 된다"라고 했다. 2010년 3월 타이창 시는「기층 군중 자치 조직의 정부 사업 협조 사항」과「기층 군중 자치 조직의 법률에 의한 직책 이행 사항」을 출범시켰다. '자치 조직의 법률에 의한 직책 이행 사항 조목' 10개를 정리하고 '행정권력 제한 사항 조목' 27개를 청산했다. 최종적으로 확정된 자치 조직 협조 처리 사항은 청산 전에 비해 51개 조목이 줄어들었다. 2010년 8월 13일 시범지인 두 개의 진(鎭)은 각각 관할지의 23개 촌(공동체)과 11개 촌(공동체)의 주민과「기층 자치 조직의 정부 관리 협조 협의서」를 체결하여 원래의 행정 책임서를 대체했다. 이로써 공동체와 정부와 예속 관계를 취소하고 평등한 계약 관계를 구축했으며 서비스 구매 방식을 통해 '권리에 책임이 따르고 사무에 따라 경비를 조달'하게 했다. 행정 책임서를 폐지한 타이창 시는 기회를 놓치지 않고 일련의 부대 정책을 출범시켰는데 여기에는 행정 지령성 지시의 중지, 행정 심사의 중지 등이 포함되었다. 농촌(주민)위원회 주임 입후보자 제도를 폐지하고 군중직접선거를 실행했으며 농촌(주민)위원회 주임에 대한 심사를 정부 심사에서 군중 심사로 전환했다.

② 공동체 민주 시스템 구축을 강화하고 공동체 자치 조직과 주민의 관계를 규명하며 주민의 민주 참여를 촉진한다

공동체 주민은 공동체의 주인이며 공동체 건설의 주체이다. 공동체 주민의 주체성을 충분히 발휘하며 공동체 사무에 대한 공동체 구성원의 참여 의식을 갖게 하여 공동체 주민들이 자신의 힘으로 공동체의 문제점을 해결하게 한다. 의사회 등 형식을 통해 공동체 주민의 민주 참여 권리를

보장해야 한다. 주(촌)민대표대회, 의사회, 감사회 등 기층 민주 시스템 구축을 강화하고 실제 상황에 따라 촌과 공동체를 아우르는 연합의사기구를 설립할 수 있으며 공공 서비스와 사회 관리의 민주 결책 기능을 충분히 발휘해야 한다. 이 과정에서 첫째, 공동체 주민은 민주와 법제로 자체 발전의 문제점을 해결하는 방법을 배워 현대시민 자질과 사회 공공 분야에 참여하는 능력을 향상한다. 둘째, 정부의 직능 전환과 간부 사업 방식의 전환을 촉진하여 정부와 사회의 관계를 재구성한다. 정부와 사회의 합리적인 직능 경계를 찾아 정부의 지원과 공동체 자주적 관리를 핵심으로 하는 신형 공동체 관리 시스템을 구축한다.

사례 2 청두(成都)의 기층관리 체제 시스템 혁신

청두 시는 기층 정부의 경제 직능과 사회 직능의 분리, 기층 사회조직의 정치직능과 자치 직능의 분리, 결책권과 집행권의 분리로 기층 관리 체제 시스템의 혁신을 성공적으로 추진했다. 2009년 이후 일부 구와 현은 가도와 향진 기층 정부의 경제 직능을 취소했다. 더는 경제지표 완성을 심사하지 않았으며 기층 정부가 공공 서비스와 사회 관리에 힘쓰게 했다. 도시와 농촌 기층 공동체에서 의사회 제도를 추진하고 주민은 '한 가구당 한 표'제로 공공 서비스와 사회 관리 자금의 사용을 결정했다. '민생으로 민주화를 촉진하고 민주화로 민생을 보호'한 효과는 뚜렷하여 점차 도시와 농촌 신형 공동체 민주 자치의 국면을 형성했다. 현재 '권리를 돌려주어 대중에게 더 잘 봉사할 수 있도록' 기층 사회 관리의 혁신을 추진하고 있다. 제도의 혁신으로 정부는 공동체의 자치권을 공동체(촌)에 돌리며 공동체는 공동체 사무 관리권을 주민 및 그 조직에 돌렸다. 공동체(촌)에 대한 공공 재산의 주입으로 기층 사회조직에 자아 관리, 자아 서비스, 자아 교육의 능력을 부여했다. 기층 정부는 사회 관리와 공공 서비스의 본래 책임 범위로 돌아가고 공동체는 관할 지역 공공 사무와 공익사업 관리의 본래 책임 범위로 돌아가게 했다.

③ 공동체 자치 조직과 사회조직의 관계를 규명하고 공동체 건설에서의 사회조직
   역할을 충분히 발양한다

다원화한 사회조직의 육성은 조화로운 사회의 중요한 표지이다. 공동체 주민의 수요는 사회조직을 통해 충족된다. 다양해진 주민의 수요와 광범한 공동체 기능은 사회조직의 다양성과 일치해야 하지만 이는 공동체 위원회를 전체주의 소정부로 만들려는 것이 아니다.

정부는 비영리단체(NPO), 비정부조직(NGO), 공동체 민간 조직, 지원자 봉사단체 등의 역할을 중시해야 한다. 여러 사회조직(합작조직, 경제조직, 자선조직, 오락조직, 봉사조직 등)의 공동체 서비스 전개를 격려하여 공동체 주민의 각종 수요를 충족시켜야 한다. 여기에는 교육, 직업 기능 양성, 노인 복지, 사회 교류, 문화 오락, 자선 기부, 외지인 융합 등이 포함된다. 이로써 정부, 시장, 사회의 공공 서비스 협력 모식을 구축하여 정부 서비스의 부족을 보충할 수 있다. 사회단체를 충분히 이용하여 자원의 최적화 배치를 실현하고 공급 효율을 향상해야 한다. 이는 공공 서비스의 공급과 수요 정보 공유 시스템을 구축하며 공공 서비스의 균등화와 공급과 수요를 연결하는 데 유리하다.

공동체 건설의 생명력은 공동체에 대한 공동체 주민의 동질감과 공동체 사무에의 적극적인 참여에 있다. 사회복지사, 의무 노동자, 자원봉사자 등은 사회조직의 가입과 활동으로 자기 가치를 실현한다. 사회조직을 통해 공동체 주민들에게 적합한 시민과 공동체가 될 수 있는 방법을 가르치며 사회를 위해 자신의 시간, 정력과 지식을 기여하게 한다. 다양한 비정부조직도 주민이 공동체 사무에 참여하는 중요한 경로이다. 사회조직은 정부와 시민을 연결하는 매개와 유대로 대중의 이익과 요구를 표현한다. 주민은 사회조직을 통해 공동체와 정부의 교류, 대화, 결책에 참여하여 공동체에 좋은 환경과 조건을 마련한다. 그러므로 정부는 사회조직에 발전

의 무대를 제공하며 서비스 구매 등 방식으로 공동체 사회조직을 적극 육성해야 한다.

사례 3 광둥 성(廣東省)의 정부 직능 전환과 사회조직의 발전에 대한 지원

광둥 성 사회공작위원회(社會工作委員會)는 광둥 성위원회 제11기 제9차 회의의 「사회 건설 강화 관련 결정」을 집행하기 위해 2011년에 광둥 성 사회 건설 강화 관련 공문서 7개를 반포했다. 사회체제 개혁의 추진, 사회조직 관리의 강화, 사회 인재 양성의 강화, 기층 군중 자치 조직 건설의 강화 등 방면에 대한 광둥 성의 조치와 요구를 분명히 했다. 이 중 정부 직능의 전환과 사회조직의 육성과 발전이 중요한 자리를 차지했다.

2012년부터 각급 정부의 관련 부서는 사회 관리와 서비스 사항의 이전을 분명히 했다. 서비스 구매 사항 목록을 확정했으며 취업, 교육, 외지인 서비스 등 유형 사회조직의 사회 서비스 구매에 중점을 두었다. 자선, 우선 무휼, 마약 중독 재활 치료, 혼인가정 등 분야에서 전문 자원봉사자 서비스를 추진하고 있다.

사회조직을 육성하고 발전시키기 위해 사회조직 결성 기준을 낮추었고 등록 방법을 간소화했으며 사회조직의 업무 주관 부서를 업무 지도 부서로 개편했다. 또한 외국 관련 사회조직 등록 관리 제도의 수립과 사회조직에 대한 공공 재정 지원 시스템의 구축을 추진하고 있다.

④ 공동체 주재 기관과 기업의 공동체 건설 참여 적극성을 동원한다

공동체 주재 기관은 주로 공동체 관할 범위에 주재하는 당정 기관과 사업 단위를 가리키며 공장, 학교, 병원, 주둔부대, 사당도 포함한다. 기관과 기업이 담당하는 사회적 책임의 하나가 바로 공동체에 일정한 공헌을 하는 것이다. 이념 선전과 정책 인도 및 공동체 주재 기관의 공동체 의사회 참석 등 형식으로 공동체 건설에 적극 참여하게 동원해야 한다. 이들 기관이 공동체 주민에게 관련 시설과 장소를 개방할 것을 격려하고 공동체 활

동에 참여하여 공동체 건설에 물력과 인력, 자금을 지원하게 한다. 이로써 이들 기관이 공동체에 대한 사회적 책임을 주동적으로 담당하게 하여 '자원 공유, 공동 구축'을 이룩해야 한다.

(3) 공동체 공공 정신과 사회자본의 육성

공동체의 진정한 본질은 공동체 의식, 공동체 귀속감과 공동체 정신이다. 공동체 건설의 영혼은 공동체 내부의 자주적 발전에 있다. 공동체 운동의 창도 목적은 공동체에서의 사회 발전 목표의 실행이다. 공동체 주민의 참여, 기층 민주의 실행, 자주적 정신의 양성으로 지역사회의 기층 민중의 발전 수요를 충족시키고 사회복지를 증진하며 내재된 지속적 발전 능력을 촉진하는 것이다.[42] 신형 공동체 관리 시스템이 제도적 측면의 건설이라면 공동체 공공 지원 정신과 사회자본의 육성은 사회 건설의 핵심이다. 공동체에서 공공 정신문화를 형성하여 공동체의 몰락해버린 공공 사회자원에 새로운 활력을 주입하고 사회 생활 공동체 구축을 추진한다.

공동체 공공 정신과 사회자본을 어떻게 육성할 것인가? 현대사회는 조직적인 시스템이다. 정부는 공동체 주민 자치 조직이 공동체의 공공 수요와 공동체의 문제점을 해결하도록 하며 필요 시 지원을 해야 한다. 공동체 자치조직과 공동체 사회조직은 공동체 주민의 공동체 참여를 독려해야 한다. 평등 협력, 상부상조의 분위기를 만들어 공동체 공공 생활 공간을 확대하고 여러 형식의 공동체 활동을 전개하며 주민의 참여로 상호 소통과 교류를 증진해야 한다. 사람과 사람 간의 상호 신뢰, 협력, 우정을 불러일으키고 이웃 관계를 개선하며 이웃 간의 상조를 도모하여 주민 간 융합을 촉진하고 공동체 응집력을 강화해야 한다. 정보화 사회의 도래로 인터넷

당대 중국 사회 건설

---

42) 郭學賢, 『城市社區建設和管理』, 北京大學出版社, 2010, p.2.

은 공동체 주민의 수요 표현과 상호 교류에 편리를 준다. 가상적 공동체와 물리적 공동체가 점차 융합되어야 한다. 공동체의 공공 서비스 정보 시스템, 공동체 논단, 공동체 QQ(메신저) 단체방, 공동체 웨이보(SNS 서비스) 등으로 공동체 주민 간, 공동체 주민과 정부 간의 교류와 소통을 촉진해야 한다. 이는 서로 무관심하던 낯선 주민들이 점차 서로 이해하고 공동체 사무에 관심을 가지며 공동체 건설에 참여하는 습관과 분위기를 만들 수 있다. 길게 보면 시민 교육을 공공 정신 육성의 기초 사업으로 보는 것이 매우 중요하다.

공공 정신은 개개인의 마음속에 숨어 있다. 불러일으키기만 하면 거대한 에너지를 발산한다. 공동체 주민 간의 상호 신뢰와 협력은 공동체 건설에서 이용할 수 있는 소중한 사회자원이다. 이러한 사회자원이 있으면 도시와 농촌 공동체의 조직 능력을 크게 향상시킬 수 있으며 공동체 주민의 여러 가지 수요를 발굴할 수 있다. 공동체 안팎의 여러 가지 자원의 유기적 통합을 추진하여 공동체 건설이 가장 큰 효과를 얻게 해야 한다. 이러한 공동협력에서 공동체 주민의 공공 수요가 충족될 수 있으며 공동체에 강렬한 동질감과 귀속감을 발생시켜 공동체는 진정으로 주민들의 화목한 보금자리가 될 수 있다.

제 5 장

사회조직

사회조직은 사회 건설의 주체 중 하나로 사회 협동과 시민 참여는 주로 사회조직을 통해 이루어진다. 개혁개방 이후 체제와 사회의 비약적인 전환에서 국가와 사회 일체의 '전체적 사회'에 기능 분화가 생겼다. 시장과 사회는 이러한 '전체적 사회'에서 분리되었거나 성장했다. 시장 분야가 분리되고 경제조직이 성장한 반면 사회 공간의 확장과 사회조직의 성장은 더뎠으며 아직 성숙되지 못했다. 현재 민영 경제를 주체로 하는 신흥 경제조직은 일자리 창출과 중국 경제 발전 및 시장경제 체제 구축을 추진하는 주도적 세력이다. 그러나 사회조직은 사회 건설에서 사회를 조직, 관리하고 봉사하는 기능을 다하지 못하므로 사회 건설의 주체적 역할을 구현하지 못한다. 이 장에서는 사회 건설에 입각하여 당대 중국 사회조직의 발생, 발전, 행위 논리를 설명하고자 한다. 사회조직의 기능을 분석하고 사회조직이 직면한 곤경을 연구 토론하며 사회조직 발전을 촉진할 수 있는 정책을 건의할 것이다.

제5장 사회조직

사회조직은 사회 건설의 주체 중 하나로 사회 협동과 시민 참여는 주로 사회조직을 통해 이루어진다. 개혁개방 이후 체제와 사회가 비약적으로 전환하면서 국가와 사회 일체의 '전체적 사회'에 기능 분화가 생겼다. 시장과 사회는 이러한 '전체적 사회'에서 분리되었거나 성장했다. 시장 분야가 분리되고 경제조직이 성장한 반면 사회 공간의 확장과 사회조직의 성장은 더뎠으며 아직 성숙되지 못했다. 현재 민영 경제를 주체로 하는 신흥 경제조직은 일자리 창출과 중국 경제 발전 및 시장경제 체제 구축을 추진하는 주도적 세력이다. 그러나 사회조직은 사회 건설에서 사회를 조직, 관리하고 봉사하는 기능을 다하지 못하므로 사회 건설의 주체적 역할을 구현하지 못한다.

이 장에서는 사회 건설에 입각하여 당대 중국 사회조직의 발생, 발전, 행위 논리를 설명하고자 한다. 사회조직의 기능을 분석하고 사회조직이 직면한 곤경을 연구 토론하며 사회조직 발전을 촉진할 수 있는 정책을 건의할 것이다.

1. 당대 중국 사회조직의 출현과 발전

1) 사회조직 유형의 구분과 정의

사회조직을 성격에 따라 사회단체, 민영 비기업 단위, 재단 등 세 유형으로 나누고 기능에 따라 경제 유형, 과학 연구 유형, 사회사업 유형, 자선 유형, 종합 유형 등 다섯 유형으로 나눈다. 이 밖에 14가지 작은 유형으로 나눌 수도 있다.

민정부의 분류와 통계에는 등록 면제 사회조직과 미등록이나 등록 전환(공상 관리 부문에 경제조직 형식으로 등기)한 일반 사회조직이 포함되지 않았다. 여기서는 사회조직의 발기자에 따라 정부 운영 사회조직과 민간 발기 사회조직으로 나누고자 한다. 정부 운영 사회조직은 인민단체 8개, 등록 면제 사회조직 14개 및 민정 부문에 등록한 일부 사회단체와 공모 펀드를 포함한다. 민간 발기 사회조직은 민영 비기업 단위, 비공모 펀드와 모든 일반 사회조직을 가리킨다. 이 유형의 사회조직은 대부분 개혁개방 이후 시민 자체의 힘으로 설립하고 발전시킨 것으로 신생 사회조직이라고도 한다(표 5-1).[1]

이 두 유형의 사회조직은 설립 시기, 조직 이념, 경비 출처, 관리 구조, 인원 구성, 기능의 발휘와 사회적 영향에 모두 큰 차이가 있다(표 5-2).

당대 중국 사회 건설

---

1) 중국 대륙에서 활동하는 외국 NGO는 조직과 제도에서 중국의 사회조직과 뚜렷한 차별이 있으므로 본 연구에서 다루지 않는다. 이 밖에 재단이나 펀드도 다루지 않기로 한다. 당대 중국의 재단이나 펀드의 연구 및 통계 수치에 대해서는 『中國基金會發展獨立硏究報告(2012)』(基金會中心編, 社會科學文獻出版社, 2012)를 참조하기 바란다.

표 5-1 사회조직의 분류

정부 운영 사회조직	신생 사회조직
인민단체 등록 면제 사회조직 정부 주최 사회단체 정부 주최 공모 펀드	민간 발기의 사회조직 민간 발기의 공모 펀드 민영 비기업 단위 풀뿌리 사회조직

표 5-2 사회조직의 분류

특징	정부 운영 사회조직	신생 사회조직
설립 시기	1985년 이전	1985년 이후
조직 이념	정부와 민중 소통의 매개	시민 자치
경비 출처	정부	민간
관리 구조	관료제 수직 구조	민주제 평행 구조
인원 구성	준정부 종사자	사회조직 종사자
기능 발휘	정부와 민중 수요를 충족	시민 자체 수요를 충족
사회적 영향	비교적 큼	비교적 작음

2) 당대 중국 사회조직의 발전 현황

(1) 당대 중국 사회조직 발전의 배경

① 경제체제 개혁과 정부의 직능 전환은 사회조직이 발전할 터전을 제공했다

중국공산당 제11기 중앙위원회 제3차 전체회의는 사회조직 발전의 역사적 기점이다. 이번 회의는 경제체제 개혁을 선언한 한편 정치체제, 행정체제, 사회체제 등 분야의 개혁을 유발하여 사회조직이 발생하고 발전할 수 있는 정책적 환경을 제공했으며 사회조직의 참여와 사회 건설의 실천

을 촉진했다. 개혁은 중국 고유의 중견 사회조직인 공회, 청년연합회, 부녀연합회 등 인민단체와 등록 면제 사회조직의 직능 전환을 가져왔다. 중국공산당 제16기 중앙위원회 제3차 전체회의 이후 당과 국가는 사회조직의 발전에 더욱 명확한 요구를 제기했다. 중국공산당 제17차 대표대회에서는 "사회조직의 건설과 관리를 중시해야 한다", "사회조직은 군중 참여확대와 군중 요구 반영 면에서의 적극적인 역할을 발휘하여 사회 자치 기능을 제고한다"라고 했다. 중국공산당 제18차 대표대회에서는 "정부와 사회가 분리되고 권리와 책임이 명확하며 법에 의해 자치를 하는 현대사회 조직체제를 구축해야 한다", "기업과 사업단위, 인민단체의 사회 관리와 서비스에서의 직책을 강화하고 사회조직의 건강하고 점진적인 발전을 인도해야 한다"는 새로운 요구를 제기했다. 이는 공산당이 새로운 시기, 새로운 단계에서 여러 사회 세력을 동원하여 사회 건설에 참여하게 하는 중요한 조치로 사회조직의 발전에 정책적 환경을 제공했다. 통계에 따르면 2009년까지 민정 부문에 등록한 사회조직은 43만여 개이다. 지방정부는 사회조직 체제와 시스템의 육성에서 성과를 이룩했다. 이를테면 베이징, 상하이, 따칭, 광동 등지는 사회 건설 조직, 지도 및 업무 기구를 설립했다. 이는 사회조직의 육성과 발전에 환경을 마련해주었다.

② 중산층의 발전과 시민의 사회 참여는 사회조직 발전의 사회적 배경이다

통계에 따르면 중국의 중산층은 전체 인구의 23%를 차지하며 해마다 1%의 증가세를 보인다.[2] 중산층의 핵심은 민영 기업가, 전문직 종사자와 지식인들이다. 중산층은 사회조직의 발전에 물질, 인력자원, 정신적 이념을 제공한다. 사회조직의 발기자와 지도자 중 많은 사람들이 전문직 종사

---

2)   陸學藝主編,『當代中國社會結構』, 社會科學文獻出版社, 2010, p.422.

자이다. 표본 조사를 보면 이는 발기자의 52.3%를 차지한다(표 5-3). 대졸자가 사회조직의 가장 주요한 참여자이다. 특히 사회학 전공 졸업생의 대부분이 사회조직에서 자신의 이상을 실현하고자 한다. 이 밖에 사회 공공 사무에 대한 시민의 참여 의식이 부단히 향상했는바 넷이즈, 시나닷컴, 소후닷컴 등 포털 사이트는 모두 공익 채널을 개설하여 시민들의 요구를 충족시키고 있다. 원촨(汶川) 지진 시 구조는 시민 사회 참여의 이정표이다. 불완전한 통계에 따르면 쓰촨(四川)의 일선에서 구조에 참가한 민간단체가 300여 개에 달했다. 거의 모든 NGO가 전국 각지의 재난 구조에 참가했으며 자원봉사자는 300여만 명에 달한다.[3] 일반 민중의 참여 의식 향상이 사회조직의 발전에 양호한 사회 여론 환경을 제공했다면 기업가가 출자하여 설립한 비공모 펀드의 발전은 기업가 공익 정신의 향상을 보여주며 민간 사회조직의 발전에 물적 지원을 한다. 조사에 의하면 사회조직의 총수입에서 재단이 지원하는 자금이 65.1%를 차지한다.

표 5-3 사회조직 발기자의 원래 직업*

	조직 수	비율(%)
국가와 사회 관리층	14	3.1
경영 관리층	35	7.7
민영 기업가 계층	11	2.4
전문 기술자 계층	239	52.3
사무직 계층	42	9.2
자영업자 계층	6	1.3
상업 서비스직 계층	15	3.3

3) 朱健剛等編著, 『汶川地震中NGO參與個案研究』, 北京大學出版社, 2009, p.4.

	조직 수	비율(%)
공업 근로자 계층	12	2.6
농업 근로자 계층	5	1.1
도시 실업, 반실업자 계층	3	0.7
학생	23	5.0
정년 퇴직자	12	2.6
기타	40	8.8

* 이 표의 데이터는 홍콩중문대학 시민사회연구센터(CCSS)가 2010~2012년 중국 대륙의 263개 사회조직의 데이터베이스를 정리한 결과이다. 아래에서 중복 설명하지 않기로 한다.

자료 출처 : 香港中文大學CCSS數據庫, 2012.

③ 해외 비영리조직의 진입이 중국 사회조직 참여와 사회 건설을 추진한다

칭화대학 NGO연구소가 제공한 최신 데이터를 보면 현재 중국에 있는 외국 NGO는 1만 개에 달한다. 이 중 35개 단체가 민정부에 등록했다. 단체 중 대다수는 등록하지 않았지만 묵인하에 정상적으로 업무를 전개한다. 이러한 단체가 해마다 동원할 수 있는 자금 규모는 수십억 위안에 달하며 교육, 의료 보건, 빈곤 퇴치와 공동체 발전, 중국 현지 NGO의 능력 양성, 환경과 동물 보호 등 분야와 관련된다.[4] 이 밖에 서방 국가의 일부 정부 측 원조기구(캐나다와 스웨덴 대사관에 모두 직접적으로 중국 시민 사회 건설을 추진하는 프로그램이 있음)도 직간접적으로 중국 사회조직의 발전을 추진하고 있다. 또한 이념적 층면에서 중국 사회조직의 관리 구조와 프로그램 운영에 영향을 주고 있다.

---

[4] 韓俊魁著, 『境外在華NGO : 與開放的中國同行』, 社會科學文獻出版社, 2011, p.7, p.25.

(2) 중국 사회조직의 발전 상황

① 정부 주관의 사회조직

신중국 성립 이후 민간단체 결성이 거의 정체되었다. 이를 대체한 것은 1949~1958년 국가에서 선후하여 조직한 7개 인민단체이다.[5] 1981년에 설립된 중화전국타이완동포친목회(中華全國臺灣同胞聯誼會)를 합쳐 8대 인민단체라고 한다. 같은 기간 국가는 준정부 사회단체와 국무원이 비준한 등록 면제 사회단체 14개를 설립했다. 여기에는 중국문학예술계연합회, 중국장애인연합회 등이 포함된다. 이 유형의 조직은 서방 국가나 중화민국 시기에 존재하던 상대적 독립성을 지니고 정치, 경제, 사회 역할을 담당한 사회조직이 아니라 국가 행정구조 내에서 그 기능적 역할을 하는 사회조직이다. 이러한 기능성 자리매김은 사회조직이 정부에 의지하고 당과 정부의 사업에 협조하여 사회를 통제, 관리하는 국가의 보완 수단임을 보여준다.

개혁개방 이후 중국의 경제체제와 사회체제 개혁의 심화로 이러한 인민단체도 직능 조정에서 새로운 역할을 하고자 했다. 예전에 이러한 단체의 주요 기능은 선전과 교육, 상황 보고 등이었다. 개혁 이후 일부 사회단체와 조직은 새로운 시장경제에 적응하기 위해 운영 방식을 조정하고 자금 출처를 확대했으며 업무 사항을 전개했다. 새로운 형세에서 활력을 보이고 발전을 도모하면서 중국 공익사업의 핵심이 되었다. 사회조직은 사회 건설의 진행 과정에서 중요한 역할을 발휘한다. 향후 현대화 공익사업의 발전에서 이 유형 조직의 전환을 주목해야 한다.

---

5) 본장에서 등록 면제 사회단체와 사회조직에 대해 일률로 '인민단체'라고 부르기로 한다. 이로써 민정부문에 등록하는 기타 세 가지 유형의 사회조직과 구분하려고 한다.

② 민간 발기의 신생 사회조직

　민간적 자발로 발생한 각 유형의 사회조직은 비약적 발전을 이룩했다.
민정부에 등록한 수가 43만 개이다(표 5-4). 사회단체에서 비중이 가장
높은 세 부류 조직은 농업과 농촌 개발 유형 조직, 사회 서비스 유형 조직,
공상 서비스 유형 조직이다. 민영 비기업 단위 조직은 교육, 보건 및 사회
서비스이며 재단에서는 교육, 사회 서비스, 문화이다(표 5-5, 표 5-6). 사
회조직의 실제 숫자는 이보다 훨씬 많다. 몇몇 유형의 사회조직은 민정부
의 통계에서 누락되었다. 이 중에는 정부 운영 사회조직(앞서 서술한 인민
단체 등), 민간 운영이나 공상 행정관리 부문이나 기타 부문에 등록한 사
회조직, 소속 기관의 산하에서 활동하므로 등록할 필요가 없는 사회조직,
기타 사회조직 산하의 조직 및 등록할 수 없거나 등록하려 하지 않는 사회
조직(이 중 대부분은 풀뿌리 NGO임)이 포함된다. 이 몇몇 유형의 사회조
직 숫자는 민정부에 등록한 사회조직 숫자보다 더 많다. 표본조사 결과에
따르면 민정부에 등록한 사회조직은 전체 사회조직의 32.2%이다.

표 5-4 근년 사회조직의 발전(성격에 의한 분류)

연도	사회조직 합계	사회단체	민영 비기업 단위	재단
2003	26612	141167	124491	954
2004	289432	153359	135181	892
2005	319762	171150	147637	975
2006	354393	191946	161303	1144
2007	386916	211661	173915	1340
2008	413660	229681	182382	1597
2009	431069	238747	190479	1843

자료 출처 : 國家民間組織管理局中國社會組織網, http://www.chinanpo.gov.cn/web/index.do.

표 5-5 2008년 사회조직 수(성격과 기능 교차에 의한 분류)

사회조직 분류	민영 비기업 단위	재단	사회단체	총수
농촌 및 농업 개발	1166	36	42064	43266
사회 서비스	25836	320	29540	55696
공상 서비스	2068	5	20945	23018
과학기술과 연구	9411	67	19369	28847
문화	6505	94	18555	25154
직업 및 취업 조직	1441	5	15247	16693
교육	88811	450	13358	102619
체육	5951	30	11780	17761
의료	27744	52	11438	39234
생태 환경	908	28	6716	7652
종교	281	10	3979	4270
법률	862	22	3236	4120
국제 및 외교 조직	21	11	572	604

자료 출처 : 國家民間組織管理局中國社會組織罔, http://www.chinanpo.gov.cn/web/index.do.

표 5-6 사회조직 기능 발휘 분야의 비교

단위: %

민정부의 유형 구분	사회조직	유효 비중
경제	농업과 농촌 개발	16.02%
사회사업	문화 교육 체육 보건 생태 환경	46.52%
자선	사회 서비스	13.46%
과학 연구	과학기술과 연구	6.97%

민정부의 유형 구분	사회조직	유효 비중
종합	직업 및 취업 조직 종교 법률 국제 및 외교 조직 기타	17.93%

　수적인 증가 외에 사회조직의 전체 인력자원 구조를 보아도 근래의 발전이 뚜렷하다. 2008년 민정부에 등록한 사회조직은 475.8만 명의 취업을 해결했다. 이는 비농업 취업 인구의 1.85%를 차지한다. 풀뿌리 NGO 취업자까지 합치면 이 숫자보다 훨씬 많다. 이 중 전문대 이상 학력이 26.97%를 차지하며 사회복지사 자격증 소지자가 5,907명이다. 발기자 중 74.7%는 중산층이나 상류층이며 연령대를 보면 청장년이 위주인데 45세 이하가 72.6%이다.[6] 우리의 조사에서 발기자의 연령대가 50세 이하가 89.6%로 나왔다. 사회조직은 정년퇴직자가 남은 역량을 발휘하던 무대에서 고학력 전문 기술자를 매료시키는 유망산업으로 변화했다.

　현재 중국의 신생 사회조직 간의 발전 수준은 뚜렷한 격차를 보이며 세 가지 유형이 있다. 첫 번째 유형은 정부 부서에서 발기하고 설립한 사회조직 및 근년에 정부가 계획적으로 기업과 개인의 사회적 책임 의식을 추진하기 위해 설립한 비공모 펀드이다. 두 번째 유형은 민영 비기업 단위 성격의 민영 교육과 의료 기구(영리성 공공 서비스 조직에 속함) 및 1995~2000년 민간에서 자발적으로 설립한 공익 조직이다. 주요한 발전 계기는 1995년 중국에서 열린 세계여성대회이다. 설립 초기 사무실과 경비는 주로 해외 NGO로부터 지원받았다. 이외의 조직은 모두 세 번째 유

---

6)　康曉光等主編, 『中國第三部門觀察報告』, 社會科學文獻出版社, 2011, p.17.

형인 풀뿌리 NGO이다. 그들을 풀뿌리라고 부르는 것은 발기자가 관료나 기업가, 스타가 아니라 앞에서 언급한 지식인이나 전문 기술자이기 때문이다. 이들 대다수는 사회 중하층에서 노력한 사람들이다. 사회의 인정을 받는 공익 조직 대부분은 첫 번째 유형이다. 이를테면 글로벌빌리지(유엔환경계획의 중국 민간 연락 기구로 민간 비영리 환경보호 조직임), 스타레인(자폐증 아동에 서비스를 제공하는 민영 비영리기구임)이다. 현재 사회조직 간의 횡적 협력의 증가에 따라 일부 공익적인 프로그램, 이를테면 '일기금(壹基金) 모범 사업 프로그램' 등을 통해 더욱 많은 대중의 주목을 받고 있다.

2. 사회 건설에서의 사회조직 기능

1) 사회조직의 행위 논리

일부 학자는 민간 지원 행위의 연구에서 1990년 이후 중국에서 흥기한 자발적 집단 행위에 네 가지 외부 행위 논리와 두 가지 내부 행위 논리가 있다고 주장한다.[7] 이를 바탕으로 당대 중국 사회조직의 집체 행위에 다음과 같은 논리가 있다고 본다.

(1) 자선 복지 논리

공익성 사회조직을 볼 때 조직 구성원은 조직의 서비스 대상자를 찾아내고 그 대상에게 도움과 서비스를 줄 수단을 채택하며 이러한 행위가 서비

---

7)   朱健剛, 『行動的力量－民間志願組織實踐邏輯研究』導論, 商務印書館, 2008.

스 대상자나 사회에 갖는 의의를 알아야 한다. 이를테면 농촌 교육에 진력하는 사회조직 구성원은 농촌 공동체에 들어가 자주적으로 학교를 운영하고 새로운 농촌 교육의 모식과 방향을 탐색하여 현지의 어린이, 공동체 및 전체 사회에 도움을 주어야 한다. 이는 이 유형의 조직이 농촌에 내려가 학교를 운영하는 외재적 의의를 부여하는 것이다. 이러한 조직 자체가 서비스 과정에서 부여한 의의를 보면 가장 보편적인 외부 행위 논리는 자선 복지 논리이다. 중국 사회가 전환되고 과학주의와 자본 논리가 점차 확립됨에 따라 사회는 기득권층과 취약층으로 분화되기 시작했다. 공익성 조직은 서비스로 취약층의 어려움을 줄여주려고 한다.

(2) 참여식 발전 논리

많은 공익성 조직은 교육, 기술, 자원의 부족이 현지 공동체 빈곤을 초래한 근본 원인임을 알고 있다. 그러므로 복지 논리는 조직 행위가 구축한 구조를 더는 충족시키지 못하게 되었다. 따라서 새로운 논리인 참여식 발전의 논리가 발생했다. 이 논리는 현지 서비스 집단의 노력으로 그들이 처한 상황을 개변하며 서비스 집단이 더욱 많은 문화적 자신감을 얻게 하는 것이다.

(3) 이성적 권익 보호 논리

이성적 권익 보호 논리는 권익 보호 유형 조직의 주요한 행위 논리이다. 일부 지역에서 공공 이익을 침범하는 집단이 권력을 장악하고 있고 권익을 침해받는 집단은 불공평한 상황을 변화시키려고 하기 때문에 충돌이 발생한다. 이는 집단의 권리 수호에 서비스를 제공하는 권익 보호 조직을 발생시켰다. 그러나 서방 국가의 권익 보호 조직과 달리 중국의 권익 보호 조직은 국가의 사회 법률 제도에 도전하지 않고 오히려 국가의 법률로 권리를 쟁취하여 자신의 발전을 도모한다.

(4) 제도 변혁 논리

공익 조직의 집단 행위 과정에서 조직 구성원은 일부 서비스 분야에 현존하는 제도와 문화가 더는 지원을 제공하지 못할 뿐만 아니라 많은 제도 자체가 불공평을 초래하는 근원임을 발견했다. 이에 근거하여 일부 공익 조직은 집단 행위에 사회 변혁의 의의를 부여했다. 사회 실천으로 가치관을 창도하고자 했고 또한 사회체제변혁의 공간을 찾고자 한다.

(5) 이익 논리

농업과 농촌 개발 및 상공업 발전에 서비스를 제공하는 경제류 조직 (이를테면 업종 상회, 농촌 전문 경제협회 등)을 볼 때 그 설립은 조직 구성원의 이익의 보호이다. 이 집단 행위의 주요 논리는 이익 논리이다.[8]

2) 사회 건설에서의 사회조직 기능

(1) 기능전환 : 정부 운영 사회조직의 역할 발휘

신중국 성립 이후 정부가 운영하는 사회조직의 주체 즉 등록 면제 사회단체는 국가 정치체제와 애국통일전선의 중요한 구성 부분이다. 이는 현재의 주요 역할이 '당과 광대한 인민군중을 연결시키는 매개와 유대'임을 결정했다.

---

8) 경제류 사회조직의 집체 행위 논리에 대해서는 『集體行動的邏輯』(奧爾森, 格致 出版社, 2011)을 참고할 것.

중국 사회의 빠른 전환에 따라 이 유형의 조직은 정치적 기능이 약화되고 사회적 기능이 강화되었다. 이 중 대부분 조직은 시대의 요구에 부응하여 내부 관리 구조를 조정하고 서비스 분야를 확대했으며 기층 정부와 기층 사회조직과의 협력을 추구하고 있다. 특히 인민단체는 더욱 왕성한 활력을 보이는 민간 자발 형식으로 설립된 사회조직과 경쟁 관계를 이루고 있다. 생존 공간의 적극적인 확대로 현재 일부 기능은 신생사회조직의 기능과 중첩되고 있다.

앞에서 서술했듯이 정부가 운영하는 사회조직은 중국의 특정한 정치적, 역사적 조건에서 설립된 사회단체이다. 중국의 전환 단계에서 이들은 새로운 임무와 도전에 직면해 있다. 일부 조직은 처음 시작했고, 일부 조직은 여전히 탐색 과정에 있다. 이 중 중화전국총공회(中華全國總工會)는 가장 난처한 처지에 있다. 이는 주로 사회주의 시장경제에서의 기능에 의해 결정되었다.

서방과 동아시아 민주국가의 노조와 중국의 공회는 전체 사회조직 체계에서 중요한 역할을 한다. 전자는 국가와 시장의 균형을 유지시키는 이익집단이고 후자는 당과 인민대중을 연결시키는 매개이다. 현재 사회주의 시장경제 조건에서 공회는 근로자 측과 경영자 측 및 당정 계통의 유대이며 근로자 이익을 대변하는 조직 기구이다. 산업화와 현대화의 발전 과정에서 전국총공회 및 지방 각급 공회는 자체의 보편적 기능과 중국의 특수성으로 인해 새로운 상황과 문제에 직면했는바 그 처지는 부녀연합회, 청년연합회에 비해 더욱 곤란하고 복잡하다.

사회체제의 개혁이 경제체제에 비해 정체되었고 경제의 비약적 발전에 따라 사회 모순이 더욱 심각해지고 있다. 근 10년간 노동쟁의, 노동자 파업 및 집단 소요 사건이 빈번하게 발생했다. 초기의 노동자 파업은 주로 주강(珠江) 삼각주의 전자산업에 집중되었다. 2010년 이후 발생한 파업은 전국 각지에 분포되었는데 베이징, 톈진, 장쑤, 허난(河南), 충칭 등지가 포함된다. 대다수 파업자들이 최저임금이나 합리적인 임금 인상, 사회보험 가입, 근로 환경 개선 등을 요구했지만 일부 파업의 주요 쟁점은 공회 설립이었다. 2004년 일본 기업 유니덴(Uniden) 사의 파업에서 파업 지도자가 열거한 요구 중의 하나가 공회 설립이었다. 2007년 이미 공회 조직이 설립된 한 독일 기업의 파업에서 노동자들은 일반 노동자 대표의 공회 위원회 가입을 요구했다. 2010년 혼다(本田) 사의 파업 노동자도 이와 비슷한 요구를 제기했다.

그러므로 전국총공회 내부의 개혁자들은 근로자의 이익 요구를 더 잘 대변하고 공회의 기층 조직 건설을 강화하기 위해 기층 공회 간부의 민주선거를 실시했다. 전국총공회는 이러한 거동으로 세 가지 목표를 실현하고자 했다. 첫째, 근로자에 대한 기층 공회 간부의 책임으로 공회 간부가 책임의 중대성을 느끼게 하고 근로자 이익을 우선 고려하게 했다. 둘째, 공회 간부가 근로자를 책임지게 함으로써 공회를 직선제로 전환시킬 수 있는 경로를 마련하며 공회가 더욱 사회화된 인민단체로 변화 발전하게 했다. 셋째, 공회는 근로자의 이익 요구를 대변하는 것이지 비관료주의적 행정명령이 아니다. 공회의 역할은 근로자의 억울한 사연 해결이지 근로자의 복지만을 책임지는 것이 아니다. 직선제가 통과되지는 못했지만 절충적 방안을 마련했다. 국유기업과 공공사업 단위는 직선제가 적합하고, 민영기업이나 외자기업은 직선제가 별로 적합하지 않다. 그러나 '별로 적합하지 않다'는 것은 직선제를 채택하지 않겠다는 것이 아니라 시범 지역을 정해 가능성을 시험코자 하는 것이다. 광둥 성 총공회는 공회의 직선제는 외자기업에서 시작하며 특히 다국적기업에서 전개해야 한다고 규정했다.

현재까지 사회 변혁 의의가 있는 공회 민주선거는 거의 기층에서 이루어졌다. 지방 공회의 각급 간부들은 기층의 공회 민주선거, 공회 주석(노조장) 직선제는 기층의 방법이며 근로자의 요구라고 인정했다. 공회 간부로만 이러한 변화를 이룩할 수 없다. 공회의 민주선거는 권익 보호가 어렵던 체제를 권익 보호가 가능한 체제로 전환했으며 무질서한 근로자의 권익 주장을 비교적 효과적인 권익 보호 체제에 편입시켰다. 그러나 일부 학자는 공회 기층 직접선거 제도화에 큰 장애가 있다고 한다. 전국의 일반적 상황을 보면 고용주는 강성 공회를 원하지 않으며 지방정부도 경제 목표와 정권 안정에 입각하여 강성 공회를 원하지 않는다. 그러나 정부와 상급 공회는 민주화의 진보를 애써 보이려고 한다. 공회 기층의 직접선거는 다국적기업이 전개하는 사회적 책임과 관련이 크다. 비록 정부나 공회가 동력을 제공하지만 내생적 원동력이 부족하다. 각 세력의 작용으로 중국 공회 기층의 직접선거 및 공회 향후의 발전과 추세는 아직 불분명하다.[9]

이상의 서술에서 우리는 근 30년 동안 중국이 거쳐온 전환 역정을 볼수 있었다. 후진적 산업 근로자들이 점차 역사에서 퇴출되고 신생 산업의 젊은 근로자가 등장하고 있다. 이 중 대부분은 30세 이하의 농민공이다. 새로운 산업 근로자 집단의 이익과 가치 주장에 대해 중국 근로자의 이익을 대변하는 유일한 합법적 기구인 공회는 변혁의 거대한 압력과 도전에 직면해 있다. 공회 기층의 직선제는 유익한 탐색이며 향후의 전망이 밝지는 않지만 중국 공회의 사회단체 특징을 점차 변화시키고 있는바 민간화적인 사회조직의 방향으로 한 걸음 더 나아갈 것이다.

역사를 살펴보면 개혁개방 이후 30여 년, 정부가 운영하는 사회조직의 정치적 역할은 예전보다 약화되었고 사회적 역할이 많이 증가했다. 그러

---

9) 馮同慶·石秀印,「工會基層直接選擧調查及其思考」,『工會理論研究』2005年第4期.

므로 정부의 수요와 군중의 요구를 대변하는 최적의 결합점을 찾아내어 이 유형의 조직이 자기 조절과 개혁을 하게 하는 것이 관건이다.

(2) 하층 세력 : 신생 사회조직의 사회 건설 기능

앞에서 언급한 사회조직 집단행동의 몇 가지 논리적 설명에서 당대 중국의 신생 사회조직은 주로 다음과 같은 기능이 있다.

① 집단 이익 증익의 기능

경제 방면에서 사회조직은 집단 이익 증익의 기능을 한다. 주로 경제류 사회조직에 이 기능이 있다. 민정부의 분류에 따르면 업종 협회를 주체로 하는 상업 서비스류 조직과 농촌 전문 경제협회를 주체로 하는 농업 및 농촌 개발류 조직이다. 이들은 정치계와 상업계 간의 로비 및 기타 공공 서비스 제공으로 조직 구성원의 합법적 권익을 지킨다. 중국의 신생 사회조직 중 이 유형의 조직은 정부의 지원을 받는다.

경제적 직능 외에 일부 사회적 기능도 담당하고 있다. 현재 시장에 짝퉁 제품이 넘쳐난다. 이러한 경제류 사회조직은 업종 자율 등 자기 관리와 단속 시스템으로 '시장의 역할 상실'을 조절한다. 현재 업종 협회의 기능에 대한 국내외 연구는 대부분 사회적 통합, 경제 원가와 경제 발전을 둘러싸고 이루어졌다. 연구자들은 업종 협회가 경쟁이 심한 환경에 적응하는 데 적극적 역할을 한다고 본다. 업종 협회는 시장을 지원하고 보충하는 역할을 하는데 상업 확대의 효과를 높이고 상인 이익에서의 기정 수요를 충족시킬 수 있다.[10] 중국의 각 농촌에서 농촌전문경제협회가 이 기능을 수행하고 있다. 농민 소득의 증가와 농산품 경쟁력 향상 외에 농촌 공동체

---

10) 邱海雄·陳健民主編,『行業組織與社會資本』, 商務印書館, 2008, pp.2~3.

통합 기능도 하고 있다. 민정부분에 등록한 경제 서비스류 조직은 전체 조직의 16%를 차지한다(표 5-6).

② 사회 서비스와 자선의 기능

사회조직의 이 기능은 주로 정부의 부족한 복지를 보완하는 것이다. 현재 국가는 이 분야에서 사회조직의 역할 발휘를 극력 창도하고 격려한다. 민정부에 등록한 사회조직 중 사회 서비스류 조직이 13.5%(표 5-6)를 차지하여 전체 사회조직의 39%에 이른다(표 5-7).

표 5-7 사회조직의 업무 분야

업무 분야	조직 수	유효 비중(%)
법률 권익 보호와 근로자 서비스	23	8.8
사회 서비스	101	39
환경과 동물 보호	40	15.4
교육과 문화	44	17
공동체 발전	24	9.3
농촌 개발	9	3.5
보건 의료	5	1.9
상업 발전	2	0.8
NGO 지원 조직	9	3.5
과학 연구	2	0.8

주 : 총량-263, 부족-4, 유효 수량-259.
자료 출처 : 홍콩중문대학 CCSS 사회조직 데이터베이스, 2012.

③ 사회사업 발전의 촉진

민정부에 등록한 사회조직 중 사회사업류 사회조직이 46.5%를 차지한다(표 5-6). 과학기술, 교육, 문화, 의료, 체육 등 사회사업 분야를 포함하는데 이 중 사립 교육과 의료 업무의 발전을 주목해야 한다. 2007년 전국의 사립학교가 9.52만 개소, 사설 양성 기구가 2.23만 개소에 달했다. 2006년 영리병원이 4,000개소에 달해 전체 병원의 20.3%를 차지했다.[11] 사회사업 주체인 민간 비기업 단위의 경제 규모는 GDP의 0.33%를 차지하고 취업자는 비농업 취업자의 0.41%를 차지한다.[12] 이로부터 볼 때 사회사업 발전의 촉진은 신생 사회조직의 중요한 기능으로 정부의 직능 전환, 공공 서비스 제공 등에서 중요한 사회적 기능을 수행한다.

④ 정부를 감독하는 기능

사회조직의 이 기능은 이성적 권익보호 논리와 대응된다. 경제의 비약적 발전에 따라 공직자의 부패, 공직자와 민중의 갈등 및 노사 갈등이 심각해졌다. 정부가 적극적으로 대처하지 않고 근로자 권익 보호 조직인 공회의 직능 전환도 아주 어렵다. 그러므로 더욱 많은 민간 사회조직이 권익 보호 활동과 가치 창도로 시민의 권익을 보호한다.

법률로 권익 보호, 환경 보호와 동물 보호를 하는 조직은 모두 이 기능을 일정하게 갖추고 있으며 전체 조직의 24.2%를 차지한다(표 5-7). 이 비중은 주강 삼각주 지역에서 더욱 높다. 불완전한 통계에 따르면 이 지역에 30개에 달하는 농민공 조직이 있으며 대부분은 선전(深圳)에 있다. 이 조

---

11) 國務院發展硏究中心社會發展硏究部課題組著, 『社會組織建設』, 中國發展出版社, 2011, p.39.

12) 國務院發展硏究中心社會發展硏究部課題組著, 위의 책, p.47.

직들은 근로자 권익 보호, 공상자(公傷者) 위문, 여성 배려, 문화 건설 등 분야에서 활약하고 있으며 대부분 국제 원조나 자원봉사자의 지원, 매체의 주목 등으로 운영되고 있다.[13] 이 유형의 조직은 상업 등록했거나 미등록 상태이다. 민정부에 등록한 법률류 사회조직은 1%도 안 된다(표 5-6).

⑤ 사회제도 변혁의 추진과 가치 창도의 기능

문화적으로 보면 사회조직은 사회제도 변혁의 추진과 가치 창도의 기능이 있다. 교육과 문화사업, 학술 연구 및 양성에 종사하는 사회조직은 학술과 문화 교류로 전공을 발전시키는 한편 직간접적으로 사회제도의 개선과 변혁을 추진하며 진보적인 문화 가치관을 창도한다. 민정부에 등록한 이 유형의 조직은 전체 조직의 7%를 차지한다(표 5-6).

(3) 주체적 지위 : 사회 건설에서의 사회조직 지위

사회 건설 과정에서의 당대 중국 사회조직의 기능 분석으로 우리는 수적으로 방대할 뿐만 아니라 부단히 증가하는 사회조직은 이미 사회 건설의 중요한 세력이 되었음을 보았다. 사회조직은 현대시민 미덕의 양성자이자 정부 굿거버넌스의 추동력이며 사회 안전판 시스템의 담당체로 사회건설에서 그 주체적 지위를 지니고 있다.

① 현대 시민정신 육성

사회조직은 프로그램이나 활동으로 사회자본의 발생을 촉진하며 현대사회의 시민으로서의 미덕과 참여 정신을 육성하여 사회 공평 이념을 창

당대 중국 사회 건설

---

13) 鄭廣懷 · 朱健剛主編,『公共生活評論』, 中國社會科學出版社, 2011, pp.143 ~157.

도한다.

첫째, 필자가 취재한 일부 사회조직에서 발견할 수 있듯이 이들 사회조직은 4~5년간 기층 공동체에 뿌리를 내렸다. 정부, 기업, 학술기구 및 기타 공익 조직과 밀접한 협력 관계 시스템을 구축했고 이러한 협력 관계의 구축은 공익 조직의 목표와 사명의 동질감에서 온다. 이는 사회자본의 발생을 상징하며 이러한 사회자본은 이 유형의 조직이 인력과 자본을 얻는 바탕이다.

둘째, 공익 조직의 많은 프로그램은 많은 지원자의 참여를 필요로 한다. 이러한 프로그램 설계의 이념은 현대사회의 시민이 가져야 할 미덕과 참여 정신의 육성이다. 조사를 보면 지난 1년간 한 사회조직에 자원봉사자가 봉사한 시간은 평균 9,612.04시간에 달한다. 많은 사회조직, 특히 풀뿌리 조직에서 자원봉사자는 조직의 일상 운영과 프로그램 전개를 도맡는다.

셋째, 개혁개방 30여 년간 국가는 경제 효율의 향상과 GDP의 증장에만 주목하고 사회의 공평은 경시했다. 호적 제도로 농민들이 시종 도시 호적 주민과 같은 대우를 받지 못하여 일련의 사회적 문제점을 초래했다. 또한 도시와 농촌 이원화 체제로 교육과 의료 등 공공 서비스 균등화가 어려워지고 있다. 정부는 사회정책의 제정으로, 학자는 저술로 사회의 공평을 추진한다면 사회조직은 활동과 프로그램으로 시민 참여를 동원하여 사회 공평을 실천해야 한다.

② 정부 굿거버넌스의 추동력

정부 굿거버넌스의 추동력은 두 가지 면에서 구현된다. 첫째, 사회조직은 정부의 부족한 공공 서비스 기능을 보완한다. 농민공 기술 육성과 농민공 자녀에 대한 배려, 공동체에서의 심리 상담과 생태 환경 보호 자원봉사는 물론 서부 빈곤 지역 종합 교육 수준 향상 서비스 등은 모두 국가 관련 정책의 출범을 촉진했다. 도시와 농촌 격차의 해소를 위한 도시와 농촌 일체화 정책, 환경보호와 지속적 발전 정책, 교육 균등화 정책 등이 그러하다. 아울러 대부분 사회조직은 자신이 위치해 있는 대도시나 중등 도시의 지리적 우세를 이용하여 그 서비스 범위를 경제가 뒤처진 지역까지 확대하거나 공동체 서비스에서 모색한 경험을 전국 각지로 보급시킨다.

둘째, 사회조직은 정부와 민중, 특히 사회 최하층 민중 간의 대화와 소통의 매개이다. 개혁개방 30여 년간 중국은 경제 면에서 큰 발전을 거두었지만 사회계층 분화가 생겼다. 실업자와 농민공이 도시 하층계급을 구성했다. 도시와 농촌 이원화 구조와 호적 제도는 농민 특히 중서부 지역의 농민들을 중국 사회 계층구조에서 중하층이나 최하층으로 몰아넣었다.[14] 이러한 사회조직은 사회 최하층 민중을 서비스 대상으로 하는데 정부의 관련 정책을 그들에게 전달하고 그들의 요구를 정부에 전달하여 사회 모순을 완화시키고 사회의 조화를 촉진한다.

③ 현대사회의 '안전판'

현대사회는 세밀하게 나누어진 분업과 협조의 시스템이면서도 경쟁과 갈등이 넘치는 시스템이다. 현재 중국은 전통적 농경사회에서 현대화 산업사회로 이행하고 있다. 이 과정에서 공직자 부패와 사회 불공평 등 문제가 만연되어 사회가 혼란하고 불안하여 개인의 심리가 극도로 불안할 뿐만 아니라 사회 시스템도 초긴장 상태이다. 각 유형의 사회조직은 이러한 사회 긴장을 완화시키는 '안전판' 역할과 개인의 심리 불안을 해소시키는 역할을 한다.

당대 중국 사회 건설

---

14) 陸學藝主編, 『當代中國社會階層硏究報告』, 社會科學文獻出版社, 2002, p.9.

현대사회에서 서로 다른 지위에 있는 사람들이 각 유형 사회조직의 활동에 참여하여 사람과 사람간의 신뢰를 증진하고 상조 시스템의 구축을 촉진하여 사회의 자기 관리를 실현한다. 각자의 이익 요구와 가치관을 표현하고 실제 행동으로 현 상태를 개선하는 한편 심리적 긴장 상태를 방출한다. 또한 소통과 대화에서 동질감과 만족감, 귀속감을 얻는다.

우리는 충돌의 파괴적 기능만 고려한다. 특히 조화로운 사회를 강조하는 중국에서 더욱 그러하다. 그러나 우리는 충돌이 내포하고 있는 건설적 기능, 즉 '안전판 기능'을 보아야 한다. 현재 충돌의 건설적 기능에 대한 이해 부족으로 전체 중국 사회 시스템은 모순과 대립적 정서의 방출, 즉 '안전판 시스템'이 부족하다. 이러한 시스템의 부족으로 당대 중국 사회의 주요 모순 이를테면 관료와 민중 모순, 노사 갈등 등은 집단 소요(폭력 충돌)로 번진다. 충돌이 발생하기 전의 불만이나 대립적 정서를 '안전판 시스템'이 흡수할 수 없다(그림 5-1). 사회 '안전판'인 사회조직은 사회 전환에서 스펀지마냥 개체의 걱정과 불안을 희석하고 집단 간의 긴장과 충돌을 완화해야 한다. 현재 중국에서 비약적으로 전개되는 산업화, 도시화와 현대화과정에서 사회조직은 사회 모순의 완화로 사회통합을 추진한다. 이는 무엇 때문에 사회조직건설이 당대 중국 사회 건설에서 주체적 지위를 차지하는가를 설명하고 있다.

중/근로자 측 → 적대적 정서 → 사회 충돌(집단 소요 사건) → 관료/경영자 측

↓

안전판 시스템 :
사회조직

그림 5-1 안전판 시스템

사회조직의 비약적 발전은 정부의 상명하달을 추진한 결과일 뿐만 아

니라 시민이 자신의 경제적 이익과 문화적 가치를 추구한 결과이기도 하다. 우리는 현재의 사회조직을 1980년대의 민영 경제에 비할 수 있다. 초급 단계에 있지만 중국 민중들 사이에 내포되어 있는 자력 갱생과 협동 향상의 생명력을 볼 수 있다.

3. 당대 중국 사회조직의 발전을 가로막는 곤경

20~30여 년간 중국의 사회조직은 비약적인 발전을 거두었다. 특히 경제서비스, 공공 서비스와 자선 공익류 사회조직은 정부의 적극적 지원을 받았다. 그러나 사회조직은 정치조직이나 경제조직에 비해 약세이며 전체적 발전은 난관에 봉착해 있다.

1) 정부 주도 사회조직이 직면한 곤경

정부 운영 사회조직의 보편적인 문제점은 관료화 경향이 심각하고 사회 서비스 기능의 발휘가 불충분한 것이다. 구체적으로 보면 이러한 유형의 사회조직은 조직 방식이나 구성원 관리가 정부 기구와 비슷하며 문제점도 비슷하다. 여기에는 부패와 내부 격려 시스템의 부족, 소득 분배의 비규범, 새로운 경제사회 환경의 부적응 등이 포함된다. 그러므로 직능 전환의 순조로운 실현은 이러한 유형 조직의 장구한 발전을 도모하는 관건이다.

2) 신생 사회조직이 직면한 곤경

신생 사회조직이 직면한 곤경은 다음과 같다.

(1) 합법성

신생 사회조직이 직면한 가장 큰 곤경은 합법성 문제이다. 비영리성은 사회조직의 중요한 특징이다. 비영리법인은 많은 국가의 비영리조직의 주요한 형식이다. 그러나 중국 민법통칙에는 비영리법인이 없다. 이러한 기본구조의 부재는 비영리조직 관련 법률의 출범을 저해한다. 이로써 사회조직의 권리, 우대 정책, 담당 의무 등 기본 문제가 모호하다.[15] 그 결과 사회조직의 합법성은 장기간 정부와 대중의 질의를 받았으며 종사자들도 전반 사회 평가 체계에서 사회적 인정을 받지 못한다.

(2) 자금

정부와 기업, 국제기금의 지원이 적어 자금이 부족하다. 〈표 5-8〉를 보면 자금 문제가 여러 곤경 중 1위로 자금난을 겪는 조직이 76.4%이다. 정부의 지원으로 공익 자선 조직이 혜택을 보고 있지만 정부의 지원을 받는 조직이 많지 않으며 지원금도 적다. 조사에서 20%에 달하는 사회조직이 정부의 지원을 받으며 정부 지원금은 조직 총수입의 20.3%밖에 안 된다. 기업의 기부에 대한 감세와 면세 규정이 불명확하다. 현재 일부 사회단체와 기금회만이 기부금 세액 공제 자격이 있고 모든 민영 비기업 단위는 이 자격이 없다. 베이징 시를 실례로 들면 베이징 시 민정부에 등록한 사회조직에서 기부금 세액 공제 자격이 있는 사회단체가 2개, 기금회가 80개이다. 이는 베이징 시 공익성 사회조직의 25%밖에 안 된다. 비공모 펀드의 설립과 운영은 기간이 짧거나 조건이 구비되지 못해 많은 제한을 받고 있다. 홍콩, 타이완이나 해외 기금회에 비하면 사회조직에 대한 중국 정부의 신뢰가 부족하고 또한 중국 국력의 향상으로 일부 국제기금회

---

15) 國務院發展硏究中心社會發展硏究部課題組著, 위의 책, p.12.

가 점차 중국에서 철수하고 있다. 선진국이나 홍콩, 타이완 지역의 경험을 보면 공익 조직의 자금은 주로 정부와 공모 펀드에서 오며 일부는 기업과 개인의 기부에서 온다. 여기서 볼 수 있듯이 중국 사회조직 자금의 부족은 정책의 제약과 밀접한 연관이 있다.

표 5-8 사회조직이 직면한 곤란

사회조직이 직면한 곤란		조직 수	비율(%)
자금 문제		201	76.4%
인재 문제		145	55.1%
정책 문제		92	35.0%
사회 인정의 부족		22	8.4%
사무실 부족 문제		20	7.6%
서비스 대상 문제		14	5.3%
정세 문제	중국 정세 문제	9	3.4%
	지방 정세 문제	3	1.4%
	합계	12	4.8%
자원의 부족	전문 자원의 부족	7	2.7%
	하드웨어의 부족	8	3.0%
	정보 자원의 부족	2	0.8%
	합계	17	6.5%
조직 내부 문제	내부 관리 문제	29	11.0%
	조직 발전 모식 문제	24	9.1%
	경험 부족	9	3.4%
조직 내부 문제	책임자 문제	6	2.3%
	시간 문제	4	1.5%
	업무의 전문성 부족	20	7.6%
	합계	92	34.9%
이론의 결핍		2	0.8%

사회조직이 직면한 곤란	조직 수	비율(%)
운수 문제	1	0.4%
연구 성과의 미실행	2	0.8%
정보 교류	8	3.0%
안전 문제	3	1.1%

자료 출처 : 홍콩중문대학 CCSS 사회조직 데이터베이스, 2012.

(3) 인재

인재 문제는 사회조직 발전의 두 번째 곤경으로 여러 곤경 중 55.1%를 차지한다. 사회조직 종사자들의 유동이 매우 빈번하여 많은 조직의 책임자는 인재 영입이 어렵다고 한다. 사실상 인재난의 가장 주요한 원인은 자금 문제이다. 일부 비공모 펀드나 정부가 운영하는 사회조직을 제외한 대부분 신생 사회조직 특히 풀뿌리 조직 종사자의 임금은 사업 단위나 정부 부서에 비해 훨씬 낮고 복지 혜택도 안 좋으며 사무 여건도 열악해 아주 힘들다. 합법성 문제 때문에 직업 발전 전망도 밝지 않으므로 우수한 인재 영입이 힘들다. 따라서 조직 전체 종사자의 자질과 능력 향상에 영향을 미친다.

(4) 정책

정책 문제는 사회조직의 발전을 저해하는 또 하나의 장애로 여러 곤경 중 35%를 차지한다. 제도가 완벽하지 못하다는 것이 정책 문제를 유발한 가장 중요한 원인이다. 여러 가지 정책적 난관 중 첫 번째는 등록 문제이다. 조사에 의하면 정부 부문에 등록한 조직은 전체 조직의 29.5%를 차지한다(표 5-9). 그 주요 원인은 다음과 같다.

표 5-9 사회조직의 등록 성격

등록 성격	조직 수	비율
미등록	70	26.8%
사회단체	31	11.9%
민영 비기업 단위	46	17.6%
상업 기구	74	28.4%
홍콩에서 등록	5	1.9%
등록된 기구의 산하 조직	34	13.0%
기타	1	0.4%

자료 출처 : 홍콩중문대학 CCSS 사회조직 데이터베이스, 2012.

첫째, 등록 자본금 요구가 높다. 1988년에 반포한 기금회관리방법은 기금회 설립 등록 자본금이 10만 위안이라고 규정했다. 그러나 새로 반포한 기금회관리조례에서는 전국적 공모 펀드는 등록 자본금 800만 위안, 지방 공모 펀드는 등록 자본금 400만 위안이 되어야 하며 반드시 화폐 자금이어야 한다고 규정했다.

둘째, 이중 관리 제도의 제한이다. 업무 주관 부서를 찾아야 한다는 요구는 설립 원가를 높여 많은 신생 사회조직이 등록하려 하지 않거나 등록할 수 없는 상황을 초래했다. 그리고 업무 주관 부서의 심의 거부 시 사회조직은 등록할 수 없다. 그러므로 일부 사회조직은 업무 주관 부서의 변경을 염려하여 공상(工商) 등록하거나 공동체에서 등기만 한다.

셋째, 지역성 제한 정책이다. 같은 행정구역 내에 업무 범위가 같거나 비슷한 사회단체나 민영 비기업 단위가 있으면 일반적으로 설립 허가를 하지 않으며 지사, 주재 기구의 설립도 금지한다. 이러한 정책적 규정은 일부 사회단체와 민영 비기업 단위에 독점 지위와 특권을 부여한다. 기타 비슷한 유형의 사회조직 등록을 금지하여 사회조직이 개방된 사회에서 공정한 경쟁을 할 수 없게 만들었다. 현재의 공동체 발전은 많은 사회단체와 민영 비기업 단위를 수요로 한다. 그러므로 제도와 사회 수요 간에 긴장감이 돈다.

사회조직의 발전에서 이와 같은 곤경이 발생한 요소로 하나는 국가가 신생 사회조직의 발전에서 '선규범화, 후발전'을 취할지 '규범화와 발전을 동시에 도모'할지를 결정하지 못한 것을 들 수 있다. 다른 하나는 정치적인 염려인데 사회조직의 발전이 당과 정부의 권위에 도전할까 두려워하는 것이다. 이는 중국 정부가 사회조직 관련 제도 구축 시 감독 관리의 통제와 육성, 발전을 병행하고 선택성 지원과 선택성 제한을 병행하는 중요한 원인이다. 그 결과 많은 신생 사회조직이 공상(工商) 신분으로 등록하거나 미등록 상황에서 활동하게 되었다.

시장경제의 발전과 정치 및 사회의 변혁에 따라 사회조직의 발전은 하나의 추세가 되었다. 정부가 사회조직을 어떻게 대해야 하는지, 어떤 관계를 맺어야 하는지, 어떤 관련 법률을 제정해야 하는지는 모두 사회 건설 분야에서 아주 절박한 문제들이다.

(5) 조직 내부 능력 배양의 문제점

신생 사회조직은 외부 환경이 유발한 각종 곤경 외에 자체의 조직 능력 배양에서도 많은 도전에 직면해 있다. 현재 많은 조직들은 이 점을 잘 알고 있다. 조사에 의하면 35%에 달하는 사회조직이 조직 내부에 문제점이 있다고 했다. 이 중 내부 관리, 조직 발전 모식과 전문성 부족 등이 가장 핵심적인 문제점이다(표 5-8).

첫째, 현재 사회조직 발전의 단계는 1980년대 민영 기업이 처한 단계와 비슷하다. 조직의 발전은 조직 책임자의 덕행, 의지, 능력, 담력과 식견에 달려 있다. 그러나 전체 사회조직 분야에서 이러한 재능을 지닌 책임자는 아주 적다. 이는 인재가 적은 것과 앞에서 언급한 외부 환경의 제약 때문이다. 둘째, 교육을 보면 가정이나 학교의 시민 교육이 부족하여 시민의 식이 거의 없다. 조직은 건설과 발전 과정에서 구성원에게 시민 교육을 시켜야 한다. 셋째, 사회조직의 관리는 정부나 기업과 다르다. 참여식의 민주 관리 모식은 신생 모식이므로 습득이 필요하다. 넷째, 많은 사회조직은 현재 프로그램의 수행에 의지하고 있다. 그러므로 조직 구성원은 큰 스트레스를 받고 있어 업무와 능력 향상에 전념할 수 없다.

이 밖에 조직 관리 구조의 불안정과 신뢰, 자율 시스템의 부족으로 각종 사회자원의 통합과 동원이 어려워 조직의 지속적인 발전을 제약한다. 조사에 의하면 41.1%의 조직에 이사회가 없고 77.7%의 조직에 감사회가 없다. 또한 32.8%에 달하는 사회조직이 지금까지 회계감사를 받지 않았고(표 5-10), 설사 회계감사를 받았다 하더라도 회계감사를 단행한 기구가 각양각색이다(표 5-11). 여기서 신생 사회조직의 관리 기구와 구조 및 재무 제도의 비규범화를 볼 수 있다. 이는 신생 사회조직의 사회적 신뢰도에 심각한 영향을 미친다.

4. 중국 사회조직 발전 촉진에 관한 견해

현재 중공중앙은 사회조직 건설의 중요성을 알고 있다. 중국공산당 제17기 중앙위원회 제2차 전체회의에서는 "사회 공공 사무 관리에서의 시민과 사회조직의 역할을 더 잘 발휘하여 공공재를 더욱 효과적으로 제공해야 한다"고 제기했다. 사회 세력의 공익사업 운영을 격려하여 사회조직 건설의 중요한 방향이 되게 했다. 중국공산당 제18차 대표대회에서는 "인민단체의 사회 관리와 서비스에서의 직책을 강화하고 사회조직의 건강한

표 5-10 사회조직이 회계감사를 받는 비율

회계감사 여부	조직 수	비율(%)
받음	172	67.2
받지 않음	84	32.8
합계	256	100

자료 출처 : 홍콩중문대학 CCSS 사회조직 데이터베이스, 2012.

표 5-11 사회조직 회계감사 기구

회계감사 기구	조직 수	비율(%)
회계사 사무소	43	24.9
회계감사 업체	43	24.9
원조 측	33	19.1
정부 부문	17	9.8
NGO	21	12.1
재무 회사	4	2.3
변호사 사무소	1	0.6
내부 회계감사	2	1.2
잘 모름	9	5.2
합계	173	100

자료 출처 : 홍콩중문대학 CCSS 사회조직 데이터베이스, 2012.

발전을 인도하며 군중이 사회 관리에 참여하는 기초 역할을 충분히 발휘해야 한다"고 민생 개선과 사회 건설 강화를 제기했다.

정부와 사회조직은 사회복지의 개선, 사회 발전의 촉진, 조화로운 사회 구축이라는 공동의 사명을 수행하고 있다. 정부와 사회조직은 목표 실현의 과정에 모두 각자의 장단점이 있다. 사회조직은 서비스 제공뿐만 아니라 시민 미덕 육성, 사회의 자기 조직과 관리 능력에서 우세를 보인다. 이는 현대사회의 중요한 특징이며 현대화에서 반드시 거쳐야 할 과정이다.

개혁개방 30여 년간 사회 건설은 경제 건설에 비해 시종 정체되어 있는바 사회조직 건설 지표만 보아도 아주 뚜렷하다. 민정부의 통계에 따르면 2007년 제3차 산업의 부가가치에서 사회조직이 차지한 비중은 0.3%밖에 안 되었다. 사회조직 일자리 창출에서 대졸자 특히 사회학 전공자 일자리 제공에서 서비스업종 취업률에 0.3%밖에 기여를 하지 못했다. 이는 세계 평균 수준의 1/30이다. 근래 사회 기부가 증가했지만 중국의 사회조직 자금규모는 GDP의 0.35%밖에 안 된다. 미국의 비영리조직은 GDP의 2%를 차지한다.[16] 사회조직을 어떻게 발전시킬지, 사회 건설에서 사회조직의 주체적 지위와 역할을 어떻게 발휘해야 하는지는 사회 건설의 중요한 내용이다.

1) 사회조직 발전의 국제 경험

서방 국가에서 비영리조직은 사회복지와 서비스 제공에서 중요한 역할을 한다. 이 역할의 중요성은 서방 '복지국가'의 위기에서 발생했다. 생활 수준의 향상에 따라 사람들의 기본 서비스 수준에 대한 기대가 높아지는 한편 불만도 점점 많아졌다. 1970년대 후반부터 1980년대 초반까지 보수 정당의 선거 승리와 신공공관리 운동의 흥기로 많은 서방 국가는 복지 비용을 삭감했다. 공공 재정의 제한에 따라 비영리조직은 국가의 서비스 제공 대체자로 전면에 나섰다.

---

16) 陸學藝等主編, 『2010年北京社會建設分析報告』, 社會科學文獻出版社, 2010, pp.199~200.

1981년 프랑스의 미테랑 행정부는 '사회적 경제를 위한 부처간 위원회'를 설립했다. 이 위원회는 비영리조직을 전문 관리하고 지원했으며 1984년 부(部)로 승격되었다. 영국의 대처 행정부는 지원 부서와 '적극적 시민 권리'를 적극 발전시켰다. 유럽의회는 특별이사회인 DGXXIII를 설치하여 지원 부서의 업무를 해결하게 했다. 그리고 법률 초안을 기초하여 유럽의 비영리조직을 관리했는데 전체 유럽에서 비영리 부문은 중요한 세력이 되었다. 1989년과 1990년 일부 새로운 조직이 설립되었다. 유럽 지역을 대표하는 사회조직으로는 유럽기금센터, CEDAG, ECAS 등이 있다.

정보기술 혁명과 중산층의 증가로 지난 20년간 비영리조직은 비약적으로 발전했다. 아시아 · 아프리카 · 라틴아메리카 개도국 역시 협회나 재단 및 기타 유사 기구를 설립하여 공공 서비스 제공, 개발 촉진, 환경 파괴 방지, 시민권리 보호 및 기타 목표의 실현에 힘쓰고 있다.[17]

2) 정부 주도 사회조직에 대한 개혁 건의

정부가 운영하는 사회조직의 주요 임무는 다음과 같다. 첫째, 운영 시스템을 개선하고 행정화 경향을 극복한다. 둘째, 업무 내용을 개선하고 업무 방식을 전환하여 업무의 중심을 기층에 이양한다. 셋째, 당정 기관과 구별되고 조직 특징에 부합되는 운영 시스템을 모색한다. 넷째, 사회주의 시장경제 체제의 수요에 적응되는 조직 구조와 운영 시스템을 구축한다.

인민단체는 중추형 사회조직이 되어야 한다. 신생 사회조직과의 연결을 주동적으로 강화하여 네트워크형 사회단체를 구축해야 한다. 이를테면 중화전국공상업연합회(中華全國工商業聯合會)는 민영 경제의 비약적인

---

17) 薩拉蒙, 『公共服務中的夥伴』, 商務印書館, 2008, pp.256~284.

발전 추세에 적응하여 기층과 각 업종에 깊이 들어가 조직 체계를 발전시켰다. 중화전국공상업연합회는 '민간상회'라는 명칭으로 통일전선조직의 성질을 약화시키고 민간 역할과 경제 역할을 강화하여 민영 기업가 이익을 대변하는 데 적극적 역할을 한다. 중화전국부녀연합회(中華全國婦女聯合會)는 장기간 횡적 조직 네트워크에 주목했다. 일부 지역에서 부녀연합회는 여성 연구 사회 단체, 여성 친목회 등 여성 사회단체의 발전을 추진하여 네트워크화된 부녀연합회 단체 회원 체계를 구축함으로써 성공적으로 전환했다. 기타 인민단체 이를테면 중화전국총공회도 이러한 방법을 도입하여 전환을 가져왔다. 중화전국총공회는 자발적으로 결성된 공회나 근로자 권익 보호 조직을 배척하고 타격한 것이 아니라 주동적으로 연결하여 산하 조직이나 단체 회원으로 받아들였다.[18]

3) 신생 사회조직에 대한 개혁 건의

(1) 정부의 사회조직 서비스 구매 강화

현재 중국의 신생 사회조직의 전반적인 처지를 보면 자금 부족이 가장 큰 걸림돌이다. 조사에 따르면 현재 신생 사회조직 특히 풀뿌리 조직의 수입은 주로 민간 기부에서 온다. 그다음이 판매와 서비스 수입이며 정부의 지원은 20.3%밖에 안 된다. 정부의 지원을 받는 조직은 전체 조직의 20.5%이다(표 5-12). 독일 비영리조직 수입의 64%, 프랑스 비영리조직 수입의 58%, 영국과 일본 비영리조직 수입의 45%가 정부 지원이다. 전세계 34개국 사회조직 수입의 34%는 정부 지원이다. 중국 정부가 신생 사회조

---

18) 國務院發展研究中心社會發展研究部課題組著, 위의 책, pp.21~23.

직 특히 풀뿌리 조직에 지원하는 금액은 선진국은 물론 개도국보다도 적다. 중국의 신생 사회조직 수입은 민간의 기부에 의지하므로 자금 출처가 불안정하다. 이는 사회조직의 프로그램 실행 지속성에 영향을 줄 뿐만 아니라 사회조직의 생존에도 심각한 위협이 된다.

표 5-12 사회조직의 수입 출처

수입 출처	비영리조직 수입에서의 비율	지원을 받은 조직 비율
정부	20.3	20.5
판매와 서비스 수입	31.4	28.5
회비	17.4	11.0
민간 기부	–	–
재단 기부	65.1	48.3
기타 NGO 기부	38.2	29.7
개인 기부	29.5	51.0
기업 기부	23.2	33.5
기타	39.9	11.8

자료 출처 : 홍콩중문대학 CCSS 사회조직 데이터베이스, 2012.

위의 분석에 기반하여 필자는 정부의 사회조직 서비스 구매를 강화하는 것이 사회조직 건설을 추진하는 급선무라고 본다. 사실상 정부 고위층은 이미 이 방면의 수요를 파악했다. 2012년 중앙 재정은 전문 자금을 조달하여 사회조직의 사회 서비스를 지원했으며 '중앙 재정 사회조직의 사회 서비스 지원 프로젝트'를 가동했다. 재정 지원으로 사회조직을 인도하는 정책체계를 구축하고 사회조직을 지도하며 동원하여 사회 서비스 분야에서 적극적 역할을 하게 했다. 이 프로그램의 예산은 2억 위안이다. 프로젝트에 선정된 조직의 성격을 보면 여전히 정부가 운영하거나 정부 배경이 있는 사회조직이 위주이며 민간의 풀뿌리 조직이 아주 적다. 그러나 민간에서 자발적으로 형성되고 공동체에 뿌리 내린 신생 사회조직은 사회 통합의 불가결 세력이다. 정부가 풀뿌리 조직에 정부가 운영하는 조직과 같거나 더 큰 지원을 해주어야만 중국의 사회조직이 건강하게 발전할 수 있다.

정부는 사회조직의 서비스 구매 시 다음과 같은 원칙을 지켜야 한다. 첫째, 시장 법칙을 지켜야 한다. 정부가 사회조직 서비스 구매 시 쌍방의 계약 관계를 지키며 쌍방의 책임, 권리, 이익을 존중해야 한다. 전통적인 행정명령으로 시장에 간섭하지 말아야 한다. 그렇지 않을 경우 서비스를 제공하는 사회조직의 적극성에 영향을 준다. 둘째, 프로그램의 법칙을 지켜야 한다. 간부나 프로그램 실행자의 의지로 사회조직의 서비스 프로그램 방안을 설계해서는 안 된다. 특정 사회문제나 수요에 따라 가동 가능한 프로그램 서비스 방안을 제정해야 한다. 셋째, 중복 프로그램을 피해야 한다. 정부는 서비스 구매 시 공익성 원칙을 지켜야 한다. 제한된 자원을 도움이 가장 절실한 집단에 공급해야 한다. 넷째, 책임을 전가하지 말고 자원을 공유해야 한다. 다섯째, 프로그램은 투명하고 공평해야 한다. 공개적이고 투명하며 규범적이고 질서 있는 참여 시스템을 구축해야 한다. 공개적이고 투명한 입찰 제도와 프로그램 평가 제도를 구축해야 한다.

향후 3~5년 정부의 서비스 구매는 기초 단계에 있을 것이며 이 단계의 핵심 임무는 '공익 시장' 육성이다. 정부는 서비스 제공 사회조직을 육성하고 공평 거래 시스템을 구축해야 한다. 사회조직은 구매 프로그램의 실행으로 자체의 능력을 검증받아야 한다. 사회조직은 정부 서비스 구매의 자원 수혜자, 추진자, 건설자이다. 정부와 사회조직은 상호 신뢰와 상부상조의 협력 원칙에 따라 사회 건설을 단행하여 사회 각 부문의 인정과 지지를 받아야 한다. 공산당위원회가 지도하고 정부가 책임지며 사회가 협

동하고 대중이 참여하는 사회 관리의 새로운 경로를 개척해야 한다.[19]

(2) 신생 사회조직의 자체 능력 배양 강화

정부 정책과 자금의 지원은 신생 사회조직 발전의 전제 조건이자 중요한 보장이다. 신생 사회조직의 자체 능력 배양은 공익사업이 건강하게 발전하는 필수 조건이다. 능력 배양에서 가장 관건은 자체적으로 활력을 되찾게 하는 것이다. 조사를 보면 판매와 서비스 수입이 조직 총수입의 31.4%로 기타 국가의 평균 수준인 53%에 비해 적은 편이다. 또한 판매와 서비스 수입이 있는 조직은 28.5%밖에 안 되지만 미국은 68.9%이다. 중국의 신생 사회조직 특히 풀뿌리 사회조직은 자체 활력 찾기 능력이 떨어진다.

정부와 사회조직은 영국 사회조직의 모식을 참고할 수 있다. 2006년 영국에는 5.5만 개의 사회조직이 있었다. 이들 사회조직은 80억 파운드에 달하는 GDP와 수십만 개의 일자리를 창출했다.

능력 배양의 또 다른 분야는 조직의 공신력과 투명성이다. 조사를 보면 신생 사회조직의 재무 제도가 완비되지 못하여 사회적 신뢰를 얻지 못한다. 공신력은 이 유형 조직 생존의 근본이다. 사회조직이 대중의 신뢰를 얻지 못하면 공익 분야에서 생존할 수 없다.

정부는 재정과 세수에서 신생 사회조직을 극력 지원하는 한편 사회조직에 대한 평가와 감독 관리 시스템을 강화하여 공익 책임과 공공 부문의 사회 책임 제도를 구축해야 한다. 대학교나 언론 매체가 평가와 감독 관리의 주체가 될 수 있다. 이렇게 해야만 객관적으로 프로그램 실행의 구체적

---

19) 李濤, 「社會組織在政府購買社會工作服務進程中的功能化角色-北京協作者參與政府購買社會工作服務經驗總結與思考」, 『社會與公益』2012年第8期.

효과를 조사할 수 있고 공익 조직의 재무를 감독할 수 있다.

(3) 사회조직 법률 체계의 구축과 완비

현행 사회조직 관련 법률, 법규로는 주로 중화인민공화국공익사업기부법, 사립교육촉진법, 적십자회법, 사회단체등기관리조례, 민영비기업단위 등기관리잠행조례, 기금회관리조례, 복권관리조례 등이 있다. 이 밖에 재정부, 민정부, 국가세무총국에서 제정한 규정이 있다. 전반적으로 보면 현 단계의 중국에는 아직 통일된 사회조직 분야의 법률이 부재하다. 이는 중국의 사회조직 관련 법률이 사회조직의 발전에 비해 정체되어 있음을 말해준다. 이는 앞에서 언급한 사회조직 발전의 곤경인 '합법성' 위기를 초래했다.

많은 학자들은 헌법에서 명시한 '인권 및 결사 자유 보장' 조목과 현재 사회조직 발전의 실제 상황에 근거하여 '사회조직촉진법'이나 '사회조직 법' 같은 통일된 법률 제정을 건의했다. 이는 사회조직의 관리나 정책에 기본적 근거가 될 수 있다. 실행 과정에서 첫째, 구체적 정책과 법규의 수정과 완비를 바탕으로 경제가 발전하고 사회조직이 성숙한 지역에서 지방법을 모색하게 한다. 둘째, 각 유형의 비영리조직에 대해 각각 입법하여 규범화한다. 이로써 통일된 민간 조직 관리 기본법을 제정할 수 있는 조건을 마련한다.[20]

법률은 사회조직이 건강하게 발전하는 토대이자 현재 사회조직 건설에서 진전을 이루기 가장 어려운 부분이다. 완벽한 법률은 일조일석에 완성되는 것은 아니지만 반드시 계획적인 이론적 준비를 꾸준히 해야 한다.

---

20) 黃曉勇主編, 『中國民間發展報告(2008)』, 社會科學文獻出版社, 2008, pp.49~53.

제6장

사회 관리

사회 관리에는 사회에 대한 국가의 거시적 조절뿐만 아니라 사회 관리에 대한 사회조직과 대중의 협동과 참여, 입법에 대한 참여, 집법 감독과 행위의 자율 등이 포함된다. 사회 관리의 주요 모식에는 사회적 통제 모식과 협력적 거버넌스 모식이 있다. 현대사회 관리는 적극적이고 선제적인 사회 관리이지 소극적이고 사후 통제적인 사회 관리가 아니다. 협력적 거버넌스는 현대사회 관리의 기본 모식이고 다원화 주체는 현대사회 관리의 기본구조이다. 서비스의 발전 방향, 기층 자치와 대중 참여는 사회 관리의 기본 방향이다. 사회 관리의 혁신은 이념 혁신과 시스템 혁신에 착안하여 관리와 서비스가 융합되고 질서와 활력이 통일된 다원화된 사회 관리의 새로운 모식을 구축하는 것이어야 한다.

제6장 사회 관리

30여 년의 개혁개방을 걸쳐 중국의 현대화는 새로운 역사적 전환기에 들어섰다. 이 시기 경제사회의 부조화적인 모순은 이익 충돌, 사회의 무질서 등 문제점을 유발했다. 사회 관리의 강화와 혁신은 현재 사회 건설의 절박한 요구와 무거운 임무가 되었다. 중국공산당 제18차 대표대회에서는 "중국 특색이 있는 사회주의 사회 관리 체계의 구축을 위해 공산당위원회가 지도하고 정부가 책임지며 사회가 협동하고 대중이 참여하며 법치가 보장하는 사회 관리 체계를 구축한다. 정부가 주도하고 도시와 농촌을 포함하며 지속적인 기본 공공 서비스 체계를 구축한다. 정부와 사회조직이 분리되고 권리와 책임이 분명하며 법에 의해 자치를 하는 현대 사회조직 체계를 구축한다. 미연에 방지하고 관리하며 응급 처리가 상호 결합하는 사회 관리 시스템을 구축한다"라고 했다.

학계가 현재 사회 관리의 문제점을 강조하는 것은 사회문제, 사회 모순, 사회 충돌의 증가 및 사회 생활에 대한 충격과 관련된다. 제반 압력과 도전에 직면한 상황에서는 사회 관리를 소극적이고 예방적인 수단으로 이해하거나 권력 강화를 위한 사회적 통제로 오해하기 쉽다. 사실상 사회 관리의 진정한 목적은 인간의 생존 상황을 개선하기 위한 것이다. 적극적 사회 관리는 주동적인 건설과 변혁을 수단으로 사회 상황을 개선하며 행복하고 더욱 좋은 사회의 구축을 목표로 한다. 공평과 정의는 적극적 사회 관리를 이룩하는 수단이며 사회 시스템의 완비는 적극적 사회 관리의 관건이다.[1] 그러므로 경제사회의 발전을 근거로 사회 관리 체제를 개혁하여 정부, 기업, 사회의 역할을 발휘해야 한다. 특히 사회 관리에서 사회조직과 대중의 역할을 충분히 발휘해야 한다. 사회 관리의 이념과 시스템을 혁신하고 민생 개선과 공공 서비스 보완을 바탕으로 사회 관리를 최적화해야 한다.

1. 사회 관리 기본 문제

사회 관리는 사회 건설을 추진하는 중요한 내용이다. 사회 건설의 추진은 사회 관리의 강화와 혁신을 요구한다. 그렇다면 사회 관리란 무엇인가, 어떤 방면을 포함하는가, 어떤 특징이 있는가, 서로 다른 사회 관리 모식이 존재하는가? 아래에서는 이러한 기본 문제를 분석할 것이다.

1) 사회 관리 개념

사회 관리에 대해 학자들은 다양한 정의를 제시했다. 일부 사회학자는 광의적 사회 관리는 전체 사회의 관리를 가리키는바 정치, 경제, 사상 문화와 사회 생활의 서브 시스템을 포함한 전반 사회 시스템의 관리이고 협

---

1)　孫立平, 「走向積極的社會管理」, 『社會學研究』2011年第4期.

의적 사회 관리는 주로 정치, 경제, 사상 문화의 각 서브 시스템 병렬의
사회 서브 시스템이나 사회 생활 서브 시스템의 관리라고 했다.[2] 일부 학
자는 광의적 사회 관리는 정부 및 비정부조직에 의한 각 유형의 공공 사
무(정치, 경제, 문화, 사회 등 사무)에 대한 관리 행위로 공공 관리와 같은
개념이라고 보았으며 협의적 사회 관리는 사회 공공 사무에서 정치 통제
사무와 경제 관리 사무를 제외한 일부 사무에 대한 관리라고 했다.[3] 일부
학자는 사회 관리는 정부 및 사회조직이 행정과 사회 시스템을 통해 각
사회문제를 중심으로 인간의 사회 생활에 간섭하는 것이며, 그 목표는 사
회 생활의 질서를 촉진하고 사회문제를 해결하며 사회 생활의 효율과 인
민 생활의 질을 향상하는 것이라고 했다.[4] 일부 학자는 사회 관리는 정부
와 민간 조직이 여러 자원과 수단으로 사회 생활, 사회사무, 사회조직을
규범화하고 조정하며 복무하는 과정이라고 했다. 그 목표는 사회 구성원
의 생존과 발전의 기본 수요를 충족시키고 사회문제를 해결하며 사회 생
활의 질을 향상시키는 것이라고 했다.[5] 일부 학자는 사회 관리는 일반적
으로 정부가 주도하는 기타 사회조직, 대중 등 사회 주체가 법률, 법규,
정책의 틀 안에서 여러 가지 방식으로 사회 분야의 각 부분을 조직, 조정,
복무, 감독, 통제하는 과정이라고 했다.[6]

전반적으로 보면 현재 사회 관리에 대한 정의는 두 가지인데 하나는 질

---

2) 鄭杭生主編, 『走向更講治理的社會 : 社會建設與社會管理』, 中國人民大學出版
社, 2006, p.2.

3) 李程偉, 「社會管理體制創新: 公共管理視角中的解讀」, 『中國行政管理』2005年第5
期.

4) 孫炳耀, 「社會管理與社會工作」(『加强社會工作人才隊伍建設問題主題研究班
參考資料』, 2008, p.207에 수록.)

5) 何增科, 『社會管理與社會體制』, 中國社會出版社, 2008, p.4.

6) 李培林, 「創新社會管理是我國改革的新任務」, 『人民日報』2011年2月18日.

서파(秩序派)이고 다른 하나는 민생파(民生派)이다. 질서파는 사회질서에 대한 통제를 강조하고 민생파는 민생 개선에 치중하고 있으며 공공 서비스로 인민의 생활의 질을 향상하고자 한다. 사회 관리에 대한 민생파의 주장은 서방의 사회 행정이나 사회정책과 비슷하다. 대중의 복지 개선으로 사회의 조화를 이룩하려는 것이다. 질서파는 사회질서에 대한 감시와 제어를 강조한다. 이 관점은 가장 유행되는 관점으로 정부 문서나 신문 잡지에서 쉽게 볼 수 있다.

서방에는 중국의 '사회 관리'와 완전히 대응되는 어휘가 없다. 서방에서는 사회 관리(social management) 대신 행정 관리(administrative management), 사회정책(social policy), 사회 평가(social evaluation), 사회 간섭(social intervention), 신공공관리(new pubic administration), 사회 거버넌스(social governance) 같은 용어를 쓴다. 기존의 서방 사회 관리 문헌이나 대학교 커리큘럼을 보면 사회 관리는 두 가지 면을 포함한다. 하나는 사회 서비스에 대한 정부 부서 및 그 산하 기관의 관리로 사회 서비스에 대한 평가, 기획 등을 포함한다. 다른 하나는 사회 서비스 기구, 자선 기구 및 기타 NGO 자체의 관리로 모금과 관리, 인력자원의 관리, 서비스 프로그램의 관리, 공공 관계 등을 포함한다. 이는 거시적 사회 관리와 미시적 사회 관리를 포함한다. 거시적 사회 관리는 정부가 입법이나 복지 정책을 통해 사회조직에 대한 감면세 등 정책으로 빈곤을 퇴치하고 사회 관계를 조정하며 사회의 공평과 정의를 촉진하는 것이다. 이는 사회정책에서 많이 구현된다. 재정 정책에서 서방 국가는 일반 시민과 취약층의 복지 개선을 위해 감면세 정책으로 공익사업에 대한 기부를 격려하고 있다. 학교, 병원, 재단 및 기타 비정부조직이 큰 혜택을 보게 하며 이러한 사회 서비스 기구는 사회 관리와 서비스에서 큰 역할을 발휘한다. 이 밖에 정부는 프로그램 입찰로 많은 자금을 사회조직에 투입하여 사회조직의 서비스를 구매한다.

종합적으로 보면 사회 관리는 정부, 기업, 사회조직 및 대중 등 사회 행위 주체가 공평과 민주의 원칙에 따라 법률, 정책, 도덕 등 사회규범을 제정하거나 운용, 혹은 의거하여 경제적, 행정적, 문화적, 사회적 시스템으로 사회자원을 합리적으로 배치하고 사회 서비스를 제공하는 것이다. 각 사회 주체와 사회 구성원 간의 다중 관계를 조정하고 사회 각 분야에 서비스를 제공, 협조, 조직, 통제하는 과정과 행위이기도 하다. 사회 관리는 사회 분야에 대한 국가의 거시적 조정뿐만 아니라 사회조직과 대중의 입법에 대한 참여, 집법에 대한 감독 및 행위 자율까지 포함한다.

사회 관리의 목표는 사회 위험을 제거하고 사회질서를 지킬 뿐만 아니라 사회 생활과 사회 발전의 질을 향상시키는 것이다. 적극적 수단으로 사회자원을 배치하고 대중의 수요를 충족시키며 사회 관계를 조정하여 사회의 조화를 촉진하고 사회질서를 수호한다. 사회질서와 기본 민생은 기초이며 최저한의 요구이다. 사회 관리에는 더욱 높은 목표가 있어야 한다. 합리적인 사회 관리 구조를 구축하여 사회 활력을 이끌어내고 각 사회 주체의 적극적인 사회 관리 참여를 동원해야 한다.

사회 관리에는 국가의 사회 관리, 사회조직의 사회 관리, 대중의 사회 관리가 있다. 국가의 사회 관리는 사회 법규의 제정을 포함하는바 사회사업, 사회보장, 사회조직에 대한 재정 투입과 감독 관리 및 개인의 생로병사 등 업무와 관련된 복지의 거시적 관리이다. 거시적 관리는 정부 부서의 일만이 아니므로 대중의 참여가 필요하다. 사회조직의 사회 관리는 사회조직의 내부 사무 관리와 국가의 사회 관리에 대한 참여, 창도를 포함한다. 대중의 사회 관리는 대중 간 관계와 자기 조정을 포함하며 사회조직에 대한 참여와 외부 감독 및 국가 사회 관리에 대한 참여, 배합, 비평, 건의이다. 이 가운데 국가가 주도적 역할을 하며 사회 관리에 대한 사회조직과 사회 구성원의 참여를 조직하고 동원한다.

사회 관리의 주요 내용은 다음과 같다. 첫째, 사회 관리 법규의 입법과 수정에서 인민대중이 사회 관리 법규의 입법, 수정, 감독, 집법에 참여하도록 보장하여 완벽한 사회 관리 법규가 사회 관리의 보장이 되게 한다. 둘째, 공공 서비스로 교육, 의료, 주택, 취업, 사회보장, 사회 구제 등을 포함한다. 셋째, 국가와 시장, 사회의 관계를 조정하고 국가와 시장, 사회의 각자 역할과 기능을 규명하며 사회조직의 사회적 기능을 충분히 발휘한다. 셋째, 법에 의해 사회질서를 수호하며 사회의 안정적 발전을 보장한다.

2) 사회 관리 모식의 선택

사회 관리는 세 단계인 사회 관리 모식, 사회 관리 이념과 원칙, 사회 관리의 구체적 기술을 포함한다. 사회 관리 모식은 일련의 요소와 행위로 이루어진 고정적 조합이다. 국가의 사회 관리 실행에는 소극적 통제 모식과 적극 협력적 거버넌스 모식이 있다. 사회적 통제나 협력적 거버넌스는 모두 사회질서를 실현하는 효과적 방식으로 사회 발전의 각 단계와 시기에 따라 사회적 통제에 치중하거나 협력적 거버넌스에 치중하거나 두 모식을 혼합하거나 한다. 스펜서와 뒤르켐은 이 두 모식을 서술했다.

(1) 사회적 통제 모식

사회적 통제(social control)는 사회적 제한이라고도 하는데 1901년 미국의 사회학자인 로스(Edward A. Ross)가 『사회적 통제』에서 제기했다. 로스는 사회적 통제를 다음과 같은 뜻으로 보았다. 첫째, 사회 과정이나 상태에 대한 기술이다. 사회적 통제는 사회조직이 사회규범을 이용하여 그 구성원의 사회 행위를 제약하는 과정을 가리킨다. 둘째, 규범을 준수하는 보장 시스템으로 1950년대에 성행했다. 셋째, 사회 구성원이 사회규칙을 학습하여 사회화되는 방법이다.[7] 사회적 통제는 이미 탈선 행위에 대한 조직화 반응 방식으로 변했다.

사회적 통제는 소프트 통제와 하드 통제로 나뉜다. 하드 통제는 경찰, 감옥, 감시와 제어 등 징벌적 수단으로 사회질서의 안정을 실현한다. 주로 정부의 내무 부서나 사법 부서가 수행한다. 소프트 통제는 학교, 종교 조직, 병원, 사회 서비스 조직, 사회 여론 등 수단으로 봉사하고 간섭하는 것을 가리킨다. 사회적 동질감과 사회적 단결로 사회질서를 실현한다.

사회적 통제는 사회 관리 이론으로 19세기 말~20세기 초의 서방 사회학 연구로 거슬러 올라갈 수 있다. 당시 서방의 사회학자들은 사회적 통제의 문제점을 주목하기 시작했으며 사회적 통제 시스템을 전면 서술했다. 사회적 통제의 원리, 방식 및 변천 등을 서술했으며 전환기의 탈선 행위에 대한 대처와 사회질서의 실현 등 문제를 탐색했다. 스펜서는 사회 관리 모식을 군사독재 사회의 강제 명령 관리 모식과 산업 민주 사회의 자원 계약 관리 모식으로 나누었다. 그는 군사 사회의 전형적 특징은 기타 부서를 강박하여 각종 연합 행동을 펼치는 것이라고 했다. 지휘관의 의지에 따라 사병들이 움직이는 것처럼 시민들이 개인 사무나 공공 사무에서 모두 정부의 뜻을 따른다. 군사 사회의 '협력'은 강제적인 협력이다. 산업 사회의 전형적 특징은 지원 협력과 개인의 자기 자제이다. 산업 민주 사회는 "시종 개인의 자유, 상업 행위를 포함한 자유를 그 특징으로 한다. 사회는 여러 가지 형식의 행위에서 협력을 하며 이는 자원적 협력이다."[8] 소련 사회는 전형적인 군사 사회로 사회 관리에서 강제적인 면이

---

7)   R. Meile, "Perspectives on the Concept of Social Control", *Annual Reuiew of Sociology*, No.8(1982), pp.35~55.

8)   賈春增, 『國外社會學史』, 中國人民大學出版社, 2000.

많고 자원적 협력이 적었다. 현대 영미 민주국가는 산업 민주 사회로 사회 관리에서 자원적 협력, 법제 및 계약 관리 등을 강조한다.

사회적 통제는 강제력이므로 잠재적인 충돌 대항성이 있으며 그 대상은 불법적인 탈선 행위이다. 이는 사회적 통제의 질서성과 강제성을 규정했다. 사회적 통제에서의 사회질서는 피동적이고 소극적인 질서이다. 그러나 일부 경우 이러한 강제력은 피통제 주체에 내재화되거나 인정을 받아 합법적 통제가 된다. 사회적 통제의 목적은 객체의 행위를 제한하는 것이 아니라 개인과 개인, 조직, 사회 및 각 사회 부문 간의 관계를 조정하여 사회의 질서와 안정을 유지하는 데에 있다. 이는 사회적 통제가 사회 관리 이론이 될 수 있는 가능성을 제공했다.

/

당대 중국 사회 건설

(2) 사회적 거버넌스 모식

거버넌스(governance)는 1990년대 이후 점차 흥기한 사회 관리 모식이다. 서방의 정치학자와 정치사회학자들은 거버넌스에 대해 정의를 내렸다. 처음 거버넌스 개념은 정치 발전의 연구에 사용되었는데 특히 탈식민지와 개도국 정치를 기술하는 데 사용되었다.[9] 현재 거버넌스 개념은 정치 분야에서 점차 사회 분야로 확대되었다. 사회적 거버넌스는 시민사회와 정치국가, 시장 주체가 함께 사회질서를 조절하고 실현하는 것이다.

사회적 거버넌스는 다원화 주체의 협상과 협력을 통한 사회 사무의 협력과 관리를 강조한다. 사회적 거버넌스는 주체 간의 협상과 조정의 지속적인 상호 교섭을 강조하고 단순한 명령과 통제를 반대하며 정부 사회 관리의 투명화, 법치화와 이익 관련 측의 사회정책 참여를 제창한다. 사회적 거버넌스는 사회의 자치와 참여식 관리를 제창한다. 사회적 거버넌스는

---

9) 俞可平 主編,『治理與善治』, 社會科學文獻出版社, 2000, pp.1~15.

사회 구성원의 사회 정치 권리를 강조하고 사회 구성원의 권한을 주장하여 사회 구성원이 사회적 거버넌스 과정에서 발언권과 영향력을 행사하게 한다. 사회 관리에 사회 서비스 내용이 포함되지만 사회 구성원은 정부가 제공하는 사회 공공 서비스를 수동적으로 받기만 할 뿐 선택권이 없다. 사회적 거버넌스는 사회 구성원이 필요한 서비스 프로그램을 자발적으로 표현하게 한다. 정부는 서비스 프로그램을 지원하며 사회조직이 서비스 프로그램을 조직 실행하여 정부의 평가를 받는다. 사회 구성원과 사회조직은 더는 사회 서비스를 받는 수동적 대상이 아니라 수요의 표현자이자 프로그램 선택자이며 서비스 공급자이다.[10)]

삼자간 협력을 바탕으로 구축된 사회적 거버넌스는 사실상 협력적 거버넌스(collaborative governance)이다. 공공 분야의 다중심 협력 시스템으로 협력적 거버넌스는 직접적 민주와 시민사회의 발전을 바탕으로 구축되었으며 소수가 다수에 복종하는 결정론적 정치에서 벗어났다. 협력적 거버넌스에는 다음과 같은 특징이 있다. 삼자간 상호 교섭은 연속성이 있고 사회조직 등 제3의 부문이 자발적으로 참여하는 특징이 있으며 공공성, 탈중심화 및 투명성과 감독 가능성이 있다. 이러한 협력적 거버넌스 이론은 복지국가의 거버넌스 이론이다. 첫째, 사회적 거버넌스 이론에서 강세 정부는 질책을 받는다. 비인격적인 이성적 논리를 따르는 관료 정부는 현대 사회 행위에서 효력을 잃을 수 있다. 평준화하고 네트워크화한 소정부가 환영을 받는다. 정부는 공공 서비스 구매 직능과 서비스 외주 방식의 공공 서비스형 정부가 되어야 한다. 이러한 정부는 최소 권력의 정부이다. 둘째, 사회 사무 분야에서 시민사회 조직은 자원적 행위 원칙에 따라 사회의 자치를 실현해야 한다. 사회적 거버넌스 이론의 중요한 관점 중 하나가

---

10)   何增科,「從社會管理走向社會治理和社會善治」,『學習時報』2013年1月28日.

사회 자주성의 향상이며 시장으로 정부를 견제하려고 한다. 셋째, 서방 민주주의와 사회 발전 사상을 보면 국가와 사회 간에는 연결 고리인 시장이 있다. 이는 1990년대 이후 신자유주의 사조하의 시장 자유 전환 과정에 나타나고 있으며 정부가 시장 시스템으로 사회에 공공 서비스를 제공할 것을 요구한다.

사회적 거버넌스는 국가 통치 방식의 새로운 발전이다. 사회적 거버넌스의 본질은 정부의 강제적 권위나 제재로 통치 시스템을 가동하는 것이 아니라 사회 자치를 바탕으로 구축되어 국가와 시장, 사회의 자발적 질서를 유지한다. 사회적 거버넌스의 근본 목적은 사회질서와 집단행동을 보장하여 사회 혼란과 무질서를 피하기 위한 것이다.

3) 현대사회 관리의 원칙적 이념

현대사회 관리는 인본주의의 적극적 사회 관리와 선제적 사회 관리이지 관본위의 소극적이고 사후 통제적인 사회 관리가 아니다. 강제적 관리보다 사회 자발적인 계약적 관리를 더욱 중시한다. 민생사업 건설과 사회 서비스를 주도로 다원화한 사회적 거버넌스 구조 및 기층 자치, 대중 참여가 기본 방향이다.

(1) 협력적 거버넌스는 현대사회 관리의 기본방식

협력적 거버넌스의 본질은 정부가 더는 유일한 사회 관리 주체가 아니라 정부와 기타 사회조직이 평등한 사회 관리의 지위에 있는 것이다. 많은 학자들이 협력적 거버넌스를 지지하는 것은 협력적 거버넌스가 신질서에 대한 새로운 사회구조의 내재적 요구에 더욱 적합하고 합리적인 사회 관리 모식이기 때문이다.

협력적 거버넌스에는 세 가지 특징이 있다.[11] 첫째는 주체의 다원화이다. 행정 주체의 일체성은 공공재의 공급 독점을 초래했고 따라서 지금까지의 행정 개혁은 정부 자체의 구조 재조정에 불과했다. 사회의 변천과 공공 행정의 발전에 따라 1970년대 말부터 흥기한 전 세계적인 공공 행정 개혁은 정부의 행정 일체성과 공공재의 공급 독점을 제거했다. 정부가 담당하던 사회 관리 직능을 기타 사회조직이 수행하게 되었다. 이 시기 정부는 더는 사회 관리의 유일한 기구가 아니었다. 일부 사회 관리에서 손을 뗀 정부는 공공 정책의 제정과 공공 정책의 집행 감독에 몰두할 수 있었다. 거버넌스 과정에서 정부는 더는 모든 일을 도맡아 처리하지 않아도 되었다. 기타 사회조직, 특히 민간 조직(시민 조직)과 시민은 모두 사회 관리의 주체이다. 둘째는 권력 분산화이다. 다원화 주체는 사회적 거버넌스의 다계층과 공공 권력의 다중적 성격을 발생시켰다. 자원 분산의 표현으로 공공 권력이 더는 중앙정부에 집중되지 않고 각급 지방정부에 부여되었다. 따라서 공공 권력이 공동체와 시민 조직으로 이양되었으며 공공 부문에서 민영 부문이나 제3의 부문으로 이양되었다. 공공 권력의 다중적 분화는 비정부조직, 민영 부문이 공공 서비스나 공공 사무의 관리에 참여할 수 있게 했다. 셋째는 시스템의 종합화이다. 공공 행정 개혁은 단일한 행정 시스템을 시장 시스템, 행정 시스템, 자원 공익 시스템 등 다자 시스템으로 확대했다. 공공 사무는 공공 시스템에 의지할 수도 있고 시장 시스템이나 자원 시스템을 통할 수도 있다. 또한 정부의 권위를 빌리거나 협상, 대화, 협력 등 수단으로 다중적인 거버넌스와 반복적인 상호 교섭을 실행하여 사회 관리의 효과를 최대화해야 한다.

---

11) 侯琦·魏子揚,「合作治理: 中國社會管理的發展方向」,『中共中央黨校學報』 2012年第1期.

(2) 다원화 주체는 현대사회 관리의 기본 구조

중국공산당 제18차 대표대회에서는 '당위원회가 지도하고 정부가 책임지며 사회가 협동하고 대중이 참여하며 법치가 보장된' 사회 관리 구조의 구축을 제기했다. 이는 사회 건설에서 여러 사회 주체의 역할을 충분히 발휘하기 위해 법치에 의거한 사회 관리와 그 행동 준칙을 강조한 것이다. 2012년 10월 10일 중국 정부 사이트는 「제6차 행정비준 사항 취소, 조정 관련 국무원 결정」을 공포했다. "정부는 시민, 법인이나 기타 조직이 자주적으로 결정하고 시장 경쟁 시스템이 효과적으로 조절하며 업종 조직이나 중개업체가 자율적으로 관리하는 사항에서 모두 퇴출되어야 한다. 사후 감독 관리와 간접 관리 방식을 취할 수 있는 사항을 일률로 사전 심사하지 않는다." 이는 사회조직과 시민 및 법인은 사회 관리의 중요한 주체이므로 그들의 역할을 경시해서는 안 됨을 말해준다.

사회 관리에서 정부는 주도적 역할을 한다. 그러나 사회 관리의 구체적 과정은 전체 사회 생활에 침투되어 있다. 정부는 각 유형 사회조직의 역할 발휘를 적극 지원하고 민생사업과 공공 서비스 제도를 배치, 기획하며 감독 관리해야 한다. 정부는 구매와 외주로 사회조직이 서비스를 직접 제공하게 하여 사회조직과 정부가 공공 서비스 제공의 책임을 공동 부담한다. 정부는 해마다 전문 예산을 편성하여 사회조직을 지원해야 한다. 사회조직이 공동체 서비스와 정부 서비스 외주에 적극적으로 참여하도록 동원하여 다자가 참여하는 사회 자주 서비스와 정부 서비스가 통일된 사회 관리 체계를 구축한다.

계획경제 체제에서 중국의 사회사업과 사회 서비스는 모두 정부 측 기관에서 제공했다. 개혁개방 이후 경제의 발전에 따라 사회 서비스에 대한 대중의 수요가 날로 다양화되었고 질에 대한 요구도 높아졌다. 민영 사회 조직인 학교, 병원 등 비영리기구가 나타나 다양한 사회적 수요를 충족시

컸다. 그러나 정부의 사회조직에 대한 등록 기관과 업무 주관 부서의 이중 관리 및 사회조직에 대한 편견은 사회조직의 유형과 숫자가 적은 결과를 초래했다. 사회사업과 사회 서비스는 여전히 주로 정부 측에서 독점하고 있다. 사회조직이 발전해야만 사회의 날로 증가하는 다양한 수요가 충족될 수 있으며 사회 관리의 다자 구조가 구축되고 사회 관리의 원가를 낮추어 나라의 태평과 사회의 안정을 이룩할 수 있다.

(3) 기층 자치의 추진과 대중 참여는 현대사회 관리의 주요한 방향

사회 사무에 대한 시민의 광범한 참여는 참여 열정을 불러일으키고 자신의 능동성을 충분히 동원한다. 자발적 협조와 강제 관리의 통일을 실현하여 사회 관리의 공백을 메울 수 있다. 현재 시민이 사회 관리에 참여할 수 있는 경로는 비교적 적다. 주요한 경로는 공동체 자치에 참여함으로써 사회 관리에 참여하는 것이다. 그러나 공동체 건설과 관리에서 행정명령 요소가 많고 자치 요소가 적어 시민의 참여 열정이 높지 못하다. 중국공산당 제18차 대표대회에서는 '사회조직에서의 정부 퇴출'을 강조했는데 사실상 기층 사회 관리에서 사회조직과 공동체의 역할을 충분히 발휘시키고자 하는 것이다. 중국은 도시와 농촌 공동체에서 공동체 자치 제도를 실행한다. 그러나 다년간 기층 공동체 조직은 각급 정부가 하달한 임무를 완수하기 위해 더욱 많은 행정 기능을 수행했으므로 공동체 발전과 서비스 제공의 기능을 제대로 수행하지 못했고 대중들도 공동체 관리의 참여에 동원되지 못했다. 자치와 참여는 사회 관리 원가를 대폭 낮출 수 있다. 농촌에서 전체 촌민회의 및 대표대회, 촌업무공공관리팀, 재정관리팀, 촌위원회 산하의 각 위원회를 구축하고 보완해야 한다. 농민들을 인도하여 전문협회, 노인협회, 길흉사 이사회 등 사회단체와 업종 조직, 사회 중개업체를 설립하여 서비스를 제공하고 요구를 반영하게 하며 행위를 규범화하는 역할을 해야 한다. 치안순찰협회, 문화오락협회 등 사회조직의 역할을 발휘하여 당 조직을 핵심으로 하고 군중 자치 조직을 기초로 하며 대중이 광범하게 참여하는 거버넌스 구조를 구축해야 한다. 도시 공동체에서 거버넌스 구조를 보완하여 주민위원회와 당지부, 공동체 서비스 센터의 관계를 규명하고 각 유형 공동체 조직(문화, 체육, 자원봉사 조직을 포함) 및 업주 위원회와 주택단지 조직의 역할을 충분히 발휘해야 한다. 공동체 거버넌스 시스템을 완비하여 농촌과 공동체의 중대 사무에 대해 민주 결책을 실행한다. 당 조직의 지도로 이루어지는 민주 결책은 결책의 민주화, 과학화, 규범화의 수준을 향상시킨다. 도시 공동체는 공동체 당 지부와 주민위원회, 공동체 서비스 센터의 관계를 완비하고 업주 위원회의 기능을 충분히 발휘해야 한다.

(4) 공공 서비스의 추진은 현대사회 관리의 주요한 추세

서비스에서 관리를 실행하고 관리에서 서비스를 구현하며 국민 복지를 부단히 향상시키는 것은 현대사회 관리의 기본 방향이다. 서방 사회복지 체계의 발전 과정은 사실상 공공 서비스를 이용하여 사회질서와 사회문제에 대처하는 과정이다. 서방 각국은 사회보험제도와 '요람에서 무덤까지'라는 사회복지 체계를 구축했다. 사회복지 체계의 구축은 서방 자본주의가 지속적이고도 안정적으로 발전한 중요한 원인이다. 그러므로 사회복지 체계를 구축하여 사회 서비스를 제공하는 것은 개도국을 포함한 세계 각국 사회 관리의 기본 방식이다. 사회문제와 사회불안정의 근원은 공공 서비스의 부족과 공공 서비스 자체의 불공평이다. 공공 서비스는 사회 구성원의 기본 수요를 충족시켜야 한다. 기본 수요가 충족되면 사회문제와 모순이 감소되어 사회가 안정되고 기본 수요가 충족되지 못하면 사회 모순과 사회문제를 양산한다.

사회 관리의 강화와 혁신은 대중의 기대에 부응해야 한다. 대중의 경제, 사회, 정치와 문화 권익을 확실히 보장하여 전체 인민이 발전 성과의 수혜자가 되게 해야 한다. 범위가 넓고 기본을 보장하고 다층적이며 지속적인 기본 원칙을 견지하고 사회보장제도 개혁을 심화하여 사회보장의 범위를 확대하고 그 수준을 향상해야 한다. 도시와 농촌 공동체 구제 제도를 완비하고 교육 평등, 물가 안정, 유동인구의 서비스와 관리 등 문제를 중점적으로 해결해야 한다. 소득 분배를 합리적으로 조정하고 도시와 농촌, 지역, 업종과 사회 구성원 간의 소득 격차를 줄여 모든 사람이 기본생활보장을 받는 목표를 이룩해야 한다.[12]

4) 사회 관리와 사회 건설의 관계

사회 관리는 사회 건설의 중요한 내용이다. 현재 중국은 중요한 역사적 전환기에 처해 있다. 새로운 시기의 전략 임무는 사회 건설을 추진하여 사회 현대화를 이룩하는 것이다. 사회 건설은 경제 건설, 정치 건설, 문화 건설, 생태 건설 등 '5대 건설'의 하나로 체계적인 사업이다. 교육, 의료, 보건, 취업, 증수, 사회보장을 중점으로 하는 민생 건설은 사회체제 개혁과 사회 관리의 혁신에까지 미치고 있다. 중국공산당 제18차 대표대회에서는 "사회 건설의 강화는 중국 특색이 있는 사회주의 사회 관리 체계의 구축을 중심으로 공산당 위원회가 지도하고 정부가 책임지며 사회가 협동하고 대중이 참여하며 법치가 보장하는 사회 관리 체계를 구축한다. 미연에 방지하고 관리하며 응급 처리가 상호 결합된 사회 관리 시스템을 구축한다"라고 했다. 그러므로 사회 관리의 강화와 혁신은 사회 건설 추진의 관건이다.

---

12) 吳欣元, 「積極創建社會管理新格局」, 『光明日報』2011年10月4日.

'사회 관리'는 '사회 건설'의 하위 개념이다. '사회 관리'는 광의의 개념과 협의의 개념이 있다. 협의의 개념은 사회 치안, 신소(伸訴), 공공 안전 업무 등을 가리키며 주요 목표는 사회질서와 안정의 수호 및 양호한 사회 환경의 마련이다. 이는 '사회 건설'의 전제 조건이다. 광의적 '사회 관리'는 사회 치안, 신소, 공공 안전의 관리뿐만 아니라 교육, 위생, 사회보장, 사회구제, 사회 자선, 사회조직, 대중 참여 등 사회사업과 공공 서비스의 관리도 포함한다. '안정' 관리와 '조화' 촉진은 정부가 '사회 건설'을 추진하는 기본 수단이다.

임무와 목표를 보면 '사회 관리'와 '사회 건설'은 동공이곡(同工異曲)적인 두 측면이다. 전자는 '관리'에, 후자는 '건설'에 치중하고 있을 따름이다. 사회 건설은 방대하고 복잡한 체계적인 사업이다. 사회 관리는 이 사업의 기획에서 시행까지의 고리 하나하나에 스며들어 사업의 순조로운 시행과 목표의 실현을 보장한다. 사회 관리로 사회 관계를 조정하고 사회 행위를 규범화한다. 또한 사회문제를 해결하고 사회 모순을 해소하며 사회 공평을 촉진하고 사회 위험에 대처하고 사회 안정을 유지한다. 그러므로 사회 관리는 사회 건설을 추진하고 사회 현대화를 실현하는 중요한 보장이다.[13]

2. 중국 사회 관리가 직면한 문제점과 형세

사회 관리는 사회 건설의 중요한 구성 부분이다. 산업화, 정보화, 도시화, 시장화, 국제화의 발전에 따라 중국 경제체제와 사회구조가 변동되었고 이익 구조가 조정되었으며 사상 관념이 변화했다. 사회 관리는 새로

---

13) 石英, 「社會管理推動社會建設的基本手段」, 『中國社會科學報』 2011年 5月 17日.

운 형세와 문제점에 직면했다. 사회 관리의 이념, 체제, 시스템, 제도, 방법, 수단 등에 부족점이 많다. 이와 관련해 2004년 중국공산당 제16기 중앙위원회 제4차 전체회의에서는 "사회 건설과 관리를 강화하고 사회 관리 체제의 혁신을 추진한다"라고 했다. 중앙은 이미 새로운 시기를 맞아 긴급히 사회 관리를 강화하고 사회 건설을 추진해야 함을 의식하고 있었다. 2011년 중공중앙은 사회 관리의 강화와 혁신 관련 성부급(省部級 : 장차관급) 주요 간부 전문 연구 토론회를 소집하여 사회 건설을 추진했다. 2012년 중국공산당 제18차 대표대회에서는 중국 특색이 있는 사회주의 사회 관리 체계의 구축 및 사회 관리 체제와 시스템의 구축과 완비를 강조했다. 사회 관리의 강화와 혁신에 대한 중공중앙의 거듭된 강조는 복잡한 사회적 배경과 형세와 관련된다.

1) 사회 관리에 대한 이해 부족으로 사회 관리와 사회 통제를 혼동함

사회 관리에서 사회질서의 통제를 일방적으로 강조하고 사회조직과 대중의 역할을 경시하고 있다. 중국공산당 제18차 대표대회에서는 '공산당 위원회가 지도하고 정부가 책임지며 사회가 협동하고 대중이 참여하며 법치가 보장된' 사회 관리 구조의 구축을 제기했다. 사회 관리에서 당위원회와 정부의 지도는 불가결이며 사회조직과 대중의 적극적인 참여 역시 없어서는 안 된다. 일부 지방과 부서는 사회에 대한 정부의 일방적인 통제를 강조한다. 통제의 수단이 '사회 안정의 수호'이다. 사회 안정 수호라는 목표는 일부 지방이나 부서의 치적에 치중되어 있다. 결과적으로 일부 당정 부서나 간부의 권위와 이익을 지키는 것이지 사회적 대중의 공평과 정의, 민생과 복지를 위하는 것이 아니다. 이는 중앙에서 제기한 조화로운 사회의 건설과 어긋나며 사회 건설과 사회 관리를 사회적 통제라는 방향으로 이끈다. 심지어 조화로운 사회의 목표에서 벗어나 시민의 권리를 침범하고 사회 모순과 충돌을 격화시킨다.[14]

일부 간부들은 '사회 관리의 혁신' 임무를 사회의 자치, 정부와 사회의 협력적 거버넌스가 아닌, 당과 정부가 단일한 주체가 되어 사회에 대한 관리를 강화하는 것으로 이해한다. 사회 관리를 사회에 대한 행정적 통제, 정치적 통제, 강제적 억압으로 이해하며 사회 모순과 충돌 및 사회 위기를 소통으로 해결하는 것이 아니라 강압적으로 해결하려 한다. 5억 명의 네티즌과 3억 명의 웨이보 사용자 및 모든 휴대폰 사용자를 관리하고 시민과 여론에 대한 통제를 강화했다. 이를테면 선전(深圳) 시 당국은 유니버시아드 경기대회 주최와 '사회의 조화로운 안정 조성'을 위해 '조사 정리 100일 행동'을 개시했는데 불법자나 범죄자가 아닌 8만여 명을 '잠 재적 치안 위험군'으로 분류하여 선전에서 추방했다.[15]

2) 각종 집단 소요가 증가하고 사회 모순이 격화되는 추세임

근년에 이르러 중국의 사회 모순과 충돌이 부단히 증가했다. 1993년에 발생한 집단 소요 사건이 8,700건이었지만 2005년에는 87,000건에 달했다. 비록 집단 소요 사건에 대한 정의와 기준이 불일치하고 숫자가 불명확할 수 있지만 사회 충돌이 증가하는 추세는 틀림없다. 일부 집단 소요 사건에 1만여 명이 참여하여 사회에 큰 충격을 주었다.

현재의 사회 모순은 다음과 같은 특징이 있다. 첫째, 사회 모순은 주로

당대 중국 사회 건설

---

14) 郭道輝, 「我看社會管理的新方向」, 『炎黃春秋』2012年第2期.

15) 郭道輝, 위의 글.

농촌 토지 징수, 도시 주택 철거, 국유기업 제도 개혁, 소송 관련 신소, 농민공 임금 체불, 환경 문제 등에 집중되어 있다. 2011년 광둥 싼터우(汕头)의 우칸(烏坎) 촌 사건은 전형적 사례이며 멍롄(孟連) 사건이나 스서우(石首) 사건 등도 일부 지역의 모순이 아주 심각함을 보여준다. 둘째, 사회 모순은 여러 사회계층과 관련된다. 농민, 도시인, 퇴직자, 자영업자, 택시 기사, 학생, 퇴역 군인, 사립학교 교사, 퇴직 교사 등 집단이 두루 포함되어 있다. 셋째, 일반 모순을 적시에 타당하게 해결하지 못하면 아주 쉽게 대규모적 집단 소요 사건으로 커진다. 넷째, 사회 모순의 관련성이 증가하고 역사적으로 남긴 문제나 개혁 발전에서의 문제, 경제 분야의 문제나 사회 분야의 문제, 합리적인 요구와 불법적 형식, 다수의 합리적 요구와 소수의 무리한 요구가 뒤섞여 있다. 다섯째, 폭력화의 경향이 있다. 일부 지방에서는 정부기관을 부수고 불 지르고 약탈했으며, 대규모 패싸움으로 사상자가 발생하여 무장경찰이 개입해서 질서를 회복해야 했다. 근년에 '묻지마 범행'도 많이 발생하고 있다.

3) 사회 관리 원가가 높아져 공공 재정 예산에서 높은 비율을 차지함

사회 관리 원가가 점점 높아지고 공공 안전 지출이 점점 많아진다. 2011년 공공 안전 예산은 6,244.21억 위안으로 국방비 예산 6,011.56억 위안보다 좀 많았다. 2012년 공공 안전 예산은 7,017.63억 위안으로 2011년 대비 11.5% 증가했다.[16] 국제 반테러 전문가들은 공공 안전 예산을 두

---

16) 2012년 중국의 공공 안전 예산은 정법 경비 보장 체제의 보완, 지방 정법 경비 보충, 지방 특히 중서부 지역 정법기관 인프라 건설의 지원 및 공공 서비스와 사회

가지로 나눈다. 하나는 공공 안전을 위협하는 자연재해 예방 대처 예산이고 다른 하나는 인간의 생명과 재산 안전을 위협하는 사회 공공 안전 사건 예방 대처 예산이다. '사회 안정 수호 예산'도 그중 일부분이다.[17] 사실상 이 예산은 모두 사회 관리 예산에 속한다. 사회 관리에 대한 국가의 투입 외에 각 사회기관도 사회 안정의 수호를 위해 많은 인력과 물력을 소모한다. 일부 지역의 농촌은 심지어 '농촌 봉쇄'식의 공동체 관리를 실행한다. 마을을 담장으로 에워싸고 경비팀이 치안을 유지하며 주택마다 방범문, 방범창을 설치하여 주민들이 부담하는 안전 방범 지출비도 적지 않다.

물력 투입 외에 인력의 투입은 계산하기도 어렵다. 지방정부는 '사회 안정 수호'를 가장 중요한 임무로 간주하여 편제를 늘리고 기관을 증설하며 대규모적인 동원으로 관할지역의 평안을 도모하고 있다. 일부 잠재적 '말썽분자'는 24시간 감시하고 있다. 지방정부는 때때로 대량의 지원자를 동원하여 관련 부서와 협동 훈련을 시켜 비상시에 대비한다. 모든 것이 '사회 안정 수호'를 위해야 하며 기층 정부의 많은 직원들은 각자가 '사회 안정 수호'의 임무를 맡고 있다.[18]

4) 사회 관리에 대한 대중과 사회조직의 참여가 부족함

사회조직은 전통적 사회질서의 수호와 현대사회 관리에서 그 누구도 대체할 수 없는 통합 역할을 한다. 그러나 중국에서 일부 간부들은 사회조

관리 능력의 향상, 식품 안전의 보장 등을 포함한다.

17) 陳統奎,「預算內公共安全支出引關注」,『南風窓』2012年第15期.

18) 孫立平等,『維穩'新思路: 利益表達制度化, 實現長治久安』, http://www.infzm. com/content/43853.

직의 사회적 역할을 이해하지 못하므로 사회조직의 발전을 심각하게 제약하고 있다. 사회조직은 복지를 개선하고 사회 안정을 수호하며 시민 안전 보장 방면에서 큰 역할을 한다. 경제사회의 발전에 따라 사회조직에 대한 대중의 사회 서비스 수요가 증가하고 사회조직에 대한 참여 열정이 높아지지만 사회조직의 관리 이념, 체제, 시스템, 방법, 기술은 여전히 낙후하다. 그러므로 중국공산당 제18차 대표대회의 요구에 따라 정치와 사회조직이 분리되고 권한과 책임이 분명하며 법에 의해 자치를 하는 현대 사회조직 체제를 구축해야 한다.

사회 관리에는 대중의 적극적 참여가 필요하다. 그러나 사회 관리와 사회 서비스에 대한 대중의 참여 방법이 많지 않다. 대중의 참여는 시스템과 대중의 참여를 지지하는 일련의 제도 및 기초 조건을 필요로 한다. 정부의 사회 결책 과정은 대중 참여의 기회를 주지 않는다. 결책 관련 정보를 사전에 공포하지 않고 공청회를 열지 않아 대중은 참여권, 표현권, 감독권, 알 권리가 없으므로 관련 결책에 의견을 발표할 수 없다. 일부 지방에서는 대중이 제기한 다른 의견이나 건의를 방치하거나 심지어 보복까지 한다. 각급 정부의 결책 시스템에서 정보가 투명하지 않고 공공 사무의 결책에서 대중의 의견 발표 기회가 극히 적으며 정책의 집행을 감독할 수 없으므로 결과가 나온 후에 수동적으로 받아들이거나 신소를 할 수밖에 없다.

5) 각 관리 부서 간에 효과적인 총괄 조정이 부족함

사회 관리의 내용은 많은 방면을 포함하고 관련되는 주관 부서도 아주 많다. 이 중 노동과 사회보장 부서, 민정 부서, 위생 부서, 교육 부서, 주택과 도시 농촌 건설 부서, 기획 부서, 계획 생육 부서, 금융 부서, 재정 부서,

수리 부서, 농업 부서, 신소 부서, 환경보호 부서, 공회, 공산주의청년단, 부녀연합회 및 경찰, 검찰, 법원, 사법 등 정법부서가 관련된다.

현재 중앙은 사회 치안종합치리위원회(社會治安綜合治理委員會)를 중앙 사회 관리종합치리위원회(中央社會管理綜合治理委員會)로 변경하여 사회 관리를 하고 있다. 이 위원회는 원 사회 치안종합치리위원회 산하의 40개 부서 외에 11개 부서를 증설했으며 산하에 판공실과 약간의 전문 사항조를 설치했다. 일부 지방에서도 사회 관리종합치리위원회판공실을 설립했다. 중앙에서 지방에 이르기까지 이러한 신설 기구의 설치와 직능을 보면 본래의 사회 치안종합치리위원회판공실의 업무를 담당하고 있어 사회 질서에 대한 관리와 통제를 중시한다. 그러므로 민생 복지에 대한 보장과 사회 서비스의 효과적인 공급이 부족하고 사회조직의 양성과 발전이 부족하며 사회적 협동과 공중의 참여가 부족하다. 사회 관리의 총괄과 혁신에서 실질적 조치나 변혁이 없어 사회 관리의 혁신을 총괄 조정하는 임무를 제대로 수행하지 못한다. 그러므로 사회 관리의 직능을 확실히 총괄 조정하고 각 방면의 자원을 동원할 수 있는 사회 관리 종합 협조 부서가 필요하다.

현 단계 사회 관리의 문제점은 여러 방면에서 나타나고 있다. 여기에는 현단계 경제사회 발전 수준의 제한으로 인한 문제점과 업무 소홀로 인한 문제점도 있고 역사적으로 이루어진 문제점과 사회의 변혁이 가져온 현실적 문제점도 있으며 사상 관념의 문제점과 체제, 시스템의 문제점도 있다. 그러나 근본적 원인은 경제사회에 큰 변화가 발생했지만 사회 관리의 이념과 체제 및 시스템은 여전히 계획경제 체제의 방법을 답습하고 있는 것이다. 관 본위 사상이 심각하여 소극적이고 수동적으로 대처하기에 급급하다. 그러므로 사회 관리의 강화와 혁신으로 여러 가지 사회문제를 적절하게 처리하고 여러 가지 사회 위험에 대처하여 경제사회의 지속적이고 건강한 발전을 추진해야 한다.

3. 당전 중국 사회 관리 개혁과 혁신

사회 관리의 혁신은 정부를 단일 주체로, 부서 관리를 주요 담당체로, 행정 방법을 주요 수단으로, 통제를 주요 목적으로 하던 전통 모식에서 정부의 행정관리와 사회의 협력적 거버넌스, 주민 자치 관리의 상호 교섭, 공동체 관리와 부서 관리의 유기적 결합으로 전환해야 한다. 여러 수단을 종합 운용하여 관리와 서비스의 융합, 질서 있고 활력 있는 통일된 다원화 거버넌스, 공동 구축과 공동 향유의 신모식을 구축해야 한다. 이로써 사회 관리와 사회주의 시장경제, 민주정치, 선진 문화의 발전과 조화로운 사회의 건설이 서로 적응되어야 한다.

1) 사회 관리 이념의 혁신

사회 관리의 강화에 있어서 정부는 사상을 해방해야 한다. 전통적 관리와 통제 사상을 전환하여 사회 관리의 새로운 사상과 새로운 관념을 수립하고 사회 관리의 효과를 높이며 사회의 조화로운 발전을 촉진해야 한다.

(1) 인본주의와 서비스로 관리를 촉진하는 사회 관리 이념을 수립해야 한다

사회 관리는 인민대중의 직접적 이익과 관련되므로 인본주의 원칙을 지키고 과학적 수단으로 사회정책을 제정하여 정책이 실제와 인민대중의 수요 및 기대에 부합되게 한다. 관 본위의 작태는 인민을 위한다는 슬로건 아래 대중의 이익을 무시하고 자신의 치적과 이익만을 생각하여 결국은 대중의 이익을 해치게 된다. 많은 지방 관료들은 정책 제정 시 상부의 눈치와 구미를 고려하고 인민대중의 의견을 무시한다. 그러므로 결책은 민심을 얻지 못할 뿐만 아니라 대중의 이익을 해치게 되어 사회 모순을 격화시킨다. 인본주의의 적극적 사회 관리를 위해서는 정책 제정 전에 반드시 과학적 조사 연구를 하고 대중의 의견에 귀를 기울여야 한다. 정책 제정 과정에서 여러 측의 의견을 수렴하여 과학적으로 정책을 제정해야 한다. 정책 실행 과정에서 대중의 의견과 건의를 받아들여 점차 정책을 보완해야 한다.

서비스로 관리를 촉진하는 방식으로 사회 관리를 추진해야 한다. 서비스로 관리를 촉진하는 이념은 현재 사회 관리에 관철되지 못했다. 사회 관리는 사회질서를 통제하는 것이라는 사상이 뿌리 깊어 전변하기 어렵다. 통제 수단과 강제 수단은 간단하면서 효과가 빠르다. 그러나 사회적 원가가 많이 들고 지속성이 부족하며 대립과 불만을 초래한다. 사회 관리의 핵심은 공평하고 합리적인 질서를 구축하는 것으로 사회의 안정만을 도모하는 것이 아니다. 더욱 많은 양질의 공공 정책과 공공 서비스를 제공하고 사회 구성원들의 적극적이고 발전 지향적인 사회적 풍조를 격려하며 공평하고 합리적인 사회분위기를 조성하는 것이 사회 관리의 핵심이다. 사회 문제와 사회질서의 관리를 난폭하게 해서는 안 되며 반드시 근원을 찾아내야 한다. 공공 서비스로 사회문제와 사회의 무질서를 미연에 방지하여 조화로운 사회를 건설해야 한다.

정부의 공공 서비스는 사회정책의 제정과 집행으로 실현된다. 그러므로 대중의 수요에 입각하여 조사와 연구를 하며 민의를 수렴하여 대중의 수요에 부합되는 합리적인 사회정책을 제정해야 한다. 아울러 정책을 잘 집행하여 대중들이 경제 번영의 성과를 누리도록 한다. 각급 정부의 재정 예산과 투입에서 대부분의 지출을 교육, 의료, 취업, 주택 등 민생 분야에 사용해야 하며 감시 카메라 등 감시 설비의 설치와 협경(協警 : 경찰 보조), 경비원의 고용을 늘리는 데 사용해서는 안 된다.

(2) 여러 주체가 참여하는 협력적 거버넌스 이념을 확립해야 한다

대량의 공공 문제는 국가나 시장만으로는 해결할 수 없다. 사회 관리는 정부가 단독으로 통제해서는 오래 못 간다. 사회 자치와 거버넌스는 공공재의 특성에 의해 협력적 거버넌스 요구를 제기한다. 이로써 사회 관리의 가장 좋은 활로는 공공재를 제공하는 정부의 독점을 타파하고 대중이 공공재와 공공 서비스를 자유로이 선택하게 하는 것이다. 효과적인 사회 관리 모식은 각종 사회자원을 통합하여 다원화 주체가 각자의 장점을 발휘하는 것이다. 전환기의 중국 사회는 자치를 초월한 협력적 거버넌스를 실행해야 한다.

협력적 거버넌스는 중국 사회 관리의 발전 방향이다. 발전 형세를 인식하고 사상 관념을 전환하는 것은 현재 협력적 거버넌스를 실현하는 기초이다. 각급 정부 및 간부들은 낡은 관리 이념을 버려야 한다. '인민을 대신하여 주인 노릇을 하던 데에서 벗어나 인민이 주인이 되도록 도와야' 하고 '정부가 인민을 규제하던 데에서 벗어나 정부도 규제를 받게' 하며 정부의 독자적인 관리에서 벗어나 기타 사회 관리 주체의 협력적 거버넌스가 되어야 한다. 사회 관리 방면에서 정부와 사회조직은 평등하고 호혜적이며 협력하는 관계가 되어야지 정부가 사회 위에 군림해서는 안 된다. 정부는 제도의 제정자, 공평한 환경의 구축자, 사회적 대화의 조직자가 되어야 한다. 사회조직은 자주성과 사회적 책임감을 지니며 공공 이익의 수호를 목표로 삼아 사회적 책임을 위배하는 행위에 상응하는 책임을 져야 한다.[19]

---

19) 侯琦·魏子揚,「合作治理: 中國社會管理的發展方向」,『中共中央黨校學報』2012年第1期.

2) 사회 관리 체제와 시스템의 혁신

중국공산당 제18차 대표대회에서는 "사회 관리를 강화, 혁신하여 사회 관리의 과학적 수준을 향상한다. 사회 관리 체제와 시스템의 혁신, 공공 서비스 공급 방식의 강화를 통해 기층 사회 관리와 서비스 체계를 구축한다. 이익 조절 시스템을 구축하여 사회 구성원의 참여권과 표현권을 보장한다. 사회 관리에서 법치의 지위를 두드러지게 한다"고 했다. 사회 관리의 혁신은 다음과 같이 할 수 있다.

(1) 사회 건설과 사회 사무 총괄 조절 부서를 설립한다

사회 관리의 기층 사회 건설을 중시하는 한편 사회 관리의 톱레벨 디자인을 고려해야 한다. 장기간 중국의 사회 관리는 정법위원회(政法委員會)가 주도로 하는 사회 관리 부서와 민정부서가 주도하는 사회 관리기구가 담당했다. 정법위원회가 담당하는 사회 관리는 사회 안정의 수호와 관련된다. 이를테면 경찰, 사법, 종합, 신소 등 부서에서 책임지는 치안과 사회 안정 등으로 이러한 사회 관리는 큰 성과를 거두었다. 노동 취업, 사회보장, 교육 문화, 의료 보건, 소득 분배, 민정 등 여러 부서가 관련된 사회 관리에는 총괄 조정 관리 기구가 필요하다.

2011년 8월 21일 중앙사회 치안종합치리위원회를 중앙사회 관리종합치리위원회로 변경했다. 중앙사회 관리종합치리위원회가 출범한 후 각 지방은 상응한 기구를 설립했다. 이러한 기구들은 본래의 사회 치안종합치리위원회가 변경된 것으로 간판만 바꾸었을 뿐 사람은 거의 바뀌지 않았으므로 근본적인 전환이 없다. 그러므로 사회 건설의 총괄 조정 부서를 설치하여 사회 관리와 사회 건설을 총괄 지휘해야 한다. 사회 건설과 사회 업무 총괄 조정 부서를 설립하고 사회 건설을 골자로 사회 관리를 강화하며 사회 건설의 과정에서 사회 관리를 혁신하여 단순한 사회 관리 모식을 피해야 한다.

2009년 베이징 시가 사회공작위원회와 사회건설판공실을 설립했다. 이어 베이징 산하의 각 구와 현도 사회공작위원회와 사회건설판공실을 설립했다. 사회 업무 전문 기구의 설립은 사회 건설과 사회 관리 사업을 강력하게 추진했다. 따칭, 상하이, 난징, 광저우, 선전, 청두 등 도시도 사회 건설과 사회 관리 종합 조정 부서를 설립하여 사회 관리의 혁신에서 성과를 거두었다. 현재 사회 관리 사업은 30여 개 부서와 관련된다. 사회 관리 이념을 전환하고 사회 관리를 혁신하려면 권위 있는 부서가 조정하고 지도해야 한다. 그러므로 발전개혁위원회의 사회 기획 기능을 사회공작위원회에 이양하여 사회공작위원회의 총괄 조정 능력을 향상하고 사회 관리 사업을 전면 기획, 감독, 지도하게 해야 한다.

(2) 민생사업과 사회 건설에 대한 재정 투입을 증가한다

사회 관리 사업의 실질은 정부와 사회의 간섭으로 시장경제의 문제점을 바로잡으며 사회질서의 안정과 사회의 공평, 정의를 이룩하는 것이다. 정부는 재정, 세수, 금융, 행정, 법률 등 수단으로 간섭하는데 재정 수단이 핵심이다. 공공 재정은 자본 예산, 사회 예산, 경상비 예산 등으로 나뉜다. 자본 예산은 경제 발전의 지출에 사용되고 사회 예산은 사회사업과 민생사업의 지출에 사용되며 경상비 예산은 행정, 법률과 사법 등을 포함한 정부의 운영에 사용된다. 사회보장, 교육, 의료 보건, 취업, 주택 등 문제를 해결하려면 인력, 물력, 재력을 포함한 정부의 공공 자원 투입이 필요하다.

다년간 경제 발전과 인프라 건설에 투입을 많이 했고 사회 서비스에 투입을 적게 했다. 정부는 공공 재정 분배에서의 정해진 추세를 변화시켜 사회 건설과 사회 관리에 더욱 많이 투입하여 사회 예산을 증가해야 한다. 경상비 예산을 합리적으로 분배하여 법률과 사법의 지출을 증가하고 일반 행정 지출은 줄여야 한다. 사회 관리 분야에도 합리적으로 자원을 배치하여 더욱 많은 자원을 민생에 투입해야 한다. 사회의 공평 문제를 치중하여 해결하고 선제적 사회 관리를 해야 한다. 이렇게 해야만 사후 통제적 사회 관리의 지출을 줄일 수 있다. 일이 커지기 전에 미연에 방지해야 사회 관리의 비용을 절감할 수 있다.

(3) 사회조직과 공동체 조직의 사회 관리 직능을 충분히 발휘한다

중국공산당 제18차 대표대회에서는 "정부와 사회조직이 분리되고 권리와 책임이 분명하며 법에 의해 자치를 하는 현대 사회조직 체제를 구축해야 한다"고 강조하면서 사회조직을 육성, 발전시켰다. 사회조직은 사회 서비스의 제공, 사회 관계의 조정, 사회질서의 수호, 사회 공평의 창도 등에서 대체할 수 없는 역할을 한다. 사회 관리에서 사회조직의 역할을 발휘하려면 몇 가지에 치중해야 한다. 첫째, 사회조직에 대한 인식을 전환해야 한다. 사상을 해방하고 사회조직 공포증을 극복하며 사회조직을 적극 발전시켜야 한다. 둘째, 사회조직 법규를 완비해야 한다. 법규로 사회조직을 지원하고 규범화해야 하는데 불법 조직은 법에 따라 단속하고 합법 조직은 법에 따라 지원해야 한다. 셋째, 사회조직에 대한 재정적 지원을 강화해야 한다. 재정으로 사회 관리에서의 사회조직의 역할을 잘 인도해야 한다.

공동체 조직은 사회 관리의 중요한 주체로 기층 사회 관리에서 핵심적 역할을 한다. 그러므로 공동체 자치조직과 기타 사회조직의 사회 관리 직능을 충분히 발휘해야 한다. 도시와 농촌 공동체 거버넌스, 기층 공공 사무와 공익사업에서 대중의 자기 관리, 자기 서비스, 자기 교육, 자기 감독을 실행하는 것은 사회 관리의 중요한 방식이다. 활력이 넘치는 기층 군중 자치 시스템을 구축하여 대중들이 참여할 수 있고 정보를 공개하며 의사 협상을 강화하고 권력 감독을 중점으로 하는 수단을 확대해야 한다. 내용과 형식을 다양화하여 대중이 사회 관리에 참여할 수 있는 권리를 보장하고 기층의 각 유형 조직의 협동적 역할을 발휘하며 정부관리와 기층 민주의 유기적 결합을 실현해야 한다.

(4) 시민이 사회 관리의 주체가 되도록 양성한다

사회 관리는 대중의 참여를 떠나지 못한다. 대중의 참여는 봉사와 기부 등으로 표현되기도 하고 결책에 대한 건의와 정책에 대한 비판으로 표현되기도 한다. 대중의 참여 역할을 발휘하기 위해 첫째, 정부가 경제사회 정보를 공개해야 한다. 정보를 공개하지 않으면 대중이 평가를 할 수 없어 합리적 건의를 제기할 수 없다. 둘째, 사회조직을 발전시키고 기층 조직을 완비해야 한다. 사회조직과 공동체는 대중 참여의 환경과 시스템이다. 사회조직을 발전시키지 않고 공동체 민주제도를 보완하지 않으면 대중들은 사회 관리에 참여할 수 없다. 셋째, 대중들의 결책 참여 시스템을 구축해야 한다. 중요한 결책을 할 때에는 공청회를 열고 여론을 중시해야 한다. 넷째, 언로를 넓혀야 한다. 인터넷 통제를 적당히 하여 대중이 말할 수 있게 한다. 다섯째, 인민대표대회 제도를 보완해야 한다. 인민대표는 전문직 대표와 정치가여야 하는데 인민대중의 의견을 들을 생각이나 능력, 정력이 있어야 하며 진정으로 인민의 이익을 대변해야 한다.

청두의 농촌에 설립한 촌민의사회는 촌민의 사회 관리 참여를 불러일으켰다. 촌민의사회는 촌급 자치 사무의 상설 의사 결책과 감독 기구로 촌민의 선거로 선출된 매 촌민소조의사회에서 3~5명을 추천하여 촌민의사회를 구성하며 비정기적으로 촌의 자치 사무를 의논한다. 촌민의사회는 촌민회의의 감독을 받는다. 촌당지부위원회와 촌민위원회는 촌민의사회의 집행 기구로 의사회의 각 결정을 책임지고 집행한다. 촌민의사회회의는 적어도 분기마다 소집된다. 촌민의사회와 촌민소조의사회에서 회의 소집 시 소집자는 구성원의 의견 발표를 보장하며 간섭하지 않는다. 촌당조직, 촌민위원회, 촌민의사회 구성원이나 만 18세 이상 촌민이 연명으로 촌민의사회나 촌민소조의사회에 의제를 제기할 수 있고 촌민소조의사회 구성원은 촌민소조의사회에 의제를 제기할 수 있다. 기타 촌급 조직도 촌민의사회나 촌민소조의사회에 의제를 제기할 수 있다. 의견이 심하게 갈리는 의제에 대해 회의 소집자는 의제를 유보하고 반수 이상 구성원의 동의를 거친 후 다음 회의에서 심의표결을 한다. 촌민의사회와 촌민소조의사회의 표결은 원칙상 무기명 투표와 공개 개표이며 결과를 바로 그 자리에서 공표한다. 대중이 충분히 참여했으므로 촌민의 사회 관리 참여의 적극성을 효과적으로 동원할 수 있었다.

중국공산당 제18차 대표대회는 "제도로 권력, 일, 사람을 관리하며 인민의 알 권리, 참여권, 표현권, 감독권을 보장한다. 이는 권력을 정당하게 사용하는 중요한 보장이다"라고 했다. 대중의 이익과 관련되는 결책은 모두 대중의 의견을 충분히 수렴해야 하고 대중의 이익을 침해하는 작태는 굳건히 반대해야 한다. 이렇게 해야만 인민대중이 진정으로 사회 관리에 참여할 수 있으며 대중의 지혜와 힘이 사회 관리에서 역할을 할 수 있다. 시민이 사회 관리와 사회 건설의 능동적 주체가 되어야지 수동적 참여자가 되어서는 안 된다.

당대 중국 사회 건설

제 7 장

사회규범

사회규범 건설은 사회 건설의 구성 부분이다. 개혁개방 이후 사회 전환과 함께 발전해왔으며 사회 가치관 건설, 법제 건설, 도덕 문명 건설을 포함한 중국 특색이 있는 사회규범 건설은 줄곧 진행 중이다. 이와 함께 사회규범의 상실은 사회적 사실이다. 중국 사회의 현대화 전환 및 그 대응 모식은 사회규범 상실과 사회규범 발전이 더딘 근본적 원인이다. 국민의 신뢰를 얻지 못하면 아무 일도 해낼 수 없다. 현재 사회규범 건설은 사회 신뢰를 기초로 해야 한다. 먼저 사회 신뢰 건설을 바탕으로 양호한 규범을 준수하는 분위기를 만들어 사회규범의 체계적 건설을 추진해야 한다.

제7장 사회규범

개혁개방 이후 중국의 경제 건설은 세계가 괄목하는 성과를 거두었고 중국의 현대화 수준과 중등 발달 국가와의 격차는 줄어들고 있다. 아울러 중국의 사회규범 상실 문제가 비교적 심각한바 식품 안전, 건축 안전, 사리사욕, 신용 불량 등이 끊이지 않고 있다. 사회 현대화의 추진 과정에서 사회 건설을 어떻게 해야 사회의 무질서 상황을 변화시키고 사회규범을 재구축할 수 있는가? 이는 사회 건설에서 반드시 해결해야 할 문제이다.

1. 사회규범의 정의와 기능

사회규범과 관련하여 여러 가지 관점이 있다. 우리는 사회학에 입각하여 범주를 확정하고 사회 건설 과정에서 사회규범의 사회적 기능과 의의를 분석하고자 한다.

1) 사회규범의 정의 및 기본 방향

사회구조의 요소를 보면 습속, 도덕, 종교, 기율과 법률, 금기 등을 모두 사회규범으로 볼 수 있다.[1] 역사적 시각에서 보면 금기, 습속(습관), 관례, 도덕(종교), 법률은 모두 발생, 발전 과정이 있다. 사회규범은 인류의 공통된 생활의 수요를 위해 사회적 협력을 기반으로 형성된 규율이다. 규범에는 명기된 규범과 명기되지 않은 규범이 있고 규범의 유래에는 이성적 선택과 비이성적 선택이 있으며 규범의 동력에는 위에서 아래에 이르는 동력과 아래에서 위에 이르는 동력이 있다. 현재 중국의 사회규범 건설을 관찰하고 분석하기 위해 본 장에서는 새로운 시각으로 사회규범을 고찰할 것이다.

사회규범(social norm)은 인간이 사회 실천에서의 행위 규칙이자 사회 행위의 준칙이다. 사회규범은 일정한 가치 관념, 사회 역할과 신분, 특정한 사회 배경을 요소로 하며 상호 간 교섭에서 일정한 사회적 동질감이 있어야 한다. 사회규범의 범주에는 세 가지가 포함된다.

(1) 가치는 사회규범의 핵심

사회규범의 가치는 '인간은 무엇을 믿어야 하는가'를 결정하며 인간의 인식과 성찰을 바탕으로 인간이 신념과 이상을 받아들이는 과정에서 형성된다. 한 사회의 주도적 가치 기준은 사회규범 체계에서 "결정적 역할을 발휘하는 요소로 특정된 기술, 법률, 교류에 지속적 영향을 준다."[2] 일부 학자는 심층적 사회규범은 본질적 의의가 있는 사회규범으로 규범 체계에

---

1) 莊平, 「社會規範系統的結構與機制」, 『社會學研究』1988年第4期.
2) 拉,兹洛, 「文化與價值」, 『哲學譯叢』1988年第4期.

서의 '핵심'이라고 한다. 현상적 규범으로 사람들에게 '어떤 행위를 해야 하는가'를 암시한다. 본질적 규범으로 사람들에게 개인과 타인, 개인과 사회, 사회와 자연의 관계를 잘 해결하게 하며 관련 책임과 의무 등 행위 목표를 규정한다.

사회규범의 가치는 사물의 유용성 규정에 입각해야 하지만 눈앞의 직관적 사물만 보아도 안 되고 사실에 근거해 설명만 해도 안 된다. 이는 현실 사회 생활과 관련된 생활 준칙, 법령, 의무 체계이며 인생의 의의를 깨닫게 하는 체계이다. 가치는 보편성과 초월성을 지니고 있다. "만약 한 인간이 모종의 상황에서 그렇게 한다면 모든 인간이 그와 유사한 상황에서 모두 그렇게 할 것이다."[3] 가치는 선택성과 유효성도 지니고 있다. "가치는 모종의 희생(혹 배제)을 감수하면서 도달하거나 획득 가치가 있는 객체를 선택하는 것이다."[4] 욕망을 충족시키는 것은 가치가 있는 것이지만 욕망의 억제로 만족을 얻는 것도 가치가 있는 것이다. '이상적' 아니면 '수요적'인가? 목적과 수단은 가치 이상과 가치 선택의 관계에서 뚜렷해야 한다. 추상적 법령과 사회 생활의 규율은 양날개가 되어 희망과 현실을 규합하고 동시적으로 구성되어야 한다.

어떠하든지를 막론하고 가치 규범은 사회 실천과 생활 세계의 보편적 법칙에 답을 주었다. 주류 가치 규범이 공평, 이익, 자원과 기회의 배치 등 기본 문제에 불분명하거나 권위적인 답을 하지 못하면 사회는 가치관의 혼란으로 규범이 상실될 것이다.

---

3) 潘勉, 『論價値規範』, 中國社會科學出版社, 2006, p.16.
4) 作田啓一, 『價値社會學』, 宋金文·邊靜譯, 商務印書館, 2004, p.4.

(2) 역할과 관계는 사회규범의 담당체

인간은 생활에서 모종의 신분과 역할로 자신을 정의 내리고, 신분과 역할에 따라 행위를 조절하고 인도한다. 인류학자의 연구를 보면 대다수 원시사회는 친족 관계를 기반으로 사회질서를 구축한다. 개인 신분의 역할의식은 친속관계로부터 결정된다. 현재에 이르기까지 혈연과 혼인을 기반으로 발생한 친족 구조는 여전히 사회의 기본 신분과 역할 규범의 기초이다. 사회적 분업의 발전에 따라 개인이 사회화되어가고 지연, 직연 등이 역할과 관계에 영향을 주는 중요한 요소가 되었다. 또한 역할 간의 재산관계, 권력 관계 등이 더욱 뚜렷하게 드러났다.

사회적 역할 및 그 관계는 사회규범의 중요한 담당체로 인간 욕구의 충족, 행위의 기대 및 각종 권리와 의무를 담고 있다. 사회 수요 결정 시 모든 사회 구성원의 욕망이 사회 수요에 평등하게 반영되는 것이 아니다. 그렇다면 어떻게 해야 사회 구성원이 신분과 역할에 따라 관계 규범을 준수하면서 일을 하게 할 수 있는가? 외력으로 굴복시키는 것은 너무 많은 비용이 든다. 그러므로 양호한 상호 교섭과 이로부터 발생하는 행위의 일치성이 좋은 방법이다. 양호한 상호 교섭은 사회 구성원이 보편적으로 인정하고 준수하는 합리적인 이익분배 구조, 자원과 기회의 획득 자격 및 운행 시스템을 바탕으로 해야 한다. 만약 이익의 분배와 기회의 획득이 지나치게 집중되면 사회의 혼란을 가져올 것이다.

(3) 행위가 사회규범의 현실 방향을 결정

행위 규범은 인간에게 무엇을 배울 것인가, 사회 활동을 어떻게 선택하고 어떻게 할 것인가를 알려준다. 이는 개인이 학습과 모방 등 사회화 과정을 통해 습득하는 것이다. 행위 규범에 대한 개인의 태도는 그 행위 목표와 관련된다. 행위 목표는 장기간에 걸친 목표와 가치실현 및 욕망 충족에 의해 좌우된다. "관찰자는 '수단의 유효성', '가치의 일관성' '욕망 충족의 절실성'에 따라 피관찰자의 행위를 설명한다."[5] 막스 베버는 가치의 실현, 일시적 충동의 억제, 생활 동력을 체계적으로 분배하는 행위를 가치의 합리적 행위라고 인정했고 욕망에 따라 충족, 저해하는 평형 결정 행위와 수지 득실의 계산을 하는 행위를 목적(도구)의 합리적 행위라고 했다.[6] 이상주의 지배를 받는 행위를 가치 지향이라 하고 도구나 이익 혹은 현실주의 제약을 받는 행위를 목적 지향 혹은 동기 지향이라고 한다. 이념적 원리 분석을 떠나 현실 사회에서의 인간의 행위 선택은 언제나 특정한 사회적 상황에서 진행되며 동질감을 통해 사회의 상호 교섭에서 완성된다.

사회규범의 행위는 주로 인간의 행위에 대한 금령과 제한이다. 개개인에게 자유 행위의 범위를 확정해주어 인간의 상대적인 자유 행위를 보장한다. 아울러 개인의 관념 형태인 사회규범은 개인이 자기와 타인의 행위를 비교할 때 준수하는 참조 계수이기도 하다. 자기와 타인 교류 관계의 척도나 기준으로 상황을 식별하고 교류 상대를 평가할 수 있으며 평가되는 현상, 준칙과 대비하여 평가할 수 있다. 이로부터 미래의 사회 행위에 적응되는 조정 방안과 책략을 제정해야 한다. 이를 잘 해결하지 못하면 사회규범은 행위력이 부족해지며 사회 구성원도 이익을 좇아 사회 행위 시 개인 이익의 최대화를 선택할 것이다. 개인 권익의 최대화를 실현하기 위해서 타인의 이익이나 공의의 침해도 마다하지 않을 것이다.

사회규범의 이 세 가지 방면은 서로 연관된다. 가치, 역할과 관계, 행위

---

5) 作田啓一, 위의 책, p.6.

6) 馬克斯 韋伯, 『經濟與社會』, 林榮遠譯, 商務印書館, 2006, p.56.

3삼자는 상호 부합, 상부상조해야 사회규범 체계의 효용을 최대한 발휘하며 사회질서의 양성 운영과 지속적 발전을 보장할 수 있다. 가치가 내포되지 않은 행위 규범은 아무리 강력해도, 강제력과 폭력이 뒷받침 되어도 오래 지속될 수 없다. 가치적 이상이 역할이나 관계 규범과 잘 조정되지 못하면 아무리 유용한 가치도, 아무리 아름다운 이상도 궁극적으로 훼멸될 것이다. 하나하나의 사회규범 구축은 모두 자원, 기회와 권력의 재분배에 관련된다. 생활 세계에서 규칙의 유효성은 필연적으로 주체 간 규칙의 인정과 규칙의 실천 문제로 전화된다. 이러한 기본 문제를 해결하지 못하면 반드시 사회규범의 상실을 초래할 것이다.

2) 사회 건설의 통합 기능을 지닌 사회규범

사회규범 건설은 사회의 통합과 사회질서의 구축에 중요한 의의가 있는바 사회 건설을 실행하는 중요한 구성 부분이다. 사회규범을 거시적 측면에서 보면 공인된 사회제도체계이고, 미시적 층면에서 보면 사회적으로 약속된 개인이나 집단의 사회제도 체계이다. 사회규범 건설은 사회 건설 체계에서 불가결의 부분으로 문화 건설과 밀접한 연관이 있다. 사회규범 건설과 문화 건설은 서로 연관되면서도 차이가 있다. 문화에는 사물, 제도, 가치 관념 등 여러 방면이 포함되어 있어 일조일석에 건설할 수 있는 것이 아니다. 사회규범 역시 제도와 가치 관념을 포함하고 있다. 사회 건설의 시각으로 보면 사회규범 건설은 사회적 역할과 사회가 공인하는 행위, 관계 준칙의 구축을 더욱 강조한다. 사회 건설 체계에서 사회규범 건설은 사회적 역할과 사회자원, 기회의 관계 규범을 다시 확정하고 경제사회의 조화로운 발전과 분명한 개인 행위 규범 및 사회 행위 준칙을 구축하는 것이다. 사회규범은 사회 건설에서 세 가지 의의가 있다.

(1) 사회규범은 사회공동목표의 구성과 연관된다

사회규범의 통합적 기능은 개인의 가치 목표와 사회에서 보편적으로 존재하는 가치 목표 및 제도화 수단을 서로 연결한다. 이상적인 사회규범은 전체 사회의 기본 가치의 수요를 충족시킬 뿐만 아니라 사회 구성원에 대한 지도를 통해 합법적 수단으로 개인 가치와 목표를 실현하게 한다. 개인은 사회적 역할 실행 시 자기 가치를 실현할 뿐만 아니라 사회의 공동적 가치와 목표의 추구를 완성한다.

(2) 사회규범은 이익 조정과 권익 보장과 연관된다

제도적 측면에서 보면 사회 이익의 분배와 권익 보장의 구조 설계가 이상적이 되려면 사회규범과 큰 연관이 있다. 사회 이익의 분배와 권익 보장은 필연적으로 사회 역할과 그 권리 및 의무 등에 관련된다. '차등' 원칙을 따를 것인지 아니면 '균등'이나 '평등' 원칙을 따를 것인지는 사회 이익의 조정과 권익 보장의 기초가 된다. 사회 역할에 의해 개인의 권리와 책임을 확정하는 것은 사회규범의 본질적 속성이다.

(3) 사회규범은 개인의 선택과 주관적 느낌과 연관된다

사회규범은 인간 가치 욕구의 참조 계수이다. 인간의 욕구와 행위적 선택을 제약하고 모순을 중재하는바 개인의 주관적 느낌에 큰 영향을 준다. 특히 글로벌 정보화 시대 불확정 요소가 증가 일로에 있는 상황에서 인간은 더욱 타인의 지도에 의지하고 집단과 조직에 의존하게 된다. 집단 구성원이 상호 교섭에서 인정을 받으면 개인의 만족도와 행복 지수가 증가할 것이지만 개인의 주관적 느낌이 나빠지면 사회규범 상실의 감지도와 예민성이 증가할 것이다.

2. 중국 사회규범 건설의 제도적 배치

중국의 사회 전환은 전통사회에서 현대사회로의 전환이고 '숙인사회'에서 '생인사회'로의 전환이며 계획경제에서 시장경제로의 전환이다. 이 전환 과정에서 사회규범 건설은 필연적으로 이중적 임무를 담당한다. 하나는 전통적 중국의 '예(禮)'를 핵심으로, 오륜을 바탕으로 구축된 '숙인 관계'를 중심으로 하는 예속문화적 사회규범 체계를 변화시켜 사람들이 사회주의 핵심 가치관을 수립하고 법치의 길로 나아가게 하여 현대 사회질서의 통합에 적합한 규범 체계를 구축하는 것이다. 다른 하나는 중국이 계획경제에서 시장경제로 전환하는 과정에서 드러난 실제 수요와 경제사회의 조화로운 발전에 적합하고 국제 기준에 일치하는 사회규범 체계를 구축하는 것이다. 신중국 성립 이후의 사회주의 사상 개조, 문화대혁명의 정치를 모든 사업의 중심으로 삼은 것, 문화대혁명 이후의 어지러운 상황을 바로잡아 정상을 회복한 것, 개혁개방 이후의 사회주의 시장경제 체제 개혁과 사회주의 법률 체계 건설 등은 모두 사회규범 건설을 보여주었다. 구체적으로 보면 정부가 주도하는 사회규범 건설의 기본방법은 다음 세 가지 방면에 집중되어 있다.

1) 사회주의 가치관 건설

'덕치'와 '유교'를 특징으로 하는 중국 전통문화의 가치는 '민주'와 '인권'을 골자로 하는 서방 문화 가치 및 마르크스주의의 가치 이념과 함께 공존하는 장면을 연출했는바 이는 현재 중국 사회 가치관의 객관적 현실이다. 사회주의 가치관 건설에 대한 당과 국가의 기본 입장은 "우리나라 가치관은 국외의 기타 민족과 국가의 우수한 문화와 이념을 받아들이는 것과 함께 중국 전통문화의 정수를 새로 발굴한다. 아울러 중국의 국정과 현재의 경제체제 및 발전 수준을 총괄하고 혁신하며 다원화를 바탕으로 현재의 중국 특색이 있는 사회주의 사회와 일치한 사회 가치관을 창제해야 한다"[7]는 것이다. '사상 해방, 실사구시'의 사상에 입각하여 사회 현대화의 발전과 다원화한 사상 문화의 배경에서 주류적 이데올로기에 대해 일련의 조정을 했다. 덩샤오핑 이론은 '사회주의란 무엇이며, 어떻게 사회주의를 건설하는가'라는 문제와 관련하여 전면적, 체계적, 과학적인 답을 주었다. '삼개대표(三個代表)' 중요 사상은 '어떤 집정당을 건설하며, 집정당을 어떻게 건설해야 하는가'라는 문제에 대답을 주었다. 과학발전관은 '어떠한 발전을 이룩할 것이며, 어떻게 발전할 것인가'라는 문제에 대답을 주었다.[8]

개혁개방 이후 중국 주류의 사회 가치관 건설은 이렇게 전개되었다. 2006년 10월 중국공산당 제16기 중앙위원회 제6차 전체회의에서 처음으로 '사회주의 핵심 가치 체계' 명제를 제기했다. 2007년 중국공산당 제17차 대표대회에서 '사회주의 핵심 가치 체계의 구축'을 전체회의 보고서에 넣었으며 사회주의 핵심 가치관은 사회주의의 핵심이라고 지적했다. 2011년 중국공산당 제17기 중앙위원회 제6차 전체회의에서 '사회주의 핵심 가치관은 국가를 흥하게 하는 핵심'이라고 제기했다. 또한 사회주의 핵심 가치 체계는 사회주의 선진 문화의 정수로 중국 특색이 있는 사회주의 발전 방향을 결정한다고 했다. 2012년 중국공산당 제18차 대표대회에서 이를 재차 강조했다.

사회주의 핵심 가치 체계는 네 가지 방면의 기본 내용을 포함한다. 즉

---

7)　王偉光主編, 『中國社會價值觀變遷30年』, 中國社會科學出版社, 2008, p.200.

8)　王偉光主編, 위의 책, 總序.

마르크스주의의 지도 사상, 중국 특색 사회주의 공동 이상, 애국주의를 핵심으로 하는 민족정신과 개혁 혁신을 핵심으로 하는 시대정신, '팔영팔치(八榮八恥 : 여덟 가지의 영예로운 일과 여덟 가지의 수치스러운 일)'를 골자로 하는 사회주의 영욕관(榮辱觀)이다. 사회주의 핵심 가치관을 육성하고 실행하기 위해 '부강, 민주, 문명, 조화, 자유, 평등, 공정, 법치, 애국, 직무 충실, 성실 신용, 우호를 창도'[9]해야 한다. 이는 전체 사회의 주류 가치 체계의 기본 특징과 방향을 결정한다.

2) 사회주의 법제 건설

1978년 중국공산당 제11기 중앙위원회 제3차 전체회의에서는 "인민민주를 보장하기 위해 반드시 사회주의 법제를 강화해야 한다. 민주가 제도화, 법률화되게 하며 이러한 제도와 법률이 안정성과 연속성 및 강대한 권력을 지니게 한다. 의거할 법이 있어야 하고 법이 있으면 반드시 의거하며 엄격하게 집법하고 법을 위반하면 반드시 추궁한다. 지금부터 입법 사업을 전국인민대표대회 및 상무위원회의 일정에 올려야 한다"고 했다. 이 회의에서 확정한 '사회주의 민주의 발양, 사회주의 법제의 강화' 방침은 중국의 근본 임무이며 현대화 건설의 중요 목표 중 하나이다. 이로부터 중국의 법제는 재건을 시작했다.

중국공산당 제11기 중앙위원회 제3차 전체회의가 새로운 시기의 법제 건설을 위해 장애를 제거하고 사상적 조건을 마련했다면 1982년의 중화인민공화국헌법은 법제의 발전과 진흥에 새로운 법률적 기초를 마련했다. 이를 바탕으로 1993년 전국인민대표대회 상무위원회는 향후 5년 내에 150여

---

9) 『十八大報告輔導讀本』, 人民出版社, 2012, p.32.

건의 법률을 제정해야 한다고 제기했다. 이 중 대부분은 시장경제 건설 관련 법률이었다. 1995년 중국공산당 제14기 중앙위원회 제5차 전체회의에서는 '의법치국(依法治國 : 법에 의해 국가를 다스리는 것)'을 공식 제기했으며 「국민경제와 사회 발전의 '제9차 5개년' 계획과 2010년 미래 전망 목표 관련 건의」가 통과되었다. 여기서 '의법치국, 사회주의 법제 국가의 건설'을 중국 민주 법제 건설의 미래 전망 목표 강령으로 확정했다. 1997년 9월 중국공산당 제15차 대표대회에서는 '의법치국'에 대한 설명을 했다. '의법치국'을 국가를 다스리는 기본 방침으로 결정했으며 아울러 "2010년에 이르러 중국 특색이 있는 사회주의 법률 체계를 구축한다"고 했다. 2010년에는 현행 헌법 수정안이 통과되었으며 법률 236건과 행정법규 690여 건 및 지방 법규와 조례 8,600여 건을 제정했다. 2010년 「중국법치건설보고서」에서는 "헌법을 핵심으로, 법률을 기본으로 하고 헌법 및 헌법 관련법, 민법, 상법, 행정법, 경제법, 사회법, 형법, 소송과 비소송 절차법 등을 포함하고 있으며 법률, 행정법규, 지방법규 등 다층적인 법률 규범을 포함한 과학적이고 조화로우며 통일된 중국 특색이 있는 사회주의 법률 체계가 이미 구축되었다"[10]라고 했다.

사회주의 법제 건설의 목표는 '의법치국'의 실현이다. '의법치국'은 법률에 의해 국가를 다스리는 것이고 인민의 의지와 사회 발전의 법칙을 구현하는 법률에 따라 국가를 다스리는 것이지 개인의 의지나 주장에 따라 국가를 다스리는 것이 아니다. 국가의 정치, 경제 운영 및 사회 각 분야의 활동은 법률에 따라야 하며 개인 의지의 간섭이나 방해, 파괴를 받지 않는다. 현재 중국의 법률 체계는 "헌법을 핵심으로, 법률을 기본으로 하고 행

---

10) 『中國法治建設年度報告(2010)』, http://www.law-lib.com/fzdt/newshtml/22/20110707105243.htm.

정법규, 지방법규, 조례와 규칙을 포함한 7개의 법률 부서의 통일체로 이루어졌다."[11] 이 체계는 '의법치국'의 중요한 기초이다. 그러므로 중국공산당 제18차 대표대회에서는 "법치는 국가를 다스리는 기본 방식이다"라고 했다.

3) 시민 도덕 건설

'예치(禮治)'의 전통이 있는 중국은 도덕 건설을 줄곧 중요한 자리에 놓았으며 사회규범에 대한 도덕규범의 가치와 의의를 극히 중시했다. 개혁개방 이후 시민 도덕 건설과 정신문명 건설은 항상 결합되었으며 중요한 위치를 차지했다. 1981년 2월 25일 전국총공회, 중국공산주의청년단중앙, 전국부녀연합회, 중국애국위생운동위원회, 중국윤리학회, 중화전국미학학회 등 9개 부서는 「문명 예모 활동 전개 관련 발의서」를 공동 발의했다. 전국 인민 특히 청소년에게 호소하여 '문명을 지키고 예모를 지키며 위생을 지키고 질서를 지키며 도덕을 준수할 것(講文明, 講禮貌, 講衛生, 講秩序, 講道德)'과 '언어미, 심령미, 행위미, 환경미(語言美, 心靈美, 行爲美, 環境美)'를 골자로 하는 '오강사미(五講四美)'의 문명 예모 활동을 전개했다. 1982년 2월 14일 중공중앙판공청은 중공중앙선전부의 「'오강사미' 활동 전개 관련 보고서」를 전달하여 매년 3월을 신중국 '전국민 문명 예모월'로 지정했다. '오강사미'를 골자로 하는 사회주의 정신문명 건설이 전국적으로 전개되었다.

1982년 중국공산당 제12차 대표대회에서는 "사회주의 물질문명과 정신문명의 건설을 적극 추진하여 …(중략)… 사회적 풍조와 공산당 기풍의 근

---

11) 張志銘, 「轉型中國的法律體系建構」, 『中國法學』2009年第2期.

본적인 호전을 가져와야 한다"고 했다. 1986년 중국공산당 제12기 중앙위원회 제6차 전체회의에서는 「사회주의 정신문명 건설의 강화를 위한 중공 중앙의 결의서」가 통과되었다. 1996년 「사회주의 정신문명 건설 강화 문제 관련 중공중앙 결의서」에서 처음으로 문제점들을 직시했는바 "일부 분야의 도덕이 상실되어 …(중략)… 가짜 제품과 품질이 나쁜 제품, 사기가 사회적 공해가 된다"고 했다. 이는 개혁개방 이후 처음으로 공산당의 중요 문서에서 제기한 것이다.

2000년 장쩌민(江澤民)은 중앙사상정치공작회의에서 '이덕치국(以德治國)'의 사상을 제기했다.[12] 2001년 「시민 도덕 건설 실행 강령」은 사회주의 시장경제의 발전과 상호 적합한 사회주의 도덕 체계 구축을 요구했다. 전 사회가 '조국을 사랑하고 법을 지키고, 사리에 밝고 신용을 지키고, 단결하고 우호적이며, 근검하고 노력하여 향상하며, 직무에 충실하고 봉사하는' 기본 도덕규범을 창도하게 했다. 시민 도덕 건설을 과학적이고 효과적인 사회 관리에 융합시켜 도덕 교육과 사회 관리, 자율과 타율이 상호 보완하고 촉진하는 시스템을 구축했다. 교육, 법률, 행정, 여론 등 수단으로 사람들의 사상을 인도하고 행위를 규범화했다. 직무 충실, 성실과 신용, 공평, 인민과 사회에 대한 봉사를 골자로 하는 직업 도덕을 제창했으며 직업도

---

12) "사회주의 시장경제를 발전시키는 조건하에 중국 특색이 있는 사회주의를 더 잘 건설하기 위해 우리는 반드시 상호 적합한 사회주의 법률 체계를 구축해야 한다. 아울러 전체 사회와 상호 적합한 사회주의 사상 도덕 체계를 구축해야 한다. 법률과 도덕은 …… 상호 연결되고 상호 보충해야 한다. 법치는 그 권위성과 강제적 수단으로 사회 구성원의 행위를 규범화해야 한다. 덕치는 설복과 권고로 사회 구성원의 사상적 인식과 도덕적 의식을 향상시켜야 한다.", "사회주의 법제 건설의 강화를 견지하고 법에 의해 국가를 다스리며 사회주의 도덕 건설의 강화를 견지하고 덕으로 국가를 다스려야 한다."(中共中央文獻研究室, 『江澤民論有中國特色社會主義』, 中央文獻出版社, 2002, 335~337쪽 참조.)

덕 준수 상황을 평가와 심사, 상벌의 중요한 기준으로 삼았다. 시민 도덕 건설의 강화에서 당원과 간부의 모범 역할이 아주 중요하다. 이 강령에서는 "사회의 일부 분야와 일부 지방의 도덕이 상실되었고 시와 비, 선과 악, 미와 추가 뒤섞여 있다. …(중략)… 신용을 지키지 않는 사기와 기만이 사회적 공해가 되고 있다"고 했다. 이는 개혁개방 이후 공산당의 중요 문서에서 '신용을 지키지 않는 사기와 기만'과 '사회적 공해'를 처음으로 연결시킨 것이다. 기층 시민 도덕 교육의 강화와 군중적 시민 도덕 실천 활동으로 시민 도덕 건설의 분위기를 조성하여 사회의 도덕 수준을 전면적으로 향상시키고자 했다.

2002년 중국공산당 제16차 대표대회에서는 "'의법치국'과 '의덕치국'을 상부상조시키고 사상 도덕 건설을 확실히 강화한다. 사회주의 시장경제에 적합하고 사회주의 법률 규범과 조화를 이루며 중화민족의 전통적 미덕을 계승하는 사회주의 사상 도덕 체계를 구축한다"고 했다. 이후 학계와 사회의 각계는 도덕 분야의 성실과 신용 등 일련의 문제를 주목하기 시작했다.[13] 2007년 10월 중국공산당 제17차 대표대회에서는 "성실과 신용 의식 향상을 중점으로 사회 공공의 도덕, 직업 도덕, 가정 미덕, 개인 품성과 도덕의 건설을 강화한다"고 했다. 2011년 중국공산당 제17기 중앙위원회 제6차 전체회의에서는 "성실과 신용 건설을 중요한 자리에 놓아야 한다"고 제기했다. 이후 국무원 총리가 주관한 국무원 상무회의에서 사회 신용 체계 건설 계획을 제정했다. 2012년 11월 중국공산당 제18차 대표대회에서는 "시민의 도덕적 자질을 전면 향상하는 것은 사회주의 도덕 건설의 기본 임무이다. …(중략)… 도덕 분야의 두드러진 문제점에 대한 전문 교육과 관리를 실시하고 정무의 성실과 신용, 상무(商務)의 성실과 신용, 사

13) 王處輝主編, 『國學及其現代性』, 知識産權出版社, 2013, pp.358~372.

회의 성실과 신용, 사법의 성실과 신용 건설을 강화한다"고 제기했다.

3. 당전 중국 사회규범의 문제점 및 원인 분석

중국의 사회규범 건설은 장기간 진행되고 있다. 그러나 사회규범 건설의 무력화와 사회규범 상실이 심각한 현상은 사회적 사실이다. 사회적 사실로서의 규범 상실은 어느 사회에서나 존재했다. 그러나 규범 상실의 빈도나 강도가 사회 구성원의 사회 공평감이나 행복감에 큰 영향을 준다면 반드시 이에 관심을 집중해야 한다.

1) 사회규범 상실이 사회규범 건설에 미치는 충격

사회규범의 상실이란 첫째, 사회의 가치와 규범 체계에 혼란이 생겨 기능을 상실하여 사회 구성원의 사상과 행위를 지도하거나 제어하지 못함으로 인해 전 사회가 무질서화된 상태를 말한다. 둘째, 사회 구성원이 주류적 사회규범을 위반하는 행위를 말한다.[14] 중국은 1970년대 말부터 계획경제에서 시장경제로의 전환을 시작했는데 이 시기부터 사회규범이 상실된 현상이 연이어 나타나기 시작했다. 1990년 후반기부터 경제 분야, 정치 분야, 문화 분야의 규범 상실이 폭발적으로 증가하여 사회규범의 상실이 점차 심각한 사회문제가 되었다. 사회규범의 상실은 사회규범에 대한 인간의 인지와 준수에 영향을 주는바 그 결과는 다음과 같다.

---

14) 朱力, 『變遷之痛-轉型時期的社會失範硏究』, 社會科學文獻出版社, 2006, p.52.

(1) 규범의 해체는 사회규범의 통합적 능력을 약화시킨다

'규칙이 혼란한 것'은 규범이 없어서도 아니고 규범이 완전히 해체된 것도 아니다. 주리(朱力)는 '규범의 해체' 문제를 분석했다. 그는 규범의 해체는 사회 전환기의 규범 체계가 모종의 혼란 상태에 처해 있는 것을 말하며 이는 사회규범이 기능을 효과적으로 발휘하지 못하게 한다고 했다. 규범이 해체된 상황에서 규범 자체의 합리성과 규범의 조작에 모두 문제가 생긴다. 나쁜 규범, 도구적 규범, 쓸모없는 규범 및 규범에 대한 소홀과 중복 등으로 규범 자체의 합리성이 심각한 도전을 받고 있다. 규범의 합리화는 권력, 자원과 기회의 재분배와 관련되어 있어 이러한 문제의 책임은 규범의 권위성, 적용성과 통용도를 가리키고 있다. 규범 해체의 심각한 결과는 사회규범의 가치를 당혹스럽게 만든다.

(2) 권력의 지대추구행위는 정부의 공신력을 손상시킨다

정부는 사회제도의 주요 공급자이다. 정부의 정책 간섭과 행정 통제는 사회 이익의 조정과 권익 분배 및 보장에 근본적 영향을 준다. 지대추구행위는 정부의 공직자가 공권력을 정부 결책이란 미명으로 남용하여 정상적인 경제 행위에 간섭하면서 이익을 취하는 것이다. 지대추구행위는 권력의 상품화이다. 권력을 자본으로 삼아 상품 교환과 시장 경쟁에 참여하여 물질적 이익을 취하는 것이다. 지대추구행위에는 권력과 물질 거래, 권력과 금전 거래, 권력과 권력 거래, 권력과 여색 거래 등이 있다. 지대추구행위는 사회규범의 공정성과 합법성을 손상시켜 사회규범 상실의 중요한 원인이 된다. 규범은 권력으로 수호하고 실행해야 한다. 정부 권력 자체가 청렴하고 공정하지 못하면 법률을 핵심으로 하는 사회규범이 전 사회질서의 통합이라는 목표를 이룩할 수 없다.

(3) 불의지재는 시장경제의 질서를 어지럽힌다

금전 숭배의 환경에서 사람들은 더욱 많은 정력을 공업, 상업과 서비스 업 등 부가 쉽게 증식되는 분야에 쏟는다. 물질생활을 풍부하게 하고 정신 생활 수요를 충족시키는 한편 근로자가 보수를 얻는 것은 지탄받을 바가 아니다. 그러나 부에 대한 추구는 무질서한 경쟁과 '악화가 양화를 구축' 하는 상황을 초래하는바 아주 위험하다. 경제 이윤의 추구는 상업 운영의 기본 법칙이다. 그러나 현재 부에대한 상인들의 탐욕은 도덕의 마지노선 을 넘어섰다. 불의지재는 시장경제가 지켜야 할 공정거래에 혼란을 가져 온다. 사리를 위해 수단을 가리지 않는 탐욕은 강력한 사회규범의 제어를 받아야 한다. '시장이 효력을 잃은 것'은 바로 '정부의 조절'이 개입할 여 지를 제공했다.

(4) 도덕적 타락이 사회 생활의 일상 풍경이 되었다

중국은 예의지국으로 줄곧 도덕 문명 건설을 강조했다. 그러나 사회 전 환과 가치 관념의 급속한 변화 및 다원화한 사회적 조건하에 인간의 교류 는 공리적으로 변했다. 많은 사람들은 공동된 도덕 윤리와 양심을 지키지 않고 수단과 방법을 다하여 이익을 추구한다. 명리를 위해 도덕규범을 헌 신짝처럼 버리는 일이 수도 없이 많이 일어나 일상생활의 풍경이 되었다.

2) 사회규범 무력화의 원인 분석

사회규범의 상실과 무질서는 규범이 없어서가 아니라 규범 건설과 규 범 상실이 공존하고 암묵적 관행이 규칙에 거리낌 없이 도전하기 때문 이다. 사회규범의 상실로 우리는 현실 이익을 최대한 추구하려는 각축이 사회질서를 파괴하고 사회의 공평과 정의를 무시하며 유린하는 것을 보았다. 여기서 사회규범이 상실된 원인을 간단히 분석하고자 한다.

(1) 사회적 가치의 목표와 실천적 논리의 부조화

사람들은 이상적 규범과 현실의 규범이 현실 운행에서 조화를 이루지 못하다고 느낀다. 객관적으로 말하면 이상과 현실의 조화는 결코 쉬운 일이 아니다. 양자의 '화이부동'은 이미 최적의 상황이다. 더욱이 인간의 머릿속에는 이상과 현실의 효과적 조화를 구축할 장치가 거의 부족하다. 기존의 사회 가치관 건설이 이 방면에서 해놓은 일이 많지 않아 사회적 가치의 목표와 생활 실천의 부조화는 피할 수 없는 사실이며 사회규범 상실의 심층적 원인이기도 하다. 중국과 서방, 마르크스주의의 세 가지 방향이 공존하는 구조는 현재 중국 사회 가치관의 객관 현실이다. 당과 국가도 '흡수', '참조', '정수를 취하고 잡물을 버릴 것'을 여러 차례 당부했다. 그러나 이 문제는 사회규범 가치의 시각에서 한 번도 참된 반성을 하지 않았다.

전통적 가치 관념의 생존 상황을 실례로 들면 전통은 떼어놓기 어려운 것으로 중국의 전통적 가치 관념은 관성적으로 존재한다. 그러나 백성은 '날마다 쓰지만 알지 못하는' 상황에서 전통적 가치 규범은 현대사회에서 적절하게 완화되거나 변화되지 못했다. 근 100년간 지식계는 사상적으로 혼란했으므로 중국 문화의 '전통'과 '현대'가 뒤엉킨 상황을 줄곧 해결하지 못했다. '서방 문화'로 '중국 전통'을 뒤엎지 않으면 '중국 전통'으로 '서방 문화'를 반대하는 사고에 근본적 전변을 가져오지 못했다. '이원적 대립'의 사고방식은 이성적 사고와 행위에 영향을 주며 중국의 현대화 건설에도 무익하다. 중국의 현대화는 표면상 변동이 아주 크다. 과학기술, 제도 및 일부 풍속 습관은 100년 전과 완전히 다르지만 정신적 가치에는 근본적인 변화가 없다. 한 학자는 "중국 현대화의 어려움 중 하나는 가치 관념의 혼란이다. 전통문화와 현대생활을 두루뭉술하게 상극의 대립체로 본다. 이는 혼란의 근원이다. '현대화'와 '서방화'를 같은 개념으로 보는 것은 보수나 진보를 막론하고 보편적 현상이다. 이는 문화에 대한 기본 인식이 부족한 구체적 표현이다. …(중략)… 전반적으로 보면 중국의 가치 체계는 현대화부터 '현대 이후'의 도전을 받고도 존재를 잃어버리지 않았다"[15], "'천지지성 인위귀(天地之性人爲貴 : 천지의 생물에서 인간이 가장 귀하다)' …(중략)… 인간의 존엄을 보더라도 중국 문화는 이미 현대적이다. 세속화의 과정이 없어야 나타날 수 있다"[16]라고 했다.

현재 중국의 제반 사상 관념의 충돌을 분석하면 '경제 이익의 분할과 사회빈부의 격차 등 사회 모순이 유발한 사상 관념의 충돌'이 가장 근본적이다. 이 충돌의 해결을 위해 일부 학자는 "경제제도와 사회정책 등 방면의 조정만으로는 효과를 보지 못한다. 반드시 사회 각 측면의 사상 관념적 모순을 조정해야만 경제사회 발전이 안정된 사상문화기초를 얻을 수 있다"[17]라고 했다. 문제 해결의 방안을 어디에서 찾은 것인가? 서방 문화에만 '공평' 개념이 있는 것이 아니다. 중국의 전통문화를 살펴보면 '균평(均平)' 사상이 줄곧 중국 봉건사회의 안정된 구조에서 중요한 역할을 했다. '균평'은 당송 이후 농민 봉기군의 기호(旗號)이기도 했다. 중국 전통의 기본 가치와 핵심 관념에 입각하여 사회 현대화의 수요에 부합되고 사회주의 핵심 가치관의 조정을 완성하며 인민 생활에서 가치적 기능을 최대한 발휘하는 것은 적극 해결해야 할 과제이다.

15) 余英時, 『中國文化的現代詮釋』, 江蘇人民出版社, 2003, pp.32~33.
16) 余英時, 위의 책, pp.12~13.
17) 劉少杰, 「重新認識文化硏究在中國社會學中的地位: 兼論孫本文對文化社會學硏究的貢獻與局限」, 『社會科學硏究』2012年第5期.

(2) 사회구조의 변천이 유발한 사회적 역할 및 그 관계의 변화

사회학에 입각하여 보면 사회적 역할은 인간의 모종의 사회 지위와 신분에 알맞은 권리, 의무의 규범이며 행위 모식이다. 사회 전환의 과정에서 사회구조나 사회 관계 체계에서 사회 역할의 지위는 자연적으로 변한다. 사회 지위나 신분에 알맞은 권리와 의무도 변화한다. 개혁개방이 가져온 변화는 아주 큰바 사회 환경에서 사회 역할의 천부성에 근본 변화가 생겼다. 사회계층의 분화를 보면 당대 중국의 사회 계층 구조의 기본 상태는 "10개의 사회계층과 다섯 가지 사회 경제 지위의 등급으로 구성되었다."[18] 각 사회계층에 속한 사회 구성원이 소유할 수 있는 사회자원과 기회는 차이가 아주 크다. 각 사회계층 간의 유동과 변화는 현재 진행 중이며 변화 과정에서 이익을 두고 벌어지는 각축도 지속될 것이다. 이 과정에서 사람들이 사회 관계 체계에 처한 지위가 서로 같고, 사회적 기대에 부합되어 사회적 인정을 받으며, 조화로운 사회에서 융합되어 생활할 수 있는 가치 규범과 행위 모식이 아직 구축되지 못했다.

사회적 역할 및 그 관계의 변동에서 가장 두려운 것은 변동이 아니라 변동에서 나타나는 불확실성이다. 특히 특권의 개입과 불신임의 발생이다. '낯선 사람'을 주체로 하는 사회에서 약한 유대 관계가 증가한다. 이런 관계는 상호 기만까지는 아니어도 신뢰 사회의 구조에 영향을 미친다. 장기간 고빈도의 교류에서 양측이 모두 신뢰할 수 있는 행위를 하면 신뢰 관계를 맺을 수 있다. 이는 하딩의 상호 이익 신뢰 이론에서 서술한 신뢰 관계이다.[19] 약한 유대 관계의 증가와 함께 사회 전환기의 사회 유동성 증가로 사회 교류의 중복과 각축이 상대적으로 감소된다. 또한 정감을 바탕

당대 중국 사회 건설

---

18) 陸學藝主編, 『當代中國社會階層硏究報告』, p.8.
19) 羅家德·葉勇助, 『中國人的信任遊戲』, 社會科學文獻出版社, 2007, p.81.

으로 하는 강한 유대의 신뢰 관계를 좋아하는 중국인들이 도구적 교류를 위주로 하는 약한 유대의 신뢰 관계를 인정하려면 사회적 적응 과정이 필요하다. 제반 요소가 중첩된 결과로 사회의 신뢰 구조가 취약해져서 사회적 동질감이 낮아지고 사회규범이 상실되며 사회 가치가 다원화된다. 그러므로 사회의 책임 의식이 부족하고 합리적인 제어력을 지닌 도덕 법령이 부족하여 강제적 행위 규범인 법률이 사회질서를 수호하는 마지막 수단이 되었다. 고유의 사회적 공감대가 끊임없는 도전을 받고 있다.

(3) 법률규범 안정성의 부족, 제도 공백과 제도 충돌의 병존

습속, 도덕, 종교, 기율, 법률, 금기 등은 모두 사회규범의 구성 부분이다. 개혁개방 이후 중국은 줄곧 법치의 길을 모색했다. 법률은 사회규범 체계에서 가장 강제력을 지닌 부분이며 이는 현대화의 방향 선택에 부합된다. 그러나 중국 국정의 복잡성과 불균형성으로 중국은 점진적 개혁으로 사회 전환을 실현할 수밖에 없다. 사회규범의 '파괴와 구축'은 거의 동시에 발생한다. 법률은 국가가 제정하거나 인가하며 국가기관이 실행한다. 법률은 사회 전체 구성원의 공동 소원을 구현하며 사회 구성원 및 사회관계의 권리와 책임을 보편적이고 계승적으로 규정한다.

국가의 입법에서 보면 중국의 구체적 국정과 개혁개방의 시대적 특징은 국가 입법의 입각점이다. "성숙한 경험을 입법의 근거로 하고 실천으로 입법 사상을 검증하는 것은 전국인민대표대회 및 상무위원회가 30여 년간 시행한 중요한 입법 지도 사상이다."[20] 이는 중국이 처해 있는 입법 형세에 의해 결정된 것으로 적극적 역할을 했다. 그러나 현실적 실제의 입각을 선호하고 있어 현행 법률에서 역사적 실제의 연속성을 경시하기 쉽

---

20) 劉松山,「國家立法三十年的回顧與展望」,『中國法學』2009年第1期.

다. 또한 중국의 '법률 체계 구축에서의 이러한 입법을 중심으로, 행정을 보충으로 하는 운영 모식'은 입법 타협을 초래할 수 있다. 그 결과, 입법 기관이 법률 제정에서 원칙적 규정에 경도되어 구체적이고 세부적인 규정을 대체한다. 그리고 구체적인 내용은 행정 규정이나 지방 법규나 규칙 심지어 사법 해석에 맡긴다. 법률이 규정한 원칙에 타 기관의 입법과 법 해석 임무를 증가시켰을 뿐만 아니라 하위 입법이나 일부 부서의 규정이 법률에 저촉될 확률을 높였다. 이는 법률의 권위성과 운용성을 손상시키기도 한다.

이를테면 2007년 2월 25일 발포한 「행정법규, 규정 폐지 사업 전개 관련 국무원판공청 통지」부터 2008년 1월 15일 원자바오(溫家寶) 총리가 서명한 「일부 행정법규 폐지 관련 국무원 결정」에 이르기까지 1년도 안 되는 사이 국무원 각 부처, 지방 각급 인민 정부, 전문가와 학자 및 사회 각계 인사들은 5차례에 걸쳐 655건에 달하는 폐지 대상 행정법규를 평가, 분석했다. 그리고 폐지, 실효와 개정에 대한 의견과 건의를 제기했는데 매건의 법규와 관련하여 폐지, 실효와 개정의 이유를 설명했다(표 7-1, 표 7-2, 표 7-3).

당대 중국 사회 건설

표 7-1 655건 행정법규 발포 시기

발포 시기	발포 연한	행정법규 수	총수에서의 백분율
1949~1966년	30년 이상	30	4.6%
1973~1986년	20~30년	103	15.7%
1987~1996년	10~20년	253	38.6%
1997~2006년	10년 및 이하	269	41.1%
합계		655	100%

표 7-2 655건 행정법규의 건의

발포 시기	행정법규 수	건의 총수	폐지 건의 총수	실효 건의 총수	개정 건의 총수	평균 건의 총수
1949~1966년	30	594	302	113	179	19.80
1973~1986년	103	1718	746	287	685	16.68
1987~1996년	253	3177	774	264	2139	12.56
1997~2006년	269	1493	97	59	1337	5.55
합계	655	6982	1919	723	4340	

표 7-3 계속 유효한 행정법규

발포 시기	행정법규 수	계속 유효한 행정법규 수	행정법규 총수 백분율
1949~1966년	30	1	3.30%
1973~1986년	103	0	0.00%
1987~1996년	253	9	3.55%
1997~2006년	269	49	18.22%

입법에서 '입법, 개정, 폐지'는 필수적이다. 그러나 상세 데이터를 보면 조령모개의 인상밖에 안 주어 법률에 대한 사람들의 경외심을 무너뜨린다. 특히 사회 구성원이 자원과 기회를 획득할 수 있는 자격과 시스템의 불확정성을 급격하게 높인다.

경험에만 입각하면 사회 관계에 대해 예견성 있는 규범을 제정할 수 없다. 일부 법률은 제정되자마자 정체되는 경우도 있다. 법률의 제정에 필요한 예측성이 부족하여 정책의 안정성과 연속성에 영향을 미친다. 대중은 법률이 예측성, 엄숙성, 엄밀성이 없는 것을 발견하면 행정규범을 지키려고 하지 않아 정부에 대한 신뢰에 영향을 준다. 정부가 신뢰를 잃는 상황은 사회규범의 통합 능력을 더욱 약화시킨다. 간혹 점진적 개혁 경로 제도가 설계한 오류 테스트 시스템이 정책이 수정될 여지를 남겨두기도 하지만, 사실상 정책 법제 제정자의 나태와 비엄밀성을 조장했다. 이는 중국의 법제화 발전을 저해한다. 일부 학자는 "중국이 법률 체계의 구축 과정에 관련되는 '법적 위계'의 체계화 작업은 '뺄셈'을 한다. 법률 규범은 여러 가지 추상적이고 일반적인 국가법 형태에 제한되고 있을 뿐 비국가적인 규범적 문서나 각종 구체적이고 개별적인 규범 형태와 관련되지 않는다. 아울러 '법전편찬' 관련 방면에서 중국의 법률 체계 구축은 아주 큰 '덧셈'을 했다. 중국이 구축하는 '법률 체계'는 그 범위가 더욱 넓은데 법률 체계-법률 부서-법률 부서의 분과-법전과 법률 문서-법률 규범의 개념 순서이다. 법전 편찬의 대상인 '법전'은 등급이 낮다. 이는 후발 현대화 국가의 '추월하기에 급급한' 특징과 관련된다."[21] 이러한 상황은 제도의 공백(구제도의 효력 상실과 신제도의 미구축)과 제도의 충돌(신구 제도 간 혹은 동시대 제도 간의 상호 충돌)을 초래하여 사회규범의 상실과 무질서를 유발한다.

4. 향후 현대 사회규범 건설의 중점 임무

사회규범 건설은 인류 사회의 영원한 의제로 사회 건설 사업의 중요한 구성 부분이다. 그 기본 목표는 질서 있는 사회의 구축과 유지이다. 즉 경제 현대화, 정치 현대화, 사회 현대화, 문화 현대화에 적합한 규범 체계를 구축하고 보완하여 사회 공평을 촉진하고 조화로운 사회를 구축하는 것이

---

21) 張志銘, 앞의 글.

다. 동서고금을 막론하고 사회규범 건설의 근본 경로는 덕치와 법치, 자율과 타율뿐이다. 다른 방법이 있다고 해도 이 두 유형의 혼합 형식에 지나지 않는다. 현재와 향후의 일정한 시기, 사회규범 건설의 근본 임무는 새로운 사회 건설 방안의 제기가 아니라 기존 사회규범 방안의 체계적 통합이다. 특히 대중의 사회규범에 대한 신뢰를 재건해야 한다. 현재 사회규범과 사회규범 상실에 대하여, 암묵적 관행이 규칙에 도전하는 사회 현실에서 '사회 신뢰의 건설에 입각하여 사회적 역할과 사회 관계의 추진을 바탕으로 하고 실질적인 사회가치의 건설을 발전 방향으로 하며 법치로 사회규범의 시스템 건설을 보장하는 것'이 사회규범 건설의 기본 임무와 내용이다.

1) 사회규범 건설의 입각점인 신뢰 체계

모든 일에서 신뢰가 없으면 안 된다. 신뢰는 현대화의 생명줄이다. 신뢰의 보장과 규범의 준수는 시민 개인의 도덕 수양과 밀접한 연관이 있으며 사회적 분위기와 제도적 환경과 더욱 밀접한 연관이 있다. 우리가 단행하려는 건설은 추상적인 도덕적 이상을 초월하여 사회제도의 차원으로 깊이 들어가야 하며 사회 생활 규범의 각 방면으로도 깊이 들어가야 한다.

(1) 공신력을 핵심으로 정부의 신뢰 건설을 강화한다

정부는 사회 건설의 추진자이며 사회규범의 인솔자이다. 정부는 법률 법규의 제정, 발포, 집행으로 사회 주체의 역할, 권리, 의무를 규정하고 시민의 사회 행위를 규범화하며 사회 가치관을 창조하고 인도한다. 정부 자체의 신뢰는 정부 합법성의 기초이므로 정부 자체의 행위 규범 건설은 사회규범 건설의 선도자이다.

목적론에 입각하면 정부의 목적은 인민의 이익이나 사회의 공공 이익을 수호하고 촉진하는 것이다. 정부의 합법성 기초는 바로 정부의 신뢰이다. 계약론적 관점에 입각하면 국가와 인민은 계약에 의해 구성된다. 정부 통치권력의 근거는 국가의 계약이나 사람들이 사회계약으로 국가를 위탁한 데에 있다. 정부의 합법성 기초는 형식적으로 인민의 동의이고 실질적으로는 정부의 신뢰를 기반으로 한다. 목적론이나 계약론을 막론하고 정부 합법성은 모두 신뢰를 바탕으로 한다.

정부가 신뢰를 잃는 것은 사회의 신뢰가 깨진 중요한 요소이다. 정부의 불성실은 사회 신뢰의 질서에 혼란을 초래한다. "신뢰를 지키지 않고 언행이 불일치한 정부는 공중도덕 수준을 떨어뜨릴 뿐만 아니라 전체 사회의 신뢰가 깨지는 근본 원인이 된다."[22] 현재 정부에 대한 대중의 신뢰가 많이 부족하다. 2012년 7월 말부터 8월 초까지 『샤오캉(小康)』 잡지사와 칭화대학 미디어조사실험실의 '중국신용소강지수(中國信用小康指數)' 조사 결과 정부 공신력 평균 점수는 70점이 안 되었다(표 7-4).

표 7-4 2005~2012년 정부 공신력 설문조사

연도	2005	2006	2007	2008	2009	2010	2011	2012
정부 공신력 점수	60.5	60.5	60.6	61.5	62.2	63.0	65.0	67.8

근년에 이르러 정부의 공신력에 '작은 진보'가 있으나 총체적 점수는 높지 못하다. "상당한 시일 내, 정부 자체의 신뢰 건설은 주로 도덕 교육, 정치사상 사업, 군중 운동에 근거해야 한다. 제도 건설에서 큰 진보를 이

당대 중국 사회 건설

---

22) 韓震 · 田成有, 「誠信政府的缺失與構建」, 『行政與法』2003年第6期.

루지 못했다."[23] 아울러 시장경제 건설 과정에서 일부 지방정부는 대중의 질책을 받았다. 정부의 결책이 근시안적이고 마음대로이며, 능력이 부족하고 언행이 불일치하며, 정보를 비공개하거나 불투명하며, 밀실 담합이 심하고 형식주의와 치적 공사가 심각하며, 법 집행자가 위법 행위를 하며, 권력으로 사리를 도모하는 등은 정부의 권위와 공신력을 심각하게 훼손했다. 정부의 제반 폐단에서 '정부가 백성의 이익을 빼앗는 것'과 '조령모개'는 사회규범 건설에 악영향을 끼치는 핵심 요인이다.

'정부가 백성의 이익을 빼앗는 것'은 정부의 이미지와 신뢰를 훼손한다. 이 과정에서 정부는 이익 주체가 되어 행정관리를 이익 쟁탈의 도구로 삼았다. 공공 이익의 구호를 내걸고 규정, 정책, 조치 등으로 부서의 이익이나 사리를 도모하여 심각한 결과를 초래했다. 정부의 인민을 위한다는 기본 입장에 대중이 의문을 품기 시작하면 그 어떤 사회규범도 반드시 상실될 것이다. '조령모개'는 규칙의 권위를 훼손하고 법치의 근간을 파괴한다. "안정된 제도의 우월성은 인간이 자기의 우점을 낡은 제도에 적용시키며 본능적으로 준수하려는 습관을 기르는 데에 있다. 그러므로 제도의 안정성은 제도의 집행 원가를 감소하고 제도의 신뢰성을 향상하여 인간의 교류를 촉진한다."[24] 국가의 총체적 방침의 안정성이 대중의 사회 생활에 주는 현실적 영향은 제한적이다. 대중들은 일상생활과 관련되는 의식주행 등 방면의 정책 법규의 변화를 더 주목한다. 이 방면에서 예측이 부족하거나 인정을 받지 못하면 정부에 대한 불신임이 커질 것이다. 정부가 대중의 의구심과 불신임에 대해 강제와 제재로 국가의 의지를 추진하고 징벌성

23) 楊秋菊, 『政府誠信建設研究—基于政府與社會互動的視角』, 上海財經大學出版社 2009, p.125.
24) 柯武剛·史漫飛, 『制度經濟學』, 韓朝華譯, 商務印書館, 2004, p.114.

규범을 많이 제정한다면 이는 법치사회가 아니다.[25] 그러므로 사회규범 건설을 강화하려면 공신력을 핵심으로 하는 정부의 신뢰 건설이 선행되어야 한다.

신뢰는 법제 정부가 반드시 갖추어야 할 덕목이다. 2004년 국무원은 「법에 의한 행정 실시 추진 강령」을 발포하여 10년 내에 법치정부를 설립한다고 했다. 그러나 '중국신용소강지수'에서 볼 수 있듯이 중국 정부의 신뢰 건설은 아직 갈 길이 멀다.

정부의 신뢰 건설과 관련해 전 사회는 이미 많은 방안을 제기했다. 첫째, 선전과 교육을 강화하고 정부관료의 신뢰 의식을 강화하며 신뢰 분위기를 조성하여 공직자들의 사상 도덕과 업무 역량 교육 및 양성을 강화한다. 둘째, 투명한 정부를 설립하여 행정의 공개와 공평을 강조하고 정책의 투명성을 제고하며 정부관리의 민주화, 과학화, 제도화를 촉진한다. 셋째, 중대 결책에서 전문가와 학자의 의견을 적극 수렴하고 대중의 사회 참여를 중시하여 결책의 과학성과 민주성을 증가시킨다. 넷째, 인사제도 개혁을 심화하여 간부 관리 체제와 행정 행위 규범 제도를 완비한다. 다섯째, 정부의 법률 책임 제도를 구축한다. 여섯째, 정부의 행정 권력에 대한 감독과 제어를 강화하고 정치 감독, 사법 감독, 군중 감독을 결합해야 한다. 이 밖에도 많은 건의가 있다. 위의 내용은 현재 진행되고 있는 것이다. 그러나 이러한 건설이 효과 평가 시 높은 점수를 얻지 못하는 것은 고려해야 할 바이다. 그 원인은 많겠지만 필자는 근원을 사회규범 건설의 기본 가치 척도와 현실 실행 척도에서 찾아야 한다고 본다. 정부의 신뢰와 관련 규범 건설은 바로 정부 규범의 건설이다. 21세기 정부는 전체주의 정부가 되어서는 안 되며 사회와 상호 교섭하는 제한된 정부가 되어야 한다. 정부

당대 중국 사회 건설

---

25) 趙震紅, 『法律社會學』, 北京大學出版社 1998, p.143.

는 사회와 협조하고 정부와 대중은 공통으로 정부가 '결백하고 공정한 재판관'이라는 인식을 제거해야 한다. 정부의 당연한 가치적 전제와 역할을 확정해야만 정부 신뢰의 건설이 실질적으로 전개될 수 있고 사회규범의 지표가 뚜렷이 드러날 수 있다.

(2) 공정거래를 핵심으로 시장의 신뢰를 완벽하게 한다

중국 특색이 있는 사회주의 시장경제의 건설에서 거래는 아주 보편적인 사회적 현상이다. 사회적 분업과 공헌에 따라 얻는 보수는 현대인의 공통된 인식이다. 시장 거래가 자원(自願), 평등, 공평, 성실과 신뢰의 원칙을 따르는 것은 경제규범 건설에 영향을 미치는 관건이며 대중의 행복감과 공평감에 영향을 주는 관건이기도 하다.

개혁개방 이후 시장은 자원 배치의 시스템으로 '계획경제와 시장경제의 분쟁'을 해결했다. 그러나 시장경제의 개혁 방향이 이미 확립된 현재, 각종 가격 경쟁과 부당한 경쟁이 자원배치에서 시장의 역할을 억제하고 있다. 시장경제는 법제 경제이고 신용 경제이기도 하다. 법제 경제는 시장경제 제도에 입각했고 신용 경제는 시장경제의 도덕적 기초에 입각했다. 신뢰와 도덕은 시장경제의 사회적 운행에 극히 중요한 의의가 있다. 즉 '시장 행위에 속하는 성실 신용의 도덕 준칙'이다. 2003년 10월 중국공산당 제16기 중앙위원회 제3차 전체회의 「사회주의 시장경제 체제 약간의 문제 완비 관련 중공중앙 결의」에서는 "사회 신용 체계를 구축하고 완비한다. 도덕으로 지탱하고 재산권을 기초로 하며 법률로 보장하는 사회 신용 제도를 구축하는 것은 현대 시장경제 체계를 구축하는 필요 조건이며 시장경제 질서를 규범화하는 근본적 대책이기도 하다. 전 사회의 신용 의식을 향상시킬 때, 정부, 기업, 사업 단위와 개인이 모두 성실과 신용을 기본 행위 준칙으로 삼게 한다. 법규의 보완, 특허 경영, 상업 운영, 전문 서비스의 방향에 따라 기업과 개인 신용 서비스 체계를 구축한다. 신용 감독과 신용 상실 징벌제도를 구축하며 신용서비스시장을 점차 개방한다"라고 했다.

이 결의를 중심으로 일련의 시장 신용 건설 방안이 제기되었다. 첫째, 재산권을 분명히 하고 기업의 이익을 보장하는 것은 공평 거래의 전제이다. 기업의 재산 소유권이 불명확한 것은 시장 신용 위기의 제도적 요소이므로 신용은 반드시 명확한 재산권의 확정을 바탕으로 해야 한다. 코즈의 정리에 의하면 재산권이 잘 정리된 조건에서는 제도를 어떻게 확정하든 거래 원가가 가장 낮으며 사회자원이 최적화적 배치를 이룬다. 시장경제에서 거래의 주체는 반드시 일정한 재산을 소유하고 그 재산에 대한 처분권이 있어야 한다. 이는 시장의 신용이 형성되고 존재하는 물질적 토대이다. 신용 관계는 재산 관계이다. 즉 재산에 대한 권리와 재산 실체의 양도이다. 만약 재산권이 불명확하면 거래의 주체는 독립된 재산권이 없으므로 거래 관계가 혼란스러워져서 시장의 주체는 타인의 재산으로 거래를 하거나 재산이 없으므로 자신의 의무를 담당할 수 없게 된다. 이러한 상황에서는 신용 관계를 구축할 수 없게 될 뿐만 아니라 원래 있던 신용관계마저 파괴된다. 둘째, 공평 거래의 시장 보장 체계를 구축한다. 제품 정보의 실명제 데이터와 블랙리스트제를 구축하고 품질 신용 정보 자원의 공유를 추진하며 신용 정보의 검색 원가를 낮추고 거래 비용을 절약하며 신용 부족 행위의 기회비용을 증가시켜야 한다. 셋째, 관련 업종 협회를 통해 시장경제 거래 주체의 자율 기능을 발휘하며 그 사회적 기능을 증강한다.

시장 신용 건설의 관건은 거래 주체 행위의 규범화이다. 이는 상응한 사회규범의 구체화, 세분화와 활용화를 요구한다. 행위 규범에서 사회 상황에 대한 명백한 규정과 실효적인 상벌 조치가 반드시 필요하다. 공정거래에 심각한 위협이 되는 사회규범의 상실 현상에 대해 빠르고도 지속적인 효과를 보려면 강력한 조치가 최우선이다. 중국의 식품 안전 문제가 자주 불거지는 것은 강력한 조치의 부재 때문이다. 아르헨티나도 1970년대에 식품 안전 문제에 직면했다. 아르헨티나 정부는 식품 안전 전문 법률을 반포했다. "실명제 실신 기록을 추진했고 악영향을 끼친 식품 제조업자나 불량 상인들에게 중벌을 가했는데 3대가 식품 생산 업종에 종사하지 못하도록 했다." 그 결과 식품 안전이 근본적으로 호전되었다. 시장경제에서 사람들은 이익을 추구하고 계산에 능숙하다. 마르크스는 『자본론』에서 "자본가들은 100%의 이윤이 있다면 모험을 마다 하지 않을 것이고 200%의 이윤이 있다면 법을 무시할 것이며 300%의 이윤이 있다면 세상의 모든 일도 할 수 있을 것이다"라고 했다. 사회에는 이익과 부를 추구하려는 충동이 있고 투기와 모리의 여지가 있으며 이민을 비롯한 빠져나갈 구멍이 있다. 엄격한 법률의 부재로 그 어떤 홍보도 소용이 없다. 시장의 신뢰 건설에는 세밀하고도 엄격한 법률이 필요하다.

(3) 개인 신용을 바탕으로 개체의 자율을 촉진한다

사회의 발전과 건설에서 인본주의를 실현해야 한다. 사회규범 건설의 체계가 아무리 방대하고 완벽해도 결국 그것을 수행하고 실현하는 것은 개인이다. 그러므로 개인 신용이 중요한 관건이다. 개인 신용에는 현재와 과거의 개인 신용이 포함되어 한 인간의 종합적 정보를 반영한다. 그러므로 이전의 사회 신뢰 관련 연구 성과의 관점과 입장을 분석해보면 '도덕 원인'이 사회의 공동된 인식이다. 그러나 "도덕은 인류의 최고 이상이다. …(중략)… 제기만 되면 의논이나 절충의 여지가 없이 혹은 좋은 평가, 혹은 나쁜 평가를 받으므로 이야기는 여기서 끝날 수밖에 없다."[26] 또한 도

---

26) 黃仁宇, 『現代中國的歷程』, 中華書局 2011, p.217.

덕은 어디까지나 개인의 내재적 수련과 가치적 추구이다. 도덕 수양은 한꺼번에 될 수 있는 것이 아니라 개인의 사회화 과정에서 은연중에 이루어진다. 개인 사회화의 적정 시기에 사회의 핵심 가치관이 개인의 가치관과 도덕을 잘 인도하지 못하면 이후의 외부적 노력은 모두 제한적 역할밖에 못하며 심지어 역효과를 가져온다.

'사회의 공중도덕, 직업 도덕, 가정 미덕, 개인 인품과 덕성 건설 강화' 시 어떻게 '개인'에게 실시되는지는 연구를 거쳐야 한다. 인간은 추상적 존재가 아니다. 사회의 인간은 여러 가지 사회적 역할의 종합체로 여러 가지 사회 관계에 처해 있다. 인간은 고립적인 존재가 아니라 특정한 시공간, 특정한 단체나 사회조직, 사회적 상황에서 사회 활동을 수행한다. 인간의 본성에는 선과 악의 구분이 없지만 놀기 좋아하고 일하기 싫어하며 적게 일하고 많이 얻으려 한다. 신용을 지키고 규범을 따르며 타인을 위해 봉사하는 것도 인간의 본성이지만 그 사회성으로 인하여 적절한 사회적 상황과 상호 교섭 방식으로 육성해야 한다. 개인의 신용을 바탕으로 개인 신용 정보 서비스 제공 시스템을 구축함으로써 '낯선 사람'의 사회적 준비와 '숙인사회'의 신용이 생존할 수 있는 사회적 조건을 마련해야 한다. 전체 성실 신용 시스템에서 개인 신용의 건설은 한 사람 한 사람을 일반적 개인으로 환원시켜 사회 엘리트나 일반 군중을 막론하고 개인의 신용 표시가 유일성을 지니게 하여 평등의 함의를 추가한다. 개인의 신용 기록, 신용 평가 등은 개인의 사회적 지위에 의해 변질되어서는 안 되며 소속 집단의 사회적 이미지의 변화 때문에 돌변해서도 안 된다. 인간의 기본적인 역할에 입각하여 특정된 상황에서 사회화의 발전 구조에 따르며 사회적 개체의 자율 육성으로 전체 사회의 신용과 규범 분위기를 조성해야 한다.

구체적으로 말하면 첫째, 개인 신용의 육성은 어릴 때부터 해야 하며 사회의 신뢰와 사회규범의 일체화 교육은 사회화의 과정에 일관되게 이루어져야 한다. 부모들에 대한 종합적 육성을 중시하며 아이들을 '시험을 위한 교육'에서 벗어나게 한다. 인간의 정력은 제한적이고 인생도 되돌릴 수 없다. 개체 육성의 최적기에 세계관과 인생관에 관해 정확한 교육을 받지 못하면 향후 사회적 가치에 부합되는 사회적 행위를 하기 어렵다. 둘째, 사회적 역할의 속성에 입각하여 인간의 사상 도덕 교육과 행위 규범 교육을 해야 한다. 중국공산당은 당풍 건설을 아주 중시해왔다. 1980년 '성실수신(誠實收信)'을 「당내 정치생활 관련 약간의 준칙」에 수록했다. 그러나 현재에 이르러 당정 간부의 불법, 위법 사건이 줄지 않았다. 낙마한 고위공직자의 부패한 생활은 '인간의 사회성이 정치적 속성보다 높다'는 진리를 보여준다. '무엇보다도 먼저 인간이 되어야 한다.' 한 사람 한 사람의 가정, 직업 및 타인과의 관계에서 모두 사회 가치 규범이 정한 권리와 책임에 따라 움직이며 이로써 명예와 인정을 받으면 사회적 풍조가 자연적으로 좋아질 것이다. 셋째, 현대 네트워크 기술을 빌려 사회 여론이 더 큰 역할을 하게 한다. 인터넷 시대에 부정 비리를 감추기란 더욱더 힘들다. 사람마다 발언권을 행사하여 사회적 교섭과 협상을 추진하여 사회적 신뢰 환경의 정화와 사회규범 건설에 적극적 의의를 지니게 한다.

2) 사회규범의 체계적 건설을 실질적으로 추진

사회규범의 건설은 사회적 역할과 사회자원, 기회 관계 규범의 새로운 확정으로 경제사회의 발전과 사회 구성원의 행복한 생활 분위기 조성에 이로운 사회질서의 행위 규범과 사회 행위 준칙을 구축한다.

(1) 사회규범 가치 체계를 세분화하고 명확하게 한다

당과 국가는 줄곧 사회주의 가치관의 인도와 육성을 중시했다. 중국공산당 제18차 대표대회에서는 중국 특색이 있는 사회주의를 견지, 발전시키며 전당 전체, 전국 인민의 공동된 단결 분투를 위해 '사회주의 핵심 가치관을 적극적으로 육성하고 수행'할 전략적 임무를 제기했다. "부강, 민주, 문명, 조화, 자유, 평등, 공정, 법치, 애국, 직무 충실, 성실 신용, 우호를 창도하여 사회주의 핵심 가치관을 적극적으로 육성한다." 이 서술에서 "부강, 민주, 문명, 조화는 발전 목표의 규정을 구현한 것으로, 국가적 측면에 입각하여 제기한 요구이다. 자유, 평등, 공정, 법치는 가치적 방향의 규정을 구현한 것으로, 사회적 측면에 입각하여 제기한 요구이다. 애국, 직무 충실, 성실 신용, 우호는 도덕과 준칙의 규정을 구현한 것으로 시민 개인적 측면에 입각하여 제기한 요구이다. 이 세 측면의 이념은 상호 연결되어 정치적 이상, 사회적 발전 방향, 행위와 준칙의 통일을 실현했을 뿐만 아니라 가치 목표에서 국가, 집체, 개인의 통일을 실현하여 국가, 사회, 개인 3자의 가치적 기대와 추구를 두루 고려했다."[27]

사회주의 가치관 건설과 사회 가치관의 다원화가 서로 뒤엉킨 상황 역시 사실이다. 가치는 사회규범의 핵심이다. 사회규범의 가치는 '인간은 무엇을 믿는가'를 규정하고 인간의 사회적 행위와 생활 세계의 일반적 법칙에 답을 준다. 핵심 가치관은 사회의 일정한 형태와 성질의 집중적 표현으로 사회 사상 관념 체계에서 주도적 지위에 있다. 이는 사회의 제도와 운영의 기본 원칙을 결정하며 사회 발전의 기본 방향을 제어한다. 현재 핵심가치체계는 대중의 보편적 주목을 받는 '물질 생활', '사회 생활', '정신 생활'의 원칙적 지도를 거의 구비하고 있지만 이들과 개인의 자기 가치를 부합시키려면 여전히 노력이 필요하다. 중국인 가치관의 기본 특징과 전체적 인식에 대한 이해는 이러한 일을 잘 할 수 있는 전제이다. 현대 중국인 가치관의

당대 중국 사회 건설

27) 吳逸, 「從核心價値體系到核心價値觀」, 『檢察日報』2012年11月13日.

기본 특징은 전통성과 현대성의 병존이다.

일부 연구에서는 "현대 중국인 가치관 구조의 8개 요소는 친밀감이 감소되는 순서로 품격의 자율, 실제 재능, 공공 이익, 인간 윤리와 정감, 명망과 성과, 가정의 책임, 법률 준수, 금전과 권력"[28]이라고 했다. 현대 중국인의 가치관은 여전히 중국 전통문화가 장기간에 걸쳐 이루어낸 '인이덕립(人以德立 : 인간은 덕을 갖추어야 한다)'의 심층적 구조와 일치한다. 많은 사람들은 '선입덕이후입신(先立德而後立身 : 먼저 덕을 갖춘 후 입신해야 한다)'의 사회 가치관을 인정하고 있다. 현대화의 발전에 따라 인간은 가치 판단의 기준에 재능 부분을 강화했고 '공공 이익'과 '법률 준수'에 대한 인정을 증가했다. '인간 윤리와 정감, 명망과 성과, 가정의 책임, 금전과 권력' 요소도 중요한 자리를 차지한다. 종합적 사고가 중국인 가치관의 구조적 요소에 영향을 주며 세분화는 사회규범 가치 체계의 실행에 도움이 된다. 이렇게 해야만 사회주의 핵심 체계의 생활적 상황과 사회적 분위기를 더 잘 조성할 수 있다.

(2) 사회적 역할 및 그 관계에 의거하여 규범의 범주를 확정한다

역할과 관계는 사회규범의 담당체이다. 사회규범이 명확하지 못하면 가치도 그 추상성과 초월성 때문에 활용성을 잃게 되어 공허한 구호로 전락한다. 전환기의 중국에서 전통적 가치 구조에 근본적인 변화가 생겼으며 현대 사회구조는 현재 구축 중이다. 현대화 사회로의 전환 과정에서 사회 구성원이 직면한 도전은 그 누구도 예상 못한 것이다. 향촌 사회에서 당연하고 합리적으로 받아들인 '차서격국(差序格局 : 자신을 중심으로 외연으로 점차 확대되는 인간관계)'은 현대사회에서 질책을 받는다. '세대

---

28) 金盛華等, 「當代中國人價値觀的結構和特點」, 『心理學報』2009年第1期.

간 보상'은 윤리 사회의 중요한 초석이지만 '평등' 원칙 때문에 잘 실행되지 못하고 있다. 사회 이익, 자원과 기회의 향유 자격과 운영 시스템에 변화가 발생하고 있으나 인간의 심리나 태도, 가치 기대는 이에 따라 변화하지 못했다. 이러한 상황에서 사람들은 자신이 처한 자리나 부여된 권리, 의무를 제대로 이해하고 수행하지 못한다. 역할의 긴장과 충돌로 조급성 등 사회병이 나타나고 있다.

사회 역할의 긴장과 충돌이 완화되면 개인의 수양, 만족도와 행복감은 모두 향상될 것이다. 그러므로 시민 도덕 역량의 향상은 사회규범 건설을 완벽화하고 사회질서를 구축하는 좋은 방법이다. 중국공산당 제18차 대표대회에서는 법치와 덕치의 결합을 견지하고 사회 공중도덕, 직업 도덕, 가정 미덕, 개인 인품과 덕성을 강화하며 중국의 전통적 미덕과 이 시기의 새로운 풍조를 발양한다"고 했다. 시민 도덕 건설은 사회 공중도덕, 직업 도덕, 가정 미덕, 개인 인품과 덕성 교육이라는 '사위일체'의 구축을 필요로 한다. 그러나 이 '사위일체'는 각각의 분야와 규범의 기준이 있으므로 추상적이고 이상적인 도덕 건설을 초월하려면 사회 역할 및 그 관계에 착수하여 실질적인 도덕 건설을 추진하는 것이 관건이다. 일반적으로 어느 특정한 개인을 가정, 직업, 공동 분야에서 '좋은 사람'으로 가정하지만 사회규범의 파괴자로 가정하지는 않는다. 사회 구성원의 가치 관념, 행위, 규범 준수 등은 그가 처한 지위나 그가 담당한 사회적 역할로 드러난다. 가정과 직업 분야에서의 권리, 책임, 의무를 분명하게 해야만 사회 구성원은 자기가 담당하고 있는 가정 윤리, 직업 윤리 및 공중도덕을 구체적으로 인식할 수 있다. 공중도덕이 개인 도덕보다 높다는 규범 의식을 육성하는 것은 사회 건설 주체 규범 의식의 내재화에 이로울 뿐만 아니라 발전 방향을 지도할 수 있다. 사회규범이 사회 생활의 논리에 부합되어야 사회규범 건설의 실행이 인본주의를 바탕으로 할 수 있다.

(3) 법치 건설로 사회규범의 효과적인 운행을 보장한다

법치의 본체는 규범의 실행이다. 행위 규범은 사회 구성원의 이익 추구와 자원, 기회 배치에 대한 법률적 규정을 요구한다. 이를 제대로 해결하지 못하면 사회규범은 동력이 부족하고 사회 구성원도 이익의 부추김을 받아 자기 이익을 최대화하는 선택을 할 것이다. 사회규범의 행위는 무엇을 배워야 하며, 어떻게 선택하고 사회 행위를 해야 하는가를 알려줄 뿐만 아니라 사회규범의 집행을 강력하게 보장하며 사회규범의 상실에 대한 징벌을 통해 경계하고 교화한다. 이는 법률을 바꾸는 것이 사회 습속이나 민중 도덕을 바꾸기보다 쉽기 때문이다. 그러므로 국가 입법기관의 제정이나 인정을 거친 법률로 인간의 행위를 지도하고 통제하며 사회규범 체계에서 법률의 지위를 높인다. 법제의 역할은 개개인이 사회가 감당할 수 있는 범위에서 자신의 이익을 추구하게 하는 것이다. "법률이 강한 권한을 갖게 되는 실질적 조건은 특권 집단이 합법적 경로를 통해, 합법적 시간에 권력 집행을 하도록 대중의 동의를 거치는 데에 있다."[29]

중국공산당 제18차 대표대회에서는 '법치는 국가를 다스리고 정사를 돌보는 기본 방식'이며 '중점 분야의 입법을 강화해야 한다'고 제기했다. 이는 사회규범 건설에 중요한 의의가 있다. 전환기 사회의 현실과 위험 요소 등 불확정 요인이 있는 상황에서 법치는 '과정적 정의'와 '결과적 정의'의 이중적 수요를 충족시키지 못한다. 현 단계 법치화가 추구하는 가치는 첫째, 법률이 '사회규범이 이익을 늘리고 손해를 줄이는 과정에서 관건적 역할을 발휘하도록' 보장한다. 둘째, 강제력이 보장된 사회규범이 실현되게 하며 사회 구성원의 사회 행위 준수 습관을 육성한다. 현 단계 법치로

---

29) 休斯·克雷勒, 『社會學和我們』, 周揚等譯, 上海社會科學院出版社 2008, p.42.

'과정적 정의'의 실현을 모색할 수 있다. 이는 법치적 전통이 부족한 사회 문화의 현대화 전환 및 사회 구성원의 규범 의식과 법률 준수 행위의 육성에 필요하다.

'규범(規範)'의 '규(規)'는 '척규(尺規)' 즉 '자'이고 '범(範)'은 '모구(模具)' 즉 '틀'이다. 사회규범 건설은 바로 사회 건설의 참여자가 보편적으로 인정받는 사회 가치관의 지도에 따라 자신의 역할과 신분에 알맞은 사회 현대화를 실천하는 것이다. 사회규범의 효과적 추진은 '현대'와, '전근대' 문화 습관의 병존과 공동 번영을 요구하고 법률과 계약에 충분한 보장적 기초를 제공할 것을 요구한다. 호혜, 도덕적 의무, 사회적 책임과 신뢰의 배합을 요구하고 정부의 주도와 대중이 참여하는 공동의 노력을 요구한다. 더욱 중요하게는, "이러한 것이 의지할 것은 이성적 사고와 변별이 아니라 인간의 습관이다."[30]

---

30) 弗朗西斯 福山, 『信任: 社會繁榮與道德的創造』, 李宛蓉譯, 遠方出版社 1998, pp.17~18.

제8장

사회체제

사회체제는 각 사회 주체 간의 사회자원과 기회의 배치 및 사회 주체 행위의 규범화와 권리 의무의 체계화된 규칙과 제도를 가리킨다. 사회체제 개혁의 임무는 자원과 기회가 합리적으로 배치되게 하는 것이다. 현재 중국의 사회체제에 존재하는 주요 문제점은 계획경제 시기에 형성된 사회체제가 현행 사회주의 시장경제 체제에 비해 정체되어 있는 것이다. 아울러 사회체제 내부에 이중 운영제가 존재하고 '강한 국가-약한 사회' 자원 배치의 구조 및 이익 관계의 조정이 어려운 등 문제점이 있다. 그러므로 사회체제 개혁은 새로운 역사적 전환기 중국 전면적 개혁의 돌파구이며 현재 사회 건설의 중심 고리이다. 개혁의 기본 구상은 사회사업 체제와 도시와 농촌 이원화 체제 개혁을 중점으로 '정부와 사회가 분리되어 각각의 직능을 행사'하는 사회체제를 구축하여 사회자원 분배 체제를 개혁, 최적화하는 것이다. 또한 시스템 건설을 보장하여 사회체제 개혁과 혁신을 적극 추진해야 한다.

제8장 사회체제

사회 건설은 이미 중국 특색이 있는 사회주의 사업 전반적 구성의 중요한 구성 부분이다. 사회 건설의 전개는 중국의 현대화가 새로운 역사적 전환기에 들어섰음을 보여준다. 사회 건설을 단행하려면 사회 건설에서 '무엇을', '어떻게' 건설하는가 하는 기본 문제를 분명히 해야 한다. 중국의 실제 상황을 보면 사회체제 개혁에 박차를 가하고 중국 사회주의 시장경제 체제의 수요에 부합되는 사회체제를 구축하는 것은 현재 사회 건설의 중심 고리와 돌파구가 되었다.

1. 사회체제의 정의 및 사회 건설에서의 지위

중국에서 사회체제 관련 연구는 오래된 문제이자 새로운 문제이다. 오래된 문제라고 하는 것은 '대사회'[1] 개념에서의 사회체제 연구가 계속 진

---

1) '사회'의 분야에 따라 '대사회', '중사회', '소사회'로 나눈다. '대사회'는 경제, 정치,

행되었기 때문이다.[2] 새로운 문제라고 하는 것은 장기간 정책적으로 '사회'[3]를 하나의 독립된 분야로 보지 않고 줄곧 사회 형태나 '경제와 정치의 부속물'[4]로 간주했기 때문이다. 경제 분야에 비하면 중국의 사회 분야는 이론 연구나 실천 건설에서 모두 상대적으로 정체되어 있다.

새로운 역사 전환기에 '사회체제'의 개념과 사회체제 개혁이라는 의제가 점차 뚜렷이 드러났다. 2006년 '사회체제' 개념은 중국공산당 제16기 중앙위원회 제6차 전체회의에서 통과된 「사회주의 조화로운 사회 구축의 중대한 문제 관련 중공중앙 결정」에서 처음으로 나타났다. 2007년 10월 중국공산당 제17차 대표대회에서는 "사회체제 개혁을 추진하고 공공 서비스를 확대하며 사회 관리를 완비하여 사회의 공평과 정의를 촉진한다"라고 제기했다. 여기서 사회 건설과 사회체제 등 문제를 논술했다. 2008년 7월 국무원 상무회의에서 심의 통과된 「2008년 경제체제 개혁 사업 심화 관련 의견」에서 처음으로 '사회체제' 문제를 열거했으며, 사회체제 개혁의 효과적 방법의 적극적 모색과 사회체제 개혁 난제의 해결을 요구했다. 2010년 「국민경제와 사회 발전 제12차 5개년 계획 제정 관련 중

당대 중국 사회 건설

문화 등 세 분야를 포함한 사회이다. '중사회'는 경제, 사회 이분법으로 분류한 사회에서 경제분야를 제외한 기타 분야를 사회라고 통칭한다. '소사회'는 경제, 정치, 문화, 사회, 생태 등 다섯 분야로 분류할 때의 사회 개념이다.

2) 1980~1990년대 일부 학자들은 사회체제를 전문 연구했다. 이를테면 「各種社會主義體制的比較和分類」(蘇紹智, 『經濟社會體制比較』1985年第1期.), 「關于經濟社會體制的比較研究」(榮敬本, 『當代世界社會主義問題』1986年第3期.), 「社會體制初論」(楊彬, 『學習與探索』1995年第4期.), 「社會體制的生成與轉換」(楊彬, 『吉林大學社會科學學報』1996年第4期.), 「試論社會制度及其基本制度與社會體制」(王孝哲, 『安徽大學學報』1995年第4期.),

3) 여기에서의 '사회'는 '소사회'이다.

4) 李友海, 「關于社會體制問題的若干思考」, 『探索與爭鳴』2008年第8期.

공중앙 건의」에서 사회체제 개혁을 전면 개혁의 선도로 삼았으며 "반드시 더 큰 결심과 용기로 각 분야의 개혁을 전면 추진해야 한다"고 강조했다. 2012년 중국공산당 제18차 대표대회에서는 "사회 건설을 강화하려면 반드시 사회체제 개혁을 추진해야 한다"고 제기하여 사회체제 개혁을 사회 건설의 중심 고리로 삼았다.

중국에 사회주의 시장경제와 상호 부합되고 경제사회의 협조적 발전을 촉진하는 사회체제를 구축하는 것은 창의적인 사업으로, 불확정 요소가 아주 많다. 현재 사회체제와 관련해 중국 학계와 정계는 공동된 인식이 부족하다. 사회체제란 무엇인가, 체제 개혁을 어떻게 단행할 것인가 등 문제점은 여전히 모색 중이다. 그러므로 사회체제 및 관련 개념에 대해 정의를 내리고 논증하는 것은 연구의 전제적 조건이다.

1) 사회체제의 내포와 외연

(1) 사회체제의 내포

현재 사회체제의 내포에 관한 학계의 연구는 다음과 같다. 일부 학자는 사회 관리에 입각하여 "사회체제는 국가가 사회질서를 수호하고 사회 발전을 촉진하기 위해 사회 건설과 사회 관리에서 단행하는 안정되고 제어력이 있는 제도적 배치이다"[5]라고 했다. 일부 학자는 주체와 내용에서 사회체제를 확정했다. 사회체제는 "특정한 국가나 지역에서 정부와 시장, 사회조직의 기능을 반영하고 중앙과 지방 각급 정부의 직권과 재산권 책임을 구현하며 사회 관리, 공공 서비스, 사회문제와 사회 발전의 시스템 및

---

5) 何增科主編,『中國社會管理體制改革路線圖』, 國家行政學院出版社, 2009.

제도 구조와 형식의 해결이다"[6]라고 했다. 또한 일부 학자는 "사회체제는 특정한 사회에서 인간 간 사회 관계의 모식이다"[7]라고 했다.

여기서 사회체제는 각 사회 주체 간의 사회자원과 기회의 배치 및 사회 주체 행위의 규범화와 권리 의무의 체계화된 규칙과 제도라고 정의를 내린다. 구체적으로 설명하면 다음과 같다.

① 사회체제는 규칙이나 제도의 배치이다

'체제'는 인간의 생활에서 사용 빈도가 매우 높은 어휘로 자주 사용되지만 한마디로 정의를 내리기 힘들다. 일반적으로 체제는 자원과 기회의 두 체계 내의 서로 다른 배치 규칙으로 인정된다. 하이에크는 체제와 사회를 '공동사회'로 설명하면서 체제를 규범과 규칙으로 인정했다.[8]

② 사회체제는 사회자원과 기회의 배치를 규범화한다

미국의 사회학자 섬너는 사회체제의 발생 과정 설명 시 체제와 자원 배치 간 관계를 설명했다. 인간이 생존의 수요를 충족하는 과정에서 자원의 점유와 사용 때문에 모순이 발생한다. 이러한 모순을 해결하기 위해 인간은 가장 적은 대가로 가장 큰 편의를 도모하려고 했으므로 인간의 공동 생활 방식 즉 민속이 나타났다. 민속이 발전하면 민덕이 되고, 민덕의 발전을 조직적이고 추상적으로 만들면 시스템으로 승화된다. 여기에 문화를 더하면 체제가 된다.[9] 사회는 인간 생활의 공동체로 인간의 수요를 충족시

---

6) 秦德君, 「從社會體制上推進社會建設」, 『探索與爭鳴』2011年第2期, pp.38~41.

7) 丁元竹, 「當代中國社會體制的改革與創新」, 第二屆中國社會管理論壇 "深化社會體制改革與推進科學發展", 2012.

8) 哈耶克, 『法律, 立法與自由』, 鄧正來譯, 中國大百科全書出版社, 2000, pp.317~318.

키려면 반드시 효과적인 기술로 환경으로부터 자원을 얻어야 한다. 사회체제는 인간이 환경에서 자원을 얻는 과정에서 창제한 행위 규범이나 제도적 배치이다. 체제의 발생 과정을 보면 사회체제의 핵심은 인류가 생존 발전을 위해 사회자원과 기회에서 채택한 제도적 배치나 배치 규칙이다.

'사회자원'은 사회 생활 분야의 사회 제품을 가리킨다. 한 국가나 지역에서 1년 내에 생산하는 전체 제품의 총합이 이 국가의 1년 사회 총자원 혹은 국내 총생산(GDP)이다. 이러한 제품의 총합은 기업의 확대 재생산, 직원의 임금, 국가의 공공 재정 등으로 배치된다. 기업의 재생산에 사용되는 자금은 경제 분야의 자원에 속한다. 직원의 임금은 경제와 사회 두 분야로 나뉘는데 경제 분야의 임금은 생산 비용에 속하며 사회 분야의 임금은 사회집단의 분배 원칙과 이익 관계를 반영하는바 사회자원에 속한다. 국가 공공 재정(중앙과 지방 포함)은 재분배 수단으로 주로 사회 구성원의 공공 수요와 기본 생존 수요를 충족시키는바 사회자원에 속한다. 여기에서 언급하는 사회자원은 주로 사회 구성원 개개인에게 사용되는 사회자원으로 주민소득과 국가재정 자원 두 부분을 포함한다.

'기회'는 사회 구성원이 향유하는 권리[10]로 신분상승의 기회, 교육을 받을 기회, 취업 기회, 공공 서비스를 받을 기회 등이다. 기회를 사회자원의 개념과 연결하여 사회 구성원이 얻을 수 있는 사회자원의 가능성이나 확률이라고도 이해할 수 있다.

각 집단이 사회자원과 기회를 얻는 능력에 차이가 있으므로 사회체제

---

9) 宣兆凱編著,『新編社會學槪論』, 中國人事出版社, 2000, p.250.
10) 1949년 마셜은『시민권과 사회계급』에서 권리 체계의 분석 구조를 구축했다. 마셜은 시민권에 세 가지 기본요소가 포함된다고 했다. 즉 공민권, 정치권, 사회권이다. 사회권은 사회 구성원이 사회 기준에 통용되는 기준에 따라 문명 생활을 향수할 수 있는 일련의 권리를 가리킨다.

는 공평하고 효과적인 제도로 사회 구성원이 사회자원과 기회를 공평하게 얻게 한다.

③ 사회체제는 사회 주체의 행위와 권한을 규명한다

주체를 빼놓고는 체제를 분석할 수 없다. 체제와 주체의 관계는 두 방면을 포함한다. 사회 주체의 행위에 대한 사회체제의 제한[11]과 사회체제에 대한 사회 주체의 영향과 선택이다. 사회 주체는 사회체제의 주요 구성요소이다. 사회체제는 사회 주체의 구성, 범위, 등급, 분야를 필요로 하며 사회 주체의 권리와 의무 관계를 해명한다.

사회 주체에는 거시적 주체와 미시적 주체가 있다. 거시적 주체는 국가, 사회, 시장 등 세 개의 큰 주체를 가리킨다. 미시적 주체는 전체 사회 구성원을 가리키는데 개인, 각 계층, 각 집단 등을 포함한다. 국가와 시장, 사회의 관계는 현대사회에서 가장 중요한 세 주체로 세 주체 간 관계의 변화는 서방 사회 발전 과정의 아주 중요한 단서이다. 현대사회의 대변혁은 사실상 모두 이 3자의 권리와 의무 관계 조정과 관련된다. 사회체제는 국가, 사회, 시장의 사회 건설 분야에서의 응집과 구조적 배치이다. 사회체제의 중요한 내용 중 하나는 3자 간 권리와 의무 관계 및 3자 간 구조의 해명이다.

사회 주체와 자원과 기회는 각각 사회체제의 세로축과 가로축을 이루는 좌표축(세로축은 자원과 기회이고 가로축은 사회 주체임)을 구성한다. 일련의 제도적 배치는 이 양자를 연결하여 사회체제를 구성한다.

(2) 외연 : 사회체제는 구체적 측면의 사회제도이다

한 국가의 제도는 일련의 제도 체계로 구성되는데 근본적 측면의 제도,

---

11) 체제가 구축되면 주체 행위를 규범화하는 능력을 지닌다.

기본적 측면의 제도, 구체적 측면의 제도를 포함한다.[12] 중국에서 근본적 측면의 제도는 인민대표대회 제도로 중국 특색이 있는 사회주의 제도의 본질을 구현한다. 기본적 측면의 제도는 주요하게 기본 정치제도와 기본 경제제도를 포함한다. 즉 중국공산당이 영도하는 다당 합작의 정치협상 제도와 공유제를 주체로 다종 소유제 경제가 공동 발전하는 기본 경제제도를 포함하고 있다. 이는 중국의 국가와 사회 성격을 반영한다. 구체적 측면의 제도는 일반적으로 말하는 체제로 '모 분야나 방면의 모든 구체적 제도의 총합'[13]이다. 경제체제, 정치체제, 문화체제, 사회체제를 포함한다.

사회체제는 바로 사회 분야[14]가 사회 주체의 행위와 관계 및 자원 기회 배치에서 모든 제도의 총합을 규범화하는 것이다. 사회체제는 사회 관리 체제, 사회조직 체제 등 모종의 제도의 구체적 배치일 수도 있고 여러 제도의 조합으로 이루어진 시스템으로 모종의 유형 제도의 총칭일 수도 있다. 이를테면 도시와 농촌 이원화 제도에는 호적 제도, 소득 분배 제도, 사회보장 제도, 취업 제도가 포함된다. 또한 교육체제에는 학교 운영 제도, 교학 제도, 학적 관리 제도, 입학 제도, 시험 제도, 졸업 제도 등 여러 구체적 제도가 포함된다.

현재 중앙 문서에서 말하고 있는 사회체제 개혁은 주로 구체적 측면에서의 사회제도 변혁을 가리키는바 시스템의 구축도 포함된다. 시스템 구축은 사회체제 개혁의 유기적 구성 부분이다. 시스템 구축은 보장 제도를

---

12) 任理軒,「當代中國發展進步的根本制度保障-關于堅持和完善中國特色社會主義制度的思考」,『人民日報』2012年6月13日.

13) 王孝哲,「試論社會制度及其基本制度與社會體制」,『安徽大學學報』1995年第4期.

14) 이 '사회 분야'는 경제, 정치, 문화, 사회, 생태 '오위일체' 구조에서의 '소사회'를 가리킨다.

완비하고 보완하여 운영 절차, 기술 조작 방법과 사업 수단을 추진한다.

2) 사회체제 개혁

(1) 사회체제 개혁의 중심 임무는 자원과 기회 배치의 합리화이다

사회체제는 고정불변이 아니다. 서로 다른 역사 시기, 제도적 배경, 경제사회 환경으로 인해 각 국가와 지역의 사회체제에는 큰 차이가 난다. 사회체제는 발생, 적응, 완비, 변혁의 과정을 거치며 시대의 변화와 더불어 발전한다. 그러므로 개혁의 명제는 시종 존재한다. 사회체제 개혁은 사회주체가 시대 발전의 수요에 따라 고유의 체제와 제도를 상명하달이나 하의상달의 방식으로 추진하는 혁신적 행위이다. 개혁의 실질은 고유의 자원배치 구조를 타파하고 새로운 발전 요구에 적응할 수 있도록 자원과 기회, 권리와 의무를 재배치하고 기획하는 것이다. 즉 낡은 규칙을 개변하고 새로운 규칙을 제정하는 것이다. 현재 중국 사회체제 개혁의 중요 임무는 이미 정체된 체제나 불합리적인 사회체제를 개혁하여 사회의 각 분야에서 자원과 기회를 새롭게 배치하고 조정하는 것이다. 즉 이익 구조를 새롭게 조정하고 사회 주체의 권리와 의무 관계를 새롭게 기획하여 자원과 기회를 합리적으로 배치함으로써 변화하는 사회주의 시장경제 체제에 적응하게 하는 것이다.

(2) 공정하고 질서 있고 조화로운 사회 환경의 구축은 사회체제 개혁의 목표이다

안정된 사회는 먼저 공평한 사회여야 한다. 공평과 정의가 없다면 사회의 안정을 논할 수 없다. 지방의 당정 간부에 대한 설문조사에서 볼 수 있듯이 과반수(52%)의 관료들은 현재 사회가 불공평하다고 인정한다.[15] 사회자원과 기회의 공평한 배치는 사회 안정의 기초이다. 자원과 기회가 과도 집중되거나 중복되면 사회의 불균형과 사회 충돌이 따른다. '사회' 자체의 독특한 가치 추구가 바로 공평과 정의이다. 사회체제 개혁의 역사적 사명은 공평하고 정의로운 제도 배치를 실현하는 것이다. 그러므로 사회체제 개혁의 목표는 공평과 공정의 원칙을 견지하여 조화롭고 질서 있고 친밀감이 높은 사회 환경을 구축하는 것이다.

(3) 사회체제 개혁의 주요 내용

현재 사회체제 개혁의 내용은 주로 중국공산당 제17차 대표대회 보고서에서 제기한 여섯 가지 표준이다. 즉 교육, 의료, 취업, 사회보장, 소득 분배, 사회 관리 등 분야가 사회체제 개혁의 주요내용이다. 허쩡커(何增科)는 사회체제 개혁은 주로 사회사업 촉진 체제와 사회 관리 체제를 포함하며 사회사업 촉진 체제는 취업, 교육, 의료, 보장 등을 포함한다고 했다.[16] 쑹시아오우(宋曉梧)는 『중국 사회체제 개혁 30년 회고와 전망』에서 사회체제를 노동 취업 체제, 소득 분배 체제, 사회보장 체제, 교육 체제, 의료 보건 체제, 사회 관리 체제로 나누었다.[17] 친더쥔(秦德君)은 사회체제를 사회 운영 체제, 사회조직 체제, 사회보장 체제, 공동체 구성 체제, 사회 관리 체제로 나누었다.[18]

중국공산당 제17차 대표대회와 제18차 대표대회의 기본 사상과 현실

---

15) 王慶德, 「地方官員群體的社會穩定觀－以山東省爲例」, 『理論動態』2013年第1期.

16) 何增科主編, 앞의 책.

17) 宋曉梧, 『中國社會體制改革30年回顧與展望』, 人民出版社, 2008.

18) 秦德君, 앞의 글, 같은 곳.

에서 사회구조와 사회 운영에 중대한 영향을 미치는 체제의 배치에 입각하면 현재 중국의 사회체제 개혁을 가로축과 세로축 두 좌표로 전개할 수 있다. 첫째는 '주체성 체제'이다. 사회 주체의 행위와 권한에 입각하며 개혁의 내용은 정부-시장-사회 삼자의 거시적 체제 구조, 현대 사회조직 체제, 사회 관리 체제 등과 관련된다. 둘째는 '자원성 체제'이다. 자원과 기회의 배치에 입각하며 개혁의 내용은 도시와 농촌 이원화 제도(호적 제도 개혁, 농민공 체제 개혁), 사회사업 체제, 사회보장 체제, 소득 분배 체제 등을 포함한다. 이 두 방면의 내용은 완전히 분리된 것이 아니다. 사회 주체 방면의 개혁은 자원과 기회의 배치 문제에 반드시 관련되며 자원과 기회 배치의 새로운 조정도 사회 주체의 역할을 떠나지 못한다.

3) 사회체제 개혁은 사회 건설의 중심 고리

현재 중국은 이미 경제사회 건설을 다 같이 중시하는 새로운 역사적 전환기에 들어섰다. '사회 건설을 강화하고 사회체제 개혁을 빨리 추진'하는 기본 방향이 이미 뚜렷해졌다. 사회 건설은 새로운 사회질서를 구축하고 사회적 활력을 불러일으킨다. 이 과정에서 사회체제는 사회 건설의 제도와 규칙 구조를 반드시 구축해야 하며 사회 건설의 일부 기본 문제를 해결해야 한다. 여기에 사회 주체의 권리와 의무가 포함되며 자원과 기회의 효과적 배치 및 사회 생활의 결책과 참여 등도 포함된다. 사회체제가 구축하는 것은 사회 건설 행위의 기본 거시적 구조와 운영 궤도이다. 사회 건설을 위해 '제도와 기획 설계'를 하며 전체 사회 건설 체계를 인도하여 사회 건설의 각 단계와 부분을 연결시키는바 사회 건설 분야의 '톱레벨 디자인' 이다. 이는 사회 건설의 기타 구성 부분과 다른바 제도적 측면과 규칙적 측면에 더욱 관련되며 사회 주체의 행위와 자원 기회의 배치를 규범화하여 사회 건설 분야의 여러 방면을 포함한다. 사회체제가 완비되고 추진되지 않는다면 사회 건설도 실질적으로 추진될 수 없다. 현재 전개되고 있는 사회 건설에서 사회체제의 미비와 부족은 사회 건설을 제어하는 난관이다. 그러므로 사회체제 측면에서 사회개혁을 추진하는 것은 중국 현대화 발전이 직면한 큰 문제이며 중국 사회 건설의 중심 부분이다. 오늘날 중국 사회체제의 특징과 그 개혁 방향을 이해하는 것은 사회 건설의 기초 사업과 우선 임무라고 말할 수 있다.

2. 사회체제 개혁이 직면한 주요 문제점

중국은 1970년대 말부터 개혁개방을 시작했는데 중점은 경제체제 개혁이었다. 30여 년의 개혁을 거쳐 중국은 사회주의 시장경제 체제를 초보적으로 구축했고 경제의 고속성장을 30여 년간 유지했다. 이는 경제 건설을 중심으로 하는 임무를 거의 완성한 것이다. 사회체제 개혁을 제기한 지는 그리 오래되지 않지만 포함하고 있는 많은 방면의 내용은 경제체제의 중요한 구성 부분으로 1970년대부터 개혁을 시작했다. 30여 년간 사회체제 개혁은 일정한 성과를 거두어 경제사회의 발전을 촉진했다. 이를테면 사회보장제도는 초보적 모색과 제도 구조 구축의 단계를 거쳐 현재 체계의 전면 건설 시기에 들어섰으며 제도 설계의 측면에서 도시와 농촌을 모두 포함한 사회보장 체계를 기본적으로 구축했다. 도시 주민 기본 의료보험 제도와 농촌 최저 생활 보장 제도가 처음으로 구축되었고 농민공 공상 보험, 의료보험, 양로보험 제도도 점차 보완되고 있다. 사회보장이 확대되었는바 2011년 양로보험 가입자는 2억 8,391만 명에 달했으며 도시 기본 의료보험 가입자는 4억 7,343만 명에 달해 2007년에 비해 1배가량 증가했다. 실업보험과 공상보험 가입자도 1억 명에 달했으며 2003년에 추진한 농촌 신형 합작 의료보험 가입자가 7억 명에 달했다. 사회조직은 비약적 발전을 가져왔으며 유형도 다양하다. 1988년 민정부에 등록한 사회조직은 4,446개였지만 2010년에는 44.6만 개에 달했다. 이 밖에 교육, 의료 등 사회사업이 빠른 성장을 보였다. 국가는 더욱 많은 자원을 사회 공공사업에 투입하고 있으며 30여 년의 성과가 아주 크다.

사회사업이 쾌속으로 발전하는 상황에서 중국의 경제와 사회 발전이 조화되지 못하는 모순이 여전하다. 한 가지 문제점이나 모순이 10년 심지어 수십 년간 해결되지 못했다면 그 근원은 체제나 구조에 있는 것이다.

1) 변화하는 시장경제 체제에 적합하지 않은 현행 사회체제

현재 중국 사회의 주요 모순은 경제 발전과 사회 발전의 부조화이다. 이러한 부조화는 현행 사회체제가 사회주의 시장경제 체제에 비해 정체된 데에서 표출된다. '토대가 상부구조를 결정한다'는 마르크스주의의 기본 원리이다. 사회 발전의 현실도 이를 증명했다. 모종의 특정한 사회체제의 구축은 비록 여러 방면 요소의 역할에 의해서지만 주요하게는 특정한 경제체제 제어의 결과이다. 경제체제의 운영은 사회체제의 발생, 전환, 운영에 동력과 물질적 보장을 제공한다. 중국 현행 사회체제는 계획경제 시기에 형성된 것으로 그 발생과 운영은 계획경제 체제의 결과이다.

(1) 계획경제 체제와 일체화 사회체제의 발생

한 사회에서 어떤 원칙에 따라 사회 구성원에게 자원을 배치하는가는 그 사회체제의 특징을 결정한다. 확산형 분배 원칙은 각 유형의 자원에 대해 서로 다른 분배 원칙을 실행한다. 이러한 사회에서 어떤 자원을 많이 장악한 개인이나 집단은 다른 자원은 많이 장악하지 못한다. 일체화 분배 원칙은 각 자원을 단일한 원칙에 따라 분배하는 것으로 그 결과 여러 가지 자원이 특정 사회 주체에 집중된다.

중화인민공화국 성립 이래, 소련의 방법을 모방하고 참고했다. '제1차 5개년 계획' 기간 고도로 중앙집권화된 계획경제 체제를 구축했는바 그 특징은 자원을 전부 국가의 소유로 귀속시킨 것과 국가가 지령적 계획 및 행정적 명령으로 자원을 집중적으로 통일, 배치한 것으로 자원 배치에서 국가의 고도로 집중된 권력이 유일한 주체가 되었다.

계획경제 체제에서 국가의 자원과 기회 독점 상황은 사회 분야까지 확대되었는바 국가는 사회의 "모든 것을 도맡아 하는 가치적 지향을 취했다."[19] 사회를 국가 체제에 흡수시켜 사회자원을 국가자원으로 만들었으며, 국가는 사회 기능을 모두 담당했는바 사회의 운영은 행정 운영으로 변했다.

① 국가가 사회를 흡수

레닌은 『국가와 혁명』에서 "전체 사회를 '노동조합'으로 변화시키며 정부는 이 '노동조합'의 관리 부서가 되어야 한다. 사회 구성원은 이 관리 부서에 고용된 직원이다"라고 했다. 마오쩌둥은 신중국 성립 초기, 사회를 '조직해야 한다'는 구상을 제기했다. 그러므로 단위(직장) 체제와 인민공사 제도가 점차 현대 중국의 모든 사회제도의 기본 형식이 되었으며 전체 사회 구성원은 단위 체제 내에 수동적으로 편입되어 심할 정도로 조직에 의존하게 되었다. "취업한 모든 시민의 임금소득을 직장에서 제공할 뿐만 아니라 주택, 부식품 수당, 퇴직금 등 사회복지 보장도 직장에서 제공했

---

19) 任劍濤,「社會單位改革能否成功關鍵在政府」,『改革參考』2011年第16期.

다."[20] 국가는 직장과 인민공사에 대한 통제로 사회 구성원에 대한 전면적 통제를 실현했으며 사회에 대한 통제와 흡수도 실현했다.

② 사회 운영의 행정화

'제1차 5개년 계획' 기간, 사회 발전 분야의 업체는 점차 국유제나 집단 소유제 형식으로 전환했다. 사회 사무, 교육 사업, 공공 위생, 문화 사업, 체육 사업, 과학기술 사업 등 사회사업은 거의 국가가 도맡았으며 "필요 비용은 모두 국고에서 지출했다."[21] 1949~1966년 국가는 다수의 학교와 병원을 운영했고 규모가 비교적 큰 국유기업은 초등학교, 중학교, 직장인 학교, 직원학교, 성인학교, 유치원, 병원을 운영했다. 국가가 모든 사회사업을 도맡았으며 민생과 공공 서비스의 직능을 모두 담당했다. 아울러 정부는 행정 등급, 재정 조달 등으로 학교와 병원 등을 통제하여 사회 운영을 행정화했다.

③ 자원 기회 배치의 이원화

계획경제 시기 모든 것은 국가의 '중공업을 발전하고 도시화를 제한'하는 공업화 전략을 위한 것이었다. 자원의 배치와 인구의 유동을 통제하기 위해 국가는 자원과 기회의 공간적 분포에서 이원화 제도를 지향했다. 1958년에 출범된 「중화인민공화국 호구 등기 조례」는 전국 인구를 농업 인구와 비농업 인구로 분류했다. 농업 인구는 농업에만 종사하고 농촌에만 거주하며 비농업 활동에 종사할 수 없다. 도시로 이주할 수 없으며 비농업 인구가 될 수 없다. 이로부터 도시와 농촌이 분리된 호적 제도가 확

당대 중국 사회 건설

---

20) 路風, 「單位: 一種特殊的社會組織形式」, 『中國社會科學』1989年第1期.
21) 黃恒學, 『中國事業單位管理體改革研究』, 淸華大學出版社, 1998, p.2.

립되었다. 자원과 기회의 배치는 도시로 경도되었고 사회보장, 교육, 의료를 포함한 전체 복지 재분배 체계는 도시 호적 인구에 경도되었다. 도시와 농촌 이원화 취업 제도, 도시와 농촌 이원화 사회보장제도, 교육 제도가 연이어 확립되어 도시와 농촌 이원화 사회체제가 구축되었다.

계획경제 시기의 사회체제는 계획경제 체제의 특징을 답습했다. 국가는 자원과 기회의 소유자와 배치자이며 자원 배치와 사회 운영 규범의 유일 주체로 전체 사회는 행정명령에 따르는 일체화 자원 배치 원칙을 형성했다. 이러한 사회체제는 자원과 기회의 통일적, 계획적 배치에 대한 계획경제 체제의 요구에 부합되어 계획경제 체제에서 사회 관리와 사회 통합의 기능을 담당했다.

(2) 경제체제의 전환이 사회체제를 정체시켰음

1970~1980년대 중국 사회는 두 번째로 중대한 역사적 전환기에 들어섰다. 계획경제 체제는 점차 사회주의 시장경제 체제에 의해 대체되었다. 특히 1990년대 이래 중국의 시장화 발걸음은 빨라졌으며 경제 시스템 내부에 중대한 변화가 발생했다. 사회주의 시장경제 체제를 구축하고 완비했으며 가정 도급 경영을 바탕으로, 집체 통일 경영과 농가 분산 경영이 결합된 이중 운영 체제를 구축했다. 공유제를 주체로, 다종 소유제 경제가 공동 발전하는 기본 경제제도를 형성했고 노동에 의한 분배를 주체로, 다종 분배 방식이 병존하는 분배 제도를 형성했으며 국가의 거시적 조절로 시장이 자원 배치에 기초적 역할을 하는 경제 관리 제도를 형성했다. 낡은 계획경제 체제는 이미 대체되었다. 1990년대 중기에 이르러 중국은 이미 사회주의 시장경제 체제를 기본적으로 구축했다.

중국은 경제체제를 기본적으로 전환했지만 계획경제 시기에 형성된 사회체제(자원과 기회의 배치 방식, 사회 운영 방식, 국가 단일 권력 주체 등 포함)에는 변혁이 일어나지 못했다. 개혁을 했다 하더라도 제대로 못했다. 현재 사회체제는 계획경제 시기의 것으로 계획경제를 위한 것이다. 국가가 사회를 흡수한 현상과 사회 운영 행정화 및 자원과 배치의 이원화 현상은 근본적 개변을 가져오지 못했다. 현행 사회체제는 이미 사회주의 시장경제 체제에 비해 정체되었다.

① 사회사업 체제는 시장경제 체제에 비해 정체되었음

과학기술, 교육, 문화, 체육, 의료 보건 등 사회사업 분야는 '사회'의 주요한 구성 부분이다. 그러나 중국은 아직도 국가가 모두 담당하는 관리 체제로 정부와 사회가 분리되지 못했고 정부가 사회를 대체하고 사회에 간섭하는 등 문제점이 여전히 심각하다. 개혁개방 이후 사업 단위를 개혁했다. 이를테면 대학교 내부 관리 체제 개혁, 인사 임용 제도 개혁 등이다. 그러나 이는 대부분 각 분야 자체의 개혁이다. 일부 개혁은 일정한 성과를 거두었으나 일부 개혁은 성공적이지 못하며 심지어 새로운 문제점을 유발했다. 1990년대 의료 보건 산업화 개혁은 실패했다. 대학교 등 사업 단위는 계획경제의 마지막 보루로 국가가 사회를 운영하는 사유를 구현하고 있다. 교육체제는 여전히 정부가 교육을 도맡아 하는바 주관 부서가 너무 많이 통제하고 관리가 너무 엄격하며 행정적 색채가 짙다. 정부가 학교장과 병원장을 임명하는 등이다. 사회사업 체제는 아직 계획경제의 울타리를 벗어나지 못했고 사회주의 시장경제 체제의 요구에 따라 개혁하지 못했으므로 사회주의 시장경제에 부응되지 못한다.

② 현행 사회 관리 체제는 시장경제에 적응하지 못함

1978년 시장화 개혁 이후 주택, 사회보장, 의료 등 시장화에 따라 단위 체제는 이미 사회 구성원을 조직, 관리하는 기능을 상실했고 인민공사 제도도 해체되었다. 현재 더욱 많은 사람들이 '체제 내'에서 '체제 외'로 흘러나갔고 더욱 많은 근로자가 비공유제 직장에 취업했으며 더욱 많은 유동인구가 외지로 이주한다. 개혁 초기, 중국에는 0.04%도 안 되는 근로자가 '직장' 외에서 근무를 했다. 도시 취업 총인구 중 '체제 내 인원'은 예전의 95%에서 현재의 25%로 감소했으며 80%에 달하는 근로자가 '체제 외'에서 근무를 한다. 전체 사회가 점차 개방되어간다. 시장경제는 고유의 단위 체제 구조를 와해했다. 본래의 직장 관리 네트워크와 자원 배치의 기능이 약화되어 많은 '체제 외' 유동인구는 관리를 받지 못하는 상황에 처해 있다. 그러나 사회 관리의 유일 주체인 정부는 복잡다단한 사회 모순과 사회문제에 직면했지만 체제와 관리적 사고는 아직도 전통적인 계획경제 체제 측면에 머물러 있다. 개방적인 사회와 전통적이고 폐쇄적인 관리 체제, 관리적 사고에 모순이 존재한다. 사회 관리 체제는 사회주의 시장경제 체제에 비해 정체되어 있다.

③ 도시와 농촌 이원화 체제는 시장경제의 발전을 제약함

사회체제의 정체는 시장경제의 발전과 구조에 영향을 미친다. 합리적인 사회체제는 경제체제의 정확한 발전을 추진하고, 정체되고 부조화적인 사회체제는 시장경제가 바른 길에서 벗어나도록 한다. 중국은 계획경제 시기에 도시 호적 인구를 보호했다. 도시 호적 인구는 교육, 의료, 주택, 보장 등 사회복지를 누렸으며 경제 곤란 시에는 천 배급표, 식량 배급표, 식용유 배급표를 제공받아 기본 생활을 보장받을 수 있었다. 현재 이러한 제도에는 근본적 변화가 없다. 농촌과 도시가 받는 공공 서비스는 불균등하다. 농촌 인구는 도시에 진출해도 도시의 공공 서비스를 받을 수 없다. 이는 국가재정 체제의 자원 분배와 관련된다. 본래 재정 자원의 분배는 시장 자체의 분배가 초래한 격차를 줄여야 하지만 지금까지의 재정 분배는 오히려 자원 분배의 불공평을 전반적으로 조장했다.

사회체제는 경제체제에 비해 정체되어 있다. 이는 현재 중국의 새로운 역사적 전환기의 중요한 징후이다. 개혁 심화기에 들어선 사회주의 시장 경제 체제와 아직 개혁을 시작하지 않았거나 제대로 개혁하지 못한 사회 체제가 병행하여 극히 부조화적이다. 이는 현재의 많은 경제사회 모순과 문제점을 유발하여 오랫동안 해결을 보지 못하는 중요한 원인이며 현재 사회체제 개혁에 존재하는 가장 주요한 문제점이다.

2) 현행 사회체제에 존재하는 이중 운영과 자리매김이 불명확한 문제점

'이중제'는 1980년대 경제체제 개혁의 과정에서 생겨난 어휘로 '시장경제'와 '계획경제'의 병행을 뜻한다. 경제체제 개혁은 가격 체제 개혁부터 착수했다. 당시 정책 설계에서 가격에 대한 통제를 점차 풀어 '이중제'를 실시했는바 하나는 계획경제 내 가격이고 다른 하나는 시장가격이었다. 시장가격은 계획경제 내 가격보다 높았는데 이를테면 같은 석유 1톤이더라도 계획경제 내 가격은 100위안이고 시장가격은 644위안이었다. 가격 이중제는 가격 통제를 한꺼번에 풀어 충격을 피할 수 있었다. 그 목적은 정부와 시장의 관계를 점차 규명하는 데에 있었다. 그러나 계획경제와 시장경제의 이중 운영은 '관료 거래', '암거래'를 초래했다. 가격 이중제는 시장경제체제의 구축과 함께 소멸되었다.

현재 사회체제 개혁은 일부 분야에서 이미 시작되었으나 개혁의 결과는 사회 건설 분야에서 계획경제와 시장경제의 이중제가 병존하는 현상을 초래했다. 가장 전형적인 것이 사회사업 분야이다. 한편으로는 정부가 사회를 운영하는 체제가 변하지 않아 사회사업이 행정화 색채를 지니고 있으며 다른 한편으로는 시장경제의 논리가 사회사업의 각 방면에서 표현되어 사회사업 자체의 공익성을 훼손하고 있다.

(1) 사회사업 체제에서 계획경제와 시장경제의 이중 운영

가장 전형적인 것은 학교와 병원으로 행정화와 시장화가 동시에 존재하는 현상을 보여준다. 근래 대학 교육 관련 가장 큰 화제는 '대학 행정화'이다. 대학 행정화는 외부와 내부 두 방면에서 표출된다. 외부 환경을 보면 정부는 여전히 대학의 주관 부서와 운영 부서로 대학 경영과 운영을 관리한다. 대학 총장의 선임은 대학의 독립정신을 보여주는 것인데 중국의 대학 총장은 행정화 경로를 통해 임명된다. 거의 당정 간부 임명 방식에 따르며 주관 부서가 직접 임명한다. "이 중 '985공정(工程)[22]'에 속하는 38개소 대학은 중앙조직부가 직접 관리한다. '985공정'으로 중국 대학에는 차관급 간부가 생겼는데 현재 31개소 대학의 당위원회 서기와 총장은 차관급이다."[23] 내부에서 보면 행정화는 이미 대학 내부의 교학, 과학 연구, 교사 직업 발전 등 분야에 침투했다. 대학 내부에서 행정화는 학술 자원과 기회의 분배를 좌우한다.

대학뿐만 아니라 모든 사업 단위, 이를테면 연구 기관과 병원이 모두 그러하다. 행정화는 고질마냥 전문 기술자의 활력을 속박한다. "이러한 체제에서 아무리 훌륭한 학자라 해도 결국은 관료가 된다. 최근 관료화의 발전이 특히 빠르다. 업무를 잘 하면 가장 중요한 영예를 주는데 그것이

---

22) '985공정'은 21세기로 나아가는 교육 진흥 계획 실시를 위해 1999년부터 중점 대학을 선정하여 세계적인 대학으로 키워내기 위한 프로젝트로 현재 39개소 대학이 선정되었다. - 역주.

23) http://zhidao.baidu.com/question/218176206/htkl.

바로 관료가 되게 하는 것이다. 이는 학계가 주는 영예보다 더욱 중요하다."[24]

아울러 시장화도 1990년대 시장경제의 전면 추진에 따라 사업 단위에 심각한 영향을 주고 있다. 학교, 병원, 연구 기관 등이 모두 시장화의 길에 들어섰다. 사업 단위 개혁의 방향은 정부기관이 아니라 기업이 되게 하는 것으로 소위 '시장에 내보내는 것'이다. 1990년대 중반, 교육에서 교육 산업화의 노선을 실행했다. 도시와 농촌, 지역 간의 교육 격차가 예전보다 훨씬 커졌으며 교육의 내재적 품질에도 큰 변화가 발생했다. 학교는 경영과 수입창출에 더욱 큰 관심을 보였다. 일반 주민들의 교육 지출이 급격히 증가하여 시민들의 큰 부담거리가 되었다. 또한 교육 산업 시장을 '거시적으로 독점하고, 미시적으로 활기 띠게' 했는데 거시적 교육 자원은 정부가 통제하고 미시적으로는 학교가 자체적으로 수익을 창출하게 했다.

병원도 마찬가지이다. 1992년 9월 국무원은 「위생개혁 심화 관련 몇 가지 의견」을 하달했다. 이 공문서에 따라 위생부는 "향진기업의 경제력으로 병원 건설을 지원하고 병원은 의료 사업에 영향을 미치지 않는 상황에서 부업으로 경제력을 증강하여 자체의 발전을 촉진한다. 남은 인원을 동원하여 의료 보건 사업을 직접 도울 수 있는 제3산업이나 부업을 한다"고 제기했다. 이후 일련의 '수익 창출'이 가능한 '새로운 방법'이나 '새로운 조치', 이를테면 지명 수술, 특별 간호, 특수 병실 등이 유행했다. 의료 보건 사업이 이렇게 시장화로 나아갔다. 1989~2001년 전체 의료 비용의 증가 속도는 도시 주민 일인당 소득 증가 속도의 1배였고 농촌 주민 일인당 소득 증가 속도의 2배였다. 1980년 도시와 농촌 주민 개인 의료 보건 지출은 국가 의료 보건 총지출의 23%를 차지했지만 2000년에는 60.6%를 차지했다.

---

24) 「高校行政化是現在體制的必然結果?」, http://news.qq.com/a/20100319/000978.htm.

행정화와 시장화의 병존은 사업 단위 개혁을 어렵게 만들고 사회의 불공평을 격화시켰으며 대중이 제공받는 공공재와 공공 서비스의 질에 영향을 주었다. 1990년대 이래 '학교에 입학하기 어렵고, 의료비가 비싸며, 집값이 높은' 현상은 이러한 이중 체제가 집중된 결과이다.

(2) 사회사업 체제에서 권리와 책임의 불명확

이중 체제는 정부, 사회, 시장의 권리와 책임 관계를 잘 처리하지 못했다. 사회와 국가의 차이는 현대 산업 문명의 발생과 자본주의 시민사회의 흥기로 시작된 것이다. 사회는 자원과 기회 재분배의 중요한 분야로 주로 사회 공정의 수호와 사회 통합을 목표로 진행된다. 그러므로 사회사업의 특징은 '사회성'이다. 국부적 이익이나 정부 부서의 이익을 목적으로 하는 것이 아니라 전체 사회를 위한다. 또한 '사업'과 '기업'은 상대되는 개념이다. 영리를 목적으로 하지 않고 사회 구성원의 생산과 생활에 서비스를 제공하며 그 특징은 사리를 위하지 않는 '공익성'이다. 그러므로 사회사업은 일반적으로 행정부서와 기업과 병렬되는데 주로 사회복지의 향상을 방향으로, 경제적 효율과 사회적 공평이라는 이중 목표를 구현한다. 정부는 거시적 측면에서 정책을 제정, 통일하며 공익성 사업을 시행, 조절한다.[25]

사회사업의 '사회성' 특징은 사회사업이 '행정화'를 적당히 멀리해야 함을 강조한다. 그러나 중국의 사회사업에는 정부가 사회를 대체하거나 사회에 간섭하는 현상이 존재한다. 정부의 장기적 '월권'으로 '행정화'와 정부의 논리가 사회 개혁과 사회사업의 발전을 저해하는 고질이 되었다. 사회사업의 '공익성' 특징은 비영리 목표와 복지의 방향을 보여준다. 1990

---

25) 梁鳴·徐進,「社會事業, 公共財政投入與經濟增長：一個內生框架」,『東南學術』
2008年第3期.

년대 중국 정부는 점차 경제 분야에서 퇴출하여 시장에 양도했다. 아울러 정부는 공공 분야에서 퇴출하여 교육, 의료 등 사회사업을 시장으로 내보냈다. 영리를 목적으로 하는 시장 논리는 사회사업의 공익성을 침해하여 공공 분야에서 정부의 '부족'을 초래했다.

정부 직능의 '부족'과 '월권'이 사회사업에서의 시장화와 행정화의 고착을 초래했는바 이는 현재 사회체제 개혁이 조속히 해결해야 할 문제점이다.

3) '강한 국가—약한 사회' 자원 배치 구조가 여전함

계획경제 체제는 국가 통일의 '전체성 사회' 구조를 형성했다. 정부는 경제, 정치, 문화 사회 분야에서 고도로 중앙집권화하여 '강한 정부' 혹은 '대정부'라 불린다. 사회는 국가 체제에 흡수되어 독립 공간과 분야를 잃어버렸다. 개혁개방 이후 사회 공간이 점차 방출되었지만 전반적으로 '강한 국가—약한 사회' 구조를 개변시키지 못했다.

(1) 사회조직 발전 수준 저하, 사회 건설 참여 부족

사회조직은 사회 건설의 중요한 주체로 현대 시민 미덕의 육성자이자 정부 굿거버넌스의 추동자이며 사회 안전판 기능을 하기도 한다. 사회 구성원은 각 유형 사회조직의 참여로 인간 간의 신뢰를 증진하고 상호 협조 시스템의 구축을 촉진하며 사회의 자기 관리와 서비스를 실현한다.

개혁개방 이후 중국의 사회조직은 비약적으로 성장했으나 성숙도와 질이 높지 못하다. 2010년, 각급 민정 부서에 등록한 사회조직이 44.6만 개에 달한다. 이 중 대부분은 행정적 색채가 짙으며 여전히 '정부가 설립하고 관리하고 운영'한다. 사회조직이 응당 갖추어야 할 민간성, 자치성, 자발성, 자주성이 부족하다. 일부 사회조직은 정부와 사회조직이 분리되지 않고 경비가 국가의 재정 조달이나 행정적 수금에서 오며 대부분 종사자가 정부기관(대다수 업종 협회의 책임자와 고위직은 정부와 기업의 퇴직 간부임) 출신이다. 사회조직의 독립성이 약할수록 민의를 반영하는 경로가 좁아지며 사회 각 이익집단 간의 자기 조절 시스템 구축도 어려워진다. "이는 정부가 사회 관리에서 '너무 넓게, 너무 자세하게, 너무 엄격하게 관리' 하는 국면을 필연적으로 초래"[26]하여 '강한 국가–약한 사회' 구조를 변화시키기 어렵다.

비영리성은 사회조직의 중요한 특징이다. 많은 국가에서 비영리법인은 비영리조직의 주요 존재 형식이다. 그러나 중국 현재의 사회조직은 발전 경로에서 심각한 외부적 곤경과 내부적 곤경에 직면해 있다. 이 중 가장 큰 곤경은 합법성 문제이다. 중화인민공화국 민법통칙에는 비영리법인 조목이 없어 비영리조직 관련 법률의 출범을 저해하고 있다. 이로 하여 사회조직의 권리와 혜택, 담당해야 할 의무 등 기본 문제가 분명하지 않다.[27] 이로써 사회조직의 합법성에 대해 장기간 정부와 사회 대중은 의문을 품었으며 종사자도 전체 사회조직 평가 체계에서 상응한 인정을 받지 못하고 있다.

사회조직은 선천적으로 부족할 뿐만 아니라 후천적으로도 많은 곤경과 장애에 직면해 있다. 이로써 현재 '사회'는 현대의 '국가–시장–사회'에서 약세에 처해 있다. 사회가 담당해야 할 기능을 정부와 시장에서 담당하여 전체 사회가 시장화, 행정화, 공리화, 관료화로 경도되게 했다. 또한 누구도 관심을 가지지 않거나 관리하려 하지 않아 사회 일부 기능의 결핍과

---

26) 宋曉梧, 앞의 책, p.8.
27) 國務院發展硏究中心社會發展硏究部課題組著, 앞의 책, p.12.

무질서를 초래했다.

(2) 중앙과 지방 재정 체제의 문제점

자원 배치에 입각하면 중앙과 지방 체제는 사회체제의 일부분에 속한다. 중국의 중앙과 지방 체제는 계획경제 시기에 형성된 고도의 중앙집권 체제이다. 1980년대 이후 중국은 지방 자주권과 기업 자주권의 확대에서 뚜렷한 발전을 보였다. 1993년과 1997년 중앙정부는 선후하여 중앙정부의 경제 조정 능력을 증강하고 재정 분배 제도의 중심을 중앙으로 집중시켰다. 2005년과 2008년, 중앙정부는 두 차례 거시적 조절로 화폐 공급과 자원 공급 등 요소의 배치 권한을 집중하여 중앙정부의 권력을 확대했다. 지방정부는 세계무역기구의 가입, 도시화 추진 등 개혁 기회를 잡아 발전의 자주권과 재정 분배권을 얻었다.

전반적으로 보면 지방의 적극성은 아직 효과적으로 동원되지 못했는데 주요 원인은 중앙과 지방 재정의 수지 체제의 불균형에 있다. 1994년 '국세와 지방세를 분리하는 세금 제도' 개혁 이후 지방정부의 재정수입이 전체 재정수입에서 차지하는 비중이 1993년의 78%에서 2005년의 47.7%로 감소했다. 세수가 중앙으로 집중되었지만 원래 중앙에서 부담하던 공공 서비스, 사회 관리의 의무와 책임을 지방에 전가했으므로 지방정부는 수입보다 지출이 훨씬 많다. 체제의 곤경으로 지방정부는 자신의 이익만을 도모했는데 그 결과 중앙의 많은 행정명령이 통하지 않거나 변형되어 개혁을 저해한다. 2006년 중앙은 투자의 과열을 억제하고 부동산 가격을 잡기 위해 「국무원 부동산 시장 조정 여섯 가지 정책」, 「국무원 부동산 관련 여덟 가지 신정책」 등을 출범했다. 그러나 지방정부는 체제 외의 수입을 늘리기 위해 이러한 정책의 실행에 적극적이지 않았다. 또한 많은 경우 체제 외 자금의 취득이 불투명하여 지방 관료들의 부패에 편의를 제공하고 있다.

4) 당전 사회체제 개혁의 난점인 이익관계 조정

계획경제 체제에서 사회주의 시장경제 체제로 전환하는 과정과 더불어 중국 사회는 전통적 농업사회에서 현대 산업사회로 전환하고 있다. 사회 전환은 빈부 격차, 도시와 농촌의 분화, 계층 분화, 이익 분화, 조직 분화 등을 포함한 사회 분화를 초래했다. 이 중 이익 분화가 핵심이다. 사회 분화의 과정에서 고유의 자원과 기회 분배 모식은 부단히 변화했다. 사회자원의 흐름에도 새로운 변화가 발생했다. 자원 흐름의 새로운 변화는 새로운 이익분배모식을 발생시켜 일부 사회집단이 이익을 얻는 한편 다른 사회집단이 손해를 보는 사회적 불평등을 초래했다.

어떤 입장에서, 어떤 방식으로 사회 전환 과정에서 발생한 이익 충돌을 조정하는가는 전체 국가체제 개혁 과정에서 관건이 되는 문제이다. 상대적으로 안정된 사회구조는 사회 이익을 분배하는 기능을 갖고 있다. 즉 각종 강제적이나 비강제적, 합법적이나 비합법적 및 각종 문화전통의 제어 방식으로 각 사회집단이 모종의 고정된 경로에 따라 자체의 이익을 얻게 해야 한다. 권력이나 경제, 문화를 장악한 엘리트 계층은 개혁에서 안정된 이익 획득 경로를 구축했으며 이를 정형화시키려고 한다. "기본 이익 구조가 형성된 후 더는 앞으로 가려고 하지 않고 현 상황을 유지하려고 한다. 그리고 과도기적 체제를 정형화하여 상대적으로 안정된 체제를 형성하려고 한다. 이 체제는 이익을 최대화할 수 있는 혼합형 체제에 가장 이롭다."[28] 그러므로 기존의 이익구조를 개변하려는 그 어떤 시도도 기득권의 완강한 방해를 받게 된다. 중국 현재 체제 개혁의 어려움은 기득권이 개혁의 방향을 좌우하는 것이다. 이익 관계의 조절이 개혁의 난제가 되었

---

28) 孫立平, 「轉型陷穽: 中國面臨的制約」, 『南方都市報』2012年1月1日.

다. 개혁은 추진되고 있으나 심층적 문제를 건드리면, 특히 기득권의 이익을 조정하려 하면 개혁은 한 걸음도 앞으로 나아가기 어렵다. 호적 제도의 개혁과 소득 분배 제도의 개혁이 바로 이러하다.

(1) 호적 제도 개혁

호적 제도는 계획경제 시기에 형성되었으며 당시의 산업화와 도시화 우선 발전에 필요한 사회적 안정을 보장했다. 그러나 시장경제 체제의 구축과 개혁개방의 심화로 사회제도로서의 기능이 점차 약화되고 현대사회 발전에 부정적 영향을 주게 되었다. 2005년 중국은 호적 제도의 개혁에 착수했다. 2009년 3월까지 허베이(河北), 랴오닝(遼寧) 등 13개 성, 직할시, 자치구는 농업 호구와 비농업 호구의 차이를 취소했다. 2012년 2월 23일 국무원 판공청은 「적극적이고 온당한 호적 관리 제도 개혁 추진 관련 통지」를 발포하여 중소 도시의 호적제한을 취소하고 호적 제도의 개혁에 청신호를 주었다. 그러나 전반적으로 보면 개혁의 효과는 그리 이상적이지 못하다. 근 반세기의 뿌리 깊은 호적 제도는 너무나도 많은 이익 갈등을 담고 있으므로 일조일석에 해결할 수 없다.

호적 개혁은 도시와 농촌 이익 구조의 새로운 조정에 관련된다. 호적 제도의 배후에는 도시와 농촌 간 공공 자원, 공공 권력과 공공시설의 배치와 분포가 있다. 도시는 이익 획득자이다. 가장 좋은 학교와 병원 및 공공시설이 모두 도시에 있으며 도시에서 출생하면 농촌보다 우월한 공공 서비스나 복지를 받는다. 호적 개혁이 건드리는 것은 이미 형성되어 있는 도시와 농촌의 이익 구조를 건드리는 것이다. 이를테면 많은 농촌 아이들이 도시 학교에 입학하면 도시 아이들의 교육 자원을 빼앗는 것이 되며 '호구 소재지가 아닌 곳에서 대학 입학 시험을 치르는 제도(異地高考)'도 자원 배치에 영향을 준다.

(2) 소득 분배 제도 개혁

소득 분배 제도의 개혁 방안은 준비한 지 10년이 되고 방안도 여러 차례 수정했지만 반포를 피일차일 미루었다. 그 배후에 역시 이익 구조의 조정 문제가 있다. 이를테면 전반적 개혁 방안은 임금의 정상적 인상 시스템 구축, 기본 공공 서비스 균등화의 촉진, 도시와 농촌 소득 격차의 해소 등 내용을 포함한다. 아울러 독점 업종 임금 총액과 임금 수준의 이중 통제, 도시와 농촌 주민 소득 향상 등 방안에 대해서도 명확한 목표와 요구를 제기했다. 근로자의 노동소득의 제고는 국가정책과 대중의 요구에 부합된다. 그러나 개혁은 기존 자원 배치 구조의 조정을 요구하므로 이익을 우선 얻은 집단이나 부문은 기득권이 좌우하는 분배 체제를 개혁의 방향으로 하고자 한다.

경제체제 개혁의 심화든 사회체제 개혁의 효과적 추진이든, 기존의 이익 구조를 해체하고 이익 관계를 조정하는 것은 개혁 추진의 전제이며 넘지 않으면 안 될 중요한 고비이다. 현재는 반드시 개혁해야 할 관건적 시기이다.

3. 새로운 역사적 전환기 전면적 개혁의 돌파구인 사회체제

1978년 개혁개방 이후 경제에서 시작되어 사회, 정치, 문화 등 각 분야로 퍼진 개혁이 점차 심화되었다. 경제사회의 구조적 모순 때문에 반드시 사회 건설을 강화해야 하는 역사적 전환기에 들어섰으며 사회체제 개혁은 전면적 개혁의 돌파구가 되었다.

1) 사회 건설을 추진하기 위해 반드시 체제의 장애를 타파해야 함

2002년 중국공산당 제16차 대표대회의 샤오캉사회의 전면 구축과 2004년 사회주의 조화로운 사회 구축 및 사회 건설과 사회 관리의 강화를 제기한 이후 중국은 사회 건설을 중요시하는 새로운 단계에 들어섰다. 사회 건설은 민생사업과 사회사업의 보장과 개선부터 시작해야 한다. '취업이 어렵고 학교에 입학하기 어려우며 의료비가 비싸고 사회보장이 적으며 집값이 높고 노후가 걱정'인 기본 민생부터 해결해야 한다. 아울러 사회 관리의 강화와 혁신에 착수하여 사회의 안정과 조화에 영향을 미치는 문제를 해결해야 한다. 이는 중국공산당 제18차 대표대회에서 제기한 "민생 개선과 사회 관리의 혁신에서 사회 건설을 강화한다"는 기본 사상이기도 하다.

근 10년 중국의 사회 건설은 일정하게 중시되었고 발전하기도 했다. 민생 사회사업을 실례로 들면 2011년 도시 주민 일인당 가처분소득은 2만 1,810위안으로 2002년 대비 1.8배 증가했다. 물가 상승 요소를 제외하면 연평균 실제 증가율이 9.2%이다. 농촌 주민 일인당 순소득은 6,977위안으로 2002년 대비 1.8배 증가했으며 연평균 실제 증가율이 8.1%이다. 이는 개혁개방 이래 증장이 가장 빠른 시기이다. 2011년 도시 주민 일인당 주택 건축 면적은 $32.7m^2$로 2002년 대비 $9.7m^2$ 증가했으며 농촌 주민 일인당 주택 건축 면적은 $36.2m^2$로 2002년 대비 $8.2m^2$ 증가했다.[29] 2012년 국가재정성 교육 경비 지출이 GDP의 4%를 차지하는 목표에 근접했다. 2012년부터 신형 농촌 합작 의료에 대한 재정 보조금 기준은 최초의 일인당 1년의 10위안에서 240위안으로 인상되었으며 농민 개인 부담금은 60

---

29) 『十八大報告輔導讀本』, 人民出版社, 2012.

위안이다. 농민들의 '병원 가기 어렵고 의료비가 비싼' 문제를 효과적으로 해결했다. 국가 재정지출 비중을 보면 2003년 교육, 과학기술, 문화, 취업, 의료의 지출은 총지출의 29.38%를 차지했다. 2010년에는 이 비중이 34.8%로 증가하여 연평균 증가율이 0.77%이다.[30) 각 지역은 사회 관리 방면의 실천 과정에서 적극적 모색을 거쳤는바 광둥 모식, 상하이 모식, 베이징 모식, 저장 모식 등을 이루었다.

민생 문제와 사회 관리 문제도 각급 정부로부터 중시되었다. 근년에 개선과 발전이 이루어져 대중도 일부 혜택을 받았지만 민생 건설에 존재하는 문제점도 여전히 심각하다. 대중의 불만의 목소리가 끊이지 않고 있는데 이는 주로 민생과 사회사업 건설의 보편성과 공평성 문제에 대한 대중의 의문으로 표현된다.

이를테면 각 지역, 각 집단은 불균등한 공공 서비스와 민생 대우를 받는다. 도시와 농촌의 공공 서비스 격차는 아주 크다. 「2010년 중국 위생 통계연감」에서 볼 수 있듯이 2009년 도시와 농촌 일인당 의료 보건 비용은 각각 2,176.6위안, 562위안으로 격차가 1,614.6위안에 달했다. 도시의 현지 주민과 외래 주민 사이에는 주택, 취업, 자녀 취학, 보장 등 방면에서 차별이 존재한다. 유동인구의 자녀는 거주지의 호적이 없으므로 거주지에서 대학 입학 시험을 볼 수 없으며 일부 일자리는 비현지 주민을 채용하지 않는다. 이는 더욱 심각한 집단 간의 분쟁과 충돌을 초래했다. "비상하이 호적 여고생이 '메뚜기'로 매도당하고", "베이징 호적 학부모와 비베이징 호적 학부모가 베이징 시 교육위원회 신소판공실에서 치열한 언쟁을 벌인" 사례들이 인터넷에 넘쳐난다. 현지 주민 간에도 자원 배치의 불균형이 존재한다. 질책을 많이 받는 '중점학교' 문제는 현지 주민들이 권력

---

30) 이 데이터는 중국 통계 연감의 관련 데이터에서 산출한 것임.

과 금전의 차별로 인해 서로 다른 공공 서비스를 받는 것이다.

사회 건설은 최근에 이르러 총량 증가의 문제를 초보적으로 해결했다. 대중들이 주목하는 것은 자원과 배치 관련 문제들이다. 체제가 가져온 불공평, 부조화, 불안정은 현재 시급히 해결해야 할 문제들로 사회 건설의 성공 여부와 관련된다. 이 문제를 잘 해결하면 사회 건설은 한 걸음 발전하여 민심을 얻고 경제사회의 발전도 조화를 이루어 전체 사회가 조화롭고 개방적이며 자유로운 단계에 들어설 것이다. 잘 해결하지 못하면 사회 모순, 사회문제도 잘 해결되지 못하여 사회 건설이 이미 이룩한 성과가 감점을 받거나 심지어 소실될 것이다.

2) 각 분야 개혁의 심화를 위한 돌파구

중국공산당 제18차 대표대회에서는 2020년까지 전면적 샤오캉사회를 건설한다고 했다. 이 목표를 실현하기 위해 이 대표대회에서는 "반드시 더욱 큰 정치적 용기와 지혜로 시기를 놓치지 말고 중요한 분야의 개혁을 심화한다"고 했다. 개혁이 심화되고 개혁에 대한 기대도 점차 커지고 있다. 각 분야의 개혁에서 '사회체제 개혁'이 대중들의 가장 큰 주목을 받는다.

전면 개혁의 최종 목적은 발전의 활력을 불러일으키고 인간의 수요를 충족시키며 사회의 조화를 실현하기 위한 것이다. 기능을 보면 경제체제 개혁은 부를 창출하고 경제 발전의 활력을 방출하여 사회를 부유하게 만든다. 정치체제 개혁은 민주와 법치를 실행하여 시민의 기본권을 확대한다. 사회체제 개혁은 개인의 느낌과 권익에 주목하는바 사회의 공평과 조화, 질서를 촉진한다. 문화체제 개혁은 도덕과 신뢰를 건설함으로써 사회의 문명을 향상한다. 생태 문명 건설과 개혁은 자원과 환경 및 인구 발전 간의 모순을 해결하여 경제사회의 지속적 발전을 이룩한다. 다섯 분야의 개혁은 공동으로 중국의 개혁개방과 현대화의 기본 구조를 지탱하고 있다. 중국의 개혁은 경제 개혁을 우선으로 했는바 계획경제에서 시장경제로의 전환을 거의 완성했다. 경제 발전의 활력을 방출하고 세계가 주목하는 경제 성과를 거두어 일거에 세계의 제2위 경제체가 되었다. 현재 일부 경제학자들은 '개혁의 의사일정 재가동'을 제기하며 경제체제의 2차 개혁을 요구했다. 그러나 사실상 현재 중국에 나타난 일련의 문제점은 경제 내부에 근원이 있는 것만이 아니다. 많은 문제점의 근원은 사회체제, 정치체제나 문화체제 분야 개혁의 정체에 있다.

21세기에 들어서서 국가는 개혁 발전 전략을 점차 조정하여 조화로운 사회의 구축과 사회 건설을 적극적으로 추진하고 있다. '사회'는 경제, 정치, 문화의 '삼위일체' 구조에서 점차 발전하여 자체의 독특한 속성과 중요성을 보여주고 있다. 2006년 중국공산당 제16기 중앙위원회 제6차 전체회의에서 처음으로 '사회체제 개혁'을 언급하면서 '사회체제' 개념이 중국 개혁 발전의 무대에 등장했다.

(1) 사회체제 개혁 없이 중국의 현대화 발전은 활로가 없다

'경제가 비약적으로 발전하고 정치가 기본적으로 안정되었으나 사회 모순이 두드러지고 문화가 번영한 듯하나 내실이 없는 것'은 현재 중국 각 분야 개혁의 진실한 모습이다. 개혁개방 이후 한동안 경제 건설에 편중했으므로 사회체제 개혁과 사회사업의 발전은 상대적으로 정체되었다. 물질이 극도로 부족한 상황에서 정력을 집중하여 경제 건설을 추진한 것은 아주 필요하다. 그러나 사회사업의 발전과 사회체제 개혁이 경제 발전과 경제개혁보다 장기간 정체된 것은 사회 모순과 사회문제를 양산한다. 사회 발전이 경제 발전보다 심각하게 뒤처진 것은 현재 중국의 가장 주요한 사회 모순이다. 주요 모순을 잘 해결하면 기타 사회 모순과 충돌이 완화될 것이다. 향후 10년 중국은 사회체제 개혁을 추진하여 사회의 주요 모순 해결을 개혁의 돌파구로 삼아야 한다.

(2) 현재 중국 사회의 문제점은 불공정, 부조화, 불안전, 친밀감 부족

시민 한 사람 한 사람이 모두 사회의 구성원이다. 가장 절박한 요구는 경제체제 개혁의 성과가 사회 분야에까지 확대되어 모든 구성원이 복지를 제공받고 개인의 권리를 누리며 쾌적한 환경에서 생활하는 것이다. 중국은 발전을 늦게 시작한 국가로 개혁 초기 발전이 불균형했다. 이에 지속적인 균형을 추구하며 국부를 잠시 희생함으로써 전체적 발전을 도모하는 전략을 채택했다. 현재 중국의 발전은 관건적 전환기에 처해 있다. 시대의 발전은 개혁이 전체주의에서 개체로 향할 것을 요구한다. 시민 한 사람 한 사람의 권리, 이익과 복지에 주목하여 사회의 공정과 조화를 이룩해야 한다.

(3) 사회체제 개혁과 정치체제 개혁은 밀접한 관련이 있다

개혁개방 이후 중국의 정치체제 개혁은 중단된 적이 없지만 현재 사회의 장력이 너무 커서 사회 모순이 심각하다. 이러한 상황에서 정치체제 개혁은 적절하게 추진되어야 한다. 중국 특색이 있는 사회주의 정치 발전도 정치체제 개혁이 점진적으로 이루어져야 함을 분명히 했다. "현재 집단 소요 사건은 주로 대중들이 이익을 요구하거나 정서를 표현하는 방식이지 정권에 대한 정치적 행위가 아니다."[31] 사회체제 개혁은 전면 개혁에서 쉽게 장악할 수 있다. 뿐만 아니라 대중들과 직접적으로 관련된다. 개혁의

당대 중국 사회 건설

---

31) 建嶸, 「守住社會穩定的底線」(2009년 12월 26일 베이징 변호사협회 강연), http://wenku.baidu.com/view/1b0b4d5f804d2b160b4ec021.html.

책략을 보면 사회체제 개혁 착수 시 온당하고 신중해야 개혁의 효과가 더욱 좋다. 사회체제 개혁을 강화하고 사회조직을 육성하여 정부가 제대로 담당하지 못하거나 담당해서는 안 되는 일들을 담당하게 한다. 사회조직에서 사회 민주를 육성해야 하고 전체 사회가 성숙되어야만 정치 민주 건설을 잘 할 수 있다.

"사회체제의 작용이 미치는 대상은 전체 사회 시민이다."[32] 공평과 균형은 그 운영의 첫 번째 원칙이다. 그러므로 사회체제 개혁은 전면 개혁을 선도해야 한다. 사회체제 개혁이 이루어지지 않거나 정체되면 경제체제, 정치체제, 문화체제 개혁은 한 걸음도 나아가기 어렵다.

3) 새로운 역사적 전환기의 관건인 사회체제 개혁

중국은 30여 년의 개혁개방으로 현재 새로운 역사적 전환기에 들어섰다. 사회와 국가의 상황에는 30년 전에 비해 큰 변화가 생겼다. 중국은 새로운 사회 전환기의 도전에 직면해 있다.

경제적으로 이미 현대화 중기 단계에 이르렀다. 경제 전환이 거의 완성되었고 사회주의 시장경제 체제가 기본 구축되었다. 체제 개혁의 '성과'가 가져온 비약적 경제성장은 향후 점차 안정되게 발전할 것이다. 현재 상황을 보면 경제 발전은 하락 압력에 직면했으며 잠재적 위험성도 커지고 있다. 세계경제도 단기간 호전되기 어렵다. 미국은 실업률이 높고 부동산 시장이 침체되어 경제난에서 벗어나기 어렵다. 유럽의 국가 부채 위기는 극히 심각한 상황이며 은행업 위험성도 커지고 있다. 유로존의 디플레이션 우려가 심화되어 세계경제의 회복에 큰 영향을 미친다. 세계경

---

32) 楊彬,「社會體制初論」,『學習與探索』1995年第4期, p.93.

제가 회복되려면 시간이 필요하다. 이는 중국의 수출에 큰 영향을 준다. 향후 경제 발전을 보면 중국은 중요한 전환기에 처해 있다. 30년간 지속된 '내수와 외수가 함께 발전하는 경제성장 모식'이 지속되기 어렵다. 일단 수출이 감소하면 경제성장 속도가 늦어질 것이며 내수도 따라 감소할 것이다. 경제 하락 압력과 잠재적 위험성에 잘 대처하는 것은 국가의 경제 발전 전략 조정만으로 부족하다. 강대한 사회 세력과 질서 있는 사회 운영으로 그 사회적 기초를 다져야 한다.

체제의 전환은 거대한 발전 활력을 방출하여 자원과 인구를 유동하게 했다. 중국의 현대화는 후발 현대화로 60여 년의 추월 전략을 성공적으로 실행한 후 현재 산업화와 시장화가 더불어 발전하는 단계에 들어섰다. 서방의 선발 현대화에 비하면 중국의 현대화 과정에는 후발적인 중복성, 충돌성이 더욱 많이 발생한다. 선진국의 현대화 과정에 나타났던 문제점과 중국 자체의 역사적 환경이 초래한 문제점 및 글로벌화가 가져온 새로운 문제점들이 현재 중국의 현대화 과정에서 동시에 나타나고 있다. '인구 유동', '자금 유동', '물자 유동', '정보 유동', '의식(사조) 유동' 등 다섯 가지 유동이 '사화(四化)'(산업화, 도시화, 시장화, 국제화)의 발전 과정과 '삼교직(三交織)'(국외 요소와 국내 요소의 상호 교직, 온라인 동향과 오프라인 동향의 상호 교직, 전통적 안전 문제와 비전통적 안전 문제의 상호 교직)의 복잡한 상황에서 갈수록 활기를 띤다.[33] 이 '다섯 가지 유동', '사화', '삼교직'은 하나의 추세로 당대 중국 사회의 각 분야에 영향을 미쳐 중국 사회는 변혁의 역사적 전환기에 처해 있다. 사회 전환은 경제 전환보다 더 심각하다. 현재의 사회 관리 모식 특히 계획경제 시기에 형성된 사회체제에 전대미문의 도전이 시작되었다. 복잡다단한 사회의 변혁에서

---

33) 鄭必堅,「五種流動挑戰社會治理」,『光明日報』2012年8月13日.

개혁개방이 가져온 활력을 어떻게 보호하고 발양할 것인가, 사회주의 조화로운 사회의 새로운 사회 안전 구조를 어떻게 구축할 것인가는 모두 사회체제의 혁신과 개혁에 요청된 과제이다.

사회 전환기 중국 사회의 모순이 뚜렷이 드러났다. 집단 소요 사건, 신소, 사회충돌 등이 빈번하게 발생한다. 통계에 의하면 1993년 이래 전국의 총 신소 건수가 다시 증가하기 시작했으며 10년간 지속되었다.[34] 중국 사회과학원의 신소 조사보고에 의하면 2003년 국가신방국(國家信訪局)에서 받은 신소가 100만 건에 달해 최고조를 이루었다. 2004년의 상황은 더욱 심각했는데 국가신방국에서 받은 신소 편지는 2003년 대비 11.7%, 신소 방문 횟수는 58.4%, 신소 연인원은 52.9% 증가했다.[35] 현재 중국에 나타난 많은 사회 모순과 충돌 사건은 '이익 표현 시스템의 부족'[36], 공공 서비스의 부족 및 자원과 기회 배치의 불공평과 관련된다. 빈부 격차가 날로 커지는 현실에 직면하여 상응한 조정을 하려면 공평을 더욱 중시하고 자원과 기회의 배치 문제를 잘 해결해야 한다. 그러므로 모순과 문제 해결의 돌파구는 사회체제의 개혁에 있다.

개혁개방 30년간 중국의 경제는 비약적으로 발전했고 종합적 국력도 신속하게 향상되었으며 GDP는 세계 2위가 되었다. 중국의 발전은 성과가 크고 속도가 빠르다. 그러나 빠른 발전에 위기와 불확정 요소가 자리하고 있는데 일부 지역의 위기는 극히 심각한 수준이다. 근본 원인은 사

---

34) 王永前, 「國家信訪局局長稱: 80%上訪有道理」, http://www.cctv.com/news/
china/20031120/100764.shtml.

35) 邵道生, 「信訪工作: 將'群體性事件'消弭于萌期」, 『廉政瞭望』2005年第9期,
p.12.

36) 清華大學社會學系社會發展研究課題組, 「以利益表達制度化實現社會的長治
久安」, 清華大學社會發展論壇打印稿, 2010 p.15.

회체제 건설의 심각한 정체이다. 빠른 발전은 종종 목적 달성에 급급해 이룩한 것이지 정해진 규칙으로 이룩한 것이 아니다. 현재 정부의 많은 작태는 눈앞의 성공과 이익에만 급급한 것으로 사물 변화의 기본 논리에 부합되지 않는다. 이러한 발전은 불안정적이고 부조화적이며 지속적이지 못하다. "제도 건설에서 중국의 굴기를 바라보면 중국은 '취약한 대국'이 다"[37]라는 견해는 문제의 본질을 꿰뚫고 있다. 오늘 중국에 존재하는 제반 문제는 주로 체제의 낙후와 부족에서 온다. 그러므로 사회 전환기 사회주의 시장경제 체제에 부합되는 사회체제를 구축하고 개혁에서 공평 정의를 강조하며 공평과 효율, 국가와 사회의 관계를 규명해야 한다. 이는 사회체제 개혁이 풀어야 할 문제점들이다.

4. 향후 사회체제 개혁의 기본 지침

우리는 어떤 사회 체제를 요구하는가? 사회체제를 어떻게 개혁해야 하는가? 거시적 층면에서 보면 사회체제 개혁은 두 가지 사회 전환에 적응되어야 한다. 하나는 농업사회에서 산업사회로의 전환으로, 산업사회에 적응하는 산업사회 체제를 구축해야 한다. 다른 하나는 계획경제 체제에서 시장경제 체제의 전환으로, 시장경제 체제에 적응하는 사회체제를 구축해야 한다. 미시적 측면에서 보면 그 어떤 체제나 제도의 배치는 모두 이익 구조에 대응된다. 사회제도 개혁의 목표는 체제와 제도를 새로 배치하여 모든 인간에게 평등 발전의 환경을 마련해주고 공평하고 공정한 복지를 받게 하여 인간의 전면 발전을 도모하는 것이다. 이러한 목

---

37) 鄭永年,「中國需要的是制度崛起」,『中國改革』2008年3月29日.

표에 기반하여 사회 체제 개혁을 건의하면 다음과 같다.

1) 사회체제 개혁 톱레벨 디자인의 최적화와 개혁의 착력점

경제 건설 추진 시 경제체제 개혁이 선행했듯이 사회 건설을 추진하려면 사회체제 개혁을 선행하고 사회주의 시장경제 체제의 적응되는 사회체제를 구축해야 한다.

중국의 경제체제 개혁은 1980년대 초기에 시작되었다. 개혁의 길은 험난하며 특히 기본 이론 문제에 관한 논쟁이 개혁을 좌우한다. 계획과 시장의 논쟁, 가격 개혁과 재산권 개혁의 순서 논쟁, 사회주의와 자본주의 논쟁 등이 있다. 1980년대 말부터 1990년대 초기까지 중국 전체 개혁의 후퇴와 경제 발전의 침체가 있었다. 모든 개혁에는 저해세력이 있으므로 노력과 희생을 해야 하고 개혁 정신과 용기가 필요하다. 현재는 사회체제 개혁을 단행할 관건 시기이다. 경제체제 개혁으로 대부분 사람들이 이익을 얻었다면 사회체제 개혁의 임무는 이미 형성된 이익 구조를 타파하고 자원의 새로운 배치를 하는 것이다. 이 임무는 아주 어렵다. 사회체제 개혁은 더욱 큰 용기와 개혁 정신을 필요로 하며 계획경제가 남긴 사회 건설 제도, 기구 설치, 자원과 기회의 배치 제도 등을 개혁하여 사회주의 시장경제에 적응되는 현대 사회체제를 구축하고 완비해야 한다. 시진핑(習近平)은 남방 순찰 시 "개혁개방의 정확한 방향을 견지하며 그 어떤 난관도 뚫을 용감한 정신으로 사상 관념의 장애를 타파하고 이익을 고착시키는 울타리를 부숴버려야 한다"고 했다. 이는 개혁 심화의 방향을 가리킨 것이다.

경제체제 개혁의 다른 한 경험은 개혁 방안의 전반적 설계이다. 경제개혁 초기, 개혁 문제에 답을 주기 위해 전문 기관을 설립하여 개혁 방안을 연구했다. 많은 경제학자가 참여하여 개혁 방안을 설계했는바 개혁은 계획적으로 추진되었다. 현재 사회체제 개혁도 전반적 설계와 거시적 결책을 필요로 한다. 체제 문제는 전체적이고도 체계적인 것으로 어느 한 지역의 힘으로 해결할 수 없다. 전국적 총괄 및 지방의 경험과 지혜를 필요로 한다. 중국 사회의 '오랫동안 해결되지 않은 문젯거리'를 기층에서 해결할 수 있다. 시범지역을 지정하여 지방에서 해결하며 그 경험을 전국에 보급해야 한다. 서방의 것을 그대로 베껴 와도 안 되고 옛 방법을 그대로 답습해도 안 된다. 중국의 국정에 알맞은 톱레벨 디자인을 강화해야 한다. 정부 주도적 행위는 개혁에 전체적 설계를 제공하며 가치관, 방향, 기획과 목표를 제공하기도 한다. 또한 기구를 간소화하고 권한을 하부 기관에 이양하는 것으로 사회와 지방의 참여 세력을 육성하여 하의상달의 기층 혁신을 격려해야 한다.

개혁에는 여전히 선후 순서 문제가 있다. 당초 경제체제 개혁에서 가격 개혁과 재산권 개혁의 선후 논쟁이 아주 치열했다. 결국 가격 개혁이 선행했고 가격 통제가 취소되면서 시장이 활력을 띠었다. 그다음 재산권 개혁을 했으며 가장 어려운 국유기업 개혁을 마지막에 했다. 사회체제 개혁에도 선후 순서가 있다. 당연히 경직된 것은 아니다. 이를테면 국가는 민생에 착수하여 사회 건설을 해야 한다. 현재 상황을 보면 사회체제 개혁은 사회사업 체제 개혁을 착력점으로 할 수 있다. 중국의 사업 단위는 정부와 사회 두 분야에 걸쳐 있다. 우선 정부가 사회를 운영하는 체제의 개변이 필요하다. 그리고 중국 사회조직의 중요한 표현 형식인 사회사업 단위가 아주 많은 사회 기능을 담당하고 있으므로 사업 단위의 직능을 반드시 규명해야 한다. 사업 단위 개혁을 잘 하면 정부와 사회 두 분야의 문제점을 일시에 해결할 수 있다.

사회사업 체제 개혁을 위해서는 우선 사회 분야의 '기본'과 '비기본' 속성을 분명히 해야 한다. 교육, 과학기술, 문화, 의료 보건, 체육 등 사회사업과 취업, 소득 분배, 사회보장, 사회 안정 등 민생사업에는 모두 이중적 속성이 있다. 첫째, '사회'의 속성으로 공익의 속성이라고도 한다. '공공재'로 전체 사회에 제공되는 것은 정부가 보장해야 하는 '기본' 범주에 속한다. 둘째, '산업' 속성이다. '사회 서비스'로 사회 구성원이 구매해야 하는 것은 '비기본' 속성에 속한다. 정부가 제공하거나 기업, 사회조직이 담당해도 된다. 개혁의 관건은 '기본' 공공 서비스를 보장해야 하는 분야에서 정부는 공공 관리자와 공공 서비스 제공자의 역할을 하며 공정과 공익성으로 이 유형 사회사업 개혁의 발전 방향을 견지해야 한다는 것이다. '비기본' 부분에서는 산업화와 시장화로 해결할 수 있으며 사회 세력이 적극적으로 참여하거나 운영하도록 인도해야 한다. 정부가 단일한 투자자, 관리자, 경영자 역할을 하는 관리 체제를 전환해야 한다. 교육을 실례로 들면 9년제 의무교육은 정부의 '기본' 보장 범주에 든다. 현재 해결해야 할 체제 문제에는 도시의 '중점학교' 문제, 농촌의 '농촌 초등학교 폐교'와 '소도시 중학교 폐교' 문제 및 도시와 농촌 교육 자원의 불균형 등 문제가 포함되어 있다. 대학 교육은 '비기본' 범주에 속하며 개혁의 관건은 '탈행정화'이다. 사회의 학교 운영 비중을 향상하고 법률 정책의 지원을 확대하며 시장과 사회의 수요에 따라 대학을 운영해야 한다.

이 밖에 도시와 농촌 이원화 제도 개혁도 관건이다. 점진적 개혁의 방식을 채택하여 계획적으로, 순서적으로 중소 도시에 호적을 올리는 조건을 완화하고 조건이 허락되는 지역에서는 점차적으로 농민공과 도시 주민이 동등한 대우를 받게 한다. 호적 제도 개혁은 재정 체제의 부대 개혁을 필요로 한다. 농민공 주요 유입지역인 지방에 중앙 재정의 이전지출을 하는 등 관련 재정 제도 개혁을 추진해야 한다.

2) '정부와 사회 분리' 체제 구축과 사회 건설 주체의 적극적 육성

사회체제 개혁은 가장 기본적인 이론과 정책과 관련되어 있다. 경제체제 개혁의 성공은 학계의 '국가와 시장 관계'에 대한 장기간 연구 토론과 관련되며 이 연구 토론은 이론과 실천에서 양자의 관계를 규명했다. 현재 중국 사회체제 개혁이 우선 해결해야 할 기본 이론 문제는 국가와 시장 및 사회 관계의 규명이며 정부와 사회 및 시장 범주의 확정이다. 이는 각자의 관계를 확정하고 역할을 규정한다.

현재 중국은 정부가 계획경제 시기와 같은 고도의 중앙집권제를 지속시키려는 특징이 있는바 줄곧 '강한 정부'에서 벗어나지 못했다. 시장은 30여 년의 경제체제 개혁과 정부의 권한을 하부 기관에 이양하는 과정에서 자체의 지위와 직능을 확립했다. 자원 배치에서도 '강한 시장'의 역할을 발휘한다. '사회'만이 선천적 부족과 후천적인 기력 쇠퇴에 시달리고 있다. 정부의 강력한 흡수와 시장의 침식[38]으로 '약한 사회' 상태에 처해 있다. 개혁개방 이래 국가의 직접적 통제 밖의 사회 공간은 줄곧 성장하고 그들과 정부의 상호 관계 및 거버넌스에서의 역할도 보편적 인정을 받았으나 국가가 주도하는 국면은 개변되지 못했다.

개혁의 구상에서 먼저 사상 관념을 개변해야 한다. 개혁이 체제 속으로 더욱 깊이 들어갈수록 사상 해방과 이론 혁신이 더욱 필요하다. 전체 사회 특히 정부가 '사회'를 어떻게 대해야 하는지, 사회와 정부의 관계를 어떻게 대해야 하는지는 현재 시급히 규명해야 할 문제점이다. 현대사회에서

현대 중국 사회 건설

---

[38] 헝가리의 정치경제학자 칼 폴라니는 사회역사의 변천은 시계추처럼 반복된다고 했다. 시장경제가 어느 정도 발전하면 필연적으로 '사회' 근간을 침식한다. '사회'는 필연적으로 자기 보호적인 반제어를 하여 '능동적 사회'가 된다.

정부와 사회의 관계는 분명한 분업으로 표현된다. 정부는 공공 서비스, 경제 조절, 시장 관리와 감독, 사회 관리 등 기능을 담당하고 사회는 공공재와 안전판 및 사회의 통합과 관리 기능을 수행한다. 아울러 국가와 사회의 관계에서 사회는 정부를 도와 '월권'과 '부족'한 문제점을 해결한다. 구체적으로 보면 다음과 같다.

첫째, '사회'는 정부를 도와 합법성을 확보한다. 현대사회에서 정부가 권력을 독점해서는 안 되므로 분권과 분리 관리는 필수이다. '사회'는 행위 주체로 정부를 보조하는 사회 세력이 되어 현대사회에서 정부의 합법성을 확보한다.

둘째, '사회'는 정부로 하여금 이익 관계의 제3자가 되게 한다. 정부가 모든 사회 직능을 도맡은 결과 혼자의 힘으로 잘 해내지 못해 대중의 불만을 야기한다. 또한 '일만 있으면 정부를 찾는' 결과를 낳아 정부가 모든 사회 모순과 충돌의 근원이 된다. 정부의 권력 이양은 사회가 사회 건설의 주체 중 하나가 되게 한다. 사회 세력을 적극적으로 육성하여 많은 모순과 충돌을 사회의 도움으로 해결해야 한다. 이는 정부가 정권을 잡는 데 따르는 위험을 분산시키고 사회 모순의 시빗거리가 되지 않도록 할 수 있다. 이를테면 노사 관계에서 정부는 기득권의 대변자가 아닌 중재자가 되어야 한다. 당연히 국가의 책임을 회피해서도 안 된다. 민간 사회조직은 충분한 육성을 걸쳐 사회의 모순과 충돌을 완화하는 사회적 시스템이 되어야 한다.

셋째, '사회'는 사회 관리 원가를 낮춘다. 현재 정부는 사회 관리의 주요 기능을 담당한다. 그러나 사회 모순이 심각하여 사회 관리에 대한 국가의 비용이 점차 증가한다. 사회 주체를 도입하여 사회의 자기 조직과 자기 관리를 강화하며 사회 내부 자체에서 모순을 소거하여 사회 관리의 비용을 줄인다.

넷째, '사회'는 공공 사무에서 정부의 부족을 보완한다. 정부로 사회를 대체할 수 없지만 관리를 안 해도 안 된다. 현재의 문제는 정부가 사회에 속하는 기능을 체제 내에 넣어 전부의 공공 사무를 담당하는 데서 비롯된다. 자원과 능력이 제한된 상황은 공공 서비스 방면에서 정부의 부족을 필연적으로 초래한다.

사회체제 개혁의 방향은 정부와 사회가 분리되고 권리와 책임이 일치하며 정부의 것은 정부에, 사회의 것은 사회에 귀속시는 것이다. 정부, 시장, 사회 간의 권력 범주와 구조 관계를 합리적으로 규명하고 '강한 정부', '강한 시장', '약한 사회'의 구조를 개변해야 한다. 정부의 투입이 부족하거나 간섭이 지나친 문제점을 해결하고 사회 참여와 능력 및 시장 자원의 통합이 부족한 상황을 개변해야 한다. 정부는 '기구를 간소화하고 권한을 하부 기관에 이양하여' 장기간 사회 서비스와 공공 관리를 도맡아 하던 국면을 개변해야 한다. 사회의 자치, 정부의 구매, 상호 협력 등 방식으로 사회에 권한을 돌려야 한다. 정부는 공익성이 강하지만 이익이 적은 공공사업을 운영하고 경쟁성이 강한 공공 서비스는 시장에 넘기거나 일부 사회조직으로부터 구매해야 한다. 사회조직을 적극적으로 육성하고 공동체 건설을 규범화하여 더욱 많은 사회 직능을 담당하게 한다.

일부 학자는 "날로 분화되고 시장화되는 이익 구조에서 국가는 과거와 같은 주체적 역할을 해서도 안 되고 할 수도 없다. 국가가 이러한 역할의 전변을 완성하면 사회 관리자와 규칙 수호자의 역할을 더욱 잘 담당할 수 있다"[39]고 했다. 그러므로 '국가-시장-사회'의 체제 구조를 구축하고 규명하는 것은 현재 사회 건설을 추진하는 중요한 조치이다.

39) 李路路, 「和諧社會: 利益矛盾與衝突的協調」, 『探索與爭鳴』 2005年第5期, p.4.

현대 중국 사회 건설

3) 사회자원 분배 체제의 개혁과 최적화 및 조화로운 이익 관계 구축

이익 관계는 사회체제 개혁의 핵심이다. 사회체제 개혁에서 먼저 이익 관계, 특히 소득 분배 관계에 주목해야 한다. 중국의 현행 분배 체제는 계획경제 시기의 국가 전체적 발전 전략 사유로 자원의 배치에서 지방보다 중앙, 농촌보다 도시, 개인보다 전체를 우선 고려하는 정책에 경도되었다. 이로부터 발생한 도시와 농촌 이원화 구조 및 호적 제도를 둘러싼 이익 구조는 현재에 이르러서도 철저히 개변되지 못했다. 개혁개방 이래 형성된 기득권의 이익 구조는 더욱 고착되고 있다. 그러므로 현재 사회체제 개혁은 사회자원 분배 체제의 불공평을 해소하는 것에 주안점을 두어 이익 구조를 타파하고 조화로운 이익 관계를 구축해야 한다.

(1) 사회집단 간의 이익 관계 조정

덩샤오핑은 개혁개방 초기, 일부 사람들이 성실한 노동과 합법적 경영으로 먼저 부유해질 수 있다고 했다. 시장경제의 비약적 발전은 시장의 '행운아'들을 만들었다. 그러나 현재 먼저 부유해진 사람들 일부는 부당하고 불합리적이며 불법적인 수단으로 치부하여 빈부 격차를 유발했을 뿐만 아니라 불공평을 초래했다. 여기에는 독점으로 발생한 고소득, 권력으로 얻은 자원과 이익, 재산권이 불명확한 광산 자원 등을 점유하여 치부한 것이 포함된다.

개혁의 구상은 소득 분배 질서를 한 단계 더 규범화하여 제도적으로 사회 구성원이 평등하게 자신의 노동으로 부를 얻게 한다. 불법 소득을 단속하고 공개적이고 투명하며 공평하고 합리적인 소득 분배 질서를 점차 형성한다. 독점 업종의 소득 분배 제도 개혁을 심화하여 독점 업종의 총임금

액과 임금 수준의 이중 통제 정책을 완비하고 국유기업, 금융기관의 경영 관리직 종사자 특히 고위직의 소득을 엄격히 제한하며 감독 관리를 완비한다. 자원 재산권 제도를 구축하고 토지 재산권과 자원 재산권 및 독점 업종의 경영권을 분명히 하며 토지의 점유와 사용, 지배와 수익에 대한 농민의 권리를 확보하여 제도적으로 빈부 격차를 없애야 한다.

(2) 국가와 기업, 개인 간의 이익 관계 규명

일정하게 정해진 총량 범위 내에서 주민 소득, 기업 수입, 정부 수입은 '시소놀이'와 마찬가지로 한쪽이 많으면 한쪽이 적기 마련이다. 근래 국부의 총량이 크게 증가했지만 주민 소득의 비중은 감소되었다. 이는 부가 기업, 정부에 집중되었음을 설명한다. "사회 총량의 구조에서 주민, 기업, 정부의 소득은 모두 증가 추세를 보인다. 주민 소득은 2%, 기업 수입은 4%, 정부 수입은 8% 증가했다."[40] 노사 관계를 보면 근로자 측, 경영자 측, 정부의 구조에서 노동권은 줄곧 약세에 처했으며 시장경제 개혁으로 자본이 역사적 무대에 등장하여 노사 관계에서 강세를 보인다.

소득 분배 개혁은 먼저 국민소득 분배에서 주민 소득의 비중과 1차 분배에서의 근로소득 비중을 높여야 한다. 1차 분배와 2차 분배에서의 재정과 세수의 조절 역할을 강화하고 더욱 많은 근로자의 임금 외 재산성 소득 이를테면 주식, 예금 이자, 유가증권 및 각종 배당금 등 소득을 증가해야 한다.

(3) 도시와 농촌 간 이익 관계 조정

도시 주민과 농촌 주민의 소득 격차는 2000년부터 지속적으로 커졌는

---

40) 常修澤,「對中國分配問題的深層思考」,『學習月刊』2012年2月24日.

바 2012년에는 대체로 3.2 : 1이었다. 도시의 여러 가지 사회보장과 공공 서비스까지 고려하면 이 격차는 더욱 커진다. 도시와 농촌의 격차를 줄이지 못하면 전국 소득의 격차를 줄이기 어렵다. 소득 격차를 줄이려면 첫째, 사회보장과 공공 서비스를 균등하게 조정을 하여 농촌의 공공 서비스 부족 문제를 해결해야 한다. 특히 교육과 의료 투입을 확대하여 도시와 농촌의 격차를 줄여야 한다. 둘째, 호적 제도를 완화하여 농촌 주민도 도시 주민이 되게 한다. 아울러 사회보장, 의료, 노인 복지, 취업 등 정책의 일체화 개혁을 단행해야 한다.

(4) 중앙과 지방 이익 관계의 해결

현재 중앙과 지방 체제에 존재하는 문제점으로 첫째, 중앙의 전체적 톱 레벨 디자인이 부족하여 정부의 많은 행위는 임의성이 강하다. 사회사업 발전에서 사회 건설의 추진을 강화하고 민생을 발전시켜야 한다. 그러나 정책에 안정성이 부족하며 장기간 지속되지 못한다. 둘째, 지방의 적극성이 높지 않고 정부와 대중을 충분하게 동원하지 않아 참고할 수 있는 경험이 많지 않다. 그러므로 거시적 체제 개혁의 관건은 상응한 법률과 법규의 제정이다. 중앙과 지방의 권력 관계 및 권력 범위, 실현 형식, 집행 순서를 분명히 하고 필요한 심사와 감독 관리 시스템을 구축함과 아울러 중앙과 지방의 재정 체제를 규명하여 지방의 적극성을 충분히 발휘하게 한다.

4) 시스템 건설 보장으로 사회체제 개혁과 혁신을 추진

사회 전환의 과정에서 국가는 체제의 전환과 법률 질서의 구축으로 사회에 새로운 제도를 제공하고자 했다. 또한 이로써 규범을 새롭게 하고 사회분야를 통합하려고 했다. 그러나 제도 건설 및 규범의 효력은 예측한 효과에 이르지 못했다. 새로운 제도는 추진 과정에서 사회구조의 제약을 받고 있다.

사회체제와 사회구조는 사회 발전에 영향을 주는 요소이다. 양자는 상호 제약하고 영향을 미친다. 제도의 추진은 인위적으로 제정한 규칙뿐만이 아니다. 제도의 효과적 운영은 계층과 집단 간의 상호 교섭과 사회 이익의 균형 및 사회 각 계층의 인정과 준수를 떠날 수 없다. 일정한 가치적 방향을 지닌 규칙과 제도가 사회 분야로 추진될 때 사회구조의 분화와 사회 각 이익집단의 발생으로 체제 전환에 제도의 이중적 경향이 나타나 제도가 실행 과정에서 변형, 왜곡되었다. 이를테면 '최저생활보장제도' 실행 시 '권력과 금전 유착'과 이익 동맹이 나타났다. 모든 방면에 '위에 정책이 있으면 아래에는 대책이 있다.' 같은 체제의 배치와 관련해 각 이익집단은 서로 다른 해석을 한다. 사회체제 개혁의 효과성과 제도적 배치의 합리성을 높이기 위해 일부 사회 시스템을 구축해야 한다.

시스템 건설은 사회체제 개혁의 유기적 구성 부분이다. 좋은 제도는 좋은 시스템으로 추진하고 보장해야 한다. 구체적 운영 시스템은 과학적 운영 순서, 조작 방법과 사업 수단을 포함한다. 시스템 건설은 보장 제도의 순조로운 추진을 위한 과학적 운영 순서, 기술 조작 방법과 사업 수단의 완비와 보완을 가리킨다. 이를테면 모종의 공공 정책을 제정하고 시행하는 방법과 관련해 각 이익집단 간의 합리적 대화와 담판 시스템을 구축해야 한다. 공청회, 민주 간담회, 협상과 대화, 정보 공개, 공개 결책 등 방식으로 여러 측의 의견을 수렴하며 요구 표현 시스템을 구축하고 매체의 개방과 정보 공개 등 원칙을 견지해야 한다. 정책 실행의 감독 관리 시스템과 평가 시스템을 구축해야 한다. 장기적으로 보면 사회 시스템 건설의 핵심은 정책 제정에 대한 시민의 민주 참여이다. 대중(사회)의 개혁 참여 시스템은 아주 중요하다. 이는 원래 있었던 이익 구조 타파와 사회 세력의 비중 개변에 중요한 역할을 하기 때문이다.

제9장

사회구조

사회 계층구조는 사회구조의 핵심으로 한 국가나 지역 사회구조의 근간이다. 사회구조의 모든 변화는 사회 계층구조의 변화에 집중적으로 반영된다. 21세기 초 '당대 중국 사회구조 변천 연구팀'은『당대 중국 사회계층 연구 보고』에서 중국 사회를 10대 계층으로 분류했다. 이는 당시 전체 사회 나아가 국제사회의 주목을 끌었다. 10년이 흘렀다. 중국 경제사회의 발전으로 당대 중국 사회 계층구조에는 큰 변화가 발생했다. 10대 계층의 규모와 내포 등에 모두 중요한 변화가 생겼다. 당대 중국 사회 계층구조는 현대화 사회 계층구조를 향해 발전하고 있다. 특히 중산층은 해마다 900만 명의 증가세를 보인다. 당대 중국 사회 계층구조의 변화는 다음과 같은 새로운 기본 특징을 보이고 있다. 사회 계층구조는 여전히 조정되고 있으나 권력 시스템의 역할은 강화되었으며 중산층의 자기 인식이 낮고 사회계층의 관계가 복잡하게 되었다. 중국이 당면한 사회 계층구조는 여전히 불합리하다. 사회 건설은 사회 계층구조를 최적화하는 필요 수단이다.

제9장 사회구조

개혁개방 30여 년은 중국 사회구조에 큰 변화가 발생한 '전대미문의 변화기'이다. 이러한 변화는 경제사회의 발전에 큰 활력을 가져왔을 뿐만 아니라 많은 사회 모순과 문제점을 양산했다. 현재 이러한 사회 모순과 문제점은 구조적 특징을 보이고 있는데 관련된 범위가 넓고 연관성이 강하며 여러 가지 이익 관계가 복잡하게 뒤엉켜 해결하기 쉽지 않다. 이러한 문제가 장기간 해결되지 못하면 중국 사회의 안정과 조화로운 발전에 악영향을 줄 것이다. 구조적 문제는 심층적인 문제로 반드시 사회구조의 최적화와 조정을 거쳐야 한다. 사회구조의 조정은 반드시 사회 건설로 실현해야 한다.

사회구조는 일정한 자원과 기회를 소유한 사회 구성원의 구성 방식이다. 도시와 농촌 구조, 지역 구조, 조직 구조, 분배 구조, 소비 구조, 계층 구조, 인구구조, 가정 구조 등을 포함한다.[1] 사회구조의 이론 연구에서 볼

---

1)   陸學藝主編,『當代中國社會結構』, 社會科學文獻出版社, 2010, pp.10~12.

수 있듯이 사회 계층구조는 사회구조의 핵심으로 사회구조의 모든 변화는 사회 계층구조의 변화에 집중적으로 반영된다. 이렇게 볼 때 사회 계층구조는 사회구조 변화를 판단하는 중요한 지표이며 합리적인 사회구조의 구축은 사회구조를 최적화하는 핵심 요인이다. 그러므로 본 장은 21세기 이후 중국 사회 계층구조의 변화를 집중적으로 살필 것이며 이를 바탕으로 사회 건설에 사회 계층구조 최적화 관련 대책과 건의를 제기할 것이다.

1. 21세기 이후 중국 사회 계층구조의 변화

2002년『당대 중국 사회계층 연구 보고』는 개혁개방 20년 이후의 중국 사회 계층구조를 연구하면서 20여 년의 경제사회 발전으로 당대 중국의 사회계층에는 급격한 분화가 생겼으며 전체 사회는 고유의 '두 개 계급, 한 개 계층'에서 '10대 계층'으로 분화되었다고 했다. 이 연구 성과는 당시 국내외에 큰 영향을 주었는바 사회에서 분분히 사회계층을 의논했다. 이 연구는 국내에 '사회계층 연구 붐'을 일으켰다.

2010년대, 중국은 새로운 경제사회 발전 단계에 들어섰다. 중국의 사회 계층구조에는 어떤 변화가 발생했는가? '당대 중국 사회구조 변천 연구' 프로젝트팀의 10대 계층 분류에 따라 2010년대 중국 10대 계층의 발전 변화 상황을 관찰, 분석하고자 한다.

1) 개혁개방 30여 년 중국 사회 계층구조의 총체적 변화

개혁개방 초기나 21세기 초기와 비교하면 최근 10년 중국 사회 계층구조에 변화가 생겼으며 전체 사회 계층구조에서 10대 사회계층이 차지하는 비중에도 뚜렷한 변화가 발생했다(표 9-1).

표 9-1 당대 중국 사회 계층구조 변화 대비(1978~2010년)

단위 : %

계층 \ 연도	1978	2001	2010
국가와 사회 관리자	0.98	2.1	2.3
경영 관리자	0.23	1.6	2.7
사영기업주	0.00	1.0	2.2
전문 기술자	3.48	4.6	6.4
사무직 종사자	1.29	7.2	7.3
자영업자	0.03	7.1	10.1
상업 서비스직 근로자	2.15	11.2	11.3
산업 근로자	19.83	17.5	22.7
농업 근로자	67.48	42.9	30.4
무직, 실업자	4.60	4.8	4.6

자료 출처 : 1978년의 데이터 출처는 陸學藝主編의『當代中國社會階層硏究報告』(社會科學文獻出版社, 2004, p.44.), 2001년의 데이터 출처는 陸學藝主編의『當代中國社會流動』(社會科學文獻出版社, 2004, p.13.), 2010년의 데이터는『2010年第六次人口普査主要數据公報』,『2011年中國統計年鑑』, 중국 사회과학원 2011년 전국사회종합조사(CGSS)에 의해 추산한 것임.

국가와 사회 관리자 계층이 2010년 전체 계층에서 차지한 비율은 2.3%로 2001년 대비 0.2% 증가하여 미약한 증가세를 보였다.

경영 관리자 계층이 2010년 전체 계층에서 차지한 비율은 2.7%로 2001년 대비 1.1% 증가했다.

사영기업주 계층을 보면 1981년 중국의 사영기업주는 2명밖에 없었다. 2000년에 이르러 395.3만 명으로 증가했고 2011년에는 1,985.7만 명으로 증가했다. 2011년의 사영기업주 수는 2000년 대비 5배 증가했다.

전문직 기술자 계층이 2010년 전체 계층에서 차지한 비율은 6.4%로 2001년 대비 1.8% 증가했다.

사무직 계층이 2010년 전체 계층에서 차지한 비율은 7.3%로 2001년 대비 0.1% 증가했다.

자영업자 계층이 2010년 전체 계층에서 차지한 비율은 10.1%로 2001년 대비 3% 증가했다.

상업 서비스직 계층이 2010년 전체 계층에서 차지한 비율은 11.3%로 2001년 대비 0.1% 증가했다.

산업 근로자 계층이 2010년 전체 계층에서 차지한 비율은 22.7%로 2001년 대비 5.2% 증가했는데 인수로는 4661만 명이다. 새로 증가한 산업 근로자는 농민공이 위주이다.

농업 근로자 계층이 2010년 전체 계층에서 차지한 비율은 30.4%로 2001년 대비 12.5% 감소했다. 10년간 농업 근로자 8000만 명이 감소했다.

무직, 실업자 계층이 2010년 전체 계층에서 차지한 비율은 4.6%로 2001년 대비 0.2% 감소했다.

위의 데이터에서 볼 수 있듯이 근 10년간 중국의 사회 계층구조에 뚜렷한 변화가 생겼다. 농업 근로자 계층의 비율이 대폭 감소하고 무직과 실업자 계층이 소폭 감소한 외에 기타 계층의 비율은 전반적으로 증가세를 보였다(그림 9-1).

2) 당대 중국 사회 계층구조의 지속적 발전

『당대 중국 사회계층 연구 보고』의 중요한 관점 중 하나는 '많아져야 할 계층은 많아지지 않았고 적어져야 할 계층은 적어지지 않은' 것이다. 전

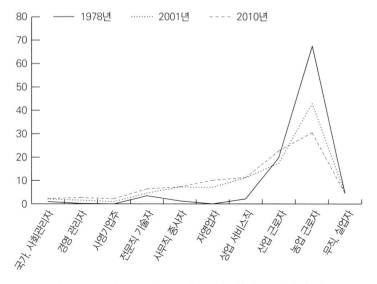

그림 9-1 1978년, 2001년, 2010년 중국 '10대 계층' 변화 추이도

자는 사회의 중간 계층이 많아지지 않은 것으로 당시의 추산에 의하면 중국 사회의 중간 계층은 2001년에 약 16%를 차지했다. 후자는 농업 근로자 계층이 적어지지 않은 것으로 2001년에 42.9%나 차지했다.

2010년 중국 사회 계층구조의 변화로 적어져야 할 계층이 지속적으로 적어지고 많아져야 할 계층이 지속적으로 많아진 것이다. 2010년 농업 근로자 계층이 차지한 비율은 30.4%로 2001년 대비 12.5% 감소했다. 중국 사회의 중간 계층은 2010년에 약 26%를 차지해 2001년 대비 10% 증가했다. 그러나 '많아져야 할 계층은 커지지 않았고 적어져야 할 계층은 적어지지 않은' 상황에 근본적 변화가 생기지 않았다(그림 9-2, 그림 9-3). 이는 중국 사회 계층구조가 마름모형 사회구조로 나아가기 위해 한 단계 더 최적화되어야 함을 보여준다.

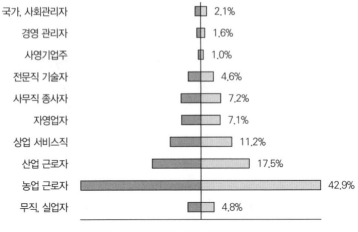

그림 9-2 2001년 중국 10대 사회계층 구조도

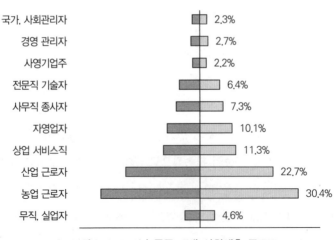

그림 9-3 2010년 중국 10대 사회계층 구조도

2. 21세기 이후 중국 10대 사회계층의 중요 변화

21세기에 들어서서 중국 사회 계층구조에는 큰 변화가 생겼다. 각 계

층의 규모에 변화가 발생했을 뿐만 아니라 그 내포에도 중요하고도 큰 변화가 발생했다. 아래에서는 10대 계층 자체의 변화와 그것이 중국 사회의 향후의 발전에 주는 영향에 대해 간단하게 분석하고자 한다.

1) 국가와 사회 관리자 계층

국가와 사회 관리자 계층은 체제 핵심 부문의 관리자이자 지도자로 사회구조에서 우세한 지위에 있다. 가장 중요한 조직 자원을 장악하고 있어 사회자원과 기회의 배치에서 우월한 입장이다. 개혁개방 30년간 중국의 국가와 사회 관리자 계층 규모는 전반적으로 증가하는 추세이다. 1978년 전체 계층에서 이 계층이 차지하는 비중이 0.98%에서 2001년의 2.1%, 2010년의 2.3%로 증가했다.

시간 단계별로 보면 1980년대 전의 많은 중요한 직위는 혁명 시기의 군정 간부가 차지했으며 문화 수준이 높지 못했다. 1981년 덩샤오핑은 "청장년 간부의 선발과 양성은 전략 문제이며 우리의 운명을 결정하는 문제이다. 이 문제의 해결이 아주 절박하다. 3~5년이 지나도록 이 문제를 해결하지 못하면 재난이다"[2]라고 지적했다.

1990년대 이후 이러한 간부들은 대부분 나이가 많거나 혹은 덩샤오핑이 제기한 간부 '사화(四化 : 혁명화, 청년화, 지식화, 전문화)'의 요구에 따라 점차 간부직에서 물러났다. 신중국 성립 이후 등장한 간부들이 이 자리를 대체하기 시작했다. 이 계층은 생산수단의 소유자가 아니지만 일부 생산수단을 통제하고 지배한다. 그러므로 이들은 근무 환경이 좋고 비록 임금소득이 많지 않지만 각종 혜택을 받을 수 있어 실제 소득이 비교적 많

---

2)　中共中央文獻研究室編, 『鄧小平年譜』, 中央文獻出版社, 2004, p.753.

다. 1980년대 이후 이 계층은 연수, 양성, 독학 등 여러 형식으로 문화 수준을 향상했다. 특히 대졸 이상 학력의 청년 지식인이 대량으로 간부로 임명되면서 이 계층의 문화 수준이 향상되었다.

1990년대 중후반 특히 2006년 1월 1일 공무원법 실행 이래 공무원이 되는 주요 경로는 공무원시험이다. 자질이 높고 전문적인 공무원 체계가 점차 구축되어 사회 집정의 신흥세력이 되었다. 국가와 사회 관리자 계층은 공무원 집단의 핵심 세력이다. 이 계층은 조직 자원 외에 경제 자원과 문화 자원도 소유하고 있다. 각종 사회 조사 자료에서 볼 수 있듯이 개혁 개방 이후 국가와 사회 관리자 계층은 개혁과 발전에서 이익을 가장 많이 얻은 계층이다. 특히 동부의 발달한 지역에서 이 계층은 직업이 비교적 안정되고 승진의 기회가 있으며 사회복지가 좋을 뿐만 아니라 사회적 명성도 높아 이상적 직업으로 손꼽힌다.

1990년대 중후반 이후 해마다 공무원시험 응시자의 증가가 이를 설명한다. 21세기에 들어서서 이 경쟁은 백열화 추세를 보였다. 2001년 국가공무원 채용 수는 4,500명으로 경쟁률이 7.3 : 1이었다. 2010년 지원수가 144.3만 명, 채용수가 1만 5,290명이다. 경쟁률이 59.7 : 1(표 9-2)로 역대 최고 기록이다.

표 9-2 2001~2013년 국가공무원 시험 지원 상황 정리

연도	일자리(개)	채용 수(명)	지원 수(만 명)	응시자 수(만 명)	경쟁률
2001	–	4500	–	3.3	7.3:1
2002	–	4800	6.2	5.6	11.7:1
2003	5400	5475	12.5	8.8	16:1
2004	4036	7572	18.2	12	15.8:1
2005	456	8271	31	29	35:1

연도	일자리(개)	채용 수(명)	지원 수(만 명)	응시자 수(만 명)	경쟁률
2006	6053	10282	54	50	48.6 : 1
2007	2007	12724	74	53.5	42 : 1
2008	6691	13787	80	64	46.4 : 1
2009	7556	13566	105.2	77.5	57.1 : 1
2010	9275	15526	144.3	92.7	59.7 : 1
2011	9763	15290	141.5	90.2	59 : 1
2012	10486	17941	133	96	53.5 : 1
2013	12901	20839	150	112	53.7 : 1

자료 출처 : 역대 공무원시험 지원 데이터에 근거해 정리.

국가와 사회 관리자 계층은 현재 사회 구성원이 추구하는 목표이다. 그러나 근래 탐오부패, 직무 유기, 직권 남용 등 행위로 이 계층이 대표하는 국가와 정부의 이미지를 심각하게 훼손하고 있어 기타 사회 구성원의 불만을 자아내고 있다. 2000년 이래 검찰에서 수사한 직무 범죄 사건과 연루자 및 처급(處級 : 과장급) 간부 수는 줄곧 많은 상황이었다. 이 중 청급(廳級 : 청장급) 간부와 성급(省級 : 장차관급) 간부가 적지 않다(표 9-3). 간부 집단에 대한 국가의 관리 및 부패 단속으로 이 계층은 적극적으로 향상하고자 한다. 개혁개방 이후 거둔 전대미문의 발전 성과는 이 계층의 노력과 떼어놓을 수 없다.

표 9-3 역대 수사한 직무 범죄 사건 통계

연도	직무 범죄 사건 수(건)	직무 범죄 사건 연루자 수(명)	탐오, 수뢰 사건 수(건)	처급 간부 (명)	청급 간부 (명)	성급 간부 (명)
1990	51373	—	—	1188	—	—

연도	직무 범죄 사건 수(건)	직무 범죄 사건 연루자 수(명)	탐오, 수뢰 사건 수(건)	처급 간부 (명)	청급 간부 (명)	성급 간부 (명)
1991	46219	51705	–	924	34	1
1988~1992	214318	95818	–	4629	173	5
1993	56491	19357	30877	1037	64	1
1994	32150	39802	–	1915	88	–
1995	83685	12835	63953	2262	137	2
1996	39743	–	15945	–	–	–
1993~1997	387352	181873	172983	3175	265	7
1998	35084	40162	–	1820	103	3
1999	38382	–	–	2200	136	3
2000	45113	–	–	2680	184	7
2001	36447	40195	–	2670	–	6
1998~2002	207103	–	–	12830	–	–
2003	39562	43490	18515	2728	167	4
2004	–	43757	–	2960	198	11
2005	–	8490	–	2799	196	8
2006	18241	–	–	2736	202	6
2003~2007	179696	209487	–	13929	930	35
2008	33546	41179	17954	2687	181	4
2009	32439	41531	18191	2670	204	8
2010	32909	44085	18224	2723	188	6
2011	32567	44506	18464	2524	198	7

자료 출처 : 역대「最高人民檢察院工作報告」, http://www.spp.gov.cn/site2006/region/00018. html.

전반적 발전의 추세를 보면 국가와 사회 관리자 계층 구성원이 부단히 증가하지만 편제 등 요소의 영향으로 증가폭은 상대적으로 완만하다. 이 계층은 비교적 많은 조직 자원을 점유하고 있으므로 자원과 기회의 배치에서 우세를 차지한다. 중국의 '학이우즉사(學而優則仕 : 배워서 뛰어나면 관직에 나아감)' 문화전통의 영향으로 이 계층은 향후 장기간 기타 사회계층이 이동하려고 하는 목표 계층이 될 것이다.

2) 경영 관리자 계층

경영 관리자 계층은 대중형 기업 비기업주 신분의 중고위직 관리자로 세 가지 유형이 있다. 첫째, 국유기업의 간부이다. 둘째, 규모를 갖춘 민영기업이나 첨단 기술분야 민영기업의 전문 경영인이다. 셋째, 기업의 주식제를 통해 창업주나 기업주에서 전문 경영인으로 변한 사람들인데 주로 삼자기업(三資企業 : 중외합자, 중외합작, 외상독자 기업)의 고위직 관리자를 가리킨다.

개혁개방 30년간 특히 21세기에 들어서서 경영자 계층은 규모가 커졌을 뿐만 아니라 전체 사회계층에서 차지하는 비중도 2001년의 1.6%에서 2010년의 2.7%로 증가했다. 그리고 그 사회경제적 지위도 향상되었다.

(1) 경영자 계층 규모의 부단한 확대

통계에 의하면 21세기에 들어서서 중국 산업기업 수는 2001년의 17.12만 개에서 2010년의 45.29만 개로 증가하여 증가폭이 164.4%에 달했다. 2004년과 2008년의 경제 조사에 의하면 법인기업 수는 170.9만 개 증가하여 52.6% 증가율을 보였다(표 9-4). 기업 수의 증가에 따라 경영자 계층의 규모도 증가되었다.

표 9-4 산업기업 수 및 법인기업 수의 변화

연도	전국 산업기업 수	제1차 경제 조사 시 법인 기업 수	제2차 경제 조사 시 법인 기업 수
1990	50.44	–	–
1995	59.21	–	–
2000	16.29	–	–
2001	17.13	–	–
2002	18.16	–	–
2003	19.62	–	–
2004	21.95	325.0	–
2005	27.18	–	–
2006	30.20	–	–
2007	33.68	–	–
2008	42.61	–	495.9
2009	43.43	–	–
2010	45.29	–	–

자료 출처 : 역대 『中國統計年鑒』(中國統計出版社), 『第一次全國經濟普查主要數据公報』(國務院第一次全國經濟普查領導小組辦公室 · 中華人民共和國國家統計局, 中國統計出版社, 2006.), 『第二次全國經濟普查主要數据公報』(國務院第二次全國經濟普查領導小組辦公室 · 中華人民共和國國家統計局, 中國統計出版社, 2010.).

(2) 경영자 계층 실력의 부단한 향상

경영자 계층의 사회경제적 지위의 변화를 주로 국유기업 경영자를 실례로 들면서 설명하고자 한다. 근래 국유 경제의 '발전과 퇴출' 문제는 사회가 주목하는 중요한 화제이다. 통계에 따르면 전국 산업기업 수는 2000년의 16.29만 개에서 2010년의 45.29만 개로 증가했다. 그러나 국유기업의 수는 2000년의 5.35만 개에서 2010년의 2.03만 개로 감소했다. 전국 산업기업에서 국유기업이 차지하는 비중은 2000년의 32.8%에서 2010년의 4.5%로 감소했다. 전국 산업기업 총생산액에서 국유기업 총생산액이 차지하는 비중은 2000년의 47.3%에서 2010년의 26.6%로 감소했다. 그러나 국유 산업기업의 총자산액과 주영업수익은 각각 3.7배, 3.6배 증가했다. 국유 산업기업의 평균 총자산액은 2000년의 2.4억 위안에서 2010년의 29.2억 위안으로 증가했고 평균 주영업수익은 2000년의 0.78억 위안에서 2010년의 9.57억 위안으로 증가했다(표 9-5). 국유기업의 수는 줄었지만 실력은 향상되었다.

표 9-5 2000년 이래 국유기업 수, 총생산액, 총자산액, 주영업수익 변화

연도	전국 산업기업 수(만 개)	국유기업 수(만 개)	전국 산업 기업에서의 국유기업 비중(%)	전국 산업기업 총생산액에서의 국유기업 비중(%)	국유산업 기업 총자산액 (억 위안)	국유 산업 기업 주영업수익 (억 위안)
2000	16.29	5.35	32.8	47.3	126211.24	42203
2001	17.13	4.68	27.3	44.4	135402.49	44444
2002	18.16	4.11	22.6	40.8	146217.78	47844
2003	19.62	3.43	17.5	37.5	168807.70	58028
2004	21.95	3.18	14.5	35.2	215358.00	71431
2005	27.18	2.75	10.1	33.3	244784.25	85574
2006	30.20	2.50	8.3	31.2	291214.51	101405
2007	33.68	2.07	6.1	29.5	353037.37	122617
2008	42.61	2.13	5.0	28.4	431305.55	147508
2009	43.43	2.05	4.7	26.7	493692.86	151700
2010	45.29	2.03	4.5	26.6	592881.89	194340

자료 출처 : 역대『中國統計年鑑』(中國統計出版社).

(3) 많은 특권과 경제적 보장을 받는 국유기업 경영자 계층

국유기업은 자원과 배치에서 더욱 많은 혜택을 받는다. 국유기업의 은행 대출을 보면 2001~2008년에 적게 상환한 대출이자만 2조 8,469억 위안에 달한다.[3] 이러한 혜택은 국유기업이 이윤을 증대할 수 있는 조건을 마련해주었다.

국유기업 경영자 계층의 사회적 지위도 사영기업주에 비해 높다. 이는 먼저 임금 수준에서 구현된다. 2009년의 관련 자료에 의하면 중앙 기업 책임자의 평균 연봉이 68만 위안이며 이 중 90% 이상은 100만 위안이 넘는다.[4] 인력자원과 사회보장부, 재정부, 국무원국유자산감독관리위원회 등 부서의 문서를 보면 국유기업 고위직 연봉은 일반 기업 직원 연봉의 10~15배이다. 다음은 우월한 발전 조건이다. 이는 사영기업주가 영원히 따를 수 없다. 국유기업의 경영자 대다수가 공무원 출신이며 일부는 사업 단위 고위직 간부들이다. 이들의 보수와 대우는 기업의 손익과 관계없다.

경영자 계층 특히 국유기업 경영자 계층의 사회적 지위가 향상되었지만 사회의 비판과 의혹을 받고 있다. 이는 기업의 사회적 책임 면에서 집중적으로 나타난다. 국유기업은 일반 민영기업과 다르다. 첫째, 전반 국민경제의 발전에 공공재와 인프라를 제공하며 기타 경제적 요소에 안정된 운영 환경과 조건을 마련해준다. 둘째, 앞장서서 정부의 경제사회 발전 정책을 실시하며 국가의 거시적 조정 정책을 집행한다. 셋째, 시장 효력 상실을 보완하고 시장의 맹목성을 극복하며 경제의 안정적 발전을 추진한다. 그러나 근래에 국유기업은 독점 분야뿐만 아니라 비독점 분야로

당대 중국 사회 건설

3) 「政協委員 : 國有企業的高額利潤來得有問題」, 『21世紀經濟報道』 2011年 3月 4日.
4) 車麗, 『人社部 : 逐步提高最低工資 監管國企高管工資』, 中國廣播網, http://www.chinanews.com/cj/2011/04-18/2980962.shtml.

제멋대로 확장하여 민영기업과 각축을 벌인다. 총체적으로 사회적 책임이 부족한 국유기업은 사회의 원망의 대상이 되어 질책을 받는다.

전반적으로 보면 국유기업 경영자 계층을 비판하고 의문을 품더라도 경영자 계층 사회경제적 지위의 향상은 기정사실로 그 지위는 사영기업주 계층보다 훨씬 높다. 근래에 사회의 일부 엘리트 집단이 민영기업이나 외자기업을 떠나 국유기업에 취직하는 것이 이를 증명한다.

3) 사영기업주 계층

사영기업주는 개혁개방 이후 나타난 신생 계층이다. 신중국 성립 이후 1956년의 '삼대개조(三大改造 : 국가의 농업, 수공업, 자본주의적 상공업에 대한 사회주의적 개조)'로 공유제가 국민경제에서 주체적 지위를 차지했으며 사영경제는 거의 소멸되었다. 1965년 중국 자산계급은 경제적 기반을 완전히 상실했다. 1978년 개혁개방 이후 사영경제는 발전을 회복했으며 전통적 자본가와 다른 사영기업주 계층이 발생했다. 이 계층의 발전은 굴곡 있는 역정을 겪어왔지만 마침내 강대해졌다. 2010년 사영기업주 계층은 중국의 사회 계층구조에서 이미 2.2%를 차지했다. 이 계층의 발생과 발전은 중국의 경제사회에 큰 활력을 불어넣었다.

첫째, 사영경제는 중국 사회 투자의 중요한 세력이다. 2010년 전체 사회의 총 고정자산액 중 사영경제가 51.1%를 차지하는데 이는 국유경제의 42.3%와 외자기업의 6.6%보다 훨씬 높다.

둘째, 사영경제의 발전은 일자리를 창출한다. 2010년 사영기업 종사자는 9407.6만 명으로 2010년 총 취업자 수의 12.3%를 차지했다. 중화전국공상업연합회의 통계에 따르면 2012년 10월까지 사영기업 취업자 수는 1.5억여 명이며 해마다 새로 증가하는 취업자 80%의 일자리를 해결한다.

셋째, 사회 하층집단에게 위로 이동할 수 있는 기회를 제공한다. 사영기업주는 신생 계층으로 체제 외 계층의 가장 높은 자리에 있다. 이는 사회 하층집단 특히 체제 외 하층집단에게 분투의 목표와 희망을 준다. 또한 비교적 낮은 계층에게 위로 이동할 수 있는 공간과 기회를 제공하여 사회의 활력을 최대한 불러일으킨다.

1989년부터 관련 부서는 사영기업의 발전 상황을 통계했다. 통계에서 볼 수 있듯이 사영기업 수는 1989년의 9.1만 개에서 2011년의 967.7만 개로 105.3배 증가했다. 사영기업자 수는 1989년의 21.4만 명에서 2011년의 1,985.7만 명으로 91.8배 증가했다. 피고용자는 164만 명에서 1억 353.6만 명으로 62.1배 증가했다. 또한 통계에서 볼 수 있듯이 사영기업 등록 자금은 1989년의 84.5억 위안에서 2011년의 약 25조 7,900억 위안으로 3,051배 증가했다(표 9-6).

표 9-6 1978~2011년 가영기업 발전상황

연도	사영기업 수 (만 개)	사영기업자 수(만 명)	피고용자 수 (만 명)	총 등록 자금 (억 위안)	세금 납부액 (억 위안)
1978	0	0	0	0	0
1981	2개	-	-	-	-
1989	9.1	21.4	164.0	84.5	-
1990	9.8	22.4	170.8	95.2	2.0
1995	65.5	133.9	956.0	2621.7	35.6
2000	176.2	395.3	2392.7	13307.7	414.4
2001	202.9	460.8	2713.9	18212.2	660.9
2002	243.5	622.8	3247.5	24756.2	-
2003	300.6	772.8	4299.0	35304.9	-

연도	사영기업 수 (만 개)	사영기업자 수(만 명)	피고용자 수 (만 명)	총 등록 자금 (억 위안)	세금 납부액 (억 위안)
2004	365.1	948.6	5017.0	47936.0	–
2005	430.1	1109.9	5824.1	61331.1	2715.9
2006	498.1	1271.7	6586.3	76028.5	–
2007	515.3	1396.5	7253.1	93873.1	–
2008	657.4	1507.4	7904.0	117356.7	–
2009	740.2	1650.6	8607.0	146400.0	–
2010	845.2	1794.0	9407.6	192100.0	8202.1
2011	967.7	1985.7	10353.6	257900.0	–

자료 출처 : 역대『中國工商行政統計年鑒』(中國工商出版社).

수와 규모의 확대 외에 사영기업주 계층의 다른 한 중요한 특징은 계층
실력의 끊임없는 향상이다.

첫째, 경제력이 더욱 강해졌다. 사영기업의 등록 자금은 1995년의
2,621.7억 위안에서 2010년의 19조 2,100억 위안으로 73.3배 증가했다.
그러나 2010년 사영기업의 수는 1995년 대비 12.9배 증가했고 2010년의
사영기업주 수는 1995년의 13.4배에 불과하다. 이는 사영기업주의 경제
력이 더욱 강해졌음을 말해준다.

둘째, 문화 수준이 보편적으로 높아졌다. 일반인은 사영기업주를 돈이
많은 졸부로 취급한다. 사영기업주가 사람들에게 주는 인상은 돈은 많되
학력이 낮다는 것이다. 사실상 경제사회의 발전에 따라 사영기업주의 학
력이 점차 높아졌다. 사영기업주 학력에 관한 표본조사에서 볼 수 있듯이
1999년 전문대 학력 이상이 전체 조사 대상의 38.1%를 차지했고 2007년
에는 61.8%를 차지했다(표 9-7).

표 9-7 각 시기 사영기업주 학력 수준 분포

연도	초등학교 (%)	중학교 (%)	고등학교, 중등전문 학교(%)	전문대 (%)	대학교 (%)	대학원 (%)	합계(%)	표본 수 (개)
1999	2.9	19.6	39.5	25.9	8.8	3.4	100.0	3066
2001	2.2	17.4	41.6	34.0		5.8	100.0	3250
2003	1.7	12.9	33.6	31.1	15.0	5.7	100.0	2998
2005	1.5	12.6	36.6	31.7	13.1	4.5	100.0	3806
2007	0.9	8.1	29.3	26.9	22.2	12.7	100.0	4049

자료 출처 : 全國工商聯研究室編, 『中國改革開放30年民營經濟發展數据』, 中華工商聯合出版社, 2010, p.172.

셋째, 정치적 지위의 향상이다. 비교적 많은 경제 자원을 장악한 사회 계층으로 사영기업주는 필연적으로 정치 참여를 요구한다. 국가도 사영기업주에 대한 전통적 태도를 바꾸어 사영기업주를 사회주의 건설의 중요한 세력으로 인정했으며 그들의 참정과 의정에 여러 경로를 제공했다. 관련 자료에 따르면 1993년 제8기 전국정치협상회의 위원에 사영기업주 23명이 당선되었고 제9기에 48명, 제10기에 65명, 11기에는 100명 이상이 당선되었다. 전국인민대표대회 대표 중 제9기에 사영기업주 48명이 당선되었으며 제10기에는 200여 명, 제11기에는 300여 명이 당선되었다. 중화 전국공상연합회의 불완전한 통계에 따르면 각급 인민대표와 정협 위원에 당선된 사영기업주가 7만여 명이다.

2009년 발표한 「제8차 전국 사영기업주 표본조사 데이터 분석 종합 보고서」를 보면 4,098명 조사 대상에서 인민 대표와 정협 위원에 당선된 사영기업주가 2101명으로 51.3%를 차지했다. 이 중 전국 인민대표와 성급 인민대표가 18명, 68명이고 전국 정협 위원과 성급 정협 위원이 8명, 63명이었다. 현급과 향진급 인민대표대회 상무위원회 주임직을 담당한 사영기업주는 2명, 5명이고 현급 정협 주석을 담당한 사영기업주는 4명이었다.

정치 참여의 증가는 이 계층의 정치적 성장을 의미한다. 이는 '그들이 사회계층으로 점차 형성되고 있으며'[5] 점차 사회경제의 발전을 좌우하는 중요한 사회 행위자로 성장하고 있음을 보여준다.

넷째, 중국공산당 당원 비중의 증가이다. 역대 사영기업주의 표본조사를 보면 공산당원 비중이 해마다 증가세를 보인다(그림 9-4). 특히 21세기에 들어서서 이 비중이 크게 늘어났다. 2010년의 제9차 전국 사영기업주 표본조사에서 볼 수 있듯이 공산당원 비중이 39.8%로 2000년 대비 20% 증가했다.

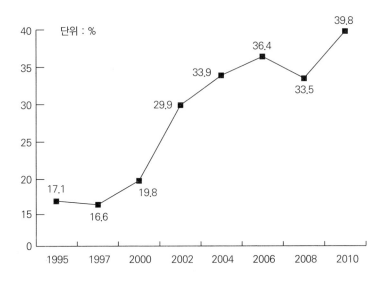

그림 9-4 1995~2010년 사영기업주 중 공산당원이 차지한 비율 변화 추이

5) 汝信等主編, 『2012年中國社會形勢分析與預測』, 社會科學文獻出版社, 2012, p.281.

사영기업주 가운데 공산당원의 비중이 높은 것은 사영기업의 발전 환경과 밀접한 연관이 있다. 첫째, 1990년대 초기 많은 지식인들이 창업을 했는데 이 중에는 일부 당정 간부도 포함되었다. 이들이 나중에 사영기업주가 되었다. 둘째, 당시 전국의 향진 집체기업에 적지 않은 당원이 있었다. 이러한 기업이 전환되면서 일부 당원들이 사영기업주가 되었다. 셋째, 1995년 이후 중국은 국유기업을 개혁하고 전환시켰다. 임대, 경매 등 형식을 통해 사영기업이나 개인 임대 경영 기업이 되었다. 이러한 기업의 전 공장장이나 공급 판매 책임자 등이 사영기업주가 되었는데 그들은 대부분 당원이었던 것이다. 이 밖에 신경제조직에서 공산당 건설 사업이 강화되면서 사영기업의 당원 수가 증가했다.

개혁개방 이래 사영기업주 계층은 발생, 발전하고 규모가 커졌다. 사회적 재화와 일자리를 창출했고 사회적 책임을 담당하여 중국의 경제사회 발전에 큰 공헌을 했으므로 사회의 인정을 받았다. 그러나 수와 규모의 확대 및 실력의 성장과 더불어 사영기업주 계층은 사회적 논쟁을 불러일으킨다. 논쟁 중의 하나는 재산의 합법성이다. 특히 대중은 벼락부자가 된 일부 사영기업주 재산의 출처에 의문을 표한다. 논쟁의 다른 하나는 사영기업주의 사회적 책임 담당이다. 근년에 일부 사영기업주가 재력을 과시하면서 사치스러운 생활을 하거나 가짜 제품을 생산, 판매하고 근로자를 착취하는 행위는 사영기업주 계층에 대한 대중의 불만을 야기했다.

근년에 사영기업주를 포함한 경제 엘리트 집단과 정치 엘리트 집단이 연합하는 기미를 보인다. 이익 동맹으로 각자의 경제 이익을 확대하는 것에 주목해야 한다. 경제적으로 우세적 지위에 있는 사영기업주 집단이 일부 취약층의 합리적 이익을 억압하고 침범하며 제한하고 있다. 이는 불공평한 자원과 기회의 배치 구조를 형성했으며 나아가 새로운 사회 모순과 충돌을 발생시킨다.

4) 전문직 기술자 계층

전문직 기술자 계층은 여러 가지 기구에서 전문 업무나 과학기술 사업에 종사하는 계층으로 일정한 자주성이 있지만 생산수단을 소유하지 못한 중고급 직업 기술 수준의 정신노동 근로자이다. 개혁개방 30여 년간 중국의 전문직 기술자는 크게 성장했으며 이들은 중산층의 주체 세력이다. 21세기에 들어서서 전문직 기술자 계층에는 다음과 같은 변화가 발생했다.

첫째, 규모가 지속적으로 커졌다. 전문직 기술자 계층이 전체 사회계층에서 차지하는 비중은 2001년의 4.6%에서 2020년의 6.4%로 증가했다. 증가 인원수는 4870만 명에 달한다.

둘째, 통계에 의하면 중국 공유제 기업이나 사업 단위 전문직 기술자는 2000년에는 2,887만 명, 2010년에는 2,816만 명으로 10년간 큰 변화를 보이지 않았다. 그러나 전문직 기술자 계층의 분포 구조에는 변화가 생겼다.

2004년과 2008년 두 차례의 전국경제 조사를 보면 2008년 국유기업 종사자는 2004년에 비해 4,000만 명이 감소했고 사영기업 종사자는 3,774만 명 증가했다.

국유기업 종사자에서 전문대 이상 학력 소지자는 2004년의 2,800.8만 명에서 2008년의 686.4만 명으로 감소했다. 중급, 고급 기술직함 소지자는 2004년의 1,123만 명에서 2008년의 342.9만 명으로 감소했다. 고급 기술자, 기술자, 고급 기술공은 2004년의 2,874.7만 명에서 2008년의 606.1만 명으로 감소했다(표 9-8).

사영기업 종사자에서 전문대 이상 학력 소지자는 2004년의 725.11만 명에서 2008년의 1639.1만 명으로 증가했다. 중급, 고급 기술직함 소지자는 2004년의 243.8만 명에서 2008년의 350.8만 명으로 증가했다. 고급 기술자, 기술자, 고급 기술공은 2004년의 733.9만 명에서 2008년의

표 9-8 2004년, 2008년 국유기업, 사영기업 종사자 학력, 전문기술직함 등 비교

단위 : 만 명

연도	기업유형	종사자수	대학원	대학교	전문대	고급기술직함소지자	중급기술직함소지자	고급기술자	기술자	고급기술공
2004	국유기업	6120.2	81.1	968.0	1751.7	231.5	891.5	1751.7	231.5	891.5
	사영기업	5375.1	23.47	211.54	490.1	52.9	190.9	490.1	52.9	190.9
2008	국유기업	2202.2	24.8	249.8	411.8	194.3	148.6	411.8	45.7	148.6
	사영기업	9149.2	53.0	478.7	1107.4	76.7	274.1	1107.4	76.7	274.1

자료 출처 : 『第一次全國經濟普查主要數據公報』(國務院第一次全國經濟普查領導小組辦公室 · 中華人民共和國國家統計局, 中國統計出版社, 2006.). 『第二次全國經濟普查主要數據公報』(國務院第二次全國經濟普查領導小組辦公室 · 中華人民共和國國家統計局, 中國統計出版社, 2010.).

현대 중국 사회 건설

1458.2만 명으로 증가했다.

셋째, 사영기업이 전문직 기술자의 요람이 되었다. 치열한 시장경쟁에서 살아남기 위해 일부 사영기업 특히 중소기업은 기술 혁신에 노력을 기울였다. 이로써 사영기업은 경영자, 기술자, 고급 기술공의 요람이 되었다. 통계에 따르면 2000~2009년 전국의 산업기업에서 R&D(연구개발) 활동을 하는 중소기업은 1만 156개에서 2만 3,953개로 증가하여 연평균 10%의 증가세를 보였다. 전체 기업에서 차지하는 비중도 58.8%에서 65.8%로 증가했다. 과학기술형 기업은 전국 중소기업의 5.7%밖에 차지하지 않지만 신제품 개발의 80% 이상을 차지한다. 전국의 고급 신기술 개발구에서 중소형 사영 과학기술 기업이 80% 이상을 차지한다.[6] 기업 경영 관리자와 전문 기술자들이 빠른 증가세를 보여 경제 발전과 과학기술의

진보를 촉진했다.

넷째, 일부 분야의 전문직 기술자에 대한 평가가 낮다. 교육기관, 의료기관, 과학 연구기관은 전문직 기술자가 주로 종사하는 분야이다. 이런 분야는 국민의 민생과 밀접한 연관이 있는데 교육, 의료 등은 대중의 일상생활과 직접적 연관이 있다. 그러므로 전문직 기술자의 일시적 실수는 대중의 불만을 야기할 수 있다. 근년에 일부 분야의 전문직 기술자에 대한 대중의 평가는 높지 않다. 요즘 빈번하게 발생하는 '의료 분쟁'은 전문직 기술자 계층에 대한 대중의 불만을 보여준다.

5) 사무직 계층

사무직 계층은 직장과 부서의 책임자와 협조하여 일상 행정 사무를 처리하는 전문 직원이다. 주로 하급 공무원, 각종 소유제 기업과 사업 단위의 기층 관리자, 비전문성 인원으로 생산수단을 소유하지 못한 정신노동 근로자이다. 2010년 전체 사회계층에서 이 계층이 차지하는 비중은 7.3%로 2001년 대비 0.1% 증가했다. 이는 이 신분이 분포된 업종 및 종사하는 직업과 밀접한 연관이 있는데 특히 협조라는 업무 특징 때문에 이 계층은 대규모적으로 증가하지 못한다.

6) 자영업자 계층

개혁개방 이래 중국의 자영업은 크게 발전했다. 1978년의 14만 명에서 2011년의 3,756.47만 명으로 증가하여 연평균 18.5%의 증가세를 보였다.

---

6) 黃孟復, 『中國民營經濟發展報告(2010~2011)』, 社會科學文獻出版社, 2011, p.21.

자영업은 일자리 창출, 증세, 주민 생활의 편리, 생활 안정의 촉진 등에 중요한 역할을 한다. 21세기 이래 중국 자영업자 계층의 발전에는 다음과 같은 특징이 있다.

(1) 자영업자 수의 안정적 증가

2001년의 2,432.9만 명에서 2011년의 3,756.47만 명으로 증가했으며 종사자는 4,760만 명에서 7,945.28만 명으로 증가했다. 그 경영 범위는 도매와 소매, 주민 서비스와 기타 서비스, 숙박업과 요식업, 제조업, 교통 운수업, 유통업, 택배업 등 많은 분야를 포함하고 있다.

(2) 경영 규모의 지속적 확대

자영업 등록 자금이 부단히 증가했는바 총 등록 자금은 2001년의 3,435.8억 위안에서 2011년의 1조 6,177.6억 위안으로 증가했다. 자영업자 평균 자금액은 2001년의 1.41만 위안에서 2011년의 4.31만 위안으로 증가했다. 종사자의 규모도 부단히 증가했는데 평균 종사자 수는 2001년의 1.96명에서 2011년의 2.12명으로 증가했다(표 9-9). 일부 업종 특히 요식업 등 노동집약형 업종은 구멍가게에서 프랜차이즈로 발전하는 경우가 종종 있다.

표 9-9 1978~2011년 자영업자 발전 변화 상황

연도	자영업(만 명)	종사자(만 명)	자금 액수(억 위안)
1978	14	-	-
1981	182.8	227	4.58
1986	1211.2	1864	179.7
1990	1328.2	2093	397.4

연도	자영업(만 명)	종사자(만 명)	자금 액수(억 위안)
1995	2528.5	4614	1813
1999	3160.1	6241	3439.2
2000	2571.4	5070	3315.3
2001	2432.9	4760	3435.8
2002	2377.5	4742.9	3782.4
2003	2353.2	4299.1	4187.0
2004	2350.5	4587.1	5057.9
2005	2463.9	4900.5	5809.5
2006	2595.6	5159.7	6468.8
2007	2741.5	5496.2	7350.8
2008	2917.3	5776.4	9005.9
2009	3197.4	6632.0	10856.6
2010	3452.89	7007.56	13387.6
2011	3756.47	7945.28	16177.6

자료 출처 : 역대 『中國工商行政統計年鑒』(中國工商出版社).

(3) 사영기업주의 예비군

일부 자영업자는 자본을 축적하고 경영 범위를 점차 확대하며 회사나 기업 형식으로 전환하여 더 큰 발전을 도모한다. 이는 사영기업의 숫자를 늘렸을 뿐만 아니라 창업주는 더욱 높은 사회경제적 지위를 얻어 사영기업주 계층으로 신분이 격상된다. 즉 사영기업주 계층의 중요한 예비군인 것이다.

중국의 자영업자는 경제사회의 발전에서 이러저러한 문제에 부딪치기도 했다. 이를테면 일부 업종이나 분야에 종사하려면 요구가 너무 높다. '명의상 개방했으나 사실상 제한'하는 '보이지 않는 장벽'이 아직도 있다.

또한 2008년 세계 금융위기와 유럽의 국가 부채 위기 및 국내 경제의 하락 압력으로 경영이 어렵다. 세수 부담, 융자 대출, 사회화 서비스 체계 건설 등에 일부 문제가 있다. 특히 자영업은 투자와 이윤이 적어 위험 감당능력이 부족하므로 창업과 폐업이 빈번하다. 이러한 문제는 중국 자영업자 계층의 발전에 일정한 영향을 미치고 있다.

7) 상업 서비스직 계층

상업 서비스직 계층은 상업과 서비스업에 종사하는 비전문직과 비관리직 종사자를 가리킨다. 이 계층은 제3산업의 피고용자이다. 2000년 이래 이 계층의 전체적 규모의 변화는 별로 크지 않았는데 10년간 0.1%만 증가했다. 이는 1978~2000년에 9% 증가세를 보인 것과 다르다. 상업 서비스직 계층의 특징은 다음과 같다.

첫째, 종사자의 규모가 방대한바 추산에 의하면 8,000만 명에 달한다.

둘째, 종사하는 분야가 넓고 다원적이다. 주요 분야는 교통운수, 유통업과 택배업, 도매와 소매, 숙박업과 요식업, 부동산업, 주민 서비스와 기타 서비스업 등 14개 분야이다. 이 중 일부 분야는 경제사회의 발전과 정부화의 추진으로 나타난 신생 분야이다. 택배업과 관광업 등이 그러하다.

8) 산업 근로자 계층

개혁개방 이래 산업 근로자 계층의 변화를 개괄하면 '복잡다단'으로 표현할 수 있다. 1978~2010년 제2차 산업 취업자 비중의 변동을 대체적으로 네 개 단계로 나눌 수 있다. 첫 번째 단계는 1978~1988년 성장기로 전체 계층에서 차지하는 비중이 17.3%에서 22.4%로 증가했다. 두 번째 단계는 1989~1997년 새로운 성장기로 비중이 21.6%에서 23.7%로 증가했다. 세 번째 단계는 1998~2002년 일시적 감소기로 비중이 23.5%에서 21.4%로 감소했다. 이 단계는 바로 대규모적 국유기업 개혁기이다. 네 번째 단계는 2003년부터 현재까지로 새로운 성장기이다. 비중이 2003년의 21.6%에서 2010년의 28.7%로 증가했다. 현재의 중국 경제 발전 추세를 보면 증가세는 한동안 지속될 것이다.

개혁개방 30여 년간 중국 산업 근로자 계층에는 다음과 같은 변화가 발생했다.

첫째, 체제 내 산업 근로자 수가 줄고 지위가 내려갔다. 원래의 국유기업 산업 근로자 계층 규모가 줄었다. 1990년대 중후반의 국유기업 체제 개혁으로 국유기업 근로자 3,000만 명이 일자리를 잃었다. 산업 근로자 계층의 사회경제적 지위도 전반적으로 내려갔으므로 국유기업 근로자는 주인공으로서의 지위와 광영을 더는 누릴 수 없었다.

둘째, 농민공이 체제 외 산업 근로자의 주체가 되었다. 농민공은 중국의 개혁개방과 산업화, 도시화의 과정에서 발생한 신흥 근로자 집단으로 산업 근로자의 중요한 구성부분이 되었다. 관련 조사에 따르면 중국 농민공 수는 1983년의 200만 명에서 2000년의 6,133.4만 명으로 29.7배 증가했다.[7] 2010년 전국 인구조사에 따르면 2010년 농민공 수는 1.4억 명에 달했다. 2050년까지 중국에서는 해마다 300~500만 명에 달하는 농촌 잉여 노동력이 도시로 진출할 것이며 이 숫자는 1억 명에 달할 것이다.[8]

---

7) 韓俊, 『中國農民工戰略問題硏究』, 上海遠東出版社, 2009, p.5.

8) 국가인구와 계획 생육위원회 유동인구복무관리사(國家人口和計劃生育委員會 流動人口服務管理司)의 『中國流動人口發展報告2012』 관련 데이터에 의해 추산한 것임.

경제사회의 30여 년의 발전으로 현재 농민공 집단 내부에 이미 분화가 발생했다. 농민공은 이미 사영기업주 집단(농민공 사장), 자영업 농민공 집단, 노무직 종사자 집단, 무직 혹은 실업 농민공 집단 등으로 분화되었다. 농민공 집단에서 현재 구세대 농민공이 약 6,700만 명, 신세대 농민공이 약 8,000만 명이다.[9)]

셋째, 노동 분쟁이 증가했다. 개혁개방 이래 중국의 노동 분쟁은 계속 증가했다. 특히 21세기에 들어서서 노동 분쟁 사건과 관련 인수가 대폭 증가했다. 2008년 접수된 사건은 2000년 대비 5배 증가한 70만 건에 달했으며 관련 인수도 121만 명에 달했다. 이 중 집단 노동 분쟁 사건이 2000년의 8,247건에서 2008년의 2만 1,880건에 달했으며 관련자 수도 50만 명에 달했다(표 9-10). 2007년에 통과된 『노동계약법』이 유발한 논쟁과 2010년에 발생한 폭스콘 직원 자살 사건, 광저우 난하이 혼다사 파업이 유발한 파업 사태는 중국의 노사 갈등을 보여주는 사건들이다.

표 9-10 역대 노동 분쟁 사건 및 당사자 수

연도	사건 수리 수(건)	근로자 당사자(명)	집단 노동 분쟁 사건 수(건)	집단 노동 분쟁 관련자 수(명)
1995	33030	122512	2588	77340
1996	47951	189120	3150	92203
1997	71524	221115	4109	132647
1998	93649	358531	6767	251268
1999	120191	473957	9043	319241

9) 宋國恺,「分群體分階段逐步改革農民工體制問題-基于農民工分化與社會融合的思考」,『北京工業大學學報(社會科學版)』2012年第2期.

연도	사건 수리 수(건)	근로자 당사자(명)	집단 노동 분쟁 사건 수(건)	집단 노동 분쟁 관련자 수(명)
2000	135206	422617	8247	259445
2001	154621	467000	9847	287000
2002	184116	608396	11024	374956
2003	226391	801042	10823	515000
2004	260471	764981	19241	477992
2005	313773	744195	16217	409819
2006	317162	679312	13977	348714
2007	350182	653472	12784	271777
2008	693465	1214328	21880	502713
2009	684379	1016922	13779	299601
2010	600865	815121	9314	211755

자료 출처 : 역대『中國工商行政統計年鑑』(中國工商出版社).

근년에 집단 노동 분쟁이 전체 노동 분쟁에서 차지하는 비율이 점차 높아졌다. 조직성과 충돌성이 강하고 해결이 어려우며 연쇄적 반응을 일으키기 쉬운 등 특징을 보인다. 집단 노동 분쟁은 주로 노동 보수, 경제 보상금, 사회보험 등 세 방면에 집중되었다. 분야는 방직, 의류, 전자, 건축 공사 등 일부 노동집약형 중소기업에 집중되었으며 관련 근로자는 대부분 농민공 등 취약층이다.

개혁개방 30여 년간 중국의 산업 근로자 계층의 전체 규모가 발전하는 추세를 보인다. 1995년을 전후하여 체제 내 산업 근로자 계층의 지위가 잠시 내려갔지만 요즘 회복세를 보인다. 특히 국유 독점 기업의 산업 근로자가 그러하다. 체제 외 산업 근로자의 지위는 전체적으로 향상했다. '노동자가 농민공화'가 된 것은 노동자와 농민공의 사회경제적 지위의 복잡한 변화를 여실히 반영하고 있다.

9) 농업 근로자 계층

『당대 중국 사회계층 연구 보고』에서 '적어져야 할 계층이 적어지지 않았다'라고 한 것은 바로 농업 근로자 계층의 지나치게 큰 규모를 가리킨 것이다. 서방의 선진국에 비하면 중국의 농업 근로자 계층의 규모가 너무 크다. 1978년과 비하면 농업 근로자 계층이 줄었지만 그 규모가 여전히 크다. 현재 농업 근로자 계층이 차지하는 비중이 30.4%로 1978년 대비 37% 줄었고, 2001년 대비 12.5% 줄었다. 현재 농업 근로자 계층 규모는 줄고 있지만 선진국에 비하면 규모가 여전히 크다. 현재 농민 계층은 다음과 같은 특징이 있다.

(1) 날로 성장하는 현대 의식

중국의 농업 근로자 계층 규모가 지속적으로 줄어드는 한편 농업 근로자는 더는 예전의 전통적 농업사회에서 자급자족하던 근로자가 아니다. 농업 근로자의 자질에 질적 변화가 발생했다.

첫째, 문화 수준이 향상되었다. 통계에 따르면 1985년 농업 근로자 중 문맹과 반문맹이 27.9%를 차지했으나 2010년에는 5.9%로 줄어들었다. 중학교 이상 학력 비중이 1985년의 35.1%에서 2010년의 69.4%로 증가하여 연평균 1.37%의 증가세를 보였다(그림 9-11). 농촌 노동력 학력의 제고는 농민 자질 향상에 중요한 역할을 한다.

둘째, 생활수준이 부단히 향상되었다. 농촌 가정에 컴퓨터와 휴대폰 등이 보급되기 시작했다. 2000년 농촌 가정 100가구당 컴퓨터 보유량은 1대, 휴대폰 보유량은 4대에서 2010년의 10.4대와 136.5대로 증가했다.

표 9-11 농촌 노동력 학력 상황 변화

단위 : %

학력 \ 연도	1985	1990	2000	2010
문맹, 반문맹	27.9	20.73	8.09	5.9
초등학교	37.1	38.86	32.22	24.7
중학교	27.7	32.84	48.07	52.7
고등학교	7	6.98	9.31	11.7
중등 전문학교	0.3	0.51	1.83	2.9
전문대 이상	0.1	0.1	0.48	2.1

자료 출처 : 『中國農業統計年鑒2011』, 中國農業出版社, 2011.

셋째, 현대화 건설 과정에서 농업 근로자는 평등하게 발전에 참여하고 개혁개방의 성과를 함께 누릴 것을 요구한다. 민주 법제 건설에서 농업 근로자는 농촌의 공공 사무 결책에 더욱 많이 참여할 것을 요구하고 법에 의한 자신의 권익 보호를 중시한다. 따라서 농업 근로자의 민주 법제 의식이 보편적으로 향상되었다. 특히 시장경제의 영향으로 농업 근로자는 이미 시장의 주체가 되었다. 독립성, 선택성, 다양성이 날로 증가하여 자주적 경영, 자주적 직업 선택, 자주적 창업을 하며 시장 경쟁에 평등하게 참여하고 시장의 위험성을 독립적으로 부담한다.

(2) 부단히 증가하는 경제소득

개혁개방 30여 년간 농업 근로자의 경제 상황이 개선되었다. 농촌주민 일인당 순소득이 1980년의 91위안에서 2010년의 5,919위안으로 증가했다. 소득은 소비의 기초이다. 소비도 1980년의 162위안에서 2010년의 4,382위안으로 증가했다. 엥겔지수는 20.7% 줄었다(표 9-12). 이는 농업 근로자 계층의 경제소득의 증가를 보여준다.

표 9-12 농촌 주민 경제 상황 변화

주요 지표 \ 연도	1980	1990	2000	2010
농촌 주민 일인당 순소득(위안)	191	686	2253	5919
농촌 주민 일인당 소비지출(위안)	162	585	1670	4382
농촌 주민 가정 엥겔지수(%)	61.8	58.8	49.1	41.1

자료 출처 : 『2006中國統計年鑑』, 中國統計出版社, 2006. 『2011中國統計年鑑』, 中國統計出版社, 2011.

(3) 상대적으로 격하된 농민의 지위

농업 근로자 계층의 규모가 지속적으로 줄어드는 것은 중국의 사회구조 조정 및 경제사회의 발전에 중요한 의의가 있다. 농업 근로자 계층의 규모가 지속적으로 줄어드는 것과 함께 그 사회적 지위가 상대적으로 격하되었다.

2006년, 중국은 2,000여 년간 지속된 농업세를 면제했다. 각종 농업 수당의 지급으로 농민들이 실제 혜택을 받고 있지만 농민의 지위는 격하되는 추세를 보인다. 통계에 따르면 1990년 농촌 주민 임금소득이 순소득의 20.2%, 2000년에는 31.2%, 2011년에는 31.2%를 차지했다. 그러나 가정 경영소득은 감소세를 보였는바 1990년 가정 경영소득이 순소득의 75.6%, 2000년에는 63.3%, 2011년에는 46.2%를 차지했다(표 9-13).

표 9-13 농촌주민 경제 상황 변화

소득 \ 연도	1990	2000	2011
임금소득	20.2%	31.2%	42.5%
가정 경영소득	75.6%	63.3%	46.2%

자료 출처 : 역대 『中國統計年鑑』, 中國統計出版社.

농민 가정 경영소득이 감소하고 임금소득이 증가한 것은 농업 생산에 종사하여 얻는 소득이 감소됨을 뜻한다. 그러므로 비농업 생산 즉 품팔이나 겸업을 통한 임금소득으로 가정 지출을 유지한다. 근래의 대규모 농민공이 이를 증명한다. 이는 또한 농민들이 비농업 생산으로 경제소득을 올리고 자신의 사회적 지위를 개선하려는 욕구를 보여준다. 이 밖에 물가와 농업 생산 물자의 가격이 폭등했지만 농산물 가격은 얼마 오르지 않았다. 밀과 벼의 수매 가격을 실례로 보자(표 9-14).

표 9-14 1990년, 2000년, 2010년 밀과 벼 최저 수매 가격 대비

단위 : 위안/50kg

수매 가격 ＼ 연도	1990	2000	2010
밀	46 41	57	백소맥 90 홍소맥 86 혼합밀 86
벼	41	53	올메벼 93 중만생 메벼 97 메벼 105

자료 출처 : 국가발전개혁위원회 사이트, http://www.sdpc.gov.cn/jggl/zcfg/default.htm.

농업 근로자 계층에 큰 변화가 발생했지만 취업 구조에서 제1차 산업 취업자가 여전히 36.7%에 달해 그 비중이 기타 선진국보다 훨씬 높다. 도시화율은 39%로 농업과 농촌에 큰 발전 가능성이 있다. '농업 기초가 박약하고 농촌의 발전이 정체되었으며 농민의 소득 증가가 어려운' 기본 구조에 근본 변화가 일어나지 않았다.

10) 무직, 실업자 계층

무직, 실업자 계층은 고정된 직업이 없는 집단을 가리킨다. 전체 계층에서 차지하는 비중이 2001년의 4.8%에서 2010년의 4.6%로 감소했다. 이는 근년의 경제 발전과 각종 취업 지원 정책과 밀접한 연관이 있다.

3. 연평균 900만 명 증가세를 보이는 중산층

중산층은 직업 개념으로 사회학 개념의 범주에 속한다. 이는 경제학자들이 제기한 경제소득을 기준으로 하는 '중등 소득자'의 개념과 다르다. '중산층'은 한 계층이 아니라 여러 계층의 총합이다. 사회 구성원의 직업을 기반으로 소유하고 있는 경제 자원, 권력 자원, 문화 자원의 많고 적음에 따라 나눈 것이다. 중산층은 사회 계층구조를 평가하는 핵심 지표로 한 국가나 지역의 사회 계층구조의 합리성 여부는 중산층의 규모를 보면 알 수 있다. 거대한 중산층은 현대 산업사회나 후기 산업사회의 중요한 특징이다. "중산층은 시민사회의 중견 세력으로 사회 안정의 기초이며 내용(耐用) 소비품의 시장이다"[10], "그들이 창조한 중산층 문화도 현대사회의 주류 문화로 간주되어야 한다."[11] 그러므로 사회 건설 강화로 중산층을 육성하고 발전시키는 것은 사회구조를 조정하고 최적화하는 핵심 임무이다.

10) 清華大學社會學系社會發展研究課題組, 『走向社會重建之路』, 2010, p.18.
11) 李春玲, 『斷裂與碎片』, 社會科學文獻出版社, 2005, p.485.

1) 중국 중산층 발전 및 구조

중산층의 규모는 한 국가의 경제사회 발전 수준을 가늠하는 중요한 지표이다. 아래에서 중산층 규모가 확대된 주요 원인을 보기로 한다.

첫째, 공무원은 중산층의 주요 구성원이다. 통계를 보면 2008년, 2009년, 2010년의 전국 공무원 수는 각각 659.7만 명, 678.9만 명, 869.4만 명이었다. 이 밖에 공무원법에 따라 관리하는 사회단체, 기관, 사업 단위 종사자가 88.4만 명이다. 근 2년 사이 전국 공무원 수는 해마다 15만 명의 증가세를 보인다.

둘째, 사영기업주는 개혁개방 이후 발생한 신흥 계층이다. 2000~2010년 사영기업주는 해마다 평균 140만 명이 증가한다. 이들은 중산층에 속한다.

셋째, 자영업자는 사영기업주의 예비군이다. 2000~2010년 자영업자가 해마다 평균 103만 명이 증가한다. 새로 증가한 자영업자 중 20~30%는 중산층에 속한다. 즉 해마다 자영업자 20~30만 명이 중산층이 된다. 이들 가족까지 합치면 해마다 40~50만 명이 중산층이 된다.

넷째, 전문직 기술자가 중산층의 주체가 되었다. 통계에 따르면 공유기업이나 사업 단위 전문직 기술자가 1990년의 2,285만 명에서 2009년의 2,888만 명으로 증가하여 연평균 30만 명의 증가세를 보였다. 2008년 전체 사영기업 종사자는 9,142.2만 명으로 전체 국유기업 종사자 2,202.2만 명보다 4배가량 더 많았다. 이러한 기업에는 본래의 국유기업이나 사업 단위에서 유입된 전문직 기술자와 비공유제 기업이 자체 육성한 전문직 기술자가 있다. 통계에 따르면 2004년부터 비공유제 기업의 전문직 기술자는 해마다 120만 명의 증가세를 보인다. 이토록 거대한 집단이 여러 원인으로 전문직 기술자 계층에 포함되지 못했으며 중산층에도 포함되지 못했다. 해마다 새로 증가하는 전문직 기술자 120만 명은 중산층에 속한다.

다섯째, 농민공은 중국의 산업화와 도시화 과정에서 발생한 신흥노동력이다. 농민공 대부분은 도시에 진출하여 노무직에 종사하고 일부는 자영업을 한다. 2010년 국가통계국 농촌사의 「2009년 농민공 감시 측정 조사 보고」에 따르면 도시 진출 농민공은 1억 4,533만 여명이며 이 중 6.4%, 약 930만 명이 자영업에 종사한다고 했다. 이 중에는 적지 않은 사영기업주나 일정한 경제력을 갖춘 자영업자가 있다. 이 중 10%를 중산층으로 추산하면 약 100만 명이 중산층에 속한다.

여섯째, 통계에 따르면 2005년, 2010년, 2011년 중국농민전문합작사가 각각 15만 호, 37.9만 호, 52.2만 호이다. 중국은 해마다 농민전문합작사가 5만여 호 증가한다. 2011년 농민전문합작사 전체 회원 수는 1,196.43만 명이며 이 중에는 재배업이나 양식업 종사자, 농장이나 운송 판매 경영자, 중개 상인, 농업 기술 명수 등이 포함된다. 이들은 합작사를 조직 관리하는 주요 세력이다. 전문합작사마다 10~20가구씩을 중산층으로 추산하면 해마다 새로 증가하는 50~100만 명이 중산층에 속한다.

일곱째, 중국의 경제사회 발전에 따라 각 유형 사회조직도 발전했다. 이러한 사회조직은 사회 각 유형의 인재를 유입했으며 또한 중산층의 요람이 되었다. 2001년 전국의 사회조직은 21.1만 개였으며 이 중 민영 조직이 8.2만 개였다. 2010년 전국의 사회조직은 44.5만 개였으며 이 중 민영 조직이 19.8만 개로 해마다 평균 1.16만 개의 증가세를 보였다. 민영 사회조직의 법인 대표, 실제 책임자, 주요 관리자 등 3~5명을 중산층으로 보면 해마다 3~6만 명의 중산층이 새로 증가한다. 최근 이들을 중산층에 넣지 않았다. 사실상 이 유형 중산층의 숫자는 이보다 훨씬 많을 것이다.

여덟째, 2001~2010년 중국은 전문대 이상 졸업자를 약 3,409만 명 배출했다. 대학원 졸업자 226만 명을 합하면 3,635만 명에 달한다. 해마다 평균 대학 졸업생 363.5만 명이 사회에 진출했는바 이들은 중산층의 예비군이다. 중국 대학 교육 발전의 추세를 보면 향후 해마다 대학 졸업생 500~600만 명이 사회에 진출할 것이며 이들은 중산층의 예비군이 될 것이다.

21세기에 들어서서 중국에서는 해마다 약 900만 명의 중산층이 새로 증가할 것이다. 이는 우리 연구팀이 2010년에 예측한 800만 명[12]보다 100만 명이 더 많다. 이는 현재가 중국 중산층 발전의 황금기임을 말해준다.

2) 중국 중산층 증가 원인

개혁개방 30여 년간 중국 중산층의 규모는 부단히 커졌는바 이는 중국 경제사회가 발전한 중요한 성과이다. 중산층 증가의 원인은 다음과 같다.

(1) 현대화의 발전이 중산층 형성에 경제사회 기초 제공

『당대 중국 사회계층 연구 보고』에서 "선진국에 비하면 현대화 사회계층의 기본 구성 요소는 이미 구비되었다. 무릇 현대화 국가에 존재하는 사회계층은 모두 중국에서 나타났다. 일부는 이미 상당한 규모를 갖추었다"라고 했다. 비록 10년의 발전 변화를 걸쳤지만 중국 사회 계층구조 구성 요소나 위계에 변화가 발생하지 않았다.

이는 중국의 현대사회 산업 구조와 취업 구조에 관련된다. 〈표 9-15〉, 〈표 9-16〉에서 볼 수 있듯이 중국과 선진국의 산업 구조와 취업 구조를 비교하면 중국의 제1차 산업 비중은 감소세를 보이고 제2차 산업과 제3차 산업 비중은 증가세를 보인다. 취업 구조를 보면 제1차 산업 종사자의 비

---

12) 陸學藝主編, 『當代中國社會結構』, 社會科學文獻出版社, 2010, p.23.

중은 감소세를 보이나 제2차 산업과 제3차 산업 종사자 비중은 증가세를 보인다. 이는 선진국의 변화 추세와 일치한다. 이러한 산업 구조와 취업 구조는 새로운 사회계층이 발생할 수 없음을 확인시켜준다.

표 9-15 중국, 일본, 미국, 영국 산업 구조 비교

단위 : %

국가	1980년			2000년			2010년		
	제1차 산업	제2차 산업	제3차 산업	제1차 산업	제2차 산업	제3차 산업	제1차 산업	제2차 산업	제3차 산업
중국	30.2	48.2	21.6	15.1	45.9	39.0	10.2	46.9	43.0
일본	3.7	41.9	54.4	1.4	31.8	66.8	1.5	29.3	69.3
미국	2.5	33.5	64.0	1.6	24.9	73.5	1.3	21.4	77.4
영국	2.2	42.8	55.0	1.1	28.7	70.3	0.7	23.6	75.7

주 : 2010년 산업 구조 데이터에서 일본과 미국은 2007년의 데이터이고 영국은 2008년의 데이터임.

자료 출처 : 역대 『中國統計年鑑』, 中國統計出版社.

표 9-16 중국, 일본, 미국, 영국 취업 구조 비교

단위 : %

국가	1980년			2000년			2010년		
	제1차 산업	제2차 산업	제3차 산업	제1차 산업	제2차 산업	제3차 산업	제1차 산업	제2차 산업	제3차 산업
중국	68.7	18.2	13.1	50.0	22.5	27.5	36.7	28.7	34.6
일본	10.4	34.7	54.9	5.1	31.2	63.1	4.2	27.9	66.7
미국	3.5	29.3	67.2	2.6	23.0	74.4	1.4	20.6	78.0
영국	1.5	37.2	61.3	1.5	25.4	72.7	1.4	21.4	76.9

자료 출처 : 역대 『中國統計年鑑』, 中國統計出版社.

현대 중국 사회 건설

이러한 산업 구조와 취업 구조의 배경에서 형성된 계층구조는 중산층의 형성에 영향을 준다. 계층구조의 구성 요소와 위계가 변하지 않는 상황에서 각 계층은 규모의 변화, 계층 간의 사회이동 변화, 사회계층 관계의 변화 등이 발생할 수 있다. 이러한 변화의 결과는 각 계층에서 일정한 중산층을 배출하는 것이다. 근년에 중산층이 해마다 900만 명의 규모로 증가하는 것이 이 현실 상황을 반영해준다.

(2) 직업 구조의 고급화 추세가 중산층의 비약적 증가 유도

개혁개방 이래 특히 21세기에 들어서서 중국 경제의 지속적 발전과 산업화, 도시화, 정보화, 현대화 수준의 향상에 따라 전체 사회의 직업 구조가 고급화되는 추세를 보였다. 1980~2000년 제1차 산업 취업자의 비중이 18.7% 감소하여 연평균 0.935% 감소했고 2000~2010년에는 13.3% 감소하여 연평균 1.33% 감소했다. 후시기의 평균 감소세가 전 시기보다 더욱 빠르다. 이는 21세기 이래 제1차 산업 종사자가 제2차 산업이나 제3차 산업으로 전환했음을 보여준다. 직업 구조의 고급화 추세는 고급 직업을 특징으로 하는 중산층의 비약적 증가에 더욱 넓은 공간을 마련했다.

(3) 장기간의 지속적 경제 발전이 중산층 증가에 동력 제공

근래 중국 중산층이 빠르게 발전한 동력은 중국 경제의 지속적 발전이다. 개혁개방 이래 중국 GDP는 10% 이상의 증가세를 유지했으며 2009년 금융위기에도 8% 이상의 증가세를 보였다. 경제의 지속적 발전에 따라 사회 구성원들이 부를 축적하는 방식에 변화가 생겼으며 그 축적 속도도 빨라졌다. 대리인, 사영기업주, 전문직 기술자 등 계층에 고소득 집단이 나타났다.

(4) 대학 교육의 발전이 중산층의 발전 가속

현대사회에서 교육은 사회이동의 동력 시스템이다. 교육은 구성원 한 사람 한 사람에게 상류층으로 이동할 수 있는 평등한 기회를 부여한다. 근래에 중국 중산층의 비약적 발전은 대학교육의 발전과 밀접한 연관이 있다. 1999년 대학 정원 확대 이후 학생 모집 규모가 부단히 커졌다. 1999년 중국의 대학은 159.7만 명을 확대 모집하여 1998년 대비 50% 남짓 증가했다. 2010년 대학 모집 정원이 661.8만 명에 달했고 재학생 수는 2231.8만 명에 달했다. 대학 입학률이 26.5%로 2000년의 12.5%에 비해 2배가량 증가했다. 대학 교육의 발전, 특히 대학 정원 확대로 수백만 명이 대학 교육을 받을 기회를 얻었으며 사회이동의 기회가 대폭 증가했다. 대학 졸업생은 중산층의 예비군이 되었다.

4. 당전 중국 사회 계층구조 변화의 새로운 특징

전반적으로 보면 10년의 발전 변화를 걸쳤지만 중국 사회 계층구조의 구성과 위계에는 변화가 발생하지 않았다. 이는 중국이 현대사회의 산업구조와 직업 구조를 갖춘 것과 관련된다. 이러한 산업 구조와 직업 구조는 사회 계층구조의 상대적 안정성을 보장한다. 계층구조의 변화는 각 계층 규모의 변화, 계층 간 사회이동 변화, 사회계층 관계의 변화뿐이다. 현재 중국 사회 계층구조 변화는 새로운 특징을 보여준다.

1) 체제 내 사회이동의 완만과 분층 구조에서 권력 역할의 증가

사회이동을 동태적 시각에서 보면 사회 계층구조의 분화는 각 계층 간 상호 교섭, 동력 시스템, 시공간 범위 및 방향과 속도를 분석하고 설명하며 사회 계층구조 분화의 양적 변화 과정을 연구하는 것이다. 특히 근 10년간 중국 사회 계층구조의 중요한 변화 발생 과정에서 사회이동은 중요한 역할을 하며 크게 변화했다. 사회이동의 중요한 변화는 다음과 같다.

(1) 사회이동은 여전히 활기를 띠고 있다

앞에서 분석했듯이 개혁개방 이후 특히 21세기에 들어서서 중국의 각 사회계층에 모두 큰 변화가 발생했다. 계층마다 규모에 변화가 생겼을 뿐만 아니라 본인이 소유하고 있는 정치 자원, 경제 자원, 문화 자원에도 변화가 생겼다. 더욱 중요한 것은 각 위치에 있는 사회 구성원 대부분은 위로의 계층 이동을 실현했다. 이는 현재 중국의 사회이동이 일부 학자의 주장처럼 '정체'된 것이 아님을 보여준다. 이와 연결된 사회 분층 구조는 여전히 조정 중이다.

(2) 사회이동에 구조적 조정의 변화가 발생했다

'폭이 큰' 사회이동은 비교적 낮은 계층과 비교적 높은 계층간의 수직 이동이고 '폭이 작은' 사회이동은 서로 비슷한 계층간 의 상호 유동이다. 개혁개방 30여 년간 중국의 사회 계층구조에 큰 변화가 생겼다. 그러나 1979~2000년과 2001~2010을 비교하면 후 10년의 전체 사회이동이 느리다. 특히 등급 지위가 비교적 높은 계층의 규모에 큰 변화가 없지만 등급 지위가 낮은 계층의 규모에는 뚜렷한 변화가 있다.

2000년대 이전 농업 근로자 계층은 주로 상업 서비스직이나 자영업, 사무직, 사영기업주 등 계층에 흡수되었으나 2000년대 이후 농업 근로자 계층은 주로 산업 근로자 계층에 흡수되었다. 통계를 보면 상업 서비스직 계층은 1979~2000년 사이 해마다 0.41%의 증가세를 보였지만

2001~2010년에는 거의 변화가 없다. 자영업자 계층은 1979~2000년 사이 해마다 0.32%의 증가세를 보였고 2001~2010년 사이 0.30%의 증가세를 보였다. 사무직 계층은 1979~2000년 사이 해마다 0.29%의 증가세를 보였지만 2001~2010년 사이에는 해마다 0.01% 증가세밖에 보이지 못했다. 국가와 사회 관리자 계층은 1979~2000년 사이 해마다 0.05%의 증가세를 보였고 2001~2010년 사이 0.02%의 증가세를 보였다.

10대 계층에서 국가와 사회 관리자 계층, 전문직 기술자 계층, 산업 근로자 계층은 체제 내 계층의 주체이다. 위에서 이미 국가와 사회 관리자 계층을 분석했으므로 여기서는 전문직 기술자 계층과 산업 근로자 계층을 분석하기로 한다.

전문직 기술자는 체제 내와 체제 외의 차이가 있는데 공유제 기업이나 사업 단위의 전문직 기술자는 체제 내 전문직 기술자이다. 근 20년간 공유제 기업이나 사업 단위의 전문직 기술자는 전반적으로 증가세를 보이지만 각 단계의 증가폭은 같지 않다. 공유제 기업이나 사업 단위의 전문직 기술자는 1990년의 1,648.4만 명에서 2000년의 2,165.1만 명, 2010년의 2,269.7만 명으로 증가했다. 첫 10년은 연평균 51.67만 명 증가했지만 그 후 10년은 연평균 1.46만 명밖에 증가하지 못했다(표 9-17).

표 9-17 공유제 기업, 사업 단위 전문 기술자 변화

연도	1990	2000	2010
인수(만 명)	1648.4	2165.1	2269.7

자료 출처 : 『2011中國統計年鑑』, 中國統計出版社, 2011.

산업 근로자에도 체제 내와 체제 외 차이가 있다. 국유기업 취업자의 주체는 산업 근로자이다. 국유기업 취업자는 1990년의 1억 346만 명에서

1995년의 1억 1,261만 명으로 증가했다. 1995년 이후 국유기업 체제 개혁으로 많은 근로자가 실업하여 국유기업 취업자는 2000년에 8,102만 명으로 감소했다. 2010년에는 6,516만 명으로 감소하여 2000~2010년 사이 연평균 16만 명의 감소세를 보였다(그림 9-5). 체제 내 산업 근로자 수는 해마다 감소하고 있다.

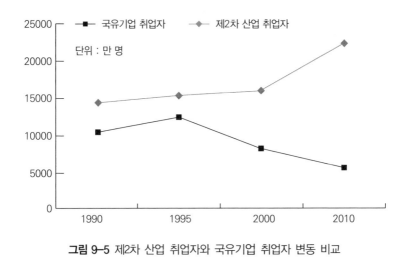

그림 9-5 제2차 산업 취업자와 국유기업 취업자 변동 비교

체제 내 사회이동이 전반적으로 느려진 것은 전체 사회의 이동이 느려졌다는 의미는 아니다. 반대로 전체 사회이동은 더욱 빨라지는 추세를 보인다. 이는 체제 외 전문직 기술자 계층과 산업 근로자 계층 규모의 대폭적 증가가 사회이동을 촉진하기 때문이다.

(3) 사회 분층에 대한 권력 시스템의 역할이 뚜렷이 커졌다

개혁개방 30여 년간 중국 사회 계층구조에 큰 변화가 발생한 근본적 원인은 사회이동의 시스템에 변화가 생겼기 때문이다. 이는 관념 형태의 개변, 소유제 구조 조정, 시장 시스템 도입, 도시화와 산업화의 추진 등이 작용한 결과이다. 이러한 시스템은 아직도 일정한 역할을 발휘한다. 21세기에 들어선 후 사회 계층구조에서 권력 시스템의 역할이 강화되었는바 구체적으로는 '시장 관계에서 국가 행정 권력을 '남용'[13]하여 기타 사회 구성원의 이익을 침범하거나 사회 관리를 빌미로 권력을 확대, 강화하는 것이다. 그러므로 일부 학자들은 '권력을 중건해야 하는가, 아니면 사회를 중건해야 하는가?'[14]라는 물음을 던지고 있다. 권력 시스템 역할의 강화는 현재 중국 사회 계층구조의 변화에서 '폭이 큰' 사회이동이 느려지고 체제 외에서 체제 내의 이동이 힘든 상황을 초래했다. 소위 말하는 '금수저', '흙수저'가 바로 권력 시스템 역할이 지속적으로 강화된 결과이며 그 구체적 표현이다.

2) 중산층의 자기 사회 인정도 저하

21세기에 들어서서 중산층은 부단히 발전했다. 그러나 중산층의 자기 사회 인정도가 보편적으로 낮다.

2005년, 계급 의식에 관한 한 연구에서 중국 도시 주민의 자기 계층 인정이 '아래로 편향'되는 경향이 있음을 발견했다. 이 연구는 이러한 '아래로 편향'은 전반 구조의 편향이 아니라 본인이 중산층이라고 생각하는 사람이 적고 사회 하층민이라고 생각하는 사람이 많은 것으로 표현된다고 했다.[15] 사영기업주 계층은 중산층의 중요한 구성 계층이다. 일부 학자는

---

13) 李路路, 「社會結構階層化和利益關係市場化」, 『社會學研究』 2012年 第2期.
14) 淸華大學社會學系社會發展硏究課題組, 『走向社會重建之路』, 2010, pp.1~10.
15) 李培林等, 『社會衝突與階級意識-當代中國社會矛盾問題硏究』, 社會科學文獻出版社, 2005, p265.

1993~2008년 중국 사영기업주의 경제적 지위, 사회적 지위, 정치적 참여 및 지위에 대한 자기 평가 연구 분석에서 사영기업주 계층의 자기 인정이 감소되는 추세를 보인다고 했다.[16]

중국 사회 계층구조의 변화는 세계 현대화 역사에서 가장 큰 규모의 사회 전환기에 발생했다. 이는 변화의 복잡성을 결정했다. 사회 전환기의 경제, 정치, 사회적 지위는 상대적으로 불일치하다. 직업을 주요 지표로 하는 중산층은 경제적 지위가 보편적으로 낮은 특징을 보이며 이는 대중의 주관적 판단과 큰 차이가 있다. 한 학계는 중국의 중산층이 부단히 발전한다고 하고 다른 한 사회에서 는'중산층이 되어버렸다'고 비난한다. 일부 학자는 현재 중국에 적어도 세 가지 모습을 보이는 중산층이 있는데 바로 '대중 여론 속의 중산층', 정부에서 제기한 '중등 소득자', 사회학자가 제기한 '중산계급'이다.[17] 이는 현 단계 중국 중산층의 자신감 부족을 말해준다.

중국은행 프라이빗 뱅킹과 후룬(胡潤) 리서치가 발표한 「2011 중국 사유재산 관리 백서」에서 볼 수 있듯이 중국의 고액 자산가(투자자산 1,000만 위안 이상 보유) 중 14%가 이미 해외로 이주했으며 46%는 이민 수속을 하고 있거나 이민을 계획하고 있다. 이 46%가 모두 해외로 이주하면 고액 자산가 중 3/5은 '검은 머리 외국인'이다.[18] 중국의 초고액 자산가 이민 비율은 이보다 훨씬 더 높다. 초상은행과 베인앤컴퍼니가 발표한 보고서에서 투자 자산 1억 위안 이상 보유한 중국의 초고액 자산가 2만 명 중 27%

---

16) 陳光金, 「中國私營企業的形成機制, 地位認同和政治參與」, 『黑龍江社會科學』 2011年第1期.

17) 李培林等, 『金磚四國社會分層: 變遷與比較』, 社會科學文獻出版社, 2011, pp305~309.

18) 『2011中國私人財富管理白皮書』, http://www.hurun.net/zhcn/newsshow.aspx-?nid=164.

가 이미 이민했으며 47%는 이민을 계획하고 있다고 하면서 '이는 놀라운 세계기록'이라고 했다.[19]

선진국과 비교해보면, 일본은 화이트칼라를 특징으로 하는 '신중산계급'의 비중이 1955년의 25.5%에서 1995년의 43.2%로 증가했다. 1950~1970년대는 일본 경제의 발전기이다. '신중산계급'의 성장은 전체 일본 사회의 자신감을 향상시켰다. 1980년대 인구가 1.2억 명인 일본에 '중산계급이 1억 명'이라는 말이 나돌 정도였다. 본인이 중산층에 속한다는 생각하는 인구가 전체 인구의 80%를 차지했는바 민족적 자신감은 말할 필요도 없다. 이는 중국 중산층의 사회 인정도가 상대적으로 낮고 자신감이 부족한 현상과 뚜렷한 대조를 이룬다.

3) 사회계층 관계의 복잡화

개혁개방 이후 각 사회계층 간에 차이가 있고 이익도 불일치했지만 경제 발전에서 각 사회계층은 공동 이익을 위해 전체적으로 협력하는 공생 관계였다. 10여 년간 개혁개방의 추진으로 중국 사회계층 관계에 다음과 같은 변화가 발생했다.

우선, 사회 구성원 소득 격차가 벌어졌다. 이는 다음과 같은 방면에서 볼 수 있다. 첫째, 국민소득 분배 구조에서 주민 소득이 감소되었다. 국민 총소득에서의 국민소득 비중과 1차 분배 구조에서의 노동 보수 비중이 감소되었다. 국가통계국의 2000~2010년 자금 유동 통계에 따르면 1차 분배에서의 노동 보수 비중이 53.3%에서 47.8%로 감소되었다. 국민소득에

---

19) 『2011中國私人財富報告』, http://www.cmbchina.com/cmbinfo/news/newsinfo. aspx?guid=a712b024-6777-42f5-9660-fb5514c46de4.

서 정부의 수입은 14.5%에서 18.0%로 증가했고 기업의 수입도 17.9%에서 21.6%로 증가했지만 주민 소득은 67.6%에서 60.4%로 감소했다.[20] 둘째, 자본의 획득은 부의 축적과 확대를 가속화시켜 소득 격차를 더욱 키웠다. 셋째, 일부 업종 기업 고위직의 고소득은 일반 직원의 소득과 큰 격차를 보인다. 그러나 임금소득의 평균화는 소득 격차가 커진 진실을 감추어 버렸다.

다음, 권력이 확대되고 강화되었다. 중국공산당 제18차 대표대회 보고서에서는 정치체제 개혁 부분에서 권력 제어와 감독 체계를 구축하고 완비해야 한다면서 "대중의 밀접한 이익과 관련되는 결책 제정 시 반드시 대중의 의견을 충분히 수렴해야 하며 대중의 이익을 침범하는 작태는 확고하게 방지하고 고쳐야 한다"고 했다. 최근 정부는 '사회 안정 유지'나 '사회 관리'를 통해 심지어 '개혁'이라는 슬로건을 내걸고 권력을 확대, 강화했다. 그 결과 대중의 이익을 침범하는 사건이 때때로 발생하여 대중의 불만과 충돌을 초래했다. 특히 공권력을 장악한 국가와 사회 관리자 계층의 권력이 커져 기타 계층의 이익과 발전을 침범하고 제한한다. 이는 기타 계층으로 하여금 공권력이 과도하게 강하여 시시각각 통제를 받는다고 생각하게 한다.

대중의 이익이 침범을 받는 원인 중 하나는 정부가 모든 것을 관리하는 것이다. 많은 일은 정부가 신경을 쓰지 않아도 된다. 정부가 잘 관리할 수 없는 것도 있다. 그러나 정부는 권력의 속성상 또는 습관적으로 정부가 관리할 필요가 없는 사무를 모두 관리하려고 한다. 그것도 직접적인 행정 간섭으로 말이다. 이를테면 심사 비준, 자격 허가와 가격 통제 등 수단으로 경제사회의 움직임을 조정하고 통제한다. 이는 한편으로 대중이 관리를

---

20) 『十八大報告輔導讀本』, 人民出版社, 2012, p300.

받으려는 심리적 의존성을 조장하고 다른 한편으로 대중의 권익이 침범받는 상황을 초래한다.

그다음, 엘리트 집단이 동맹의 기미를 보인다. 10여 년간 중국 경제가 거대한 발전 성과를 이룩했지만 사회 구성원의 보편적 느낌은 개혁개방 초기처럼 돈을 벌기가 쉽지 않다는 것이다. 자본 요소가 부를 축적하는 중요한 방식이 되었고, 게다가 엘리트 집단의 동맹은 중하계층이 얻는 이익을 줄인다. 앞에서 말했듯이 권력이 부단히 확대되는 한편 권력과 자본이 동맹을 맺었다. 이를테면 정치 엘리트와 경제 엘리트의 동맹, 정치 엘리트와 문화 엘리트의 동맹 등이다. 이런 동맹의 결과 엘리트 집단이 더욱 많은 자원과 기회를 얻고 기타 사회 구성원은 적은 자원과 기회를 얻을 수밖에 없거나 아예 아무것도 얻지 못한다. 이는 엘리트와 대중 간의 모순을 격화시킨다. 그러므로 일부 학자는 "중국의 빈부 격차가 이토록 큰 주요한 원인은 권력으로 얻은 소득 때문이다"[21]라고 했다. 이는 사회 구성원들이 사회에 불만을 가지는 중요한 원인 중 하나이다.

마지막으로 각 사회계층 간에 모순과 충돌이 격화된다. 개혁개방에서 2000년까지 경제사회의 발전에 따라 중국의 사회 계층구조에 분화가 발생했지만 각 계층 간의 목표는 거의 일치했다. 즉 개혁이 각 계층의 공통된 인식이었다. 그러나 경제사회의 발전으로, 특히 21세기에 들어서면서 각 계층 간에 협력이 있지만 서로 멀어지며 심지어 충돌이 뚜렷하게 증가했다. 근년에 두드러진 노사 갈등, 부자와 관료를 증오하는 정서, 집단 소요 사건 등이 계층 관계 복잡화의 구체적 표현이다. 아울러 계층 관계 복잡화의 중요한 특징은 각 계층이 모두 이익을 얻는 전제하에 취득 이

---

21) 吳敬璉,「靠權力取得財富的富人要嚴懲」, http://finance.sina.com.cn/china/20121129/122313840672.shtml.

익의 격차가 커지거나 권익이 침범을 받으므로 계층간 관계가 긴장된다는 것이다. 현재 복잡한 계층 관계로는 주로 정부와 민중의 관계, 경찰과 민중의 관계, 의사와 환자의 관계, 노사관계, 현지인과 외래인의 관계 등이 있다.

5. 사회 건설을 통한 사회 계층구조의 최적화

개혁개방 30여 년간 중국 사회 계층구조에 큰 변화가 발생했다. 특히 21세기에 들어서서 사회 계층구조에 뚜렷한 변화가 발생했지만 여전히 불합리적이므로 사회 건설로 조정하고 최적화해야 한다.

1) 당면한 중국 사회 계층구조의 불합리화

21세기에 들어서서 사회 계층구조에 뚜렷한 변화가 발생했지만 여전히 불합리하다. 현재 중국 사회 계층구조의 변동에 존재하는 문제점과 단계적 특징을 정확하게 인식하는 것은 사회 계층구조의 최적화에 이롭다.

(1) 마름모형 현대화 국가 사회 계층구조가 형성되지 않았다

2010년 중국의 농업 근로자 계층이 전체 계층의 30.4%를 차지했다. 2001년 대비 12.5% 감소했지만 그 비중은 여전히 높다. 중국 사회 계층구조의 '많아져야 할 계층은 많아지지 않고 적어져야 할 계층은 적어지지 않은' 추세에 근본적 변화가 없다. 전반적으로 말하면 농업 근로자 계층은 많지만 약하고, 중산층은 적고 강하지 못하다. 마름모형 현대화 국가 사회 계층구조를 형성하려면 아직 멀었다.

(2) 중산층의 규모가 작고 사회 인정도가 부족하다

중산층의 규모와 자신감은 국가의 경제사회 발전에 직접적 영향을 준다. 현재 우리의 추산에 의한 중국 중산층 규모는 25~27%로 선진국 중산층의 규모에 비하면 여전히 작다. 또한 일본 등 선진국과 비교하면 중국 중산층의 자신감이 부족한바 사회 인정도를 향상해야 한다.

(3) 사회 계층관계에 복잡한 상황이 발생했다

개혁개방 30여 년간 중국 사회 계층구조에 큰 변화가 발생했는데 이는 시장화, 산업화, 도시화 등이 공동으로 작용한 결과이다. 21세기에 들어서서 각 계층 간에 협력이 많아졌지만 권력 시스템 역할의 증강으로 사회 구성원의 합법적 권익이 침범을 당하고 사회 구성원 간의 소득 격차가 커져 각 계층 간 관계가 점차 소원해졌다. 심지어 충돌까지 발생하여 사회 계층관계가 복잡해진다.

2) 사회 건설은 사회 계층구조 조정의 필수 수단

사회 계층구조는 사회구조와 마찬가지로 아주 복잡한 체계이므로 직접 조정할 수 없다. 소득 분배의 규칙을 직접 개변하여 소득 분배 구조를 조정하거나 산업 정책의 조정으로 취업 구조를 조정하여 효과를 얻을 수 있지만 사회 계층구조는 이와 다르다. 종합적인 다양한 방식으로 점차 조정해야 한다. 현대화의 발전 및 현재 중국 경제사회 발전에서 사회 건설은 사회 계층구조를 최적화하는 중요한 경로이고 사회 건설이 중산층을 발전시키는 필요한 수단임을 이미 증명했다.

(1) 사회 계층구조 조정의 정책 건의

『당대 중국 사회계층 연구 보고』에서는 중국 사회 계층구조에 큰 변화가 발생했는바 현대화적인 사회 계층구조의 틀이 형성되기 시작했지만 사회 계층구조와 현대화 건설의 발전이 서로 적응되지 않는다고 했다. 이를 바탕으로 "사회제도와 사회정책 체계를 혁신하고 합리적인 사회 계층구조를 육성한다"는 건의를 제기했다.

『당대 중국 사회계층 연구 보고』에서는 사회제도와 사회정책 신체계 구축 관련 다섯 가지 기본 원칙을 제기했다. 또한 사회제도와 사회정책 신체계 구축의 네 개 주요 부분을 제기했다. 즉 현대사회 계층구조의 사회제도를 구축하고 조정적 사회정책을 제정하며, 전체 사회 구성원의 경쟁력과 적응력을 효과적으로 향상시키는 사회 시스템을 구축하고, 각 계층 이익을 효과적으로 조정하는 시스템을 구축하며, 기본 사회보장 체계를 구축하고 보완하는 것이다.

『당대 중국 사회계층 연구 보고』에서는 각 계층 발전을 지지하는 사회정책의 제정을 제기했다. "국가와 사회 관리자 계층의 지위, 역할, 이익과 한계를 분명히 하고 고효율적이고 자율적인 공무원 집단을 육성한다. 사영기업주 계층의 역할을 충분히 긍정하고 건강하게 발전하도록 인도한다. 교육 사업을 적극 발전시켜 새로운 사회 중간층을 육성한다. 일자리를 창출하고 산업 근로자 계층의 권익을 보장한다. 토지 사용권을 안정시키고 농민들의 부담을 줄이며 농업 잉여 노동력의 전환을 가속화한다."

합리적 사회 계층구조 구축에 대한 정책적 건의의 회고와 총괄은 사회 계층구조의 조정과 최적화에 대한 인식 심화에 유익하다.

첫째, '사회제도와 사회정책 체계의 혁신'은 우리가 현재 말하는 '사회 건설'이다.

둘째, '사회제도와 사회정책 체계의 혁신'으로 합리적인 사회 계층구조를 구축하려는 목표와 방향은 정확하다.

셋째, 10여 년간 '사회제도와 사회정책 체계의 혁신'을 통한 합리적인 사회 계층구조 구축에서 농민 부담의 경감, 국가재정(현급 이상)으로 농촌 교육 지탱 등에서 성공했다. 그러나 호적 제도 개혁, 토지 사용권의 안정 등은 아직 시작하지도 못했다. 산업 근로자 계층의 합법적 권익 보장, 자율적 공무원 집단의 육성 등은 잘 하지 못했다. 10년 전의 정책 건의를 검토하고 정리하여 향후 발전에서 사회 건설을 강화하고 사회구조가 최적화되도록 조정해야 한다.

(2) 중산층을 발전시키는 것은 사회 건설의 중요 목표

향후 30년 사회 계층구조의 최적화는 다음과 같은 세 가지를 고려해야 한다.

첫째, 중산층을 발전시키는 것은 사회 건설의 중대한 책임이다. 중산층은 사회 계층구조를 가늠하는 핵심 지표이다. 방대한 중산층은 현대 산업사회나 후기 산업사회의 중요한 구성 부분으로 민주, 부유, 발전을 대표하며 사회의 발전과 개혁을 추진하는 동력이자 사회 안정의 구조적 기초이다. 현재 중국 중산층의 규모가 너무 작다. 연평균 증가 속도가 낮지 않지만 질이 높지 못하고 중산층은 여전히 취약하다. 현재 중국이 발전 과정에서 직면한 일부 문제는 중산층의 규모가 크지 않은 것과 관련된다. 이를테면 사회의 안정된 기초가 부족하고 일정한 소비력을 지닌 소비자 집단이 부족하며 정치를 개혁할 교양 있는 민주 세력이 부족한 것 등이다.

시장 시스템은 중산층을 육성하고 발생시키는 중요한 시스템이다. 시장은 산업 발전을 인도하고 일자리를 창출하며 중산층을 육성한다. 그러나 시장 시스템은 중산층을 보호하거나 발전시키지는 못한다. 중산층을 보호하고 발전시키는 책임은 사회 건설의 몫이다. 의료 보장, 사회보장,

교육, 주택, 소득 분배 등 사회정책을 골자로 하는 사회 건설은 중산층에 중요한 사회적 보호를 제공하는바 중산층이 사회 최하층이나 빈곤층으로 전락하지 않게 한다. 시장 시스템이 발생시킨 중산층이 한 단계 발전하고 성장하여 점차 대규모 계층을 이루어야 한다. 근년에 '중산층이 된' 현상이 이를 증명한다. 사회적 보호를 받는 중산층이 점점 강해지면서 자기 인정도를 향상해야 한다. 정리하면 시장 시스템이 중산층을 발생시키고 사회 건설이 중산층을 발전시킨다.

둘째, 권력을 규범화하여 중산층의 합법적 권익을 수호해야 한다. 사회 건설의 목표 중 하나는 공평하고 합리적인 사회 이익 관계 구축이다. 공평하고 합리적인 사회 이익 관계 구축은 권력의 남용을 통제해야 할 뿐만 아니라 사회 구성원의 합법적 권익을 수호하며 구성원 한 사람 한 사람에게 사회적 보호를 제공해야 한다. 근년에 중국은 세계가 주목하는 발전 성과를 거두었지만 일부 사회 구성원의 합법적 권익을 희생시켰다. 그 결과 사회 구성원의 불만을 야기했을 뿐만 아니라 반항까지 불러일으켰다. 이는 정부의 '사회 안정 수호' 비용을 높였고 정부의 공신력을 훼손했다. 그러므로 '권력을 인민에게 돌려주어' 사회 구성원이 본인의 합법적 권익이 침범을 받지 않게 하며 중산층이 사회 최하층으로 쉽게 전락하지 않게 보장해야 한다. 또한 '권력을 인민에게 돌려주면' 정부의 공신력과 자신감 제고에 유익하다.

셋째, '인민이 부자가 되게' 하는 것은 중산층의 자신감을 향상한다. 현재 중국 중산층의 사회 인정도가 낮은 중요한 원인은 현행 소득 분배에 대한 불복이다. 현재의 소득 분배 구조는 직업 지위와 실제 사회경제적 지위를 불일치시킨다. 분리과세 제도, 독점 기업, 토지 징수, 부동산, 농민공 체제 등 각종 요소로 사회 구성원의 소득이 향상되지 못했다. 특히 중산층의 경제 기반을 약화시켜 중산층의 규모가 작아지고 취약해지게 했다. 그러므로 사회 계층구조를 최적화하는 중요한 방법은 소득 분배 구조의 조정으로 '부를 인민에게 돌려주어 부자가 되게'하는 것이다. 불합리적인 소득 분배 구조가 초래한 직업 지위와 실제 사회경제적 지위의 불일치한 편차를 시정하고 중산층을 발전시키며 사회의 각 계층 특히 중산층의 신뢰를 높여야 한다.

제10장

사회 건설의 역정

역사적 시각으로 보면 사회 건설은 중국 현대화 건설이 꼭 넘어서야 할 단계이다. 개혁개방 이전 중국의 사회 건설은 '전체성 사회' 구조의 틀에서 국가권력 체계에 종속된 국가 정치 건설의 일부분이었다. 개혁개방 이후 시장이 '전체성 사회'의 구조에서 독립했고 중국은 경제 건설을 중심으로 하는 발전의 길을 걸었다. 사회 건설이 경제 건설에 종속되면 경제사회 발전의 불균형과 부조화를 초래한다. 중국공산당 제16차 대표대회 이후 중국은 사회 건설을 중점으로 하는 새로운 단계에 들어섰으며 사회 건설은 국가의 5대 건설 중 하나로 당의 강령에 수록되었다. 향후 중국 사회 건설의 중점은 사회 건설로 사회를 중건하여 국가, 시장, 사회 3자 간 세력이 균형과 상호 제약을 이루도록 하는 것이다.

제10장 사회 건설의 역정

　사회 건설은 중국 특색이 있는 개념이다. 중국 수천 년 역사 발전의 과정에서 사회 건설이라는 개념은 없었지만 사회 건설은 줄곧 진행되어 중국 특색이 있는 사회 건설 모식을 형성했다. 당시 자급자족의 자연경제에서 중국의 사회 건설은 자발적 행위였다. 중화민국 시기에 이르러서야 자각적이고 현대적 의의가 있는 사회 건설 활동이 점차 일어났다. 당시 중국의 사회학자들은 "중국의 사회문제가 발생한 원인은 서방과 다르다. 서방 현대 사회문제는 거의 모두 산업혁명이 유발한 사회 변천과 관련되어 있다. 이는 내발적이며 산업혁명 후 노동자의 무산계급화와 심각한 노사 갈등으로 표현된다. 중국 사회문제의 주요한 원인은 외부적이다. 서방 문화의 유입으로 중국 사회 내부의 불균형이 초래되었다"라고 생각했다. 사회 건설은 중국에서 특수한 의의를 지니고 있으며 서방 사회정책과 사회 복지의 범주를 초월한 사회 현대화이다.

　사회 건설과 관련된 분야는 매우 넓다. 당대 중국 사회 건설의 발전 연구에 착안해야 한다. 사회 건설의 제반 분야에서 사회구조는 사회 변천을 연구하는 전반적 착안점으로 사회 건설과 사회구조의 관계를 사회 행위와 사회구조의 관계로 이해할 수 있다. 사회 건설은 사회구조를 구축하기 위한 노력과 행위이다. 사회구조는 더욱 넓은 의미에서 말하면 국가와 시장, 사회의 관계 구조이다. 구체적으로 말하면 각 분야에서의 자원 배치 문제이다. 사회구조에 입각하여 중국 사회 건설의 발전을 연구하면 변천의 법칙과 특징을 더욱 쉽게 이해할 수 있다.

1. 개혁개방 이전의 중국 사회 건설

중화인민공화국 성립 이래 중국의 사회구조에 두 차례의 중대한 변천이 발생했다. 첫 번째 사회구조 변천은 1950년대에 점차 형성된 '전체성 사회'를 특징으로 한다. 이러한 사회에서 국가가 경제와 기타 사회자원을 전면 독점하고 정치, 경제, 이데올로기 등 세 개 중심이 고도로 중첩되었으며 국가권력이 사회를 전면 통제한다.[1] 사회 구성원인 개인은 '계획적'으로 지정된 사회 공간과 위치에 배치되며 한 사람 한 사람이 모두 정치권력을 기반으로 하는 조직 체계에 복종되어 교류한다. 인간의 사회 생활(의식주행, 생로병사 등)은 모두 그 가운데서 공급을 받는다.[2] 단위제, 인민공사제, 호적 제도, 계급 분류 제도 및 고도로 일원화된 이데올로기는 이러한 '전체성 사회'를 지탱하는 기초 제도이다. '전체성 사회' 구조의 틀에서 사회 건설은 국가권력 체계에 종속되어 중국의 독특한 사회 건설 모식을 이루었다.

---

1) 孫立平, 『轉型與斷裂—改革以來中國社會結構的變遷』, 淸華大學出版社, 2004, pp.4~5.
2) 李友梅, 『中國社會生活的變遷』, 中國大百科全書出版社, 2008, pp.47~50.

1) 개혁개방 전 중국 사회 건설의 배경과 조건

19세기 중기 이후 중국은 전대미문의 위기와 대전환에 직면했다. 신중국 성립 이후 중국은 사회주의 현대화를 선택했고 사회 건설도 대규모적으로 전개되었다. 이러한 역사적 배경에서 중국의 사회 건설 모식은 뚜렷한 시대적 특징을 지닌다.

(1) 국가 각급 정권 체계의 전면적 설립

1949년 중화인민공화국의 성립과 함께 중앙인민 정부와 각급 지방정부도 신속하게 설립되었다. 각급 인민정권의 설립을 규범화하고 촉진하기 위해 1949년 12월과 1950년 12월 중앙인민 정부는 성·시·현 인민대표회의 조직 통칙과 구·향 각계 인민대표회의 조직 통칙을 제정했다. 1950년 1월과 12월에는 성·시·현 인민 정부 조직통칙과 구·향 인민 정부 조직통칙을 제정했다. 1951년 4월에는 「인민민주 정권건설 사업 관련 지시」와 인구 10만 명 이상 도시에서 각계 인민대표회의 소집 지시를 발포했다. 1952년 연말까지 전국의 모든 성·시·현·구·향에서는 모두 인민대표회의를 소집했다. 1954년 전국인민대표대회 상무위원회에서는 「도시 가도판사처 조직 조례」가 통과되어 인구가 10만 명 이상인 시와 구에 시(구) 인민 정부 파출 기관인 가도판사처 설립을 요구했다. 중앙과 지방 각급 인민정권의 설립으로 인민 민주 독재는 견고한 군중적 기초를 다졌으며 중국의 대규모적 사회 건설을 조직적으로 보장할 수 있었다.

(2) 고도로 집중된 계획경제 체제의 신속한 확립

신중국 성립부터 1970년대 말까지 마오쩌둥을 수반으로 하는 공산당 제1대 지도자들은 중국 대륙에 고도로 집중된 계획경제 체제를 구축했다.

1954년 첫 번째 헌법이 제정된다. 제15조는 "국가는 계획경제로 국민경제의 발전과 개조를 지도한다. 생산력을 부단히 향상시키고 인민의 물질생활과 문화생활의 개선으로 국가의 독립과 안전을 견고하게 한다"고 규정했다. 이는 계획경제 체제가 중국의 법정 경제체제가 되었음을 보여준다. 항미원조(抗美援朝)의 종식과 국민경제 초보적 회복 이후, 마오쩌둥은 '일화삼개(一化三改 : 사회주의 산업화, 농업 개조 · 수공업 개조 · 자본주의 상공업 개조)' 과도 시기 총노선을 제기했다. 1957년 제1차 5개년 계획 완성 시 사회주의 개조도 거의 완성되었으며 공유제를 기초로 하는 계획경제 체제를 100% 구축했다. 개혁개방 이전 중국은 다섯 차례의 5개년 계획을 실행했다. 이러한 체제를 배경과 바탕으로 한 사회 건설은 계획체제 사회 건설의 특징을 보여준다.

(3) 소련 모식을 거울로 삼은 중국의 사회 건설

신중국 성립 이후 중국은 한쪽으로 편중된 외교 정책을 실행했으며 당시 소련모식이 중국의 유일한 선택이었다. 중국은 경제 분야에서 소련 모식을 참고로 중앙에서 집중적으로 통제하는 계획경제 모식을 구축했으며 중공업의 발전을 중시했다. 중국의 제1차 5개년 계획이 바로 소련 모식을 완전히 참고하여 제정한 것이다. 정치 분야에서 국가기구의 설치와 운영 방식 및 중앙과 지방의 관계에서 역시 소련 모식을 참고로 했다. 또한 소련을 따라 배워 전국적으로 대규모적인 계급 구분을 했다. 사회 분야에서도 역시 소련을 참고로 했다. 중국의 대학 교육 제도도 소련을 본뜬 것이다. 개혁개방 이전의 중국 사회 건설 모식은 소련 모식의 큰 영향을 받았으므로 소련의 흔적이 깊이 남았다.

2) 개혁개방 전 중국 사회 건설의 주요 특징

서방 국가에서는 먼저 정치적 문제를 해결한 후 자국 산업화의 발전 과정에서 나타난 사회적 문제를 해결하기 위해 사회 건설을 추진했다. 신중국 성립 초기 중국은 이러한 조건을 구비하지 못했다. 경제 발전과 정치 건설을 모두 완성하지 못했으므로 사회 건설과 경제 건설, 정치 건설을 병행했다. 공산당은 혁명으로 집정당이 되었다. 사회 건설과 관리에 대한 국가 지도자의 사상은 전쟁의 환경에서 형성된 것으로 현대사회 건설의 이념과 방법이 부족했다. 이 시기 중국의 사회 건설에는 다음과 같은 특징이 있다.

(1) 정치 동원과 사회운동의 상호 결합

계획체제 시기 사회 건설의 조직과 동원 시스템을 보면 정치 동원은 가장 강대하고 효과적인 방법이다. 당시 모든 사회 건설을 정치 임무로 배치했고 모든 사회 건설에 정치적 의의를 부여했다. 정치동원은 상명하달의 방식으로 진행되었는바 정치적 호소, 정부의 집행, 부서간의 협력, 사회 구성원의 호응 등으로 이루어졌다. 전체 동원 과정에서 사회 세력은 지지나 반대의 역할을 할 수 없었다. 사회 건설은 정치를 중심으로 정치와 고도로 통일, 융합되어 사회 통합과 정치 통합 간의 긴장 상태를 제거했다. 이는 국가, 사회, 개인을 고도로 통일시켰으며 국가의 전체적 기능이 최대한 발휘되게 했다. 이를테면 1950년대 '주혈흡충 박멸 운동', '사해(四害 : 파리, 모기, 쥐, 참새) 제거 운동', '문맹 퇴치 운동' 등은 모두 지도자가 호소하고 전 국민이 참여하는 형식으로 진행되어 단기간에 효과를 보았다. 개혁개방 이전 중국 사회 건설의 이러한 특징은 정부가 강대한 군사 동원과 정치 동원 능력 및 기술을 지녔기 때문에 가능했다. 전체 사회에 대해 강대한 침투력과 영향력 및 공신력을 유지했고 이로부터 정부가 사회 각 부문에 침투하는 건설 모식을 구축했다.

전체성 사회에서 정치 동원은 사회운동과 긴밀히 결합되어 있다. 사회운동은 조직적인 집단 행위로 한 무리의 사람들이 특정한 목표나 생각을 지닌 활동에 공동 참여하고 추진하는 것이다. 개혁개방 이전 국가는 전국적인 엄밀한 조직 시스템을 이용하여 전국의 인력과 물력을 동원하며 사회운동의 형식으로 국가의 목표에 도달했다. 1949~1976년 사이 전국적인 사회운동이 70여 차례 있었다. 사회운동은 중국인의 사회와 정치 생활의 중요한 구성 부분이 되었다.[3] 당시 비교적 큰 사회운동은 1953년에 시작된 농업합작사 운동이다. 중앙의 강대한 동원하에 1953년 3월 각지의 농업합작사는 60만 개에 달했다.[4] 1955년 마오쩌둥이 「농업합작사화 관련 문제」를 발포한 이후 합작화 운동이 빠르게 추진되었는바 1956년 96.3%의 농가가 모두 합작사에 가입했다.[5] 농업합작 조직에는 경제조직 뿐만 아니라 사회조직도 포함되었다. 농촌 합작 의료 조직이 바로 이 시기에 발전하기 시작하여 마오쩌둥의 호소로 전국에 보급되었다. 1958년에 시작된 인민공사화 운동은 농촌에서 공산주의 이상을 실현하기 위한 공산당의 시도이다. 1958~1960년의 '대약진(大躍進)' 운동, 1959년에 시작한 '반우경(反右傾)' 운동, 1966년에 발기한 '문화대혁명'은 모두 사회운동의 형식으로 진행되었다. 교육, 의료 보건, 취업, 소득 분배, 사회보장, 계급과 계층의 구분 등 사회 분야와 관련되었다. 그러므로 이 단계의 사

3) 李友梅, 앞의 책, p.122.
4) 中共中央黨史研究室, 『中國共産黨歷史』(第二卷), 中共黨史出版社, 2011, p232.
5) 中共中央黨史研究室, 위의 책, p.344.

당대 중국 사회 건설

회 건설은 모두 여러 가지 사회운동과 함께 흥기하고 쇠퇴했는바 정치적 색채가 비교적 짙었다.

(2) 사회자원에 대한 국가의 전방위적 독점과 통제

칼 폴라니는 인류의 경제 생산 양식을 재분배 경제, 교환 경제, 호혜 경제 등 세 가지 유형으로 나누었다. 이 중 재분배 경제는 정치와 행정권력을 기반으로 한다. 제품의 생산과 분배는 모두 집중과 재분배의 과정을 거치며 제품을 모두 중앙에 바친다. 중앙은 집중된 재화와 물자 및 인력을 법률과 습관, 이데올로기 및 재분배 권력을 틀어쥔 집단의 결책에 따라 재분배한다. 생산자와 소비자는 횡적 연결이 부족하다.[6] 자원에 대한 국가의 재분배는 대중으로 하여금 국가에 전적으로 의존하게 한다. 자원에 대한 국가의 재분배 과정에서 대중은 의식주행, 생로병사를 국가에 의지하는바 뚜렷한 평균주의 특징을 나타내는 사회주의 복지 체계가 이렇게 구축된다.

신중국 성립 초기 중국은 소련을 모방하여 고도로 집중된 계획경제 체제를 구축했다. 물자가 부족한 시기 모든 힘을 집중하여 견고한 정권을 건립하기 위해 국가는 사회자원을 포함한 거의 모든 자원을 독점했으며 자원 배치에서 최고 권력을 지녔다. 사회자원의 집중으로 "국가는 경제 생활, 정치 생활, 개인 생활, 인구 유동, 사상 의식, 가치 관념 등 사회 생활 분야의 각 방면을 모두 효과적으로 통제할 수 있었다."[7] 국가는 생산수단의 독점자와 생활수단의 배급자이며 권력의 배치자이다. 국가는 모든 사회자원을 장악했고 자원의 배치로 직장이나 개인의 운명을 통제했

---

6) Karl Polanyi, *The Great Transformation*: *The Politic and Economic Origins of Our Time*, New York: Rinehart, 1994, pp.234~270.

7) 李友梅, 앞의 책, p.41.

다. 각 직장은 '연성 예산 제약'의 보장을 받았는바 내부의 각 사회제도 실행과 지속 여부는 국가정책과 국가의 재력에 의해 결정되며 개인은 직장에 대한 의존으로 국가에 간접적으로 의존했다.

신중국 성립 초기 사영 상공업은 아주 큰 점유율을 차지했다. 1949년 사영산업 생산액은 전국 산업 총생산액(수공업 제외)의 63.3%를 차지했으나 1952년에는 39%로 감소했다. 1950년 사영 상공업은 도매업의 71.6%와 소매업의 85.3%를 차지했다. 1952년 전국 도시와 농촌 수공업 근로자는 1930만 명에 달했고 생산액은 73.12억 위안에 달해 산업 총생산액의 20.6%를 차지했다.[8] 1953년부터 국가는 '일화삼개' 운동으로 '일대이공(一大二公 : 인민공사 규모가 크고 인민공사 공유화 수준이 높음)' 소유제 구조를 초보적으로 구축했다. 이후 경제 건설의 발전에서 '좌경'적 지도 사상으로 비공유제 경제를 사회주의의 이단과 불안정 요소로 간주하여 '일대이공삼순(一大二公三純 : 인민공사 규모가 크고 인민공사 공유화 수준이 높으며 사회주의 경제가 순수할수록 좋음)' 소유제 구조를 맹목적으로 추구했다. '문화대혁명' 종식 전인 1975년 중국의 소유제 구조를 보면 산업 총생산액에서 국가 소유제가 83.2%, 집체 소유제가 16.8%를 차지했고 사회 상품 판매액에서 국가 소유제가 56.8%, 집체 소유제가 43.0%, 개체 소유제가 0.2%를 차지했다. 비공유제 경제가 거의 없어졌다.[9] 고도로 집중 통일된 계획관리 체제는 시장 시스템의 역할을 부정했다. 미시적 경제 주체는 자주적으로 경영하고 손익도 스스로 책임지는 독립된 경제 실체가 될 수 없다. 국가는 경제 자원에 대한 전면 통제를 완성했다.

당대 중국 사회 건설

---

8) 中共中央黨史研究室, 위의 책, pp.234~241.
9) 宗寒, 『中國所有制結構探析』, 紅旗出版社, 1996, pp.37~38.

사회 생활 분야에서는 국가가 모든 것을 도맡는 재분배 제도로 개인과 가정에 필요한 여러 자원을 제공했다. 이를테면 당시 중국 정부는 출산을 장려하는 정책을 실행했으며 양로보험과 '오보호' 정책을 실행했다. 의료에서 공비 의료와 합작 의료를 실행했고 사망 시 장례 비용을 지급하고 무휼 구제를 실시했다. 교육에서 정부는 탁아소와 유치원에서 대학교까지 모든 교육을 도맡았다. 그리고 주택 보조, 통근 버스, 재난 구조와 구제 및 각종 생활 복지를 제공했다. 이러한 복지 정책은 특히 도시의 직장에서 전면 실행되었다. 농촌에서는 보장 사항이 많지 않았지만 국가는 농촌 수익에서 노동에 의한 분배와 인구에 의한 분배를 결합한 방식을 채택했으며 소득 분배에 복지를 포함시켰다. 이러한 정책의 수혜자가 아주 많았는바 노동보험과 직업 복지는 모든 도시 주민이 받을 수 있었으며 농촌 합작 의료도 95% 이상의 농촌 인구에게 혜택을 주었다.

(3) 정치 통합으로 사회 통합을 대체

전체성 사회는 개인 분야와 공공 분야 차이의 합법성을 부정한다. 개인과 공공의 권위는 연결된 것으로 상호 의존하는 집단 내에서 직접 교섭하지는 않는다. 전체 사회의 구조는 과거의 '국가−민간 엘리트나 사회중간조직−대중' 삼층 구조에서 '국가−대중' 이층 구조로 변했다. 중요한 특징은 정부의 힘으로 각종 사회조직을 전체 국가 체계에 흡수하여 정부의 일부 기능을 담당하게 하는 것이다. 캉샤오광(康曉光) 등은 이를 '행정의 사회 흡수'라고 했다. 소위 '행정'은 '정부'나 '국가'의 행위를 가리킨다. '사회'는 일반적 의의에서 '사회'가 아니라 '시민사회', '공공 분야', '협동조합주의'가 가리키는 사회이다. '흡수'는 정부가 자체의 노력을 걸쳐 '시민사회', '협동조합주의', '국가에 대한 시민사회의 반항' 등 사회 분야 구조가 나타나지 못하게 하는 것이다. '행정의 사회 흡수'의 주요 방식은 '통제'와 '기능 대체'이다.[10] '행정의 사회 흡수'가 강조하는 것은 국가와 사회의 분리, 대립이 아니라 국가와 사회의 융합이다. 이 중 국가는 '사회의 방식'으로 사회에 진입하지만 사회에 진입한 국가는 '순수한 국가'가 아니다. 또한 '사회의 방식'에 '국가'의 흔적을 남겼다.[11]

신중국 성립 이후 구중국의 흩어진 모래와 같은 국면을 개변하기 위해 마오쩌둥은 "중국의 절대다수 사람들을 정치, 군사, 경제, 문화 및 기타 여러 가지 조직 속에 편입시켜 중국의 산만하고 무조직적인 상태를 개변해야 한다"[12]고 했다. 당시 전국에 각급 당과 정부의 정권 기구를 설립한 외에 도시는 단위제, 농촌은 인민공사 제도로 여러 집단을 재조직하여 전체 국가 권력 체계의 통제에 넣었다. 당시 중국의 도시와 농촌 사회의 기본 단위인 직장과 인민공사는 사회 건설 임무의 구체적 실행자와 담당자 역할을 맡았다. 이 두 역할로 직장과 인민공사는 당시 국가와 개인을 연결시키는 중요한 매개가 되었다.

1958년 '고급농업합작사'보다 더욱 집중적인 '인민공사'가 나타났다. 마오쩌둥은 '인민공사'를 공산주의 실현의 가장 좋은 형식으로 간주했다. 1958년 8월 '베이따허회의(北戴河會議)'에서는 「농촌 인민공사 설립 문제 관련 결의」가 통과되었으며 전국에서 인민공사화 운동을 불러일으켰다. 인민공사는 '정사합일' 관리 체제를 실행했는데 전체 인민공사의 농업 생산을 지휘할 뿐만 아니라 '노동자, 농민, 상인, 학생, 군인'에 대한 통일 관리를 실행했다. 가정 단위의 전통적 사회 생활 방식이 생산대 단위의 집

---

10) 康曉光等,『行政吸納社會-當代中國大陸國家與社會關系研究』, 新加坡世界科技出版集團, 2010, p.286.
11) 康曉光等, 위의 책, pp.287~288.
12) 中共中央文獻編輯委員會,『毛澤東選集』(第一卷), 人民出版社, 1991, p.31.

단 생활 방식에 의해 대체되었다. 정치, 경제, 공동체를 일체로 하는 인민공사 정치 체계의 실질은 행정 권력이 모든 것을 지배하는 것이다. 농민은 준군사화 체제의 틀에 고정되어 기회와 공간이 부족했다. 농촌 기층 공동체에 당 조직, 정권 조직, 경제조직, 군중 조직이 설립됨에 따라 전통사회의 낙후한 사회조직이 제거되었다. 기층 당 조직과 기층 정권 조직 및 기타 각종 유형의 사회조직을 통해 정치 중심과 변두리 사회가 연결되어 원래 있던 분산적 공동체가 정치체계에 흡수되었다.

도시에서 사회에 대한 국가의 통합과 통제는 사회 구성원을 직접적으로 대면하는 것이 아니라 많은 경우 직장을 통해 완성된다.[13] 생산수단의 공유제와 계획경제의 추진으로 전체 도시 주민은 거의 각 직장에 의해 조직되었다. 전통적 봉건사회가 각 종족 조직의 집합체이고 시민사회나 자본주의 사회는 각 독립된 개인 집합체라면 사회주의 계획경제 시기의 사회는 각 직장의 집합체로 볼 수 있다.[14] 미국 기자 버터필드는 "중국의 직장은 요람에서 무덤까지 인생의 필요한 모든 것을 제공한다. …(중략)… 직장은 하나의 완벽한 체계로 사회와 경제적 기능을 담당할 뿐만 아니라 사회 치안 기능도 담당한다", "바로 중국인의 기본적 인생 수요를 직장에 의존하기 때문에 직장은 개인에 대해 강대한 통제력이 있다"[15]고 했다. 1948~1953년은 단위제 탐색 시기이며 '틀'이 형성된 것은 1956년 '제1차 5개년 계획'의 거의 완성될 무렵이다. 1950년대 중후반, 이러한 정치 통합으로 사회 통합을 대체한 전체성 사회 모식이 기본적으로 구축되었다.

---

13) 潘乃谷·馬戎編,『社區研究與社區發展』, 天津人民出版社, 1996, pp.1151~1152.
14) 曹錦淸·陳中亞,『走出'理想'城堡－中國'單位'現象研究』, 海天出版社, 1997, p.67.
15) 曹錦淸·陳中亞, 위의 책, p.68.

(4) 사회구조의 상대적 폐쇄와 정체

개혁개방 이전 중국의 사회구조는 도시와 농촌 두 개의 사회집단으로 나누어졌으며 도시 내부는 간부, 지식인, 노동자 집단으로 나누어졌다. 이러한 직업과 계층의 분화는 아주 강한 생득적 색채를 지닌다. 개인의 지위에 결정적 의의가 있는 것은 주로 신분이다. 개인 지위는 각 방면이 고도로 통합되어 신분의 차이가 소득, 명예, 권력의 차이와 동일하다.[16] "이러한 계급 신분은 농촌에서 지주, 부농, 중농, 빈농, 고농 등으로 나누고 도시에서 간부, 노동자, 직원, 자유 직업인, 도시 빈민, 점원, 자산계급, 상공업 겸 지주, 소기업주, 수공업자, 노점상인 등으로 나눈다." 이러한 신분 체계는 각 계층의 사람에게 서로 다른 참여 권리, 명예 지위 및 활동 자유를 부여한다. 특히 위의 계층 이동과 관련이 큰 대학 입학, 취업, 간부 임용 등과 밀접한 연관이 있다. 정치적 출신이 좋지 않은 계급에게는 많은 기회가 개방되지 않았다.

신중국 성립 초기 전국적 규모의 계급 성분 구분 운동을 단행했다. 해당 연도 각 가정 호주의 재산 점유 상황, 소득 출처 등을 참고로 호주의 계급 성분을 나누었고 호주의 성분이 가정 구성원의 '가정 출신'이 되었다. 1949~1952년 국민경제 회복기에 사회계급과 계층의 구분은 주로 경제 상황과 정치적 입장에 따라 나누었다. 1950년 8월 정무원(政務院)은 「농촌 계급 성분 구분 관련 중앙인민 정부 정무원 결정」을 통과시켰다. 1954~1956년 이 「결정」과 개인 직업을 참고하여 도시의 사회 구성원 계급 성분을 나누었다. 1956년 전체 국민을 각 계급 성분에 따라 여덟 가지 등급으로 나누었다. 국가간부, 노동자, 빈하중농(고농 포함), 상중농과 중농, 직원, 소기업주, 자본가, 지주·부농·반혁명·적대자 등이다. 각 성

16) 孫立平, 앞의 책, pp.1~21.

분의 사람들은 취업, 근로자 모집, 간부 모집, 입대, 진급, 교육 등 방면에서 기회가 달랐다.

1956년 연말 '삼대개조'가 거의 완성되고 생산수단 사유제가 거의 소멸된 것은 공유제를 기초로 하는 사회주의 제도의 기본적 구축과 중국 사회가 신민주주의에서 사회주의로 전환되었음을 뜻한다. 소유제의 변혁과 마찬가지로 사회계급과 사회구조에도 큰 변화가 발생했다. 새로운 사회계급 조직과 관련해 중국공산당 제8차 대표대회에서는 다음과 같이 설명했다. "관료 매판 자산계급은 이미 중국 대륙에서 소멸되었고 지주 계급도 소멸되었으며 부농 계급은 소멸 과정에 있다. 이러한 착취 계급 구성원은 현재 개조되어 자기 힘으로 생활하는 새로운 인간으로 태어났다. 민족 자산계급은 착취 계급에서 근로자로 변화하는 과정에 있다. 광대한 농민과 기타 개체 노동자는 사회주의 집체 노동자로 변했다. 노동자 계급은 영도 계급이 되었고 지식인은 사회주의를 위해 봉사하는 집단이 되었다."[17] 이렇게 신중국은 노동자 계급, 농민 계급, 지식인 계층 등 새로운 사회구조를 이루었다. 즉 '두 개 계급, 한 개 계층' 사회구조이다. 그러나 실제 사회 분야에서 '반우경' 확대와 '문화대혁명'의 발생으로 중국의 계급 구분은 경제를 기준으로 하던 데에서 이데올로기를 기준으로 하는 것으로 바뀌었다. 심지어 일부 기간에는 가정 출신을 기준으로 하는 '혈통론'까지 나타났다.

사회이동 방면에서 개인의 정치 신분은 기타 사회 생활과 경제적 여유 여부를 결정했다. 첫째, 도시와 농촌의 호적 신분 차별이다. 둘째, 도시와 농촌 내부에도 계급 신분 차별이 있다. 이 차별은 개인의 출신에 의해 결정되며 강력한 행정 통제에 의해 형성되고 유지된다. 외부 조건의 변화가

---

17) 劉少奇, 『中國共産黨中央委員會向第八次全國代表大會的政治報告』, 人民出版社, 1956, pp.9~10.

없으면 이러한 고정화와 생득적인 신분 특징으로 인해 사회 최하층은 본인의 힘으로는 위의 계층으로 거의 이동할 수 없다. 사회이동을 저해하는 가장 주요한 요소는 호적 제도이다. 1953년 4월 정무원은 「농민이 맹목적으로 도시에 진입하지 못하게 할 데에 관한 지시」를 발포했다. 1958년 1월 9일 전국인민대표대회 상무위원회 제91차 회의에서는 「중화인민공화국 호적 등기 조례」가 통과되어 처음 법률적 형식으로 신중국 성립 이후의 도시와 농촌 차별 호구 등기 제도와 이주 제한 제도를 고정시켰다. 현행 호적 제도에 결정적 영향을 미치는 것은 「조례」의 제10조 제2항이다. "시민이 농촌에서 도시로 이주하려면 반드시 노동 부문의 채용 증명이나 학교의 입학 증명 혹은 도시 호적 등기 기관의 이주 허가 증명을 거주지 등기 기관에 제출하여 전출 수속을 신청한다."[18] 호적 이전 심사 제도와 증명서에 근거한 정착 제도는 호적 이전 통제 정책의 기본 제도이다. 이 조례는 전국 도시와 농촌 이원화 호적 제도가 정식으로 형성된 중요한 표징이다. 이로부터 중국인의 이주권은 사실상 존재하지 않게 되었고 도시 호구와 농촌 호적의 차별이 있게 되었으며 농민들이 다시는 마음대로 도시에 정착하지 못했다.[19] 1977년 11월 1일 국무원은 「호적 이전 처리 관련 공안부 규정」을 비준하여 '농업 인구'와 '비농업 인구'에 따라 관리하는 도시와 농촌 이원화 호적 제도를 최종적으로 확립했다.

'전체성 사회' 구조에서 개혁개방 이전 중국에는 사회 건설이라는 표현은 없었지만 실제로 사회 건설은 줄곧 진행되었다. 당시의 사회 배경에서 사회 건설이 정치 건설, 경제 건설, 문화 건설과 결합되었을 따름이다. 경

18) 俞德鵬, 『城鄉社會: 從隔離走向開放－中國戶籍制度與戶籍法研究』, 山東人民
     出版社, 2002, p.28.
19) 俞德鵬, 위의 책, p.23.

제가 궁핍한 상황에서 개혁개방 이전의 사회 건설 모식에는 일부 장점이 있다. 국가의 강대한 정치 동원과 중앙집권의 계획체제에 의존하여 제한된 사회자원을 최대한 이용하여 인민들이 절박하게 요구하는 생활과 생산 문제를 단기간에 충족시켰다. 그러나 '전체성 사회' 구조에서 이러한 사회 건설 모식에는 아주 큰 폐단이 있다. 국가의 동원 능력이 강하지만 민간 세력이 취약하며 사회 생활은 행정 시스템에만 의존하여 이루어진다. 중간 계층의 역할이 미약하여 국가가 개인을 직접 대면하므로 완충대가 부족하다. 사회의 조직 능력이 약할 뿐만 아니라 사회 자체의 공간도 압박을 받아 아주 작아졌다. 등급 신분 제도가 성행하고 구조가 경직되었으며 하의상달의 소통 시스템이 부족하여 대중의 의견을 표현할 경로가 막혀 있다. 더욱 심각한 것은 계획경제 시기 구축된 사회체제가 현재 중국 사회 건설의 추진에 악영향을 주는 것이다.

2. 전환기 중국의 사회 건설

1978년 이후 중국은 개혁개방의 길을 걸었으며 경제 분야에서 시장화 개혁을 추진했다. 시장은 점차 전체적 체제에서 분리되었으며 국가 이외의 세력이 점차 성장하고 강대해졌다. 민간사회 조직화 수준이 향상되고 국가에 대한 개인의 의존성이 낮아졌으며 상대적 자주성을 지닌 사회가 형성되고 있다. 그러나 경제 건설과 비교해보면 중국의 사회 건설은 여전히 종속적 지위에 있다. 정부가 사회 건설을 주도하여 사회 건설은 경제 건설을 중심으로 하는 국가전략을 위해 이루어진다. 특히 사회분야에서 시장논리의 추진과 정부 사회 관리 체제 개혁의 정체는 사회 공평성의 상실을 초래하여 일련의 새로운 사회 모순과 문제점을 양산했다.

1) 사회 전환과 사회 건설

사회 전환은 현재 사회과학계에서 보편적으로 사용하는 개념으로 사회의 전반적 변동, 특히 사회구조가 전체적으로, 근본적으로 변천하는 것을 가리킨다. 개혁개방 이래 중국 사회구조의 가장 근본적 변화는 '전체성 사회'에서 '분화성 사회'으로의 전변인데 이 변화의 근본 원인은 체제개혁이다. 중국공산당 제11기 중앙위원회 제3차 전체회의에서는 계획경제를 위주로, 시장 조절을 보충으로 하는 기본 원칙을 제기하여 계획경제가 판을 치던 국면을 바꿨다. 1984년 중국공산당 제12기 중앙위원회 제3차 전체회의에서는 「경제체제 개혁 관련 중공중앙 결정」이 통과되어 사회주의 경제는 '공유제를 기초로 하는 계획적인 상품경제'라고 제기했다. 1987년 중국공산당 제13차 대표대회는 계획경제와 시장경제의 역할은 모두 전 사회를 포함하는 것이라고 강조하면서 더는 계획경제가 위주가 되어야 한다고 강조하지 않았다. 1992년 덩샤오핑은 '남방담화'에서 경제체제와 사회 기본 제도를 분명하게 구분했다. 1992년 6월 장쩌민은 중앙당교 강화에서 '사회주의 시장경제' 개념을 사용했으며 중국공산당 제14차 대표대회에서 사회주의 시장경제 체제를 경제체제 개혁의 목표로 확정했다. 2000년 중국공산당 제15기 중앙위원회 제5차 전체회의에 이르러 중국은 이미 사회주의 시장경제 체제를 초보적으로 구축했다.

계획경제 체제에서 사회주의 시장경제 체제로 전환한 것은 자원 배치의 변화만이 아니다. 중국 경제 발전에서 시장경제 등 등가교환과 공급과 수요 시스템, 가격 시스템, 경쟁 시스템의 더욱 큰 역할에 따라 계획경제 체제하의 사회구조의 단일성, 행정성, 집중성, 폐쇄성 등 특징에 근본적 변화가 발생했다. 사회구조(인구구조, 가정 구조), 사회 공간 구조(도시와 농촌 구조, 지역 구조), 사회 활동구조(취업 구조, 직업 구조, 조직 구조),

사회 관계 구조(소유제 구조, 분배 구조, 이익 관계 구조, 계층구조, 권력 구조)와 사회 가치 구조 등에 모두 큰 변화가 발생하여 복잡화와 다양화의 국면을 보인다.[20] 경제체제 개혁의 전개와 발전은 국가 체제 외의 사회 주체를 발생시켰으며 이러한 주체의 발생과 발전은 체제 외 경제 발전을 추진하는 것과 함께 사회 건설 모식의 중대한 전환을 유발했다.

대부분 학자들은 개혁개방 이후 중국이 사회 전환기에 들어섰으며 전체 사회는 전통에서 현대로 전환하고 있다고 한다. 구체적으로 보면 농업적, 향촌적, 폐쇄적, 반폐쇄적 전통사회에서 산업적, 도시적, 개방적 현대사회로 전환한다는 것이다.[21] 구체적으로 보면 1977년 중국의 도시화율은 17.6%였고 산업 구조에서 제1차 산업이 29.4%, 제2차 산업이 47.1%, 제3차 산업이 23.5%를 차지했으며 취업 구조에서 74.5%가 제1차 산업에 취업했다. 당시 중국은 전통적 농업사회였다. 1980년대 중후반 중국 정부는 농촌노동력 유동 제한을 완화했다. 특히 1992년 이후 동부 연해 지역의 경제는 비약적으로 발전하여 대량의 농촌 잉여 노동력의 도시 진출이 가능해졌다. 2002년 중국공산당 제16차 대표대회 소집 이전 중국의 도시화율은 이미 39%로 증가했고 산업 구조에서 제1차 산업이 15.4%, 제2차 산업이 51.1%, 제3차 산업이 44.4%를 차지했으며 취업 구조에서 50%가 제1차 산업에 취업했다.[22] 20여 년의 개혁개방으로 중국의 사회 유형에 근본적 변화가 발생했다.

사회 전환은 사회 진보뿐만 아니라 변화와 충돌도 의미한다. 중국의 사

---

20) 陸學藝, 『當代中國社會結構』, p.11.

21) 鄭杭生, 「60年, 中國社會如何轉型與發展」, 『學習月刊』2009年第19期.

22) 國家統計局國民經濟綜合統計司編, 『新中國55年統計資料匯編』, 中國統計出版社, 2005.

회 전환과 경제체제 전환이 동시에 진행되므로 양자 간에 마찰과 충돌이 끊임없이 발생한다. 게다가 전환 과정에서 사회 분화가 격화되고 각 사회 세력이 각축하며 사회규범이 와해되고 새로운 사회의 요소가 생긴다. 이러한 신구 요소의 첨예한 대립과 충돌로 거대한 장력이 축적되어 전체 사회의 발전이 흔들리고 있다. 여러 가지 발전의 잠재 능력과 발전 방향이 병존하기 때문에 기본적 사회 배치의 틀이 쉽게 정해지지 못하고 있다. 장기간 축적된 모순과 위기가 수시로 폭발하여 사회의 발전과 전환 과정을 끊어버릴 수 있으므로 전체 중국 사회는 '고위험사회'가 되고 있다. 이는 개혁개방 이후 중국의 사회 건설 추진이 직면한 또 하나의 특수한 환경이다.

2) 전환기 중국 사회 건설의 주요 특징

1978년 중국의 개혁개방에서 2002년 중국공산당 제16차 대표대회 소집까지 중국의 사회 건설은 뚜렷한 시대적 특징을 보인다. 사회 건설은 경제 건설에 종속되고 경제 건설을 위하며 경제 개혁의 경험을 참고로 한다. 사회 관리 체제는 계획경제 체제의 구조에서 벗어나지 못했지만 '일원화'의 관리 모식은 이미 흔들리기 시작했다. 특히 '단위제' 해체 후 사회조직과 공동체가 사회 관리의 중요한 수단이 되었다. 시장경제의 발전과 여러 가지 자원의 자유로운 이동은 사회구조가 폐쇄에서 개방으로 나아가도록 촉진했다.

(1) 경제 건설로 사회 건설을 추진

중국공산당 제11기 중앙위원회 제3차 전체회의는 사회주의의 주요 임무를 계급투쟁 중심에서 경제 건설 중심과 생산력 발전으로 전환했다. 이 시기 중국 정부는 경제 건설에 중점을 두어, 모든 사업은 경제 건설을 둘러싸고 전개되었으며 사회 건설은 경제 건설을 위한 것이었다. 모든 사회 건설정책은 '경제 건설을 위하는' 시각에서 제기한 것이며 경제체제 개혁의 '부대사업'으로 제정되고 실행되었다. 기업과 정부의 부담을 줄이는 것이 당시 정책 제정의 동기가 되었다. 사회 건설 자체가 자각적 목적으로 된 것이 아니다.

이 단계 개혁과 발전의 중심은 경제체제 개혁과 건설이고 사회체제 개혁과 사회 건설은 경제체제 개혁의 부대 업무나 중요한 내용으로 인식되어 추진되었다. 중국의 경제체제 개혁은 줄곧 시장화 방향을 견지했으며 그 목표는 사회주의 시장경제 구축이다. 개혁은 농촌 체제 개혁에서 도시 체제 개혁으로 점차 심화되고 나아가 사회주의 시장경제 체제를 구축하는 것이다. 그러므로 이 단계의 사회체제 개혁도 시장 개혁의 방향과 사회주의 시장경제 체제의 기본 구조 및 요구에 따라 각지의 실제 상황과 결합하여 부단히 추진하고 전개했다.

1978~1992년 중국은 전통적 노동 취업 체제에 대한 국부적 시장화 개혁인 '이중제 개혁'을 단행했다. 1980년 8월 전국노동공작회의에서 노동 부문 소개 취업과 자원 조직 취업 및 자체 취업이 결합된 취업 방침을 제기했다. 이는 전통적 계획형 노동 취업 체제를 타파하고 시장화, 사회화의 방식으로 경제와 사회 문제를 해결하려는 시도이다. 1994년 중화인민공화국노동법의 반포는 중국 노동 취업 체제의 시장화 전환을 의미한다. 이를 핵심으로 국가는 일련의 노동 법규를 반포하여 시장경제에 적합한 취업 체제를 초보적으로 구축했다. 국가는 전면적으로 노동 취업 계약제를 추진하고 노동시장을 적극 육성했으며 노동 취업 서비스 체계를 구축했다. 재취업 사업을 실행하고 실업보험 제도를 완비하여 시장화적 취업 체제 구조를 기본적으로 구축했다.

교육, 의료, 주택 등 사회사업 분야에서 경제체제 개혁의 모식을 참고로 시장화 개혁을 단행했다. 계획경제 시기 정부가 교육에 투자하고 졸업생의 취업을 책임지며 학비는 무료나 장학금의 형식으로 국가가 부담했다. 1990년대부터 대학이 학비를 받기 시작했으며 1997년에 이르러 전국의 연평균 학비는 500위안이었다. 1999년 6월 전국교육공작회의에서는 '교육 산업화'를 제기했고 대학에서 실행하기 시작했다. 2004년 대학 학비는 5,000위안으로 폭등했다. 기숙사비와 생활비를 합치면 대학생당 연평균 비용은 적어도 1만 위안이 들었다.[23] 1980년대 중기 '의료 개혁'이 전면적으로 가동되었다. 기본 목표는 국유기업 개혁을 모방하여 "의료기관에 일부 권한을 이양하고 일정 이윤을 양도하며 병원의 자주권을 확대하고 병원 효율과 효익을 향상하는 것이다." 그러나 개혁의 기본 방법은 '정책만 제공하고 자금은 제공하지 않는 것'이었다. 1992년 9월 국무원은 「위생개혁 심화 관련 몇 가지 의견」을 하달하여 의료기관이 요금을 받아 운영하도록 했다. 2000년 이후 국유 의료기관에 대한 재산권 개혁을 단행했다. 일부 지방에서 향진 위생원과 현급 의료기관을 민영화했는바 본질은 정부가 시장화의 수단으로 부담을 줄인 것이다. 1990년대 이전 중국의 주택 체제는 국가와 직장이 총괄 책임졌으므로 주택은 복지주택이나 임대주택 형식이었다. 1994년 7월 국무원은 「도시 주택 제도 개혁 심화 관련 결정」을 하달했는바 이는 전면적 주택 시장화 개혁 추진을 의미한다. 1998년 7월 국무원은 「도시 주택 제도 개혁의 한 단계 심화와 주택 건설을 촉진할 국무원의 통지」를 하달했다. 주택 분배 제도를 폐지하고 상품주택의 시장 주체적 지위를 확립하여 규모가 거대한 부동산 시장이 나타나게 했다.

개혁개방 이후 중국 사회 건설의 또 다른 중요한 조치는 사회보장제

---

23) 崔克亮・黃超,「中國教育改革市長化之痛」,『黨政干部文摘』2005年第10期.

도 개혁이다. 그 기본 목적은 당시의 국유기업 개혁과 배합하여 시장경제 조건에서의 현대 기업 제도에 부대 서비스를 제공하는 것이다. 신중국 성립 이후 당시 계획경제의 사회 수요에 부합되는 사회보장 체계를 구축했다. 그러나 경제체제 개혁의 심화에 따라 과거 국가에서 자금을 부담하고 직장에서 관리하는 사회보장제도의 폐단이 뚜렷해졌다. 1984년 새로운 사회 총괄 체계 구축을 주요 내용으로 하는 노동보험 체제 개혁을 시작했다. 국부적 시험을 거쳐 1995년 정부는 「기업 직원 양로보험 제도 개혁 심화 관련 통지」를 반포하여 '사회 총괄과 개인 계좌 결합' 시행 방법을 제기했다. 1997년 국무원은 「통일된 도시 직장인 기본 의료보험제도 구축 관련 결정」을 반포하여 기업과 개인의 부담금 비율, 개인 계좌 규모, 양로금 지급 방법 등을 통일했다. 1998년 국무원은 「도시 직장인 기본 의료보험 제도 구축 관련 결정」을 반포하여 전국적으로 새로운 의료보험 제도 개혁을 추진했으며 국가, 직장, 개인이 공동으로 부담하는 의료 비용 분담 시스템을 구축했다. 이는 중국의 사회보장제도가 직장화에서 사회화로 나아간 중요한 한 걸음이다.

(2) '집권'에서 '분권'으로 향한 사회 관리 방식

개혁개방 이전 중국 사회는 '전체성 사회'였다. 이러한 정부를 주체로 하는 사회 관리 체제와 고도로 집중된 계획경제 체제는 상호 보충했다. 개혁개방 이후 계획경제 체제가 사회주의 시장경제 체제로 넘어가면서 정부가 모두 도맡던 '일원화' 사회 관리 체제가 더는 사회 발전의 수요에 적응되지 못해 버림을 받았다. 아울러 사회 관리의 주체, 이념, 목표에 큰 변화가 발생했다.

개혁개방 초기 중국의 사회 관리는 사실상 '직장이 사회를 운영'하는 모식으로 직장이 직원들에게 '요람에서 무덤까지'의 모든 사회복지를 제공했으며 심지어 정부의 행정관리 기능도 일부 수행했다. 시장화 개혁 이후 전통 체제하의 단일 권력 구조는 각 이익집단의 수요를 충족시킬 수 없었으며 이로부터 국가 공공 권력 체계의 점차적인 움직임과 권력 자원의 재배치를 추진했다. 사회 관리는 집권적인 행정 '일체화' 체제에서 점차 사회와 지방 분권과 권리 이양으로 나아갔다. 중국의 직장제를 바탕으로 하는 전체성 사회에 금이 가기 시작했다.

농촌에서 가정연산승포책임제의 전면적 시행으로 농민들은 보다 큰 생산권과 경영 자주권을 얻었다. '정권과 합작사 일체화'의 인민공사는 정치와 경제적 기초를 상실하고 짧은 시간 내에 해체되어 농촌 사회 관리는 개조를 바탕으로 조직 주체를 재구축해야 했다. 1982년에 통과된 중화인민공화국헌법의 관련 규정에 따라 향(鄕)과 민족향(民族鄕) 인민 정부를 농촌 기층 정권 단위로 삼았다. 농촌에는 농민 군중 자치 조직인 촌민위원회를 설립했으며 본래 있던 생산 대대를 대체하여 농촌의 각종 사회 사무를 관리했다. 1987년 11월 제6기 전국인민대표대회 상무위원회 제23차 회의에서는 촌민위원회조직법(시행)이 통과되었다. 1998년 11월 제9기 전국인민대표대회 상무위원회 제5차 회의는 촌민위원회조직법을 반포했다. 다년간의 실천과 탐색으로 촌민 자치는 기본적으로 보급되었는바 내용이 부단히 풍부해지고 제도가 완벽해졌으며 규범화 수준이 점차 높아졌다.[24]

같은 시기 도시 기층 사회 관리 체제에도 큰 변화가 발생했다. 계획경제 체제의 해체와 다종 소유제 성분의 발생에 따라 사회 통제 세포와 복지 공급자인 직장은 국가와 상급에 덜 의존하게 되었다. 직장의 독립성과 자주성이 증강되어 점차 단순한 업무 장소로 변화되었다. 오랫동안 지속되

당대 중국 사회 건설

---

24) 龔維斌,「從單位管理走向社會建設」,『國家行政學院學報』2009年第4期.

어온 직장제가 쇠퇴하기 시작한 것이다. 사회 서비스의 발전과 인간 이익의 실현 방식 및 경로의 다양화로 직장에 대한 사회 구성원의 의존성도 점차 약화되었다. 이러한 상황에서 고도로 '일원화'된 사회 관리 체제의 폐단이 날로 나타났다. 이러한 문제점의 해결하고자 1989년 도시주민주민위원회조직법을 실행했다. '가도판사처−주민위원회제도'가 회복되고 발전하기 시작했다. 도시 사회 관리 체제는 고유의 '단위제를 주로, 가도판사처−주민위원회제도를 보충으로'에서 '단위제+가도판사처와 주민위원회제도'로 점차 변했다. 1990년부터 공동체 건설 시범지를 지정했다. 2000년 11월 중앙판공청과 국무원판공청은 「전국 도시의 도시 공동체 건설 추진 관련 민정부 의견」을 전달했다. 이로써 공동체 건설이 전면 추진 단계에 들어섰다. 중국의 도시 사회 관리 체제는 '단위제+가도판사처와 주민위원회제도'에서 '단위제+공동체 제도'의 사회 관리 모식으로 변했다.

(3) 사회 건설의 중요세력이 된 사회조직

1970년대 말 80년대 초 대량의 사회 관리 문제가 중국의 개혁을 추진했다. 정치학과 사회학의 시각에서 보면 개혁은 주로 정부가 '권한 이양과 이익 양보'를 하고 정부와 사회의 관계를 규명하며 사회에 속한 것을 사회에 넘겨주는 자원의 분산적 재배치를 주장한다. 이 시기 사회 건설의 주체가 중앙정부에서 지방으로 전이되었다. 계획경제 체제의 정부 담당에서 시장경제 체제의 정부와 기업 협력으로 전환되었으며 정부와 시장과 다른, 독립된 사회조직이 나타났다. 사회조직은 경제, 정치, 문화, 사회, 교육, 과학기술 등 각 분야에서 중요한 역할을 하며 당정 기관과 인민대중소통의 매개와 유대가 되어 중국 사회 건설에서 경시할 수 없는 세력이 되었다.

개혁개방 이전 중국에는 진정한 사회조직이 없었다. 사회조직은 사실상 정부 정권의 연속이며 진정으로 독립된 사회조직은 거의 소멸되었다.
개혁개방 이후 과학 문화 사업을 번영시키고 경제를 촉진하기 위해 각 유
형 학술성 단체와 과학기술 조직 및 공익 조직의 발전을 지원하기 시작했
다. 1978~1988년 사회조직은 폭발적으로 증가했다. 왕밍(王名) 등의 연
구에 따르면 이 시기 100만 개에 달하는 사회조직이 활발하게 활동했는데
이 중에는 합법적으로 설립된 단체도 있었지만 대량의 비합법단체도 포함
되었다.[25] 1988년 7월 민정부는 사회단체관리사(社會團體管理司)를 설립
했다. 1988년 9월 국무원은 중국의 재단 관련 첫 번째 행정법규인「기금
회 관리방법」을 통과시켰다. 1989년 국무원은「사회단체 등기 관리 조례」
를 반포하여 사회단체 설립 시 반드시 민정부에 등록해야 한다고 규정하
여 사회단체의 등록, 감독과 관리 및 처벌권을 민정 부문에 넘겼다.

1992년 이후 사회조직의 발전을 규범화하기 시작했다. 각 유형 사회조
직 발전 관련 법률과 법규가 연이어 출범되어 계획경제 체제에서는 의거
할 법이 없던 중국의 사회조직이 점차 전문화, 법제화의 궤도에 올라섰다.
1998년 10월 국무원은「민영 비기업 단위 등기 관리 임시 시행 조례」와 신
「사회단체 등기 관리 조례」를 반포하여 이중 관리 체제를 강화했다. 업무
주관 부서의 직책을 분명히 규정했고 사회조직 등록 자금 제한을 강화했
다. 민정부의 통계에 따르면 2003년까지 중국에는 각 유형의 사회조직이
26.66만 개로 이 중 사회단체가 14.1만 개, 민영 비기업 단위가 12.4만 개,
기금회가 954개이다.[26] 중국의 사회조직에 대한 신청 요구가 비교적 엄격

---

25) 王名,「走向公民社會-我國社會組織發展的歷史及趨勢」,『吉林大學學報(社會
科學版)』2009年第3期.

26) 「民間組織歷年統計數据」, 中國社會組織罔, http://www.chinapo.gov.cn/
2201/20151/yjzlkindex.html.

하여 민정 부문에 등록한 사회조직 외에 공상 부문에 등록했거나 아예 등록하지 않은 풀뿌리 사회조직이 1,000만 개에 달할 것으로 추산된다.

국가와 사회의 관계를 보면 사회조직의 흥기는 정부의 '단일 중심' 사회 관리 구조를 타파하고 정부와 시장 능력의 부족을 보충했다. 사회세력의 육성과 성장은 다원화적인 사회 관리 체제 구축을 사회적으로 지지한다.

(4) 더욱 합리적이고 개방된 사회구조

다년간의 개혁 과정에서 시장은 점차 전체성 체제로부터 분리되었다. 상대적으로 독립된 사회세력이 성장하고 현대적 특징을 지닌 사회구조가 점차 형성되고 있다.[27] 개혁개방 30여 년간 가장 큰 변화는 시장 시스템이나 경제 요소가 사회 분층의 주요 시스템으로, 적어도 정치 요소와 견줄 중요 요소로 된 것이다. 시장화의 발전에 따라 경제 요소의 영향력이 향상한 외에 가정배경의 영향력과 교육의 역할에도 개혁 전후에 비해 뚜렷한 변화가 있다. 도시와 농촌 구조의 방면에서 도시와 농촌 이원화 구조가 흔들리기 시작했으며 농민들의 자유로운 이동이 제한적이나마 점차 허락되어 농민들이 도시에 진출하여 제2차 산업이나 제3차 산업에 취업할 수 있다.

1978년 이후 농촌에서 가정연산승포책임제를 실행하기 시작했다. 1984년 전국 99.9%의 생산대에서 가정연산승포책임제를 실행했다. 가정연산승포책임제의 발전과 보완은 농민에게 독립, 자주적인 경영권을 부여하여 농민이 본인의 뜻에 따라 노동에 종사할 수 있게 함으로써 농민의 직업분화에 가능성을 제공했다. 또한 농민의 적극성을 동원하여 농업 노동 생산 효율을 향상시켰다. 이는 농촌의 대량의 잉여 노동력을 발생시켰

---

27) 清華大學社會學系社會發展研究課題組,「走向社會重建之路」,『民主與科學』 2010年第6期.

는바 전국 인구의 80%를 차지하는 농업 노동력이 도시로 이동하는 직접적 동력이 되었다. 이 시기 국가정책도 농민이 여러 가지 생산 경영에 종사할 수 있는 여건을 마련했다. 농민들의 경영 범위도 양식업, 재배업, 수공업에서 가공업, 운수업, 상업으로 발전했다. 농촌 사회에 각종 전문 양식업자와 재배업자, 자영업자, 향진기업가가 나타났으며 단일 농업 근로자에서 각종 직업 집단이 분화되었다.

개혁개방 이전 중국 도시의 경제는 모두 획일적인 공유제 경제였으며 도시 주민의 주요한 계층은 노동자, 간부, 지식인이었다. 개혁개방 이후 다종 경제요소의 발생과 신분제도의 해체로 사회 이동 시스템이 더욱 활력을 띠었으며 도시의 사회계층도 분화되기 시작했다. 1982년 중국공산당 제12차 대표대회에서는 "농촌과 도시에서 자영업이 국가가 규정한 범위 내와 공상 행정 관리하에서의 적당한 발전을 격려하여 공유제 경제의 필요하고도 유익한 보충이 되게 한다"고 했다. 이후 자영업은 비교적 빠르게 발전했다. 1988년 헌법수정안이 통과되었다. 사영기업은 합법적 지위를 얻었으며 일부 생산 경영 실력이 우수한 자영업자는 점차 사영기업주가 되었다. 이렇게 중국에서 사영기업주 계층이 발생했다. 1985년부터 경제 개혁의 중점을 농촌에서 도시로 옮겨갔다. 그 중점은 국유기업의 자주권을 확대하고 기업 도급책임제를 실행하는 것이다. 국유기업의 경영 관리자는 자주적 경영권을 지니게 되어 경제 관리 간부에서 시장경제체제의 기업관리자로 변했다. 계약직 노동자는 고용직 노동자가 되었다. 이 시기 중국의 외자 경제가 크게 발전했는바 외자기업의 중고위직 관리자와 전문 기술자는 고소득 화이트칼라 집단이 되었다.

1992년 사회주의 시장경제 체제 구축의 명확한 제기로 산업화, 시장화, 도시화를 방향으로 하는 경제개혁의 발전이 더욱 빨라졌으며 중국의 사회 계층구조와 이익 구조에 큰 변화가 발생했다. 1992~2003년 10여 년의 시장경제 발전과 기타 개혁 정책의 촉진으로 직업을 기초로 하는 새로운 사회계층 분화 시스템이 과거의 정치와 호적 및 행정 신분을 근거로 하는 분화 시스템을 대체하여 현대사회 계층구조는 이미 형태를 갖추기 시작했다. 조직 자원, 경제 자원, 문화 자원 점유 상황의 다름에 따라 중국의 사회 계층구조를 국가와 사회 관리자 계층, 사영기업주 계층, 경영 관리자 계층, 전문직 기술자 계층, 사무직 계층, 자영업자 계층, 상업 서비스직 계층, 산업 근로자 계층, 농업 근로자 계층, 무직과 실업자 계층 등 10대 계층으로 나누었다.[28]

이 시기 도시와 농촌 이원화 구조도 흔들리기 시작했는바 도시와 농촌 간 인구 유동이 빨라졌다. 1984년 국무원은 「농민이 진(鎭)에 정착하는 문제에 관한 통지」를 반포하여 "현성(縣城 : 현급 정부 소재지)을 제외한 각 유형의 현진(縣鎭), 향진을 전부 농민에게 개방한다"고 규정했다. 1985년 공안부는 「도시 임시 거주 인구 관리 관련 임시 시행 통지」를 반포하여 도시 호적에 가입할 수 없는 농민을 대상으로 임시거주증 제도를 시행했다. 농민들의 도시 진출을 법률적으로 허락한 것이다. 1992~2002년 정부는 농촌 잉여 노동력이 향진기업을 통해 현지에서 신분 전환을 하게 하는 한편 농촌 잉여 노동력의 기타 지역 유동에 대한 엄격한 규제를 풀기 시작했다. 2000년 소도시의 건강한 발전을 추진하기 위해 중공중앙과 국무원은 「소도시 건강한 발전 촉진 관련 약간의 의견」을 반포하여 "2000년부터 우리나라 중소 도시는 고정된 거주지와 안정된 직업 및 소득원이 있는 농민에게 도시 호적을 주도록 허락한다. 또한 자녀의 입학, 입대, 취업 등 방면에서 도시 주민과 동등한 혜택을 받고 차별적 정책을 제정해서는 안 되며 소도시에 정착하는 농민에게서 도시 정원 초과 징수비나 기타 비용을 거두

---

28) 陸學藝主編, 『當代中國社會階層研究報告』, pp.10~23.

어서도 안 된다"라고 규정했다. 이는 중국의 유동인구 정책이 융합 단계에 들어섰음을 뜻한다.

3. 새로운 시기 중국 사회 건설의 모색과 실천

중국공산당 제16차 대표대회 이후 중국의 발전은 새로운 역사적 단계에 들어섰다. 사회 건설은 5대 건설의 하나로 중앙으로부터 중시되었다. 새로운 시기 사회 건설의 임무는 상대적으로 독립되고 자주적인 사회를 구축하는 것이다. 사회구조의 시각에서 사회 건설의 임무를 보면 사실상 국가, 시장, 사회 관계의 재조정이다. 개혁개방 이전에는 주로 강력한 국가정권으로 사회 통합 문제를 해결했다면, 개혁개방 후부터 중국공산당 제16차 대표대회의 소집까지는 시장 세력의 전면적 확대 단계로 주로 경제 발전 문제를 해결했다. 21세기에 들어선 후 중국의 경제 발전 문제는 기본적으로 해결되었다. 다음 단계의 주요 임무는 사회 세력을 증가하고 사회 건설로 사회를 중건하며 삼자가 균형된, 조화로운 상태가 되게 하는 것이다.

당대 중국 사회 건설

1) 새로운 시기 사회 건설 강화의 시대적 배경

경제사회 발전의 각 단계에서 해결해야 할 중점 임무는 서로 다르다. 개혁개방 이전 중국의 주요 임무는 국가정권을 튼튼히 하고 독립자주적인 발전의 길을 걷는 것이었다. 개혁개방 이후 중국의 주요 임무는 경제 건설로 낙후한 사회 생산력과 인민대중의 날로 늘어나는 물질문화 수요 간의 모순을 해결하는 것이다. 인민의 전반 생활수준이 샤오캉에 이른 후 중국의 주요 임무는 경제 건설 위주에서 경제 건설과 사회 건설을 두루 중시하는 데로 전환해야 한다. 사회 건설로 대중의 복지를 증가하고 사회 모순을 제거하며 사회 공평을 실현해야 한다. 그러므로 사회 건설은 국가의 거시적 전략 선택으로 지도자의 개인 생각이 아니라 개혁개방이 새로운 시기에 이른 후 형성된 국가관리에 대한 공동된 인식이다.[29]

(1) 산업화 중후기 단계에 이른 중국 경제 발전

중국공산당 제16차 대표대회 이후 중국의 경제는 비약적으로 발전했고 경제력도 뚜렷이 향상되었다. 2003~2011년 중국의 연평균 경제성장률은 10.7%였다. 중국의 경제 총량이 세계 경제 총량에서 차지하는 비중은 2002년의 4%에서 2011년의 10%로 증가하여 2002년의 세계 6위에서 2010년의 세계 2위로 뛰어올랐다. 세계은행은 2010년 전세계 190여 개국의 일인당 GDP 통계를 낼 때, 일인당 GDP 3,976~1만 2,275달러를 중상국가로 분류했다. 2010년 중국의 일인당 GDP는 4,429달러로 중상국가에 속했다. 산업 구조를 살펴보면, 2010년 국내총생산액에서 제1차 산업 생산액이 10.1%, 제2차 산업 생산액이 46.8%, 제3차 산업 생산액이 43.1%를 차지하여 현대국가의 산업 구조 특징을 보여주었다. 도시와 농촌 관계를 보면 2011년 중국의 도시화율은 처음으로 51%를 넘어 도시화 비약적 발전 단계에 들어섰다. 2004년 이래 수천 년을 내려오던 '농업세'를 취소하고 국가가 식량 생산에 직접적 보조를 제공했는바 이는 공업이 농업을 지원하는 '전환점'이 이미 도래했음을 보여준다. 경제 발전의 수량적, 질적 지표를 막론하고 중국의 경제 발전 수준은 이미 산업사회의 중후기 단계에 들어섰다. 중국은 경제의 비약적 발전과 튼튼한 물질적 기반을 바탕

---

29) 李友梅等, 「當代中國社會建設的公共性困境及其超越」, 『中國社會科學』2012年第4期.

으로 사회의 전면적이고 조화로운 발전을 실현하고 있다.

(2) 집정당의 발전 이념에 중대한 전변 발생

중국공산당 제16차 대표대회 이후 중국의 발전에 뚜렷한 변화가 나타났는바 그 중요한 표징으로 과학 발전관과 사회주의 조화로운 사회 구축의 제기를 들 수 있다. 2003년 중국공산당 제16기 중앙위원회 제3차 전체회의에서 처음으로 과학 발전관을 제기했고 중국공산당 제16기 중앙위원회 제5차 전체회의에서 "과학 발전으로 경제사회 발전의 전체 국면을 인솔해야 한다"고 제기했다. 중국공산당 제17차 대표대회에서는 과학 발전관의 내포를 설명했는바 중국 특색이 있는 사회주의사업은 반드시 과학 발전관을 관철하고 집행해야 한다고 강조했다. 중국공산당 제16기 중앙위원회 제4차 전체회의에서는 처음으로 '사회주의 조화로운 사회' 구축을 제기했다. 중국공산당 제16기 중앙위원회 제6차 전체회의에서는 사회주의 조화로운 사회 구축 이론을 전면적이고도 체계적으로 설명했다. 이 두 사상의 제기는 개혁개방 30년을 거쳐 공산당은 경제성장과 전체 사회의 조화와 안정, 건강한 발전의 관계에 대해 한 단계 진보된 인식에 이르렀음을 보여준다. 이러한 인식은 개혁개방 30여 년에 거둔 '경제 기적'을 바탕으로 하며 아울러 이러한 '경제 기적'에 따른 각종 사회 모순과 사회 문제에 대한 깊은 이해를 전제로 한다.[30] 당과 국가의 최고 지도자는 사회 건설의 강화가 중국의 사회 발전에 중요하고 극복한 과제임을 인식하고 있다. 사회 건설의 추진과 사회 관리의 혁신은 향후 일정 기간 중국 사회 발전의 중대한 임무가 될 것이다.

---

30) 王小章,「從以經濟建設爲中心到以社會建設爲中心」,『浙江學刊』2011年第1期.

(3) 사회 모순의 돌출기에 진입한 중국

현재 중국공산당은 사회 건설과 사회 관리를 중요한 위치에 놓았는바 이는 중국이 처한 '모순 돌출기'에 대처하기 위한 조치이다. 2002년 중국의 일인당 GDP는 1,100달러에 달했다. 세계와 역사의 발전 경험을 보면 일인당 국민소득이 1,000달러에 달하면 사회는 '황금 발전기'와 '모순 돌출기'에 들어서게 된다. '황금 발전기'는 사회 발전의 새로운 기회를 뜻하는데 잘 해결하면 순조롭게 현대국가로 진입할 수 있다. '모순 돌출기'는 사회문제의 중첩을 뜻하는데 잘 해결하지 못하면 사회 발전을 저해하여 '중진국 함정'에 빠질 수 있다. 개혁개방 이래 중국의 GDP는 배로 증가한 한편 사회 불안정 사건도 연속 기록을 갱신했다. 전국 형사 범죄 사건은 1978년의 55.7만 건에서 2008년의 488.5만 건으로 7.77배 증가했다. 사회 치안 사건은 1978년의 123.5만 건에서 2008년의 741.2만 건으로 5배 증가했다. 집단 소요 사건은 1994년의 1만여 건에서 2008년의 9만여 건으로 증가했다.[31] 경제 발전 과정에서의 이익 관계가 초래한 노사 갈등과 관민 충돌 등이 끊임없이 발생하고 빈부 격차가 사회집단의 소외감을 초래했으며 의료, 교육, 주택 등 민생 문제가 대중의 행복감을 저하시켰다. 사회 모순 돌출기에 사회 건설로 사회문제를 해결하고 사회 모순을 제거해야 한다.

2) 새로운 시기 중국의 사회 건설 모색과 실천

중국공산당 제16차 대표대회 이래 정부 부서와 학술계는 사회 건설에 극히 주목했다. 현재 사회 건설의 내포와 외연에 큰 논쟁이 존재하지만 중앙과 지방은 모두 광범한 탐색과 실천으로 일부 지방과 분야는 성과를 거

---

31) 陸學藝, 『社會建設論』, 社會科學文獻出版社, 2012, p.28.

두었다. 샤오캉사회의 전면 구축 단계에서 이러한 성과를 귀납하고 총괄하며 이를 바탕으로 중국 특색이 있는 사회 건설 모식을 모색해야 한다.

(1) 사회 건설은 국가 5대 건설의 하나로 중국 특색이 있는 사회주의 현대화 건설의 중요한 구성 부분이다

2004년 중국공산당 제16기 중앙위원회 제4차 전체회의 이전까지 중국에 사회 건설은 있었지만 사회 건설의 임무를 분명히 제기하지는 않았다. 사회 건설은 경제 건설이나 문화 건설의 구조 내에서 수동적이고 종속적인 지위에 처해 있었다. 중국공산당 제16차 대표대회 이후 중국의 발전전략에 뚜렷한 변화가 나타났다. 특히 사회주의 조화로운 사회 구축의 목표를 제기한 것은 사회 건설이 국가 건설의 한 가지 임무가 되도록 양호한 기초를 마련했다.

2004년 중국공산당 제16기 중앙위원회 제4차 전체회의는 두 가지 공헌을 했다. 하나는 사회주의 조화로운 사회 구축이라는 중요한 전략 사상의 제기이다. 이 사상은 제기되자 전국의 수많은 간부와 대중의 주목과 인정을 받았는바 전면 샤오캉사회와 사회주의 현대화와 함께 전략 목표가 되었다. 다른 하나는 사회 건설이라는 중요한 개념을 제기하여 중국의 산업화와 도시화 발전 단계의 수요에 부응한 것이다. 현재 진행 중인 사회조직, 사회구조, 사회질서, 사회사업 등 방면의 건설을 개괄하여 사회 건설이라고 했다. 상술한 제반 사업의 지위가 향상되었으며 이론적 근거를 갖추어 건설의 목표가 더욱 명확해졌다.[32] 2006년 중국공산당 제16기 중앙위원회 제6차 전체회의는 새로운 세기, 새로운 단계에 사회주의 조화로운 사회 구축을 더욱 중요한 자리에 놓

현대 중국 사회 건설

---

32)　陸學藝, 「關于社會建設的理論與實踐」, 『北京工業大學學報』 2009年第1期.

을 것을 강조했다. 사회 건설은 처음으로 중앙 전체회의의 주요 의제가 되었으며 사회주의와 조화로운 사회 건설을 위한 전반적 배치가 이루어졌다.

2007년 10월 중국공산당 제17차 대표대회에서는 사회 건설을 경제 건설, 정치 건설, 문화 건설과 병렬하여 '사위일체'로 삼았으며 수정한 '공산당 헌장'에 넣었다. 그리고 민생 개선을 중점으로 하는 사회 건설의 6대 임무를 제기했다. "교육을 우선 발전시켜 인력자원 강국을 건설한다. 취업을 확대하는 발전 전략을 실행하고 창업으로 취업을 촉진한다. 소득 분배 제도 개혁을 심화하고 도시와 농촌 주민 소득을 증가시킨다. 도시와 농촌 주민을 포함한 사회보장 체계를 구축하여 인민의 기본 생활을 보장한다. 기본 의료 보건 제도를 구축하고 전체 인민의 건강 수준을 향상시킨다. 사회 관리를 완벽화하여 사회 안정과 단결을 수호한다." 중국공산당 제17차 대표대회에서는 사회 건설로 국가 건설을 추진할 것을 분명히 제기하여 예전의 국가 건설로 사회 건설을 추진하던 관념을 개변했는바 이는 사회 건설에 대한 집정당의 인식이 높아졌음을 보여준다.

중국공산당 제17차 대표대회 이후 사회 건설은 이론에서 실천으로 나아가 중국 사회주의 현대화 건설의 새로운 분야를 창조했다. 중국공산당 제17차 대표대회의 사상을 관철하기 위해 많은 지방정부는 사회 건설 추진 기구를 설치했다. 베이징 시는 중국공산당 제17차 대표대회 이후 얼마 안 되어 사회 건설을 전문 책임지는 '사회공작위원회'와 '사회건설영도소조판공실'을 설치하여 사회 건설의 임무를 실행했다. 2010년 중국공산당 제17기 중앙위원회 제5차 전체회의는 사회 건설의 강화와 기본 공공 서비스 체계의 구축과 완비 등 내용을 제기했다. 이후 제정한 '제12차 5개년' 계획을 보면 사회 건설과 전문 관련된 내용이 12장에 달한다.

2012년 11월 8일 중국공산당 제18차 대표대회는 샤오캉사회의 전면 건설이 결정적 단계에 들어섰음을 의미한다. 제18차 대표대회 보고서는 '4대 건설'에 생태 문명 건설을 합쳐 경제 건설, 정치 건설, 문화 건설, 사회 건설, 생태 건설 '오위일체'의 전반적 국면을 형성했다. 사회 건설에서 중점적으로 민생 건설을 제기했으며 교육, 취업, 소득 분배, 도시와 농촌 보장 체계 구축, 건강체계 구축과 사회 관리의 혁신 등 여섯 가지 내용을 설명했다. 이 밖에 사회체제 개혁에 새로운 요구를 제기했다.

중국공산당 제16차 대표대회 이후 사회 건설은 중국의 5대 건설임무 중 하나가 되었다. 개혁개방 이후 중국의 경제 건설을 중요시하고 사회 건설을 경시하는 구조에 변화가 발생했다. 향후 중국 사회 건설의 각 임무의 점진적 추진에 따라 사회 분야의 세력을 확대하고 상대적으로 독립된 사회공간의 형성을 촉진하며 최종적으로 중국의 사회가 진정으로 발전하여 국가, 사회, 시장이 정립하고 상호 제약하며 조화롭게 발전하는 국면을 이룩해야 한다.

(2) 민생 분야의 시장 편차를 수정하고 정부가 공공 책임을 져야 한다

개혁개방 초기 국가 재정의 부족으로 공공재의 공급이 대중의 일상생활 요구를 충족시키지 못했다. 1990년대 이후 공급을 늘리기 위해 중국 정부는 맹목적으로 국유기업 개혁의 경험을 도입했다. 정부가 응당 부담해야 할 책임을 시장에 전가했으므로 공급은 늘었지만 불공평도 초래되어 전체 사회의 불만을 야기했다. 21세기 이후 중국 정부 능력의 향상과 발전 이념의 변혁에 따라 중국은 사회 분야의 발전 모식을 반성하기 시작했다. 최종적으로 국가의 공공재 공급 책임을 다시 확립했다. 그러나 구체적 방식은 과거에 중앙정부의 직접 제공에서 국가 입법과 정책 주도로 전환했다. 국가와 정부의 직능은 예전의 '경제형'에서 '서비스형'으로 전환하여 공공 서비스 의식과 사회 관리 의식이 크게 성장했다.

2002년 중국공산당 제16차 대표대회 이래 교육 개혁과 발전은 정부의 교육 공평 촉진 책임을 강화했다. 국가는 이전지출, 전문 자금과 정책의 경도 등 방식으로 농촌 특히 서부 지역 농촌 교육을 지원했다. 2006년 수정 중화인민공화국 의무교육법은 의무교육을 공공 재정의 보장 범위에 넣었다. 2007년 농촌 의무교육 대상인 1.5억 명 학생들의 학비와 잡비를 모두 면제하고 교재를 무료로 공급했으며 빈곤 학생 780만 명에게 생활 보조금을 조달했다. 2008년 전국 도시 의무교육 학비와 잡비를 면제했다. 도시와 농촌 무료 의무교육은 중국 교육 발전 역사의 중요한 이정표이다. 2010년 7월에 반포된 「국가 중장기 교육 개혁과 발전 기획 강령(2010~2020년)」은 국내총생산액에서 차지하는 국가 재정성 교육 경비 지출의 비중을 제고했는바 2012년에 4%에 도달시킨다는 목표를 세웠다.

2003년 '사스' 이후 중국 정부는 의료 보건 사업에 대한 투입을 늘렸다. 2002~2007년 정부 재정의 의료 보건 지출은 6,294억 위안에 달해 1996~2001년 대비 3,589억 위안 증가하여 1.33배의 증가세를 보였다. 정부 재정의 의료 보건 지출은 해마다 증가했는데 2008년에는 832억 위안으로 2003년 대비 14배 증가했다.[33] 2006년 가동한 신 의료 개혁 방안은 3년의 논쟁을 거쳐 2009년 정식으로 반포되었다. '신 의료 개혁' 방안은 기본 의료 보건 제도에서의 정부 책임을 강화하고 제도, 기획, 자금 모금, 서비스, 감독과 관리 등 방면의 정부 직책을 강화하여 공공 의료 보건의 공익성을 수호했다. 도시와 농촌 주민을 포함한 기본 의료 보건 제도를 구축하여 그것을 공공재로서 대중에게 공급했다. 이는 이번 '의료개혁'의 핵

---

33) 「衛生事業改革發展回顧與展望」, 新華罔, http://news.xinhuanet.com/politics/2009-03/18/content_11031807_4.htm.

심이며 중국 의료 보건 사업 발전이 이념에서 체제에 이르는 중대한 혁신이다.

2007년 8월 국무원은 「도시 저소득가정 주택 어려움 해결 관련 약간의 의견」을 출범하여 도시 저소득 가정 주택 어려움 해결을 정부 공공 서비스의 중요한 직책으로 삼아야 한다고 강조했다. 아울러 주택 보장의 범위와 기준을 분명히 했다. 도시 저가 임대주택 제도의 구축과 완비, 경제형 주택 제도의 개선과 규범화 및 기타 주택난을 겪는 집단의 주거 조건 개선을 요구했다. 후진타오는 중국공산당 제17차 대표대회 보고서에서 "저가 임대주택 제도를 보완하여 도시 저소득 가정의 주택난을 해결해야 한다"고 했다. 이는 당 대표대회의 보고서에서 처음으로 주택 보장 제도를 전문 제기한 것이다. 2010년 6월 주택도시농촌건설부 등 7개 부서는 공동으로 「공공임대주택 발전 관련 지도 의견」을 출범하여 '샌드위치 계층' 주택 정책의 부족 문제를 해결하고자 했다. 현재 저가 임대주택, 경제형 주택, 공공 임대주택을 주요 형식으로 하는 '저소득층을 보장하고 중간 계층을 지원'하는 주택 보장 정책의 구조가 형성되었다.

사회보장과 사회 구제 방면에서 2003년 거주지가 없는 도시 노숙자와 구걸자 구제 제도를 구축했고 기업 퇴직자의 사회화 관리 서비스 사업을 추진했으며 중앙 재정은 농촌 신형 합작 의료 시범지를 직접 추진했다. 2004년 사회보장제도를 처음으로 헌법에 넣었고 중앙 재정은 처음으로 사회보장 백서를 발표했다. 2005년 실업자 기본 생활 보장과 실업보험 제도의 일원화를 실행했으며 직장인 기본 양로보험 제도를 보완했고 도시 의료 구제 제도를 구축했다. 2006년 국무원은 「농촌 오보 부양 공작 신조례」를 반포하여 농촌 오보호 제도를 개인 부양에서 정부 부양으로 전환했다. 2007년 도시 주민 기본 의료보험 시범지를 전개하고 농촌 최저생활보장 제도 건설을 추진했으며 주택으로 어려움을 겪는 도시 가정의 문제를 해결했다. 2010년 사회보험법과 사회구제법 초안이 통과되었다. 정부는 전체 사회보장 네트워크체계의 구축에서 더욱 큰 책임을 부담했다.

(3) 사회 관리 혁신을 강화하고 사회 관리에서 사회조직의 협동 역할을 중시한다

개혁개방 이전 중국은 고도로 일원화된 사회 관리 모식으로 정부가 강력한 정치권력으로 사회통합을 실현했다. 개혁개방 이후 시장경제의 발전으로 정부는 일부 분야의 권한을 이양했고 사회조직의 설립을 조건부로 허락했다. 그러나 중국은 줄곧 사회 안정을 경제 건설과 동등하게 중요한 자리에 놓았으며 사회 안정 수호를 가장 중요한 정치 임무로 간주했다. 사회 안정 수호의 '강성' 사유 모식에서 사회 통제의 강화는 각급 정부의 주요한 임무가 되어 사회 자치와 사회 참여가 제한을 받았다. 중국공산당 제16차 대표대회 이후 새로운 형세에 직면한 중국은 '사회 관리 혁신의 강화'라는 요구를 제기하여 '공산당위원회가 지도하고 정부가 책임지며 사회가 협동하고 대중이 참여'하는 사회 관리 구조의 구축을 사회 관리 체제 개혁의 목표로 삼았다. 이 목표 실현의 관건은 사회 관리에서 각 유형 사회조직이 협동적 역할을 발휘하는 것이다. 각 유형 사회조직의 발전을 이끌어냄으로써 정부는 예전의 '관리해서는 안 되고 관리를 할 수 없으며 관리를 잘 하지 못하는' 분야에서 퇴출하여 시장의 것을 시장에, 사회의 것을 사회에 돌려주어야 한다.

중국공산당 제16차 대표대회 이후 사회조직 기능에 대한 정부의 인식이 점차 심화되어 사회조직에 대한 관리는 엄격한 통제에서 발전 지원으로 변했다. 근년에 민정부와 관련 부서는 재정, 세수, 사회보장 등 방면에서 사회조직 발전을 지원하는 일련의 부대 정책을 출범했다. 기업소득세법과 개인소득세법을 실행하고 사회조직 세수 혜택 정책 체계를 구축하기 위해 민정부, 재정부, 국가세무총국은 「공익성 기부 소득세 세전 공제 문제 관련 통지」「기금회 공익성 기부 세전 공제 자격 인정 공작 실시 방안」「사회단체 공익성 기부 세전 공제 자격인정 공작 지침」 등 문서를 공동 출범했다. 또한 사회조직 자체 수입 면세와 자격 인정 정책을 출범했고 민정부의 연 1회 정기 검사와 평가를 기반으로 민정, 재정, 세수 등 세 개 부서가 상호 협력하는 사회조직 세수 혜택 및 감독 관리 체제를 구축했다. 사회조직 수의 부단한 증가에 따라 정부의 사회 서비스 구매가 흥기했으며 사회조직의 협동적 역할이 초보적으로 나타났다.

사회 관리에서 사회조직의 역할을 발휘하기 위해 2011년 민정부, 국가발전개혁위원회는 '제12차 5개년' 계획 기간 지원 정책을 보완하고 정부 부서 기능의 사회조직으로의 전환을 추진하며 사회조직에 더욱 많은 공공 자원과 분야를 개방할 것을 요구했다. 사회조직의 발전을 규범화하기 위해 2010년 12월 민정부는 「사회조직 평가 관리 방법」을 반포하고 「전국 사회조직 평가 사업 추진 관련 지도 의견」을 하달하여 조직 평가 기준 체계를 구축하고 평가 방법과 절차를 보완했다. 광둥 성은 「사회조직 육성 발전과 규범화 관리 관련 방안」을 출범하여 사회조직 관리 체제와 시스템 혁신의 개혁 조치를 제기했다. 2012년 7월 1일부터 특별한 규정이나 특수 분야를 제외한 사회조직의 업무 주관 부서를 업무 지도 부서로 바꾸었다. 사회조직은 주관 부서의 심사와 관리 기관의 등록 신청 없이 직접 민정 부문에 설립을 신청할 수 있다. 베이징 시는 2011년부터 상공 경제류, 공익 자선류, 사회복지류, 사회 서비스류 등 네 가지 유형의 사회조직이 주관 부서의 심사와 비준이 없이 직접 민정 부문에 등록할 수 있다고 했다.

근년의 육성과 지원으로 중국의 사회조직은 비약적으로 발전했다. 2010년 연말까지 중국의 사회조직은 44.6만 개로 이 중 사회단체가 24.5

만 개, 민영 비기업 단위 19.8만개, 기금회 2,200여 개였다. 이 밖에 각급 민정 부문에 등록한 농촌 전문 경제협회 4만여 개, 도시 공동체 사회조직 20여만 개가 있다. 전국의 사회조직은 현재 전문 종사자 618.89만 명, 겸직 종사자 500여만 명이며 등록한 각 유형 자원봉사자가 2,500만 명에 달한다.[34] 중국의 경제사회 발전과 어울리며 다양한 유형을 온전하게 갖추고 범위가 넓은 사회조직 발전 체계를 기본적으로 구축했다. 국가의 사회조직 기능 인식에 대한 심화와 관리 체제의 개혁에 따라 향후 중국의 사회조직은 대발전 시기를 맞이할 것이다. 사회 관리에서 사회조직의 '협동'적 역할이 더욱 강화될 것이다.

(4) 도시와 농촌의 관계를 기획하고 도시와 농촌 '이원화' 구조를 일부 깨뜨려야 한다

사회구조 조정 방면에서 중국공산당 제16차 대표대회 이래 '삼농(농촌, 농업, 농민)' 문제가 주목을 받았다. 국가는 농촌의 발전과 도시와 농촌 총괄 발전 정책을 제기했다. 이로써 중국은 '공업으로 농업을 촉진하고 도시로 농촌을 돕는' 새로운 단계에 들어섰다. 도시와 농촌 '이원화' 제도에서 큰 진보를 거두었으며 도시와 농촌의 이동을 저해하는 일부 제도가 폐지되었다. 극소수 대도시를 제외한 도시들은 일부 유동인구에게 호적을 조건부로 개방했다. 이 시기는 신중국 성립 이후 중국의 도시와 농촌 구조 조정이 가장 큰 성과를 거둔 시기이다.

도시와 농촌 구조의 변화는 당과 국가의 일련의 정책 조정과 관련된다. 중국공산당 제16차 대표대회 이후 연속 수년간의 중앙1호 문서는 모

---

34) 廖鴻·石國亮,「中國社會組織發展管理及改革展望」,『四川師範大學學報(社會科學版)』2011年第5期.

두 '삼농' 문제 해결과 관련되어 있다. 특히 2005년 10월 중국공산당 제16기 중앙위원회 제5차 전체회의는 「국민경제와 사회 발전 제11차 5개년 계획 제정 관련 중공중앙의 건의」에서 "사회주의 신농촌 건설은 우리나라 현대화 발전에서의 중대한 역사적 임무이다"라고 했다. '생산 발전, 생활 부유, 향풍 문명, 시골 정결, 관리 민주'의 요구에 따라 각지의 실제에 입각하고 농민들의 뜻을 존중하며 신농촌 건설을 점진적으로 추진했다. 신농촌 건설은 사회주의 신농촌 건설을 불러일으켰는바 건설의 내용은 경제 분야뿐만 아니라 사회 분야도 포함하고 있다. 2008년 10월 중국공산당 제17기 중앙위원회 제3차 전체회의에서는 「농촌 개혁 발전 추진 중대 문제 관련 중공중앙 결정」이 통과되어 도시와 농촌 경제사회 발전을 총괄하고 신형 공업과 농업, 도시와 농촌 관계로 현대화를 추진하는 전략 구축을 제기했다.

구체적인 정책을 보면 2003년 중앙은 농촌 세수 개혁 시범지 사업을 전면적으로 추진했으며 2006년에는 농업세를 취소하고 식량 직접 보조금, 우량 종자 보조금, 농기구 구매 보조금, 생산수단 구매 보조금 등 특혜 정책을 출범했다. 2002년 신형 농촌 합작 의료 제도를 시범적으로 시작하며 2003년부터 전국에서 실행했다. 2011년 '신형 농촌 합작 의료' 가입자는 8.32억 명으로 가입률이 97%에 달했다. 각급 재정은 '신형농촌합작의료'에 대한 보조금 기준을 일인당 1년의 120위안에서 200위안으로 늘렸다. 2005년 농촌 의무교육에서 '학비와 잡비를 면제하고 빈곤 학생을 보조하는' 정책을 전국 592개 시범지에서 실행했다. 2007년 중앙 재정은 27개 성(자치구, 직할시)에 92억 위안을 조달하여 봄학기 학비와 잡비 면제 및 공공 경비 보장비로 사용하게 했다. 이 중 학비와 잡비 면제 보조금이 75억 위안이고 공공경비 보장비가 17억 위안이다. 2007년 의무교육 학비와 잡비 면제는 전체 농촌 의무교육 단계의 초등학생과 중학생 1.48억 명을 포함했다. 2007년 7월 11일 국무원은 「농촌 최저생활보장제도 구축 관련 통지」를 반포하여 농촌 최저생활보장제도의 전면적 구축을 결정하고 3,451.9만 명에 달하는 농촌 주민을 보장 범위에 넣었다. 2009년 「신형 농촌 사회 양로보험 시범지 전개 관련 지도 의견」을 출범하여 전국 10%의 현(시, 구, 기)에 시범지를 선정했다. 2010년 연말까지 전국 27개 성과 자치구 산하의 838개 현(시, 구, 기)과 4개 직할시 산하의 일부 구와 현이 국가 신형 농촌 사회 양로보험 시범지로 선정되었는바 포함 범위가 24%에 달했다.

중국공산당 제16차 대표대회 이래 도시와 농촌 이원화 구조를 제거하고 도시와 농촌 인구유동을 촉진하기 위해 정부는 여러 가지 조치를 취했다. 중국공산당 제16기 중앙위원회 제3차 전체회의에서 통과된 「사회주의 시장경제 체제 완비의 약간의 문제 관련 중공중앙 결정」은 처음으로 '노동력 시장'이라는 개념을 사용했다. 이는 국가가 농촌의 잉여 노동력을 근본적으로 해결하기 위한 새로운 조치이다. 아울러 국가는 노동력의 순조로운 전환을 보장하는 관련 정책을 반포했다. 2003년 1월 정부는 「도시 진출 농민의 노무직 종사 관리 관련 통지」를 반포하여 도시 진출 농민 노무직 종사 관리 조치를 제기했다. 2003년 6월 20일 국무원은 「도시 노숙자와 구걸자 수용과 송환 방법」을 폐지하여 농촌 인구의 도시화를 더욱 적극적으로 추진하는 정책을 채택했다. 농민공의 사회보장, 공공 서비스와 노동 관리 방면의 문제를 해결하기 위해 국무원은 2006년에 「농민공 문제 해결 관련 국무원 의견」을 출범했다. 이는 신중국 성립 이래 도시 진출 농민공의 경제, 사회, 정치 권익 보장을 가장 완벽하게 제기한 정부 법규 문서이다.

호적 제도는 도시와 농촌 '이원화' 제도의 핵심이다. 2002년 이후 중국은 사실상 현급 이하 소도시의 정착 규제를 풀었다. 고정 직업이나 거주지가 있으면 법적으로 정착할 수 있다. 중국공산당 제16기 중앙위원회 제3차 전체회의에서는 호적 제도 개혁 심화 관련 요구를 제기했고 전국 각지에 개혁 시범지를 정했다. 2007년 전국의 12개 성(직할시, 자치구)은 농업 호적과 비농업 호적의 구분을 취소했으며 도시와 농촌 호적 등기 제도를 통일했다. 2012년 2월 23일 국무원 판공청은「적극적이고 온당한 호적 관리 제도 개혁 추진 관련 통지」를 발포했다. 핵심 내용은 호적 이전 정책을 분명히 하여 농민들이 도시에 정착하도록 강요하지 못한다는 것이다. 호적 제도 개혁의 내용을 보면 현재 중점은 호적 등기 제도와 이전 제도의 개혁이며 호적 제도 배후의 취업, 복지 등 심층적 제도의 개혁은 아직도 모색 중이다.

신중국 성립 후 60여 년 사회 건설의 발전을 보면 사회 건설은 사회주의 현대화 건설의 중요한 구성 부분으로 국가의 발전에서 반드시 넘어서야 할 단계이다. 역사적으로 보면 경제 건설과 사회 건설의 조화로운 발전을 중시하면 사회가 조화롭고 안정되고, 사회 건설을 경시하면 수많은 사회 모순과 문제점을 양산하여 전체 사회의 발전을 저해한다. 사회 건설은 현대 사회 구조 구축의 한 행위로 양호한 사회를 위한 거시적 배경을 조건으로 지탱해야 한다. 특히 국가, 시장, 사회 간의 관계를 잘 처리하며 사회 건설의 다원화된 주체, 자원과 자유의 공간을 제공해야 한다. 또한 중국 사회 건설의 역사적 발전을 보면 현재 중국의 사회 건설은 관건적 시기에 이르렀다. 그러나 역사적으로 형성된 체제와 제도의 장애는 사회 건설이 앞으로 직면하게 될 난관이기도 하다. 따라서 향후 사회 건설은 반드시 사회체제 개혁에서 성과를 거두어야 한다.

C. 萊特·米爾斯,『白領: 美國的中産階層』, 楊小東等譯, 浙江人民出版社, 1997.

保羅·霍普,『個人主義時代之共同體重建』, 沈毅譯, 浙江大學出版社, 2010.

貝弗裏奇,『貝弗裏奇報告-社會保險和相關服務』, 勞動和社會保障部社會保險研究所組織翻譯, 中國勞動社會保障出版社, 2004.

曹錦淸·陳中亞,『走出'理想'城堡-中國'單位'現象研究』, 海天出版社, 1997.

陳國申,『從傳統到現代: 英國地方治理變遷』, 中國社會科學出版社, 2009.

島田晴雄,『日本の雇用』, ちくま新書, 1994.

丁元竹,「當代中國社會體制的改革與創新」,『開放導報』2012年第3期.

丁元竹,『社區的基本理論與方法』, 北京大學出版社, 2009.

馮同慶·石秀印,「工會基層直接選擧調査及其思考」,『工會理論研究』2005年第4期.

福武直,『日本社會的結構』, 王世雄譯, 東大圖書公司, 1994.

富永健一,『日本的現代化與社會變遷』, 李國慶·劉暢譯, 商務印書館, 2004.

葛延風,「對社會事業體制改革及事業單位體制改革的反思與建議」, 載王夢奎主編,『改革攻堅30題: 完善社會主義市場體制探索』, 中國發展出版社, 2003.

國務院發展研究中心社會發展研究部課題組,『社會組織建設』, 中國發展出版社, 2011.

韓俊,『中國農民工戰略問題研究』, 上海遠東出版社, 2009.

何增科,『社會管理與社會體制』, 中國社會出版社, 2008.

何增科主編,『中國社會管理體制改革路線圖』, 國家行政學院出版社, 2009.

洪大用,「關于加快社會事業發展若幹問題的思考」,『教學與研究』2006年第12期.

胡昌宇,『英國新工黨政府經濟與社會政策研究』, 中國科學技術大學出版社, 2008.

黃孟復,『中國民營經濟發展報告(2010~2011)』, 社會科學文獻出版社, 2011.

黃平等主編,『公共性的重建-社區建設的實踐與思考』, 社會科學文獻出版社, 2011.

景天魁,『底線公平 - 和諧社會的基礎』, 北京師範大學出版社, 2009.

康曉光等,『行政吸納社會-當代中國大陸國家與社會關系研究』, 新加坡世界科技出版集團, 2010.

康曉光等主編,『中國第三部門觀察報告』, 社會科學文獻出版社, 2011.

萊斯特·M.薩拉蒙,『公共服務中的夥伴』, 田凱譯, 商務印書館, 2008.

李春玲,『斷裂與碎片』, 社會科學文獻出版社, 2005.

李路路,「社會結構階層化和利益關系市場化」, 『社會學研究』2012年第2期.

李培林等,『當代中國民生』, 社會科學文獻出版社, 2010.

李濤,「社會組織在政府購買社會工作服務進程中的功能和角色-北京協作者參與政府購買社會工作服務經驗總結與思考」, 『社會與公益』2012年第8期.

李友梅,『中國社會生活的變遷』, 中國大百科全書出版社, 2008.

劉緒貽,『前後美國史』, 人民出版社, 1989.

陸學藝,『當代中國社會結構』, 社會科學文獻出版社, 2010.

陸學藝,『社會建設論』, 社會科學文獻出版社, 2012.

陸學藝主編,『當代中國社會階層研究報告』, 社會科學文獻出版社, 2002.

路風,「單位: 一個特殊的社會組織形式」, 『中國社會科學』1989年第1期.

馬爾科姆·沃特斯,『現代社會學理論』(第2版), 楊善華等譯, 華夏出版社, 2000.

馬克斯·韋伯,『經濟與社會』, 林榮遠譯, 商務印書館, 2006.

邁凱耳·哈林頓,『另一個美國(美國的貧困)』, 卜君等譯, 世界知識出版社, 1963.

帕特南,『獨自打保齡球』, 劉波等譯, 北京大學出版社, 2011.

齊格蒙特·鮑曼,『共同體』, 歐陽景根譯, 江蘇人民出版社, 2003.

秦德君,「從社會體制上推進社會建設」, 『探索與爭鳴』2011年第2期.

清華大學社會學系社會發展研究課題組,「走向社會重建之路」, 2010.

汝信等主編,『2011年中國社會形勢分析與預測』, 社會科學文獻出版社, 2011.

汝信等主編,『2012年中國社會形勢分析與預測』, 社會科學文獻出版社, 2012.

三浦展,『下流社會: 一個新社會階層的出現』, 陸求實·戴铮譯, 文汇出版社, 2007.

石川晃弘ほか,『みけかけの中流階級』, 有斐閣, 1982.

宋曉梧,『中國社會體制改革30年回顧與展望』, 人民出版社, 2008.

당대 중국 사회 건설

孫本文, 『社會學原理』(下冊), 臺灣商務印書館, 1974.

孫立平, 『轉型與斷裂 改革以來中國社會結構的變遷』, 淸華大學出版社, 2004.

孫中山, 『建國方略』, 華夏出版社, 2002.

孫中山, 『孫中山文集』, 中華書局, 1981.

滕尼斯, 『共同體與社會-純粹社會學的基本概念』, 北京大學出版社, 2010.

王鼎, 『英國政府管理現代化: 分權, 民主與服務』, 中國經濟出版社, 2008.

王慶安, 『偉大社會改革-20世紀60年代美國社會改革及啓示』, 新華出版社, 2008.

王偉光主編, 『中國社會價値觀變遷30年』, 中國社會科學出版社, 2008.

西奧多·貝斯特, 『鄰裏東京』, 國雲丹譯, 上海譯文出版社, 2000.

謝立中編, 『經濟增長제社會發展: 比較研究及其啓示』, 社會科學文獻出版社, 2008.

余英時, 『中國文化的現代诠釋』, 江蘇人民出版社, 2003.

俞德鵬, 『城鄉社會: 從隔離走向開放-中國戶籍制度與戶籍法研究』, 山東人民出版社, 2002.

俞可平主編, 『治理與善治』, 社會科學文獻出版社, 2000.

曾令發, 『探尋政治合作之路: 英國布萊爾政府改革研究』, 人民出版社, 2002.

鄭春榮, 『英國社會保障制度』, 上海人民出版社, 2012.

鄭杭生, 『走向更講治理的社會: 社會建設與社會管理』, 中國人民大學出版社, 2006.

中共中央黨史研究室, 『中國共産黨歷史』(第二卷), 中共黨史出版社, 2011.

中共中央文獻研究室編, 『鄧小平年譜』, 中央文獻出版社, 2004.

鐘家新, 「日本型福祉社會の形成と「十五年戰爭」」, ミネルヴァ書房, 2005.

周飛舟, 「分稅制十年: 制度及其影響」, 『中國社會科學』2006年第6期.

朱力, 『變遷之痛-轉型時期的社會失範硏究』, 社會科學文獻出版社, 2006.

作田啓一, 『價値社會學』, 宋金文·邊靜譯, 商務印書館, 2004.

Giddens, A., Sociology, Cambridge: Polity Press, 2001.

찾아보기

용어

당대 중국 사회 건설

507

508

현대 중국 사회 건설

509

당대 중국 사회 건설

지은이 및 옮긴이 소개

지은이

루쉐이(陸學藝)　　전 베이징공업대학(北京工業大學)

　　　　　　　　　인문사회학부 교수

옮긴이

정순희(鄭順姬)　　문학박사, 랴오청대학(聊城大學) 한국어학과 조교수

양홍정(楊紅靜)　　문학석사, 랴오청대학(聊城大學) 한국어학과 조교수

강룡범(姜龍范)　　역사학박사, 톈진외국어대학(天津外國語大學) 교수

김영란(金英蘭)　　문학박사, 청주대학교 중어중문과 교수

감수

김일산(金日山)　　문학박사, 랴오청대학(聊城大學) 한국어학과 조교수

당대 중국 사회 건설
當代中國社會建設